Flor María Rodríguez-Arenas

Construcciones de Identidad:
Literatura Colombiana del Siglo XIX

2018

© Flor María Rodríguez-Arenas - 2018
of this edition © Stockcero 2018
1st. Stockcero edition: 2018

ISBN: 978-1-934768-97-6

Library of Congress Control Number: 2018952841

All rights reserved.
This book may not be reproduced, stored in a retrieval system, or transmitted, in whole or in part, in any form or by any means, electronic, mechanical, photocopying, recording, or otherwise, without written permission of Stockcero, Inc.

Set in Linotype Granjon font family typeface
Printed in the United States of America on acid-free paper.

Published by Stockcero, Inc.
3785 N.W. 82nd Avenue
Doral, FL 33166
USA
stockcero@stockcero.com

www.stockcero.com

Flor María Rodríguez-Arenas

Construcciones de Identidad:
Literatura Colombiana del Siglo XIX

Índice

Introducción 7
El Contradiscurso Poético o la Poesía Realista sobre la Independencia Colombiana 17
    Bibliografía 38
La Miscelánea (1825-1826): Literatura y Opinión Pública 41
    Bibliografía 65
La Leyenda Culta: Expresión de la Identidad Cultural y del Imaginario Colombiano del Siglo XIX...69
    Bibliografía 96
Los Antecesores Acosta y Kemble de Soledad Acosta de Samper: 99
    Bibliografía 199

Manuela. Novela Bogotana (1858) de José Eugenio Díaz Castro: La ideología y el realismo de medio siglo...211
    Bibliografía 255

La representación de Efraín entre la sensibilidad y la masculinidad en *María* de Jorge Isaacs 263
    Bibliografía 314

La Situación de la Novela Colombiana entre 1846 y 1867. La Crítica Literaria y los Hechos Históricos...323
    Bibliografía 349

Introducción

En Colombia, la Independencia y las consiguientes revoluciones produjeron transformaciones en la vida social. Los valores, las costumbres, los espacios cotidianos del antiguo régimen y de la vida colonial se fueron debilitando para erigir y organizar nuevos hábitos, formas de vida y sistema de valores de una nueva sociedad; donde el campo de las actividades humanas paulatinamente se modificaba. De igual manera, la identidad, conjunto de rasgos y circunstancias que caracterizan a una persona o a un conglomerado social, adquirió nuevas connotaciones y trazó nuevas limitaciones en la vida cultural; además, como tema se hizo recurrente en la literatura del periodo.

De esta manera, durante el siglo XIX se empezaron a ocupar nuevos espacios, a desarrollar distintos papeles, a emitir variedad de representaciones producto de un proceso de estructuración y de construcción de identidades personales, culturales y nacionales. Hombres y mujeres, en vías hacia la individualización, adoptaron diversas normas que debían regir sus conductas; así ese desarrollo personal les proporcionó maneras de pensar y de actuar, basadas en su propio discernimiento que se fueron convirtiendo en un ámbito de crítica potencial hacia esa sociedad profundamente desigual que habían heredado.

Las nuevas leyes permitían a los nuevos individuos interpelar al Estado y exigir que se ampliaran los derechos de los sujetos en el nuevo sistema y que se democratizara la vida social, reclamando prácticas políticas y derechos sociales más igualitarios. De ese modo, los gobiernos y los grupos que controlaban el poder se vieron instados por diversos sectores sociales que los aceptaba o les reclamaba, cargando de significado a través de sus propios medios de difusión, la imagen del tipo de gobierno que era protagonista o antagonista de cambios sociales.

En este proceso de representación propia, en que los nuevos ciudadanos se mostraban ante la opinión pública como parte de un grupo con ideas específicas dentro de la política, iba más allá del ejercicio del poder público, de la manera de actuar y de los hábitos personales que se proyectaron y se fueron conociendo y aceptando o rechazando abiertamente.

El primer ensayo:[1] «El contradiscurso poético o la poesía realista durante la Independencia colombiana» es el estudio de una tradición regional que mira a lo español y a los realistas, pero también a lo propio y se enfoca en prácticas autorreferenciales de esa tradición. En él se explicita cómo ante el incipiente surgimiento de una identidad regional hubo evidentes reacciones que los españoles y los criollos promonarquistas expresaron tanto al verse contrariados, como a los extremos a los que llegaron para mantener inamovible y sin cambios el status quo establecido. Así se expusieron los reconcomios, los recelos, los temores y las ideas de superioridad de los autores que escribieron y diseminaron los poemas, deseosos de que las prácticas controladoras del imperio que emitieron en sus discursos se difundieran y se aceptaran, porque no deseaban la independización del territorio y la autonomía de los súbditos; ya que, con esto se perdían la posesión del territorio y los réditos obtenidos. Con la Independencia tanto la gente como el sistema adquirieron una identidad que se fue forjando, aprendiendo de los errores y de los aciertos.

La literatura, como representación y como ficción, contribuyó a la transformación y a la evolución social y literaria. Algunos de estos textos surgieron como elementos desestabilizadores de imaginarios de tradiciones y prácticas estancadas; mientras que otros entronizaban desde el poder lo que un grupo reaccionario reclamaba.

El segundo ensayo: «*La Miscelánea* (1825-1826): Literatura y opinión pública» habla de la influencia sociocultural de este impreso y de la forma en que se lo comunicó a los lectores bogotanos; así como de las reacciones que tuvieron sobre los textos que se difundían; porque los Editores fueron desarrollando percepciones e ideas que los llevaron a adoptar una posición social determinada. Los artículos de esta publicación periódica, considerada como el primer periódico literario colombiano, se caracterizan por los dispositivos retóricos que labraron un espacio para las perspectivas nacionales dentro del marco

---

1   En cada uno de los estudios se respeta la ortografía original de los textos citados.

todavía difuso del paso de la Colonia a la República; dispositivos que autoreflexivamente muestran la intersección de lo propio contra lo ajeno, que poco a poco van transformando y estableciendo el discurso que construye la identidad de la nación.

Los editores y los autores de los artículos del periódico al combinar diversas técnicas fueron probando que las disposiciones que se establecían se complementaban produciendo estabilidad; pero todavía quedaban situaciones aberrantes de miembros de la sociedad, como la que explicitaban diversos miembros del clero, cuyas actuaciones llegaban a extremos increíbles de abuso del poder. Todo esto caracteriza la diversidad estética y la complejidad política de la literatura de este período.

El deseo de articular una identidad nacional separada de España rápidamente se hizo la preocupación predominante de los nuevos ciudadanos después de la Independencia y de la Reconquista. Para alcanzar esta identidad, la escritura jugó un papel crucial en el proceso de definición nacional. La escritura que se difundió en los periódicos llevó a los receptores el sentido de la concepción de nación y nacionalismo.

Mientras que el tercer estudio: «La leyenda culta: Expresión de la identidad cultural y del imaginario colombiano del siglo XIX» muestra cómo la clase educada empleó la escritura para consolidar la situación política: redactaron constituciones, especificaron modelos culturales y reformaron la cultura rural para que encajara en las normas que modernizaban la sociedad. Este sistema de signos forjó gradualmente una identidad cultural y consolidó la idea de pertenencia a una nación.

Los escritores de la época tenían clara conciencia de que este género narrativo de ficción hacía parte de una industria cultural de intercambio que servía para forjar el contexto colectivo cultural neogranadino; puesto que, podía ejercer influencia sobre la comunidad. Como creación artística transmitía el valor de aspectos materiales y de sentimientos que contribuían a la estimación y a la valoración; a la vez que, satisfacía necesidades que permitían que gradualmente los individuos se adhirieran a una comunidad deseada y llegaran a sentirse parte de ella, cuando interiorizaban las opiniones, las expectativas o las actitudes de otros con respecto a sí mismos y se apropiaban de ellas.

La leyenda culta que se cultivó durante todo el siglo XIX mostró cómo se robustecía la identidad cultural, porque como proceso permanente pero conflictivo hallaba en este tipo de composición una sólida oportunidad de reflexión para destacar las características que los escritores concebían en lo regional y en lo nacional; de esta manera los textos literarios que se difundían hacían comprensibles y asequibles esas concepciones que poco a poco se iban depurando y aceptando como propias.

El cuarto ensayo: «Los antecesores Acosta y Kemble de Soledad Acosta de Samper: Joseph de Acosta, corregidor vitalicio de la Provincia de Guaduas – Joaquín Acosta; Peter Kemble – Caroline Kemble Acosta». Relaciona las historias que se conocen y se desconocen de los antepasados en una familia; ancestros que están presentes en los síntomas personales, en las disposiciones, en las aspiraciones y en las preguntas que informan e identifican la existencia de los descendientes del grupo familiar. Dentro de las esperanzas y traumas yacen memorias de las generaciones pasadas; los legados culturales y ancestrales continúan viviendo en los sucesores a través de las relaciones, tanto en la materia como en la atemporalidad de la psique, fundiéndose en su identidad.

¿Cómo se sabe que los ancestros legan su influencia en los sucesores? Ellos hablan por medio de las historias que cada generación relata sobre lo hecho y lo sucedido. Las memorias conscientes que se transmiten de los antecesores viven en esos relatos, en sus cartas, en sus diarios, en los momentos particulares fijos de sus vidas captadas a través de la oralidad que conservan miembros del grupo familiar, en herencias que se trasmiten, en recetas, en rituales que se conservan. Con el tiempo las memorias pueden cambiarse u olvidarse. Los detalles y el énfasis se modifican a medida que las generaciones las transmiten; cada persona, cada familia, cada generación puede dar relevancia a unos u otros aspectos. Cada historia tiene dentro tantos rasgos conscientes como inconscientes. Desde una profunda perspectiva psicológica, cada narrativa tiene y deja su huella.

Este estudio explora cómo las partes umbrosas conscientes, menos conscientes e inconscientes de las historias personales, de las heredadas y de las culturales se prolongan durante el tiempo, uniendo personalmente en el momento presente al pasado y llamando al futuro. De este modo, los ancestros incluyen a aquellos a los que se está unidos tanto por el linaje personal, como por los legados colectivos.

En el ensayo se crea un puente entre dos realidades europeas, dos herencias: la una, española (los Acosta), la otra, inglesa (los Kemble) para proporcionar las historias individuales de dos linajes ancestrales que tuvieron realidad física y psíquica; que aunque ya bajo tierra, alimentaron con sus descripciones y con los relatos transmitidos familiarmente, la memoria y definieron cómo uno de los descendientes (Soledad Acosta Kemble) se vio en relación a su historia personal y colectiva, al lugar en el que vivió y a la manera en que rechazó o aplicó la memoria de los hechos de sus antecesores en la configuración de su identidad personal.. Para ella, la estructuración de la escritura como profesión fue una empresa social, a la que, aplicó los mismos principios que los hombres habían empleado para triunfar en las empresas comerciales; ideas que eran dominantes en su familia desde sus ancestros por ambas líneas.

El quinto texto: «*Manuela. Novela bogotana* (1858) de José Eugenio Díaz Castro: La ideología y el realismo del Medio Siglo», destaca cómo ya a comienzos del siglo XX, Eugenio Díaz Castro fue considerado como el autor que con *Manuela* había producido la novela realista que era «en su género, la más fiel copia de la realidad por el arte y la más acabada de cuantas se habían escrito en América» (Cejador y Frauca). Pero en Colombia, su tierra, se lo desconoce por la labor de desprestigio que realizó Vergara y Vergara, después de su muerte.

Díaz Castro se identificó a sí mismo como liberal y socialista; pero después de su muerte, José María Vergara y Vergara lo señalo sesgadamente como conservador, aseveración que se ha tomado como verídica y ha guiado las lecturas que los críticos han efectuado sobre los textos de Díaz Castro, a pesar de sus directas afirmaciones públicas de ser *«amante de las ideas liberales»* (Díaz junio 25 de 1859, 41-42) [Itálicas agregadas].

Este escritor, como los escritores liberales del momento, vinculó sus inquietudes intelectuales y las formas narrativas de su empresa ficcional a los cambios sociales y literarios que sus obras atestiguan; de ahí que su referente fuera el estudio sagaz o el retrato indiscutible de su sociedad contemporánea, y el desciframiento de los mecanismos sociales constituyentes; es decir: el mundo familiar para los lectores de la época formaba las escenas de las novelas; el espacio narrativo conceptualizado lo constituía el lugar que habitaban o conocían y las situaciones sociales eran las que se vivían.

Díaz Castro fue un escritor liberal que, a través de la representación que efectuó en *Manuela* aplicó las reglas del Realismo francés del medio siglo para describir, presentar, explicar y reproducir objetivamente la realidad, ofreciendo las pruebas del fenómeno observado, para que el lector, basándose en los aportes mostrados, concluyera cuál era el estado de la sociedad y, así, encontrara formas de corrección y mejoramiento. Su escritura, de un efectivo realismo, en ocasiones anticipa la entrada del Naturalismo, como movimiento literario, al examinar las profundidades de la naturaleza humana y las relaciones del ser humano con su sociedad circundante.

En el mundo ficcional de *Manuela* se explicita la complejidad de la interacción de las formaciones culturales que intervenían y se entrecruzaban en la época y la velocidad de la circulación de las ideas, las cuales fueron parte integrante y principal de la ideología política y del desarrollo de la novelística para el grupo de escritores liberales que adoptaron el Realismo a mediados del siglo XIX; grupo al cual perteneció el liberal-socialista Eugenio Díaz Castro, quien afirmó sobre su propia escritura: «mi pluma ha sido alternativa, democrática y sumamente popular».

El sexto ensayo: «La representación de Efraín entre la sensibilidad y la masculinidad en *María* de Jorge Isaacs». La novela de Isaacs es muy conocida y posiblemente es la más frecuentemente leída de los textos del siglo XIX hispanoamericano; pero al mismo tiempo, es la peor entendida por los lectores y los críticos modernos. Varios críticos la han señalado como una novela lacrimógena en la cual se pretende revivir y compartir con el lector, la pérdida del primer amor. Efraín, quien cuenta retrospectivamente la historia, es un narrador en primera persona que reconstruye los hechos y las emociones del momento, pero reaccionando al pasado dentro del marco emocional del presente. En el relato existe abundante expresión de emociones, de subjetividad y de sentimentalismo por lo cual se la critica. Esto pone de relieve el desconocimiento de lo que fueron las poéticas del sentimiento y de la Sensibilidad y las ideas de masculinidad que operaban dentro de determinadas convenciones retóricas en la literatura y en la cultura en los siglos XVIII y XIX; las cuales permitían que los sentimientos, los afectos y las emociones se expresaran abiertamente en la representación de los mundos de ficción, incluso hasta finales del siglo XIX. La Sensibilidad era el vínculo esencial entre el cuerpo humano y las facultades psicológicas, intelectuales y éticas del ser humano.

El discurso de la Sensibilidad se desarrolla por medio de una ética de sufrimiento y de pérdida. Fue una época donde culturalmente había preocupación con la soledad, la melancolía, los placeres de la imaginación, las meditaciones sobre la muerte, etc. (Frye); pero fue mucho más que un culto de moda a lo emocional histriónico o a la autoimagen de una sociedad que gustaba de verter lágrimas de melancolía, de proverbial simpatía y de sentimientos tiernos (Vila).

Al ubicar la labor escritural de Isaacs dentro de su debido marco histórico, se observa el profundo conocimiento de la cultura de la Sensibilidad que poseía el autor y de la aplicación de esos postulados que efectuó en la estructuración de la novela. Como versado en campos de la medicina de su época (sus estudios habían quedado truncados) y gran lector de obras literarias, se destaca la erudición que poseía y que entró a formar parte de la organización del mundo novelístico que creó. No obstante, este universo ficcional difundía una identidad cultural específica que un grupo político deseaba establecer y preservar.

El séptimo estudio: «La situación de la novela colombiana entre 1846 y 1867: La crítica literaria y los hechos históricos» muestra la dificultad que han tenido los historiadores de la literatura colombiana con la ubicación temporal del Romanticismo y del Costumbrismo como movimientos literarios. Porque a mediados del siglo XIX, cuando en Europa ya había desaparecido completamente el Clasicismo, había nacido y muerto en muchos países el Romanticismo, y desde la década del treinta de ese siglo había surgido en Europa el Realismo en diferentes formas, los jóvenes literatos neogranadinos / colombianos en 1846, tenían la mira puesta en las letras de España, y todavía debatían la implicación de las ideas del Clasicismo (Ilustración), y la de la influencia de las teorías del Romanticismo.

No obstante este atraso cultural, al estudiar la labor de escritores de relatos y novelas producidos entre 1846 y 1858, en la Nueva Granada no existen los manidos tipos del costumbrismo, como tampoco el romanticismo sensiblero; por el contrario junto a las novelas históricas, entrelazadas de sucesos movidos por la casualidad y tejidos por el suspenso que vincula los recursos narrativos de la novela histórica, con los de la novela de folletín, se hallan otras donde predominan las técnicas de las novelas francesas de Balzac, Sue o Dumas; en todas ellas se ponen en juego numerosos artificios que representan junto al suspenso y al melodrama, la realidad social contemporánea movida por la complicada relación de los personajes con su medio ambiente; por los relatos completamente gobernados por la causalidad y por la objetividad de los narradores. Los novelistas del medio siglo eran asiduos y concienzudos lectores, conocedores de lo que se producía en Francia y de quién lo producía; de esos modelos obtuvieron estructuras narrativas, observaron rasgos, descubrieron temas, encontraron aplicaciones y construyeron sus relatos en los que a la vez que combinaron el drama, el suspenso y la aventura, propusieron soluciones narrativas a problemas sociales esenciales que denunciaban y criticaban, creando una identidad narrativa. Estos textos conforman la parte de la novelística colombiana que antecede a *Manuela. Novela bogotana*.

El modelo que seguían los nóveles escritores neogranadinos era la serie de fenómenos que habían surgido en Europa durante la primera mitad del siglo XIX, que llegaron a conocerse como el Realismo. Este movimiento cultural fue tanto un procedimiento literario como un medio de oposición estética, ya que se sometió a las leyes que impusieron los teóricos antes de convertirse en agentes de reformas sociales. Como doctrina tomó los cimientos, que venían de la filosofía racionalista y antirreligiosa del siglo XVIII, que continuaban existiendo a pesar de la irrupción del romanticismo. Ideas que los neogranadinos fueron siguiendo e implementando en su escritura. Por esto no es de extrañar que, en un periódico para las mujeres: la *Biblioteca de Señoritas* empezara a difundirse *Manuela*, la novela de Eugenio Díaz Castro.

Con los cambios que trajo la Constitución de Rionegro (1863) y el apoyo del Papa Pío IX, que emitió anatema contra el liberalismo, la libertad y la modernidad (1864), con la encíclica *Quanta Cura* y su anexo *El Syllabus*, las fuerzas conservadoras y la Iglesia en la Nueva Granada reaccionaron impulsando programas y objetivos que reivindicaban el ideal de una república católica en que sus miembros eran más creyentes que ciudadanos. Se combatió con las armas conocidas: los sermones, las cartas pastorales, el confesionario, la presión ideológica. A esto agregaron la prensa y el decidido impulso con que se especializaron para difundir sus mensajes. El trabajo ideológico fue tan eficaz que el vuelco hacia España y lo español se solidificó. En literatura se entró en el costumbrismo de los tipos literarios y el Romanticismo se entronizó a través de esta práctica escritural. Así en 1867, Jorge Isaacs publicó la novela *María*.

Con este viraje al pasado, a *Manuela. Novela bogotana,* la obra de Díaz Castro, los conservadores contemporáneos del autor, años después de su muerte le cambiaron en 1889 el título a *Manuela. Novela de costumbres colombianas.* Situación que leída por los críticos posteriores afirmaron que: «*Manuela* es la «obra que inaugura la novela costumbrista» (Cristina, 107); aseveración que indica la falta de investigación de los hechos, porque simplemente repite las palabras tergiversadoras de Vergara y Vergara. Lo hecho por miembros del partido conservador fue una decisión arbitraria y catastrófica que sumió la novela realista del liberal-socialista Díaz Castro dentro del *costumbrismo,* alejándola de las intenciones originales de su autor. La actividad que realizó Vergara ha cegado a la gran mayoría, y ha conducido a lecturas equivocadas, que indican que la investigación y la crítica de la literatura colombiana necesitan de una revisión, porque con la publicación de la novela de Isaacs, la narrativa colombiana perdió la identidad que adquiría, retrocedió y se anquilosó.

Así, se observa que el texto literario logra en el mundo ficcional que el receptor se acerque a dimensiones desconocidas de su identidad. El lenguaje literario es una incesante búsqueda del ser, de su origen y destino, por lo cual los lectores pueden encontrar una vía de autoconocimiento en la representación sensible del lenguaje de ficción. La literatura puede lograr que los receptores se sientan identificados y comprendidos dentro de otros sujetos de distintas características a las de ellos, pero pueden lograr una empatía que parte del texto y termina en el mundo concreto.

De este modo, cada uno de los ensayos, que componen el presente libro, es una indagación de la relación entre ciencia y política o entre estética, política y realidad y constituye un incremento y una revisión de la historia y de la literatura. Todos esos textos intervienen en el debate entre historia de la literatura y la perspectiva generadora de estereotipos sobre la literatura decimonónica colombiana en aspectos todavía colonizados por la mirada peninsular. Los autores ambicionaban construir nuevas identidades nacionales e incluso personales, a través de la literatura como vehículo de vivencias y de proyecciones culturales y algunos de ellos anhelaban destruir las posiciones privilegiadas y mostrar las realidades plurales que conformaban la identidad cultural colombiana del siglo XIX.

El Contradiscurso Poético o la Poesía Realista sobre la Independencia Colombiana

La poesía en general es expresión del sentimiento humano; de ahí que, lo que importa –por lo general– en el poema es el contenido emocional, la actitud y la relación con la realidad, con el mundo o con los demás que presenta el poema, sin simbolizar directamente. La poesía muestra una imagen que contiene los sentimientos, los implica o los sugiere. Esa imagen posee un contenido representativo, describe un estado de cosas posible.

Aristóteles en la Retórica afirma que la imitación poética son las acciones de los hombres. Desde esta posición, la poesía tiene un fuerte punto de unión con la historia en el sentido de referirse a hechos y a conductas humanas; pero la poesía no es historia, no relata lo acontecido, sino de manera insólita y esporádica. Por esto con muchas precauciones se puede emplear el contenido referencial de un poema como documento historiográfico o como registro de los sucesos de su época, porque muestra el curso emocional de la historia; en este sentido puede llegar a convertirse en una manera histórica de ver la realidad. Como tal es un ejemplo de la sensibilidad del momento en que se escribió; esta subjetividad es independiente de la historicidad de los hechos aludidos, únicamente porque plasma las emociones de su tiempo. La poesía no es crónica ni documento, ni fuente; no tiene por objeto directo ni indirecto dar a conocer su contenido histórico, porque el acaecer real en el seno de la comunidad es anterior a su poetización y procede de otras fuentes.

Con estas nociones nos acercaremos al tema de este ensayo: la expresión de emociones durante los años iniciales de la Independencia en Hispanoamérica. Como bien se sabe, en esa época hubo serios enfrentamientos por el control del poder político y económico entre los españoles llegados a los territorios americanos y los hijos de estos, llamados criollos.

Entre marzo de 1809 y enero de 1810 la Junta Central de España, formada para afrontar al gobierno de Napoleón y para proteger lo que les quedaba de autonomía, decretó que «los preciosos dominios que España posee en las Indias, no son propiamente colonias o factorías como las de las otras naciones, sino una parte esencial e integrante de la monarquía española» [Real orden, Sevilla, 22.I.1809, AHN, Estado, 54, D. 71]. Con esto se les concedió a esos territorios representación nacional e inmediata frente al rey. También declaró que ya no había diferencia entre españoles y americanos; que ya no había colonos, que sólo existían españoles en uno y otro hemisferio.

Estas leyes únicamente contribuyeron a solidificar más los movimientos separatistas que ya se habían iniciado en los diferentes territorios americanos. Al producirse los enfrentamientos, caldeados los ánimos entre los combatientes de una u otra causa, se aconsejaba la prudencia y la lenidad; pero las autoridades de las distintas regiones se hallaban amenazadas desde afuera por la incitación española e inglesa a la guerra. Adentro se enfrentaban con potencias revueltas, porque parte del estamento criollo se debatía entre sentimientos contradictorios ante la incapacidad política de su patriciado.

El recurso de legalidad que por siglos había sido respetado se vino abajo por las prácticas comunes de ahorcamientos, descuartizamientos, exhibición de cadáveres, mutilaciones y todas aquellas manifestaciones de primitiva barbarie. Estas ceremonias de la información, provenientes de la Europa medieval, eran un recurso visual que tenía por objeto despertar un dispositivo de memoria comprobado. De esta manera se apelaba a la fuerza precaria del terror; ya que sólo el temor a la pena bárbara comprimía el ánimo que tendía al desmán.

Los constantes encuentros bélicos entre España, Francia, Inglaterra y Holanda, los permanentes conflictos para controlar el comercio y romper el control de este que poseía España, hicieron que los Borbones implementaran grandes reformas en todos los ámbitos para devolver el prestigio perdido durante el reinado de los últimos Austrias a la gran potencia. Todo esto creó un fuerte malestar social y económico en los territorios americanos realizando levantamientos, asonadas y revoluciones, lo que denunció la seria crisis del sistema colonial.

> Las insurrecciones contra el poder español (...) fueron tan numerosas y tan diversas en la América hispana del XVIII (...). Los movimientos más importantes, los que tienen «nombre propio», superan el medio centenar, pero los movimientos menores más localizados, las revueltas o motines se dan tan torrencialmente que resulta imposible –y a la vez, improcendente– contabilizarlos, pues ni siquiera puede decirse que se conozcan todos (Laviana Cuetos, 471).

Así las poblaciones americanas, entre resentimientos, lealtades escindidas, vínculos o ruptura de ellos con España, movilizaron y enfrentaron viejas rivalidades que dieron vuelo a nuevas ideas, que se incrementaron tanto por la difusión de nuevas doctrinas filosóficas, y de dos hechos históricos trascendentales: La independencia de Estados Unidos de América (entre 1775 y 1783) y la Revolución francesa que empezó a derrumbar los cimientos del Antiguo Régimen (1789), que propagó principio de libertad e igualdad; cuya primera consecuencia fue la libertad de Haití (1804).

Las revoluciones por la independencia en Hispanoamérica fueron repentinas, violentas, universales. Cuando en 1808 España sufrió un colapso ante la embestida de Napoleón, dominaba un imperio que se extendía desde California hasta el Cabo de Hornos, desde la desembocadura del Orinoco hasta las orillas del Pacífico, el ámbito de cuatro virreinatos, el hogar de diecisiete millones de personas. Quince años más tarde España solamente mantenía en su poder Cuba y Puerto Rico, y ya proliferaban las nuevas naciones. La independencia, aunque precipitada por un choque externo, fue la culminación de un largo proceso de enajenación en el cual Hispanoamérica se dio cuenta de su propia identidad, tomó conciencia de su cultura, se hizo celosa de sus recursos (Lynch, 9).

Todas esas situaciones provocaron serios conflictos en las sociedades reacias a cambios tan drásticos. Pero produjeron una reacción social que llevó a la agresión contra los involucrados atacándolos en su nombre y en su fama para demeritarlos ante la opinión pública; de ahí que durante esos años se incrementaran las «Canciones de odio» que circulaban en contra del movimiento emancipador. Era una literatura en papeles sueltos que ya se conocía desde la época de la Colonia, muchas veces sin autores identificados que se dedicaban a envenenar el medio social y político. Como instancia literaria esta producción poética tiene una estrecha vinculación con la gran causa de la emancipación americana y con la primera etapa de la organización de las naciones; conforme a esto, esa literatura es parte de un proyecto marcadamente político, que reporta las emociones de su tiempo, pues es una manera histórica de ver la realidad.

En todos los territorios comenzaron a aparecer textos breves en forma de poemas incendiarios que circulaban abiertamente y apelaban al rechazo, a la desobediencia civil, al mismo tiempo que fustigaban la política. Los miembros de los altos mandos eran los objetivos apetecibles de la de la furia poética que surgió a causa de la caótica situación social que creaban los conflictos bélicos.

Estos y otros poemas aparecieron cuando Bolívar perdió Caracas en julio de 1814 y muchos de sus seguidores fueron asesinados por los pardos llaneros o por los batallones de negros que estaban con Boves. El nombre de Bolívar por aquella época hacía helar la sangre pues en su contra se explotaba el sentimiento religioso «pintándolo como un bandido, violador de monjas, profanador de templos y de vasos sagrados». Además, era un ultraje muy infamante entre españoles americanos estar «manchado de la tierra» con gotas de sangre negra o india en condición de cualquiera de las categorías resultantes del hibridismo étnico que se fusionaba en América.

Debido al protagonismo que tuvo en las guerras independentistas, Bolívar era el blanco apetecido de la ira de los realistas, como se ve en el siguiente cuarteto de autor anónimo:

> A Bolívar el mantuano
> deben guindarlo de un palo
> que matar republicanos
> es acabar con los malos.
> (en Ortega Montero, 146).

El caraqueño se convirtió en el centro de las censuras, de los celos, de los rencores, de los odios, de los menosprecios, de las indirectas y de las pullas de diversos grupos de gente; hechos que muestran la división social y las reacciones de la gente al proyecto político. Muchos buscaban el beneficio propio, codiciaban el control del poder, de ahí que entraran en un ciclo de intercambios negativos y de revanchas emocionales (Marina y López Penas, 47), que los llevaba a expresar sus sentimientos de obcecación, condena y rechazo, centrándose en la destrucción del buen nombre y en la recreación mental de un referente nocivo que impulsaba al exterminio, mediante el señalamiento de la posición social y política de Bolívar.

Según la investigación lingüística efectuada por Rosemblat en los archivos venezolanos:

> Los mantuanos constituían una especie de casta, con tendencias endogámicas: casi todos ellos estaban efectivamente emparentados entre sí (p. 66). [L]a designación estaba reservada a las familias nobles de Caracas, Pero en realidad también en las ciudades del interior se había constituido, como en Caracas, una especie de clase hidalga o de aristocracia más o menos cerrada, que constituía la capa superior de los blancos criollos, formada por descendientes de conquistadores, de altos funcionarios o de viejos pobladores que habían desempeñado papel importante en la vida colonial. En sus manos estaba, en casi todas partes, el gobierno municipal y la propiedad de tierras, hatos, haciendas, esclavos. El mismo Humboldt, al pasar en revista la estructura de la población colonial (lib. IV, cap. 12), caracterizaba a los mantuanos —sin darles ese nombre— como «un corto número de familias que, en cada comuna, sea por su opulencia hereditaria, sea por su muy antiguo establecimiento en las colonias, ejercen una verdadera aristocracia municipal", celosa de sus privilegios, condecoraciones y títulos, que no querían de ningún modo compartir con los demás (Rosenblat, 67).

La posición social, el conocimiento, el poder de convocación que para Bolívar eran importantes, para sus atacantes eran aspectos negativos, porque consideraban que no pertenecía a su grupo, no era uno de los suyos; su presencia y su recuerdo despertaban sentimientos de desagrado, aversión, desprecio e irritación; de ahí que se buscara su destrucción y su desaparición.

En septiembre de 1814, Bolívar llegó a Cartagena donde a pesar de la derrota de la segunda República venezolana, lo recibieron como héroe. En la Nueva Granada no se lograba la unión de las provincias, pero se abría paso ya el concepto de la independencia absoluta. Los centralistas de Cundinamarca no se adherían a la unión y entablaron la guerra contra ella. Cartagena pertenecía a la federación, pero se conducía como una nación independiente. Santa Marta, realista, estaba en constante guerra con Cartagena. Pasto era realista y Popayán se debatía entre realistas y patriotas; además, las fuerzas enemigas del occidente venezolano habían penetrado hasta Pamplona. Recuperada para los patriotas esta ciudad, Bolívar enfiló su ejército contra Santafé; no tuvo mayores problemas durante el camino hasta que llegaron a las afueras de la capital, donde los realistas y el clero habían apelado al espíritu religioso de los pobladores para vencer a Bolívar, exhortándolos a defender la dignidad de la antigua capital virreinal y la de la santa religión.

Desde que se supo su venida se empezaron a propalar multitud de especies y cuentos en los que se le representaba como un Nerón, enemigo del nombre cristiano, que mataba sacerdotes, que violaba mujeres, que profanaba templos y vasos sagrados, que venía matando y robando por todas partes. La siguiente décima se hizo circular con profusión en aquellos días y se atribuyó al clérigo doctor don Juan Manuel García Tejada[2]:

> Bolívar el cruel Nerón
> este Herodes sin segundo
> quiere arruinar este mundo
> y también la religión.
>   Salga todo chapetón
> salga todo ciudadano
> salga en fin el buen cristiano,
> a cumplir con su deber
> hasta que logremos ver
> la muerte de este tirano.
>   (Groot, 330).

De esta manera, los clérigos realistas, como García Tejada, empe-

---

[2] «Juan Manuel García Tejada del Castillo (1774-1845). Fue redactor de la *Gazeta* hasta su primera interrupción en julio de 1817. Empezó sus estudios en Literatura y Filosofía en el Seminario de Vergara, en España, y los concluyó en el Colegio del Rosario en 1792. Como sacerdote estuvo al frente de las parroquias de Santa Bárbara y Tocancipá. En 1803 fue nombrado por el virrey Amar y Borbón como capellán de la Real Audiencia. Una vez iniciada la Primera República, García participó en el Colegio electoral cundinamarqués y apoyó al partido nariñista. En abril de 1814, durante la celebración de la Semana Santa, el clérigo español Joaquín Guerra ofreció en la Catedral un discurso que resultó polémico a los ojos de ciertos miembros del gobierno republicano, debido a sus diatribas contra los Derechos del Hombre y los escritos de Voltaire y Rousseau. García asumió la defensa del acusado logrando rápidamente la absolución. (...) Casi un año después, el presbítero García participó en una conjuración orquestada de manera conjunta por algunos republicanos centralistas y amantes de la causa realista para destituir al gobierno de las Provincias Unidas. (...). En un suplemento del *Argos de la Nueva Granada* titulado «Al Público» aparecieron varios papeles del proceso, y donde García señaló ciertas irregularidades de procedimiento. Su alocución finalizaba con un «Viva la Patria, viva el Gobierno, la libertad [y] la buena fe». Debido a que el proceso se extendió más de lo usual, y en vista de que las tropas de Morillo ya se encontraban en territorio neogranadino, a finales de septiembre los conjurados se organizaron de nuevo con el fin de derrocar al gobierno. El plan fue descubierto antes de su ejecución y el Tribunal extraordinario de Vigilancia, (...). García, en esta oportunidad fue confinado a Tunja. Una vez llegó Morillo a Santafé, García se presentó como el artífice de estas dos conspiraciones y afirmó que su objetivo principal había sido la restitución del orden monárquico, asunto que le mereció el nombramiento como editor de la Gazeta» (Ortega Martínez, [s.p]).

zaron a crear un imaginario social sobre los patriotas y sus jefes. Bolívar era asesino y violento como Nerón, destructor de la inocencia y de lo sagrado como Herodes; por eso se requería que los buenos: los realistas y los ciudadanos cristianos formaran una coalición para matar al malvado e impío tirano que guiaba una horda de bandidos. Por estas razones y repitiendo lo que se decía de Bolívar, el arcediano de la catedral, Juan Bautista Pey, y el canónigo José Domingo Duquesne fulminaron excomunión para el caraqueño y los ejércitos patriotas.

Dos años después en 1816, en el fragmento del poema «Santafé cautiva» el presbítero José Antonio Torres y Peña, exaltado realista, describió el físico de Simón Bolívar:

> ... el otro mozo
> con aspecto feroz y amulatado,
> de pelo negro, y muy castaño el bozo:
> inquieto siempre y muy afeminado,
> delgado de cuerpo, y de aire fastidioso,
> torpe de lengua, el tono muy grosero,
> y de mirar turbado y altanero.
> (Torres y Peña[3], 318).

Como realista, Torres y Peña quiso destacar mediante su retrato escrito, aspectos, que consideró despectivos, que desmitificaban al caraqueño en el imaginario social colectivo. Para emitir sus juicios de valor, empleó elementos léxicos que enfatizaban rasgos físicos: lo tostado de su tez expuesta a los rigores de los viajes a caballo por las llanuras y la cordillera andina de los diferentes territorios, el color del

---

[3] José Antonio Torres y Peña (Tunja, 1767-1820), hijo del español gaditano José Antonio de Torres García de Bejarano y Juana Gertrudis de la Peña y Valcárcel, natural de Tunja. Estudió en el Colegio de San Bartolomé. Se hizo sacerdote y doctor en teología en ambos derechos. En 1795, el virrey Ezpeleta lo nombró capellán de los reales hospicios de Santafé de Bogotá. Fue cura de los pueblos de Chima (1796), cura de Mariquita (1801), supliendo a su fallecido hermano Joaquín; también cura de Nemocón (1805). Era un predicador versado en humanidades, latín e italiano. En ese mismo año, se dio a conocer como orador sagrado en dos ocasiones: celebró la proclamación de Fernando VII (12 de septiembre) y el triunfo de las armas españolas sobre Bonaparte (30 de noviembre). Ganó el curato de Tabio (10 de diciembre de 1808). En 1813, fue nombrado representante de la Provincia de Zipaquirá al Colegio Electoral de Cundinamarca, donde apoyó al partido realista. Celebró con júbilo la entrada de Morillo y las tropas reales. En 1819, un mes después de entrar victorioso a Santafé de Bogotá, como castigo por su cerrada posición realista, Bolívar lo nombró capellán del Batallón Rifles. El destituido cura de Tabio alegó estar imposibilitado por la hemiplejia que le había dejado paralizado medio lado del cuerpo. El vicepresidente rechazó el pedido: «No ha lugar. Este individuo marche como está mandado, sin excusa». Salió el 14 de septiembre de la capital. Un mes después, murió en el pueblo de Santa Rosalía en los Llanos orientales» (Hernández de Alba, 18-24).

pelo y la diferencia de color con su bigote, que para el clérigo hacían pertenecer a Bolívar a una de las castas o mixturas de razas. Mediante adjetivos calificativos que indicaban desprecio y que iban a entenderse con claridad en una sociedad de castas como era la de principios del siglo XIX; ya que, hacía que se dedujeran las condiciones morales y sociales de su referente, lo cual podía no coincidir con la realidad.

En esa época, describió mediante expresiones totales o parciales referidas a partes del cuerpo o a características del retratado y relacionó unas palabras con otras, creando una estructura sintáctica efectiva; así, Torres y Peña mostró a Bolívar con una mezcla racial considerada inferior (amulatado; pelo negro, castaño el bozo), porque su fisonomía exponía que había perdido la porción de español (blanco) y se evidenciaba la presencia del negro; además, esa casta se distinguía por la violencia de sus pasiones (aspecto feroz), por una particular volubilidad en su forma de hablar (torpe de lengua) y carente de pulidez (el tono muy grosero).

Enemigo de las ideas de emancipación, Torres y Peña usaba sus habilidades impulsado por el resentimiento y empleaba cualquier aspecto que le sirviera para desacreditar; indicaba que Bolívar (por la mezcla racial que le adjudicaba, por lo oscuro de su piel y por su cabello azabache) pertenecía a una de las castas consideradas inferiores desde tiempos coloniales. Con esto el clérigo significaba que el caraqueño era pardo:

> En toda Hispanoamérica, pero sobre todo en el norte de Sudamérica y en el Perú costero los esclavos negros eran un elemento superpuesto, del cual descendían negros libres y mulatos, a veces llamados pardos o castas. La situación social de los pardos era incluso peor que la del otro grupo mezclado, el de los mestizos, productos de la unión hispanoindia. El pardo era despreciado por su origen esclavo y por su color; una legislación discriminatoria le prohibía acceder a los símbolos de la situación social de los blancos, incluida la educación; estaba confinado en los oficios bajos y serviles en las ciudades y en los trabajos de peonaje en el campo; y su origen en la unión de blanco y negro era considerado tan monstruoso que se comparaba a la naturaleza del mulo, de donde viene el nombre de mulato (Lynch, 29-30).

Como tal, había llegado al cargo de General de las tropas, tanto por el permiso que los pardos habían recibido durante el último lustro del siglo XVIII para entrar a los ejércitos, como también que habría comprado el blanqueamiento y el cargo mediante algunas de las pragmáticas reales o de las cédulas que se habían emitido.

La cédula de las «gracias al sacar»:

> Era una figura jurídica: Se trataba, simplemente, de un ingreso fiscal: la percepción de una cantidad, de cuantía variable, por la concesión de una *dispensa de ley*, fue considerada como una *gracia* y por eso el nombre de *gracias al sacar* empleado para su designación (Ots Capdequí, 44).

Esta cédula permitía el ascenso social; mediante ella, los mulatos y los pardos podían comprar legalmente la blancura; así se convertían en personas respetables. Por esta legislación, los pardos (mulatos o negros) podían ser dispensados de la situación social de infame, e incluso algunos fueron autorizados a recibir educación, contraer matrimonio con blancos(as), acceder a cargos públicos y entrar al sacerdocio.

> Los motivos no eran enteramente fiscales —conseguir dinero de la venta de blancura— porque el sistema no suponía un gran ingreso potencial; ni eran puramente humanitarios, comparables con la lucha por la justicia en la primera conquista. La política era básicamente el reconocimiento de un hecho: que los pardos crecían en número aunque sufrían flagrantes injusticias y era necesario aliviar la tensión de la situación. La política era también quizá parte del programa económico de la metrópoli y un aspecto de su ataque al poder aristocrático y a la independencia (Lynch, 30-31).

A este retrato escrito, Torres y Peña agregó otros aspectos poéticos derivados de rasgos personales. Bolívar era realmente una persona con mucha energía, siempre estaba en constante actividad física, no podía estarse quieto (inquieto); físicamente tenía la nariz larga y hermosa, las cejas perfectamente delineadas y las manos delicadas (afeminado), era cenceño (delgado de cuerpo), su actitud expresaba disgusto o aburrimiento (aire fastidioso), cuando miraba, desconcertaba (mirar turbado) y mostraba un gesto voluntarioso (altanero) con el que decía estar consciente de ser superior.

El sentido de las palabras de Torres y Peña se pueden comprender mejor al compararlo con la descripción que efectuó del caraqueño uno de sus más fieles amigos y al observar el siguiente retrato que se realizó de Bolívar en Lima, Perú hacia 1823-1824.

Daniel Florencio O'Leary edecán y secretario de Simón Bolívar y uno de los hombres de mayor confianza y uno de sus amigos más cercanos y leales, con quien compartió muchos días y quien trató de acompañarlo en el trayecto final de Santafé a Santa Marta que llevó al caraqueño a San Pedro Alejandrino. Este le había pedido al irlandés que quemara su propio archivo personal, pero él lo desobedeció. O'Leary murió en 1854, pero su hijo llamado Simón Bolívar O'Leary se encargó de la publicación de 30 volúmenes (al archivo de Bolívar, se agregaron el del mismo O'Leary, así como muchos más documentos que recibió) que publicó el gobierno de Venezuela entre 1879 y 1888. Esta obra presenta cartas personales, correspondencia con otros próceres, con personajes americanos y europeos, órdenes militares, copiadores íntegros de secretaría, el archivo personal de Bolívar, Las cartas escritas entre Manuelita y el caraqueño, enviadas por la misma Manuela Sáenz, etc.

En sus notas privadas, O'Leary registró la siguiente descripción de su entrañable amigo:

> [S]u frente era muy alta, pero no excepcionalmente amplia. Esta tenía muchas arrugas. Sus cejas eran gruesas, pero bien formadas; sus ojos eran oscuros y penetrantes; su nariz era bastante larga y hermosa... Sus pómulos eran salientes, sus mejillas hundidas desde que lo conocí (mayo de 1818). Su boca era fea, porque sus labios eran gruesos, el superior alargado. Sus dientes eran regulares, blancos y hermosos. Él los cuidaba con esmero. Los huesos de la mandíbula y la barbilla eran largos. Sus oídos eran grandes. El cabello, que lo llevaba largo, era extremadamente negro y rizado. Sus patillas y bigotes [eran] de color claro... su pecho era estrecho y todo su cuerpo, delgado, especialmente sus piernas. Su piel era oscura y áspera, sus manos y pies eran notablemente pequeños y bonitos. Su semblante en ocasiones era agradable, cuando estaba de buen humor, pero irritado, era feroz. El cambio era increíble (en Slatta y De Grumond, 5).

Como se observa, el artista anónimo en Perú, no lisonjeó mucho a Bolívar en su representación, se centró en el rosto, en la mirada y en la expresión general y reprodujo mediante el uniforme el lugar social que ocupaba. A la vez, trató de captar algo del gesto del retratado. La iluminación viene de la izquierda; por tanto, destaca un poco más el lado derecho y cae abiertamente sobre la faz. En esta realzó la frente surcada por las arrugas, las cejas arqueadas y perfectamente delineadas, los ojos negros con una mirada fija pero indefinible, la nariz

Simón Bolívar. Artista desconocido. Lima, Perú, 1823-1824
De la colección de Maury A. Bromsen en la Biblioteca John Carter Brown,
Brown University, Providence, Rhode Island

recta y larga, los pómulos casi planos y perfilados por patillas largas y compactas; los labios casi cubiertos por el bigote ancho, espeso y cuidadosamente diseñado; enfatizó lo tostado de la piel, lo alargado de la cara. Enmarcó el rostro con el cabello bastante crespo y largo, pero ya mostrando la calvicie. El torso está levemente girado, exponiendo un cuerpo bastante fino y sin excesos.

Al cotejar lo que Torres y Peña escribió sobre Bolívar con el retrato realizado una década después en Perú y con la descripción que efectuó el irlandés O'Leary es evidente que el poema del clérigo conservaba un carácter bastante literal porque surgía de la persona, del centro de significancia; es una determinación que el clérigo le atribuyó a Bolívar como sujeto y una aprehensión instantánea de las múltiples que se hicieron y se pueden hacer de ese sujeto. Este retrato hablado es un significado que él le dio al caraqueño, una relativa y cambiante representación que coexistió con otras, a las que bien pudo intercambiar o desplazar (véase Deleuze y Guattari, 42).

No obstante, Torres y Peña convirtió su conocimiento en herramienta y marcó sobre la realidad una discontinuidad y ruptura, difundiendo, con intención mordaz e injuriosa y con finalidad destructora, ideas móviles, pero creíbles que para unos modificaron y cambiaron la realidad, porque estaban basadas en el menosprecio e impulsaban el descrédito, aunque se fundamentaran en aspectos reales de la figura y de la personalidad de Bolívar; ya que, lo asoció a una de las castas que esa sociedad consideraba infames, la de los mulatos, fundándose en el color quemado de la piel y en la expresión que el caraqueño poseía.

* * *

Ahora bien, regresando a esos textos difundidos durante la Independencia, gran parte de esos proyectiles poéticos eran anónimos como lo habían sido en el pasado colonial muchísimos de los pasquines colocados en las paredes de las casas o en las puertas de los templos en lugares muy transitados; no obstante, muchos otros eran producto bien calculado de reconocidos hombres públicos que eran famosos por su vena poética y por blandir la pluma como una espada. Estos contradiscursos han pasado al presente casi totalmente desconocidos o se les ha restado valor en los contextos de las historias de la literatura de los países hispanoamericanos, por la calidad de los escritores involucrados, cuya posición social era ampliamente conocida por ser varios de ellos troncos de distinguidas familias.

Esto último es el caso de Francisco Javier Caro, nacido en Cádiz, España (19 de agosto de 1750) y muerto en Santafé de Bogotá (1826). Primogénito del matrimonio formado por Juan José Caro y Francisca García Lara. Fue ingeniero, dibujante y literato. Partió de Cádiz en la fragata Santa Catalina, el 4 de abril de 1774, cuando contaba casi 24 años de edad. El 7 de febrero de 1778, contrajo matrimonio con Carmen Fernández Sanjurjo, dama de la virreina.

Sirvió en Cartagena al virrey Manuel Antonio Flórez, quien lo propuso el 15 de marzo de 1780 para Oficial Mayor de la Secretaría del Virreinato de Santafé de Bogotá, cargo en el que se posesionó el 23 de julio de 1782, ante el arzobispo virrey Antonio Caballero y Góngora. Fue abuelo de José Eusebio Caro (considerado el poeta romántico más importante de Colombia e ideólogo del partido conservador colombiano) y bisabuelo de Miguel Antonio Caro (Presidente de la República y conocido filólogo y humanista).

Ha pasado a la historia no sólo por ser el ascendiente de estos dos reconocidos hombres del siglo XIX, sino también, según escribió José María Vergara y Vergara, historiador de las letras colombianas durante el siglo XIX, por:

> acometer raras empresas, excelentes las unas, pueriles las otras, pero curiosas todas. Prestábanle un libro nuevo y lo devolvía con notas bellísimamente escritas, o lo copiaba de la cruz a la fecha en primorosa letra o en caracteres de imprenta, poniendo al fin el día y la hora en que acabó de copiarlo. Copiaba con sus pelos y señales todos los avisos que aparecían en las esquinas y puertas de iglesias, y algunos números de periódicos que deseaba conservar. Todo este inmenso trabajo de pluma era sin perjuicio (...) de cumplir fiel y exactamente con los deberes de su empleo, donde tenía que escribir mucho y de sostener copiosa correspondencia y escribir décimas chuscas en que despedazaba a sus contrincantes con el agudo filo de la zumba andaluza de que era inagotable acopio. Detestaba literariamente a don Manuel de Socorro Rodríguez y a todos los literatos criollos: al primero le dedicó sendas décimas, y no había artículo del Papel Periódico que no le comentase, analizase y triturase (Vergara y Vergara [1866] 1974, 68-69).

El escritor, filólogo y crítico literario español Marcelino Menéndez y Pelayo lo recordó como:

> poeta festivo, fidelísimo a la corona de España (...). Quedan de Caro muchas décimas satíricas y burlescas, en que campean la chispa andaluza más que el arte ni el estudio, al cual no era ajeno (...). Tenía Caro especial inquina a la literatura de los criollos, pero envolvía esa desaprobación suya en formas tan chistosas y era de carácter tan inofensivo y benévolo, aunque dado a chanzas y rumbas, que ninguna de sus víctimas literarias llegaba a enojarse con él, ni sus golpes hacían nunca sangre (1928, xxxii-xxxiii).

En un homenaje que le hizo a Francisco Javier Caro el Instituto Caro y Cuervo lo destacó «por dejar la huella perdurable de su ingenio poético y de su adhesión intransigente a la causa de la monarquía» (Gómez Picón 1977, 16).

Las contadas menciones históricas que se hacen de este personaje subrayan su fanatismo por la corona española, su peculiar pasatiempo de copiar todo lo público: hechos y escritos, que le llamaran la atención y las «décimas chuscas en que despedazaba a sus contrincantes con el agudo filo de la zumba andaluza de que era inagotable acopio» (Vergara y Vergara, 69).

Desde el 20 de julio de 1810 –cuando estalló la Independencia hasta la llegada del Pacificador Pablo Morillo y la imposición del reino del Terror (1815-1819)–, cuando España intentó retomar los territorios perdidos por la Independencia en lo que hoy es Colombia, Francisco Javier Caro se dedicó a escribir lo que veía y cómo lo veía, conservando para la historia una numerosa serie de textos poéticos que reunió en los últimos años de su vida bajo el título: «Nueva Relación y Curioso Romance».

En este conjunto de más de 60 poesías sardónicas e hirientes pintó y caricaturizó en versos cargados de hiel unas veces o de crueles sarcasmos otras a escritores, intelectuales y militares criollos y españoles que participaron en las guerras de Independencia contra España. Caro no reparó en requilorios, estaba dispuesto a satirizar todo y a ridiculizar con furor a los criollos sin importar su posición o a vengarse con saña de los españoles que se oponían al gobierno monárquico. Tomaba los defectos físicos y las manchas morales de sus víctimas, verdaderas o inventadas, abultándolas de tal modo que desfiguraba a quien tenía la mala fortuna de caer bajo su restallante fusta.

Entre 1791 y 1797 había consolidado fama por su sentido de contradicción, su desprecio por el trabajo intelectual de los criollos y por la constantes polémicas y diatribas públicas a las que sometió al cubano Manuel de Socorro Rodríguez, Bibliotecario de Santafé y redactor del *Papel Periódico de Santafé de Bogotá*.

Sarcasmos e ironías se trocaron en odio con las guerras de Independencia y convirtieron a Caro en conspirador en el complot que desarrollaban soterradamente los realistas chapetones para retomar el poder. El periodo entre 1810-1815 fue de luchas intestinas y ha pasado a la historia como «la Patria Boba»; porque los grupos que se formaron después de la Independencia eran amorfos, indisciplinados, su finalidad era la defensa o la imposición de un concepto: centralismo o federalismo; ideas vagas, que no representaban una posición fija o precisa de quienes las impulsaban, sobre tareas complejas del Estado (véase Duarte French 1980, 236). Fuera de estas luchas civiles, existía el fatal repudio o el encomio sin mesura que la causa emancipadora generaba; justa para unos y malvada para otros; además, fraccionada en los bandos de la guerra civil y entre los españoles peninsulares y los españoles americanos.

Durante estos años la vena poética y epigramática de Caro se desarrolló con gran vigor. Cada uno de los más distinguidos servidores de la revolución cayeron bajo el estilete poético del retratista gaditano. Las esbozadas siluetas satíricas mostraban la intención acerada y colérica de la pluma del epigramista. Sus caricaturas deforman la prosopografía o desproporcionan la etopeya del representado exagerando y ridiculizando sus defectos físicos o sicológicos y morales; esto a su vez muestra el aspecto personalísimo del comentario, que señala la emoción que movía la pluma de Caro, marcada por intercambios de afectos negativos y revanchas emocionales.

Miguel Pey de Andrade que era Alcalde Ordinario de Santafé, cuando ocurrieron los hechos del 20 de julio de 1810 fue elegido como Vicepresidente de la Junta Suprema que se constituyó en esa ocasión para tomar el poder; es decir, fue el primer gobernante criollo. Al ser desterrado el virrey Amar y Borbón, Pey fue el primer granadino que asumió el poder ejecutivo. Como reacción contra los hechos históricos que sucedían, Francisco Javier Caro empuñó la pluma para dedicarle una décima urticante:

> El tremendo Miguel Pey,
> que por su mucho poder
> en el comer y en beber
> todos le llaman El Buey,
> no tiene más Rey ni Ley
> que andar siempre con peones,
> beber chicha en bodegones,
> cortejar a las... pichonas
> y hartarse en sus comilonas
> de mondongo y chicharrones.
> (En Ibáñez, 9).

Como se aprecia, la vena humorística de Caro es un estilete que muy seguramente haría las delicias de los realistas con la lectura de esta impecable décima, en la que mediante la exageración de aspectos de la etopeya se ensañó con el caricaturizado calificándolo de glotón, bebedor, obeso, enamoradizo y de clase regular porque se mezclaba con la gente del pueblo.

Desprecio especial debió sentir el gaditano contra el brigadier Antonio Baraya, Capitán de Milicias para 1810 y quien había vencido en el sur al gobernador realista Tacón en 1811. No es de extrañar que Caro le cargara un fardo de epítetos:

> Baraya es un botarate
> y un cobarde mequetrefe,
> que quiso meterse a jefe
> siendo un pobre zaragate.
> Este militar petate
> con su cara de chorote
> y su nariz de virote
> queriendo enderezar entuertos,
> hace entre vivos y muertos
> el papel de Don Quijote.
> (En Ibáñez, 5-6).

Los sentimientos que sentía el sujeto de la escritura produjeron otros sentimientos, el desprecio provocaba el rencor. De ahí que los adjetivos calificativos negativos: Botarate (derrochador), mequetrefe (A quien no se puede confiar), zaragate (despreciable), petate (insignificante, mentiroso, estafador), chorote (ordinario, rústico, zafio, persona fea, desproporcionada), virote (ocioso y presumido) los disparara para eliminar socialmente al atacado sin dejar casi un aspecto que no satirizara. Esta destrucción la termina aludiendo a Don Quijote; es decir, Baraya se entrometía en donde no le correspondía e iba detrás de molinos de viento que lo iban a golpear y a perder, porque para los realistas, en ese momento, la Independencia de España era imposible, era un mito, así que nunca se iba convertir en realidad.

A fines de febrero de 1812 la política era ardiente. José Antonio Nariño movilizó tropas de Santafé para ocupar Tunja; pero sufrió derrotas en el norte, lo que finalmente lo llevó a renunciar a la presidencia en octubre. Caro le dedicó las siguientes décimas, mostrando un gran sentimiento de hostilidad hacia él:

> Nariño que es Presidente
> Y tiene el mando y el palo,
> Sobre si es bueno o si es malo
> Dividida está la gente.
> Más cualquier hombre prudente
> Que su conducta haya visto,
> Y quiera hacerse bien quisto
> Sin discrepar del nivel,

Lo mismo ha de decir de él
Que de Herodes Jesucristo.
Unos dicen que es villano,
Otros que es usurpador,
Aquéllos que es un traidor,
Estos que es un mal cristiano;
Ya dicen que es un tirano
Y ya que es un francmasón;
Pero entre tanta opinión
Nos ha dicho Juan Niño
Que don Antonio Nariño
Es un puro Napoleón.
       (en Ibáñez, 5).

El poema está compuesto de dos décimas epigramáticas, con rima: ABBAACCDDC; tipo de estrofa que recibió el nombre de *espinela*. Este tipo de composición: «Sirvió tanto para el relato noticiero como para

Antonio Nariño, retrato por Jose Maria Espinosa Prieto
Casa Museo del 20 de Julio, Bogotá, Colombia

la devoción religiosa; se hizo poesía tradicional hasta desplazar en muchos sitios al romance y sustituir a la copla, y se desarrolló especialmente en la controversia poética» (Trapero, 117).

Las décimas epigramáticas satíricas eran muy usadas para avergonzar y ridiculizar a alguien. La décima presenta el tema en los cuatro primeros versos o redondilla: la gente no sabía si el mandatario era bueno o no servía como tal. Continúa en los siguientes seis versos profundizando sobre lo dicho, porque fue lo mismo que Jesucristo dijo sobre Herodes: nada (Lucas 23:6-12); porque no había nada bueno que decir. Así en la composición poética no se agrega ningún motivo o información nueva.

En la siguiente décima desarrolló todo lo malo que Caro, como realista, pudo afirmar de Nariño: villano, usurpador, traidor, mal cristiano, francmasón, puro Napoleón. Así, lo motejaba de destructor de lo establecido: el gobierno de la península. Nariño tradujo e imprimió *Los derechos del hombre* y fundó el primer Estado Nacional en el que los indios y mestizos hacían parte. Hechos que para Caro eran condenables. Esa hostilidad demostrada en la escritura de Caro era rencor y el rencor produce la venganza. El ridiculizar a los agraviados era una forma de coerción extremadamente violenta porque amenazaba el prestigio social y el honor del ofendido.

Las cosas se fueron agravando en la contienda civil, el gobierno formó un ejército que puso a órdenes del general José Ramón de Leyva. Ante estos hechos los realistas no se quedaron quietos y agitaron la población con la difusión de noticias falsas. Caro apoyó la situación escribiendo estos poemas sobre los jefes militares al mando del gobierno, que han pasado a conocerse como «Siluetas»; así escribió:

> Secretario militar
> fue Leyva, y mamó la teta
> De Ezpeleta y Mendinueta,
> Y mucho más la de Amar:
> Supo el tiempo aprovechar,
> Pues mamando a dos carrillos,
> Rellenó bien sus bolsillos;
> Y al fin, con infame nota,
> Se quedó aquí esta pelota
> A multiplicar chiquillos.
> (En Ibáñez, 12).

Caro no paraba en escrúpulos, y le tenía sin importancia que Leyva tuviera merecimientos como militar en la infantería española. Había prestado grandes servicios en Argel y Buenos Aires, antes de ser Secretario de los Virreyes del Nuevo Reino. Lo que no le perdonaba, era que al darse las revoluciones de Independencia no se hubiera unido al grupo realista chapetón que deseaba la restauración del gobierno español, sino que luchara al lado de uno de los grupos que contendían civilmente en las nuevas guerras por el control del poder.

La declaración provocadora de Caro era un desafío que obligaba al incitado a contestar si no quería aparecer como un incapaz o un cobarde. El desafiado al sentirse ofendido era coaccionado y amenazado. Las palabras que lo describieron, activaban redes emocionales muy complejas de orgullo, vergüenza, honor, miedo, resentimiento y venganza, que han tenido larguísimas historias que han ido tejiendo lazos de desafueros y grandes pasiones.

Como se dijo antes, los sentimientos producen otros sentimientos: el desprecio, el rencor, la hostilidad, la venganza, la aversión, la frustración, las fobias; todas estas emociones expresan odio y este es una de las pasiones humanas incontroladas, producto de un fracaso que se experimenta, resultado de la decepción y el despecho. La malquerencia nacida en el ánimo por despechos conlleva a la furia cargada de odio, que conduce a vengar en los objetos el resentimiento como ajuste de cuentas.

Este tipo de poemas epigramáticos encontraban un público curioso de saber cómo se expresaba el ingenio en torno a personajes bien conocidos; circulaba en forma clandestina, sin que llevara la firma del autor, pero todo el mundo conocía y señalaba al inspirador de los punzantes versos. Muchas de estas décimas obedecían a resentimientos personales, a odios contenidos, algunas eran exageradas, otras manifestaban notoria injusticia. Estas composiciones poéticas recibían aceptación en gracia del ingenio revelado y de la facilidad para caricaturizar a los personajes que intervenían en el movimiento revolucionario sin que el autor se localizara únicamente en el ambiente criollo, porque su agresividad no disminuía si el retratado era europeo. El versificador repartía mandobles por parejo. Al reunir todas las composiciones bajo el título de «Nueva relación y curioso romance» se le dio el nombre de ensaladilla, por la mezcla de asuntos dispares y diversos tipos de formas poéticas de que constaba.

El odio implica deseos de hacer daño. Estar odiando algo o alguien no es «estar» pasivo, sino que es, en algún modo, acción terrible, acción negativa, idealmente destructora del objeto odiado. El odio junta a la repulsión y el asco por algo o alguien, el deseo de destruirlo o aniquilarlo. Es una aversión absoluta; ya que odiar es sentir irritación por su simple existencia.

> El odio como ingrediente básico de la existencia de alguien que vive, por decirlo así, en el odio, que vive exclusivamente para el odio. En este caso, el odio parece ahogar toda posibilidad de objetividad sobre el odiado, y su deseo de destrucción del mismo es tan poderoso que, si le fuera factible, lo haría realidad. Por eso, tendemos a considerar justo nuestro punto de vista moral acerca del odio como una forma de sentimiento intrínsecamente malo (Castilla del Pino, 8).

Cuando llegaron noticias de la aproximación del Pacificador Pablo Morillo, de su segundo al mando Juan Sámano y de la escuadra que capitaneaba el cubano Pascual Enrile, Caro —decidido realista y monárquico furibundo, cargado de odios y frustraciones— encontró la manera más eficaz de librarse de ese peso emocional arrastrado por tan largo tiempo. Morillo tuvo la convicción de que para doblegar el movimiento independentista era preciso emplear los mismos medios que España había usado en la primera conquista, «en un despacho del mes de julio de 1816, fechado en Bogotá, declaró rebelde a todo el que sabía leer y escribir: en consecuencia, seiscientos notables de aquella ciudad fueron sentenciados a expirar en la horca en un estado completo de desnudez» (Cantú en Ibáñez, 161).

Groot, historiador contemporáneo a esos hechos, anotó:

> Hubo un individuo malignamente curioso, que desde el 20 de julio (de 1810) tuvo cuidado de anotar todo lo que sucedía y hacerse a todos los impresos que se publicaban, cuya colección entregó a Morillo, para que se impusiera de todo y de todos los que habían figurado como patriotas. Esto junto con el prolijo examen de los archivos a que se dedicó Enrile, dio a los dos jefes sanguinarios todos los conocimientos que se necesitaban para que no se escapase persona alguna de las que de algún modo hubieran tenido participación en los negocios de la patria (Groot, 385).

De esta manera, los que habían participado en las revoluciones de independencia, y muchos de los intelectuales que habían publicado artículos en periódicos celebrando la revolución y la victoria o habían pertenecido a los gobiernos formados durante los años siguientes fueron gradualmente encarcelados y juzgados; muchos de ellos, fueron fusilados por la espalda como traidores al Rey, si tenían prestancia social, o ahorcados, aquellos considerados inferiores por su posición social o por el tipo de humillación final a que se los quisiera degradar; a muchos les cortaron la cabeza u otras partes del cuerpo y colocaron los miembros mutilados en horcas, en jaulas o en picas o colgando a las entradas de la ciudad o en las plazas públicas. Después de las ejecuciones masivas, para culminar las causas seguidas, se hacía un Acto de Fe en la plaza central, hoy Plaza de Bolívar, para quemar, sin importar el idioma, todos los libros que se les habían decomisado a los sentenciados.

En unos pocos años despareció lo más importante de la generación precursora, entre ellos, los criollos Camilo Torres, Francisco José de Caldas, Joaquín Camacho, Frutos Joaquín Gutiérrez, Jorge Tadeo Lozano, Antonio Villavicencio, Manuel Rodríguez Torices, José María Cabal, Policarpa Salavarrieta, Antonia Santos, Liborio Mejía, Antonio Baraya, José Cayetano Vásquez y otros criollos granadinos (Ocampo López 1999, 113).

De esta manera, la intelectualidad colombiana de la época fue casi completamente diezmada. El duro golpe recibido a manos de la Pacificación monárquica, acabó con muchos de los que hubieran podido llevar las riendas del gobierno o dar gloria a la literatura del periodo.

Este individuo malignamente curioso y delator seguramente fue Caro; este recalcitrante realista monárquico llevado por sus intensas emociones denunció al grupo de participantes en el movimiento de Independencia ante Pablo Morillo causando la muerte y la diseminación de la intelectualidad granadina. Como se observa, es completamente falsa la afirmación de Marcelino Menéndez y Pelayo que ha pasado a la historia sobre Caro y su inquina y desaprobación contra los criollos y todos los sucesos de la época; si bien era chistoso el contenido de sus versos para los españoles monárquicos y realistas, el carácter de su escritura y de sus notas ni fue inofensivo ni benévolo; ya que entre chanzas y rumbas, todas sus víctimas literarias no sólo recibieron sus golpes verbales que por su propia mano no hicieron sangre, sino que bajo el poder del Pacificador Morillo, todos ellos llegaron al fusilamiento, la horca, la cárcel y la pobreza y la humillación total para sus familias.

Todo esto muestra una vez más la autoridad que tienen los nombres públicos conocidos: el de Menéndez Pelayo en España y el de los Caro en Colombia para diluir el poder de actos y escritura, haciendo que los historiadores soslayen la conducta del primer Caro y el poder de su contradiscurso poético o canciones de odio jingoístas y xenofóbicas, conservando para la historia oficial una versión disminuida y finalmente desvirtuada de los hechos. No hay sentimiento en abstracto; puesto que el sentimiento es siempre sentimiento de algo o hacia algo, es decir, el sentimiento es siempre contextual. Ese contexto es siempre histórico, forma parte de las situaciones que el hombre vive, es la propia configuración de esas situaciones.

Bibliografía

Bushnell, David. *Simón Bolívar: hombre de Caracas, proyecto de América: una biografía*. Editorial Biblos, 2002.

Castilla del Pino, Carlos (Ed.). *El odio*. Barcelona: Tusquets Editores, 2002.

Deleuze, Gilles y Félix Guattari. *Mil mesetas. Capitalismo y esquizofrenia*. (1980). Valencia, España: PRE-TEXTOS, 2004.

Duarte French, Jaime. *Poder y política. Colombia 1810-1827*. Bogotá: Carlos Valencia Editores, 1980.

Gómez Picón, Alirio. *Francisco Javier Caro. Tronco hispano de los Caros en Colombia*. Bogotá: Instituto Caro y Cuervo, 1977.

Groot, José Manuel. *Historia eclesiástica y civil de Nueva Granada. Escrita sobre documentos auténticos*. 2ª ed. aumentada. T. III. Bogotá: Casa Editorial de M. Rivas y C.ª, 1891.

Hernández de Alba, Guillermo. «Prólogo». *Memorias sobre los orígenes de la Independencia Nacional*. José Antonio de Torres y Peña. Bogotá: Editorial Kelly, 1960. 7-26. [Biblioteca de Historia Nacional Vol. XCII].

Hamilton, John Potter. *Travels through the Interior Provinces of Columbia*. Vol. 1. London: John Murray, 1827.

Holguín y Caro, Margarita. *Los Caros en Colombia. Su fe, su patriotismo, su amor*. 2ª ed. Bogotá: Instituto Caro y Cuervo, 1953.

Ibáñez, Pedro M. *Crónicas de Bogotá*. 2ª ed. [Biblioteca Nacional. T. III]. Bogotá: Imprenta Nacional, 1917.

Laviana Cuetos, María Luisa. «Movimientos subversivos en la América española durante el siglo XVIII. Clasificación general y bibliografía básica». *Revista de Indias* XLVI.178 (jul.-dic., 1986): 471-507.

Lynch, John. *Las revoluciones hispanoamericanas 1808-1826*. (1976). Barcelona: Editorial Ariel, 1983.

Marina, José Antonio y Marisa López Penas. *Diccionario de los sentimientos*. Barcelona: Editorial Anagrama, 2001.

Menéndez y Pelayo, Marcelino. *Antología de poetas hispanoamericanos*. III. (1894). Madrid: Tipografía de la «Revista de Archivos", 1928.

Ocampo López, Javier. *El proceso ideológico de la Emancipación en Colombia*. Santafé de Bogotá: Planeta Colombiana Editorial, 1999.

Ortega Martínez (Dir.). «Gazeta de Santafé 1818-1819. 2. Editor – Redactor. Juan Manuel García Tejada del Castillo». *(BVC) Biblioteca Virtual Colombiana*. http://bvc.biteca.com/exhibits/show/gazeta-de-santaf—-1818-1819/2—editor-es———redactor-es-

Ortega Montero, Carlos Rodolfo. *La lírica política en la historia de Colombia*. Bogotá: Imprenta Nacional de Colombia, 1999.

Ots Capdequí, José María. «Sobre las "confirmaciones reales" y las "gracias al sacar" en la historia del derecho indiano». *Estudios de Historia Novohispana* Vol. II. México: Instituto de Investigaciones Históricas - UNAM, 1968. 36-47.

Rosenblat, Ángel. «El mantuano y el mantuanismo en la historia social de Venezuela». *Nueva Revista de Filología Hispánica* (El Colegio de México) 24.1 (1975): 64-88.

Slatta, Richard W. and Jane Lucas De Grummond. *Simon Bolivar's Quest for Glory*. College Station, Texas: Texas A&M University Press, 2003.

Torres y Peña, José Antonio de. *Memorias sobre los orígenes de la Independencia Nacional*. Bogotá: Editorial Kelly, 1960. [Biblioteca de Historia Nacional Vol. XCII].

———. «Santa Fe Cautiva. Poema que contiene la historia de la entrada del tirano Simón Bolívar, y establecimiento del titulado Congreso en esta capital del Nuevo Reino de Granada, con noticia de su libertad por las victoriosas armas del Rey Nuestro señor, que Dios guarde, por D. José Antonio de Torres y Peña, Cura de Tabio – 1816». *Biblioteca de Historia Nacional*. Vol. 1. 275-476.

Trapero, Máximo. «Vicente Espinel, la décima espinela y lo que de ellos dicen los decimistas». *Actas del VI Encuentro-Festival Iberoamericano de la Décima y el Verso Improvisado*. Las Palmas de Gran Canaria: Universidad de La Palmas, Cabildo de Gran Canaria y Acade, 2000: I, 117-137.

Vergara y Vergara, José María. *Historia de la literatura de la Nueva Granada*. II. (1866). Bogotá: Biblioteca del Banco Popular, 1974.

La *Miscelánea* (1825-1826): Literatura y Opinión Pública

En los periódicos, forma privilegiada de comunicación durante el siglo XIX en el territorio de lo que hoy es Colombia, se observa la ardua evolución que se produjo para institucionalizar la literatura e impulsar la erudición, pero también para guiar la opinión de los receptores. Durante el primer cuarto del siglo, con los cambios educativos que se establecieron, aumentó el público lector, lo cual permitió una ampliación en la difusión de impresos; esto, a la vez, incrementó el número de escritores que desarrollaron prácticas tanto culturales como discursivas para promover reacciones sociales, estableciendo un proceso comunicativo que informaba y difundía ideas, pero que a la vez generaba complejas reacciones de aceptación y rechazo entre los lectores.

La consolidación de la literatura durante la primera parte del siglo XIX se observa en los periódicos y revistas literarios: *La Miscelánea* (1825-1826), *La Estrella Nacional* (1836), *El Albor Literario* (1846), *El Duende* (1846-1849) y *El Museo* (1849)[4]; en esas páginas se advierte tanto el entendimiento que poseían los escritores del tipo de texto que consideraban como producto de la creación estética, como la conciencia que poseían de la labor publicitaria que efectuaban y las claves de la formación de la opinión y de la autodeterminación personal y política que producían las propuestas y los pronunciamientos.

> El periódico literario: prensa dedicada a difundir la literatura, surgió lenta y esporádicamente al principio, pero pasados los lustros de experimentación se convirtió en una manifestación constante; ya que proporcionaba a los lectores además de una fuente de distracción, redes de palabras y prácticas sociales que lentamente iban constituyendo los emergentes discursos, que dieron origen tanto a

---

4   Véase un estudio de estas publicaciones en Rodríguez-Arenas, 2007.

imperceptibles cambios sociales como a diversas creaciones literarias. En esa temprana parte del siglo XIX, el campo social ocupado por los periódicos se convirtió en un imperio de signos, que se percibió y se valoró gracias a las pautas que ellos mismos habían ido delimitando. De esta manera, la prensa se entendió como un modo de organización culturalmente influyente para diversas construcciones sociales discursivas (Rodríguez-Arenas, 57).

La influencia sociocultural de un texto literario depende de la manera en que se lo comunique efectivamente a una audiencia. Para entender este proceso se necesita comprender cómo el lector percibió esa determinada producción, consecuencia del momento histórico que la engendró. Wolfgang Iser ha argüido que los cambios que sufre la percepción mediante la interpretación que hace el receptor y las impresiones que esa exégesis crea en él son los que hacen que el texto revele la potencialidad múltiple de las conexiones (véase Iser, 1974, 278). Esas transformaciones de percepción requieren que el lector reflexione sobre lo leído; es decir, que medite conscientemente sobre lo que ha comprendido y ha retenido en la memoria; de ese modo se da principio a la liberación del potencial de racionalidad que se halla en la praxis comunicativa.

Esos patrones mentales configurativos implantados en el receptor pueden incluir algunos elementos claves y dejar de lado otros; no obstante, éstos últimos pueden crear «mundos secundarios» en la mente, campos de referencia compuestos por secuencias completas o imágenes menos formadas de menor claridad e importancia, que pueden activarse posteriormente en un momento determinado para producir una respuesta.

Si se considera un escrito literario como un acto de comunicación, éste se realiza en un campo entre la obra creada por el autor y la interpretación que los receptores hacen de ella. Un texto literario encierra una multiplicidad de significados posibles que se pueden efectuar en la mente de quienes lo interpretan, ya que ellos funcionan mediante evocaciones asociativas. Si la comunicación siempre es parcial, se puede asumir que la fracción que la inteligencia percibe, recuerda e interpreta es la contribución de la literatura dentro del contexto de ese intercambio particular. Así es que, para un entendimiento más acertado de la función que cumple la literatura deben tenerse en cuenta los receptores y sus reacciones, producto de patrones cambiantes de percepción en épocas determinadas.

El medirse con un personaje de una obra literaria proporciona materiales novedosos para la imaginación, que de otra manera se verían reducidos al tener que extraerse de las experiencias individuales. Las respuestas de los lectores a los personajes ficcionales pueden ser completamente privadas. Se pueden seguir los destinos de éstos desde lejos, sin tener parte en ellos de ninguna manera. Incluso cuando hay un acercamiento emocional y se decide participar de este modo con esos destinos, se tiene la libertad de rechazar las experiencias según las necesidades particulares o las normas de conducta. Los lectores de ficción tienen el doble papel de participantes y de espectadores; como público pueden, cuando sea necesario, alejarse de la fantasía y regresar a la realidad de la vida corriente. De esta manera, esta lectura es una exploración consciente a través de la imaginación de las posibilidades de la acción humana.

A esto debe agregarse que los escritores en el siglo XIX se caracterizaron por usar obras literarias para moldear el comportamiento de los receptores. La interacción social de los grupos educados durante la época fue un incesante intercambio de papeles y una constante puesta en práctica de esos papeles. Como grandes conocedores de los roles establecidos, a menudo, los escritores proporcionaron con claridad características literarias a sus personajes. La literariedad de sus creaciones ficcionales tenía la finalidad de provocar una reacción, y mediante ella un resultado deseado socialmente.

Estas peculiaridades se hallan en los tempranos textos literarios del siglo XIX; así que para intentar comprender algunas de las funciones que tuvo la literatura durante ese siglo en este ensayo se prestará atención a la publicación que fue la primera revista literaria[5] de Colombia: *La Miscelánea* (1825-1826). Esta publicación surgió dentro del

---

5   Como se observa en el fragmento siguiente, en la época el concepto «Literatura» incluía la literatura, la lingüística, la crítica de los textos y de la cultura, la historia de las culturas y de las ciencias, la mitología y otros aspectos del conocimiento: «LITERATURA Esta voz en su mas lata significacion es un termino que designa el conocimiento de las ciencias, de las bellas artes y de las bellas letras. Conocese por tanto que no es dado al breve termino de la inteligencia humana ser un literato perfecto, porque nadie puede reunir todos los talentos y todos los gustos a un saber universal. / Se entiende sin embargo mas frecuentemente por literatura, la gramatica, y los idiomas en jeneral; las bellas letras propiamente dichas, a saber, la elocuencia y la poesia en todos sus jeneros respectivos; los romances, y las novelas; la critica en general, sea que ella consagre sus investigaciones a restituirnos la literatura antigua, o bien que por medio de un examen ilustrado pronuncie un juicio equitativo sobre las producciones humanas; la historia universal y particular, y la biografía de los hombres celebres; la historia de las ciencias, y la de la literatura misma; la mitolojia; y este conjunto, en fin de luces y de noticias que se designa frecuentemente con el nombre de erudicion» (Anónimo, 2 de octubre de 1825: 12).

territorio que Bolívar había organizado bajo el nombre de Colombia (Venezuela, Cundinamarca y Quito), de ahí que los artículos incorporaran a los habitantes de estos lugares como receptores de los textos. Los redactores, enemigos de Bolívar, fueron: Juan de Dios Aranzazu, Rufino Cuervo, José Ángel Lastra, Pedro Acevedo Tejada y Alejandro Vélez, todos ellos pertenecían a la Logia Masónica Libertad de Colombia Nº 1, organizada por Francisco de Paula Santander. Además, todos los textos de la publicación se adscriben al sentido que en esa época poseía el concepto «literatura».

Desde el «Prospecto», los Redactores explicitaron:

> «esperamos (...) que no se nos ataque con insultos y sarcasmos, porque sobre ser demasiado prohibidas esas armas, solo sirven para desnaturalizar las cuestiones». [Avisaban esto porque en la publicación iban a] «poner al alcance (...) una multitud de verdades y de principios importantes de cuya propagacion se forma la civilización de un pueblo» (Los Editores, 1º de septiembre de 1825: 1).

Del mismo modo, sentaron su posición sobre el contenido de la publicación: iba a estar compuesta de asuntos mixtos, donde los de importancia para la vida social prevalecerían; propósito que cumplieron hasta su clausura. Asimismo, demostraron la presencia de un movimiento cívico que se enfrentaba a los errores o a las arbitrariedades tanto de sectores sociales como del gobierno regional o estatal (véase Rodríguez-Arenas, 58-74).

Los redactores, como masones que eran, propugnaban la búsqueda de la libertad y de la armonía. La primera: «uno de los tres principios que componen el trinomio masónico. La libertad tiene a la naturaleza por principio, a la justicia por regla y por salvaguardia a la ley (...). La libertad iniciática se alcanza buscando la Verdad, cultivando la virtud, liberándose del error, de la ilusión, de las debilidades humanas». (Daza, 34). De ahí que tendieran a obtener la armonía tanto política como cultural, puesto que de ella «depende el fruto de los trabajos, ya que funde las partes del Todo y actúa como equilibrador del binario (Daza 38). Junto a esto deseaban la tolerancia para solidificar «la amistad, la concordia y la paz» (Anónimo, 23 de octubre de 1825: 22).

El aumento de diversas formas de escritura de ficción en una publicación como ésta, aunado al incremento de una audiencia lectora o al menos receptora del contenido de los textos, beneficio directo de la independencia definitiva de España y de la política educativa impulsada por el general Francisco de Paula Santander desde 1821, fueron algunos de los factores que más influyeron en la emergencia de la literatura colombiana. Lo distintivo de estas formas de escrito ficcional eran: la brevedad, la amenidad y el estilo popular; lo que las hacía preferidas para un tipo de publicación periódica como fue *La Miscelánea*.

La ficción, como una de las diversas expresiones que se han imaginado para articular la relación del ser humano con su entorno, impulsa al ser humano a desarrollar aspectos de actividad artística en los que puede expresar incalculables posibilidades de representación y juego; esto lo ha transmitido por medio de tipos discursivos muy conocidos desde épocas remotas. Con esos textos se ha ido forjando la acción humana, y se la ha ceñido al interior de la cultura en la que se ha emitido; adecuación que, a la vez que permite que los escritos se reciban e interpreten, los marca con características de época, estableciendo necesarias correlaciones con el momento histórico y con los modelos que esa cultura ha edificado como su posibilidad. Las convenciones ideológico-culturales del periodo de producción de los textos y cognitivo-éticas de la cultura que los engendra son vitales para la comprensión de la difícil relación ficción-realidad del modelo del mundo en el que se originan y de las hipótesis que ese modelo impone a cada texto en ese momento histórico específico.

De ahí que en los tempranos periódicos literarios del siglo XIX se encuentre una variada gama de textos que explicitan un énfasis en el sujeto ficticio vs. el sujeto real social; textos en los que se suspenden las exigencias de verdad y de compromiso para con el mensaje que se emite en el acto de comunicación; pero que al adscribirse a las convenciones ideológico-culturales del tiempo histórico en que se producen a pesar de ser ficcionales, incorporan muchos de los grandes temas y problemas que preocupaban a sectores de la sociedad de ese entonces. Uno de esos escritos que se halla en *La Miscelánea* es el siguiente:

Diálogo entre un cura de indios y Fr. Bartolome de las Casas

Cura: Creo reconocer a este hombre que en traje dominicano se presenta a mi vista. Si la historia no me engaña, su aspecto venerable, la tristeza pintada sobre su rostro, la dulzura afectuosa de sus ojos todo me indica al celebre obispo de Chiapa.

Acerquemonos. —Las Casas: no lamente U. mas la suerte de sus Indios. Su nacion ha sido infortunada, lo confieso: la muerte y la espoliacion mas barbara fueron el patrimonio de sus padres, y aun hoy dia ellos viven abismados en la miseria y en una humillante postracion. Pero que quiere U. nada menos que esto se necesitaba para civilizar y convertir a un mundo idolatra y para que los curas pasaramos una vida comoda y feliz.

Las Casas: Ay amigo! Son esas injusticias perpetuadas en la raza desventurada de los Indios las que me han hecho levantar de mi ignorado sepulcro. Mi corazón repugno siempre convenir en que hubiera podido ser un bien el degüello de doce millones de infelices; pero mis cenizas no se han ajitado menos contra los abusos que se permiten con su posteridad ciertos ministros del Dios de la misericordia.

Cura: Echemos un velo sobre los horrores de la conquista y consideremos solamente el estado actual de los Indijenas. Si han llegado a noticia de U. las leyes de Colombia en cuyo suelo ahora nos hallamos U. se vera forzado a confesar que ellas han mejorado mucho su condición. Se les ha eximido del tributo y demás cargas pesadas y degradantes con que eran agobiados bajo la dominacion de España: se cuida de su educación, y mas que todo, ellos han sido perfectamente asimilados al resto de los ciudadanos.

Las Casas: La equidad y la justicia, es verdad, respiran en esas leyes protectoras, pero nunca faltan hombres malévolos o que las eludan o las infrinjan. U. lo sabe pues es uno de los culpables: yo tambien lo se y por eso deploro tan grande mal. Varias parroquias hay en que los curas obligan a cada padre de familia indijena a contribuir con medio real por mes, y a los celibatarios con un cuartillo, bajo el pretesto de hacer un fondo para comprar cera. – Tambien los fuerzan a hacer una fiesta que les tiene de costo, por lo menos tres pesos, y si no los dan, los hacen poner en prisión. – Hacen rezar la doctrina Cristiana que enseña la igualdad, colocándolos en circulo y en lugares públicos. – Los ocupan en servicios de su casa sin pagarles su trabajo. – Los ponen en la necesidad de conducir de sus habitaciones a la casa del cura a sus parientes enfermos para que se les administre la confesión, con suyo motivo algunos mueren el transito; o si van a administrarlos a sus chozas, les exijen por la dilijencia cuatro reales y un almuerzo. – En fin cometen con ellos otras mil vejaciones no menos irritantes. Facil me seria citar ejemplares que U. no ignora. Sin duda U. no estara admirado de encontrarme al cabo, de estos hechos, pues a los habitantes de la rejion eterna, nada de lo que pasa en este globo mezquino, puede ocultarsenos.

Cura: yo veo que U. ha dicho la verdad, y en vano fuera tratar de

desmentir a quien todo lo sabe. Pero no es menos cierto que los curas debemos vivir holgadamente, y que si no tenemos criados, es menester que los Indios nos sirvan, y que paguen los impuestos que queramos establecer, porque dignus est mercenarius mercede sua, y el que sirve al altar debe vivir del altar. – Por otra parte U. no habra olvidado que Aristoteles dijo que había siervos por naturaleza. Pues el Indio es el siervo de Aristoteles: el esta naturalmente condenado a un perpetuo cautiverio, y a servir gratuitamente, sobretodo a su párroco que ruega por el y lo conduce por el camino de la bienaventuranza, aunque a costa de ciertos sufrimientos. La cosa no puede ir de otro modo, porque ¿Cómo unos seres de color de cobre, con unos carrillos tan prominentes, con cabellos lacios, y en todo sumamente contrahechos habian de igualarsenos? Digan lo que quieran sobre esto las leyes, ellas no deben entenderse con los Curas. Estos por lo menos son mis sentimientos, aunque no dejo de conocer que muchos pastores compañeros mios tienen la candidez de pensar como U. Semejante filantropia que consiste en aniquilar nuestra propia conveniencia, no es de mi gusto.
Las Casas: ¡Oh que horror! Esas máximas inhumanas harian estremecer al barbaro mas barbaro; ¿y el ministro de un Dios bueno las profesa con alegria? No yo me apresuro a sepultarme en mi fosa para no volver a esta tierra de lagrimas que ya no me es dado protejer.
Cura: Yo te excomulgo y me voy a rezar.
Las Casas: Y yo voy a reunirme al Dios consolador de los aflijidos» (Anónimo, 11 de diciembre de 1825: 51-52)[6].

Este texto ofrece un diálogo, forma narrativa existente desde los clásicos. «En griego, διάλογος designa tanto a la conversación como al género literario» (González Iglesias, 46). Este discurso es un diálogo literario inserto; es decir, es producto del autor que lo generó. En él hay una concurrencia de dos interlocutores: Las Casas y el Cura que como productores y receptores internos son comunicantes textualizados, por tanto, ficticios. Sus emisiones son reflejo especular, que representan modos de comprensión y de realización de relaciones sociales, que, a su vez, explicitan posiciones ideológicas antagónicas sobre hechos institucionalizados; donde las distintas opiniones de los

---

6   Siguiendo las normas de la época, estos artículos no están firmados, lo que hace imposible identificar a sus autores; pero estos incipientes inicios sirvieron a los escritores que participaron en *La Miscelánea* para avanzar en sus proyectos de imaginación y perfeccionar gradualmente sus técnicas escriturales, por lo cual, más tarde Los Editores fueron autores de obras reconocidas.

personajes ventilan percepciones y realizaciones de conductas acerca de cuestiones culturales problemáticas.

Como construcción escritural este diálogo está dirigido a los lectores de *La Miscelánea*: receptores externos, diferentes de los interlocutores que se comunican entre sí en el texto. Estos personajes: Las Casas y el Cura, poseen un sistema de mundo diferente al sistema de mundo del productor externo y del receptor externo (véase Albaladejo, 231); aunque el referente del diálogo que poseen, sea compartido en los dos niveles.

> El diálogo crea su sentido por la intervención de todos los sujetos y por la convergencia de varios tipos de signos; la comunicación transmite un mensaje que conoce uno de los sujetos y no los demás, que está terminado en el momento en que empieza el proceso de información que acabará cuando los demás se dan por enterados. En el diálogo la información que aporta cada uno de los interlocutores es incorporada al conocimiento de todos y hace proseguir el discurso (Bobes Naves, 36).

Los dos personajes pertenecen a esferas de mundo también diferentes: Las Casas, «habitante de la región eterna» y el Cura, residente ficcional de la Nueva Granada que tiene la habilidad de comunicación con el «más allá». Se relacionan porque el primero se muestra ante el otro, quien lo reconoce. Este encuentro sucede en un momento del tiempo después de que en el siglo XIX en el Congreso de Cúcuta se liberó a los indígenas del tributo impuesto por el derecho indiano y se pusieron en práctica proyectos para asimilarlo e integrarlo, pero se lo continuó abusando y discriminando por la raza, por el origen, por el vestido, por la cultura, por la religión, por el idioma y por la costumbre.

El contenido del diálogo representa en las palabras del Cura «La ideología de la dominación»[7] de la Iglesia que desde la conquista estableció un imperio total en muchos aspectos de la vida social; control que durante el régimen de Francisco de Paula Santander se intentó disminuir. Así el 28 de julio de 1824, el Gobierno dictó la ley por la cual pasaba el control del patronato a la República. Estas regulaciones

---

[7] «Al identificarse la Iglesia católica con el sistema económico social y político desarrollado en América por la dominación hispánica, la religión fue utilizada en diferentes ocasiones por los sectores metropolitanos como instrumento ideológico para el sometimiento de grupos como los indios, mestizos y negros esclavos. Es decir, la Iglesia católica fue colocada al servicio de un imperio colonizador con el carácter de ideología de la dominación» (Díaz Díaz, 413-414).

fiscalizaron la elección de los arzobispos y obispos, limitaron el número de prebendas que las catedrales y las iglesias podían tener; arreglaron los límites geográficos de las diócesis; dispusieron de dónde saldrían los gastos de las iglesias; aceptaron o prohibieron la celebración de concilios nacionales y provinciales; aprobaron la fundación de nuevos monasterios u hospitales o los suprimieron; dieron destino a las rentas de las instituciones religiosas; controlaron sus estatutos; arreglaron la inversión de los diezmos o de cualquier otra renta que poseían [véase Colombia, 237-238). Era el control de la Iglesia por parte del Gobierno, lo que nunca había sucedido desde la implantación de esa institución en época de la conquista. Sin embargo, la posición de muchos religiosos sobre diversas situaciones sociales establecidas no varió, a pesar de las leyes que se emitían (véase Bushnell, 237-296).

Entre los dos personajes del diálogo, Las Casas es el sujeto de conocimiento que mediante actos de habla trataba de transmitir sus ideas y de hacer comprender al otro personaje la visión negativa que recaía sobre la Iglesia al abusar y explotar a una parte de la sociedad. Mientras que el Cura justificaba su conducta nombrando autoridades, jerarquizando posiciones, privilegiando su raza, exponiendo que la calidad de «siervo» del indígena lo facultaba a explotarlo, cargándolo de obligaciones; gestiones que además de que consideraba normales debido a su calidad de representante divino, le permitían vivir cómodamente y adquirir fortuna. Ante esas afirmaciones, Las Casas dolido y sorprendido reconoció que las transgresiones morales y las aberraciones sociales de los religiosos habían llegado a extremos inauditos y sintiéndose impotente para lograr cambios, decidió regresar al lado de Dios. Pero como había expresado en voz alta sus pensamientos, el Cura reaccionó ante esas palabras, excomulgándolo.

La excomunión, sanción canónica creada para conservar la unidad y la autoridad de la Iglesia, la empleó el Cura como recurso mental y emocional ante lo que no le gustaba, mostrando con esto, el abuso consuetudinario que ejercía del poder y la práctica de esas arbitrariedades como dominio psicológico y social para obtener lo que deseaba. No obstante, después de emitir la sanción como si no tuviera consecuencias sociales, informó que se iba a rezar; palabras con las que explicitó la concepción de cristianismo que poseía, basada en la práctica habitual de explotación. Con esa conducta reforzaba su condición y su posición social, de las que hacía alarde para detentar y hasta elevar su prestigio dentro de la comunidad, sin importarle que sus acciones fueran contra el más elemental principio cristiano.

Por medio de las palabras de los personajes se puede construir su dimensión interna: el obispo, ya habitante de otro mundo, explicita características semejantes a las que distinguieron al ser vivo; mientras que el Cura es un «tipo»[8] literario que representa a un sector religioso que movilizaba temores y castigos para manipular, controlar y ligar a su voluntad la vida de las comunidades; acción que expone el poder que poseía la Iglesia, los mecanismos que empleaban sus miembros para sojuzgar, la forma de vivir lo religioso, la de propagar la visión de mundo y el modo de utilizar injustamente la ley canónica sobre los habitantes, causando terror; todo lo cual tenía concretas implicaciones sociopolíticas y económicas, que llevaron a ese grupo a considerarse por encima de las leyes y a desconocerlas, para continuar disponiendo libremente de los seres humanos y de sus bienes, porque como representantes divinos se creían legítimamente con poder y para ellos, esto justificaba su actuación.

El autor del diálogo y los redactores de *La Miscelánea* tomaban parte en el debate que se sostenía sobre la posición de la Iglesia en la sociedad. El aspecto tratado aquí era la actuación de diversos clérigos hacia las comunidades indígenas, a pesar de las leyes emanadas por el Congreso de Cúcuta, el 4 de octubre de 1821. Las arbitrariedades de los religiosos contra los indígenas llevaron al Fiscal, al Gobernador y al Intendente de Cundinamarca a denunciar «los abusos sumamente perjudiciales al bienestar de esta porción de colombianos, residentes en la Provincia de Bogotá», expidiendo decretos contra los curas de indios, porque los indígenas eran ciudadanos como todos los demás. Para que se cumpliera lo decretado ordenaron: «Art. 7°. Los jueces políticos están encargados bajo su responsabilidad, de la ejecucion de este decreto, cuya copia mandarán fijar en cada uno de los pueblos de su canton, y harán leer diez domingos seguidamente después de la misa mayor» (Anónimo, 26 de marzo de 1824: 55). Con esa difusión

---

[8] Todorov y Ducrot explicitaron las características de esta clase de representación: «tipos. En ellos los atributos no sólo permanecen idénticos, sino que también son muy escasos y con frecuencia representan el grado superior de una cualidad o un defecto (por ejemplo, el avaro que sólo es avaro, etc.)» (Ducrot y Todorov, 261-262). Es decir, se hacía una generalización, un estereotipo de algunos que ejercían o efectuaban una determinada práctica social, que servía para ir demarcando clases y lugares, pero especialmente para censurar y ridiculizar desde una posición superior.

de información pretendían que hubiera comunicación de la noticia, de las obligaciones, de las sanciones y de los derechos.

No obstante las disposiciones, los recordatorios y los castigos, los clérigos se negaban a aceptar el cambio en las costumbres, rechazaban perder la mano de obra gratis y las entradas que los tributos y las contribuciones les proporcionaban, además del control social que habían detentado; de ahí que el autor del diálogo, redactor o colaborador de *La Miscelánea* efectuara la representación negativa del personaje del Cura, para así generar adeptos a la idea de reprobación y de rechazo que proponía, y que difundía la publicación, contribuyendo de esta manera mediante un texto literario a impulsar a los receptores para que tuvieran una actitud personal ante los hechos y definiera una postura respecto a ellos. Es decir, el autor del diálogo ayudaba a estructurar una faceta de la opinión pública para influir en sectores de la sociedad y así promover la moral cívica ciudadana sobre los derechos de los indígenas.

Este no fue el primer artículo que se publicó en *La Miscelánea*, que hablaba en contra del proceder de miembros del clero[9]. En el N° 2, se difundió otro diálogo entre D. Prudencio y D. Silvestre que hablaba de la libertad de cultos y de la manera en que los sacerdotes de Atenas «asustaban al pueblo, obligándolo a recurrir cada dia con nuevos sacrificios, dadivas, y limosnas a los interpretes y mediadores para con las potencias celestiales. Todo este sistema de supercherías y absurdidades, de engaños y de latrocinios eran para ellos un manantial inagotable de riqueza» (Anónimo, 25 de septiembre de 1825: 8). Mientras que en el artículo: «Civilizacion de indijenas» al comentar las leyes que se habían dictado para reducir a la vida social a los indígenas de la Guajira, del Darién y de Mosquitos, el autor recordaba que los sacerdotes se habían hecho instrumentos de los tiranos, mostrándoles a los indígenas «cuan terrible era en sus iras el Dios de los cristianos» (Anónimo, 4 de junio de 1826: 153).

Pero tal vez sea: «Representación del Dr. Vicente Azuero contra

---

[9] «Todos los principales periódicos existentes durante el régimen de Santander eran anticlericales en su tono» (Bushnell, 254). «Otro de los factores que estimulaban la difusión de los sentimientos anticlericales era el acelerado crecimiento de la francmasonería (...). La masonería tuvo evidentemente una significación mayor entre los civiles; casi sin excepción los dirigentes liberales y anticlericales fueron miembros de las primeras logias, mientras que los conservadores auténticos permanecieron a distancia. El gabinete de Santander llegó a estar conformado enteramente por masones y algunos de los curas y frailes más radicales ingresaron igualmente a la masonería» (Bushnell, 254-256).

el Dr. Francisco Margallo», el texto publicado en *La Miscelánea* que señala más directamente la manera en que diversos clérigos se percibían a sí mismos y el poder social que se otorgaban:

> Hemos visto la representación dirijida al Supremo Poder Ejecutivo contra el presbitero Dr. Francisco Margallo por el Dr. Vicente Azuero en que solicita la contencion de varios excesos cometidos por aquel en abuso de su ministerio. No es nuestro animo hacer un examen de la conducta politica de dicho eclesiástico, porque ella es demasiado conocida de todos, presentaremos si, como en otras ocasiones hemos hecho, lijeras observaciones sobre las doctrinas y principios que contiene aquella pieza, dejando a nuestros lectores el derecho de graduar la estimacion que ella se merece (Anónimo, 30 de abril de 1826: 135-132) (sic).

Ese texto aludía a la situación que creaba el religioso y que conmocionaba a la capital. Junto a las disposiciones anteriormente señaladas, el Gobierno había comenzado a reestructurar la educación de la Nueva Granada en diversos niveles. Para lograrlo había tomado control de los establecimientos de educación, que la Iglesia había regentado durante siglos por disposición de la corona española.

Para conseguir lo anterior, determinó en el «Decreto sobre patronato de los establecimientos literarios» emitido en julio de 1820, que los nombramientos de los directivos y de los catedráticos los decidía el gobierno: «Las cátedras de jurisprudencia, civil y canónico, derecho público, filosofía y gramática, serán provistas por el gobierno del departamento», «El gobierno nombrará al rector, vicerrector y pasante. Los dos primeros durarán tres años y el rector será precisamente eclesiástico, y el último durará un año» (Santander, 13).

Con la oposición y el rechazo a las nuevas normas sobre educación, Margallo reaccionó durante años causando conmoción en la vida capitalina. Para 1821, Florentino González señalo: «Debo hacer aquí mención de un incidente que ocurrió cuando empezamos a estudiar la lógica de Heinecio. Era catedrático de teología el doctor Francisco Margallo, eclesiástico de acendrada virtud, pero cuya religiosidad rayaba en fanatismo. Luego que este eclesiástico supo que los libros antiguos que servían para la enseñanza de aquella ciencia no serían el texto de nuestros cursos, y que el hereje Heinecio había de substituirlos, clamó altamente contra tal medida y suscitó contra ella a todo el clero. El resultado fue que Heinecio fue proscrito ostensiblemente, pero sus principios fueron consignados en el cuaderno de lecciones que nos dictó el catedrático, doctor José María de la Torre y Uribe. El libro se consideró como prohibido; pero por la misma razón fue más leído: es lo que sucede cuando se persiguen los libros» (Florentino González en Camacho Carreño, 73).

Del mismo modo, Margallo contribuía, a su pesar, a difundir entre quienes lo escuchaban, nombres y situaciones que hubiera deseado mantener olvidados, como afirmó el mismo Florentino González: «Al mismo tiempo que a los oradores de las cámaras, había que oír a los oradores eclesiásticos en las iglesias; porque era la época de la cuaresma. Desde que un sistema liberal de aduanas empezó a llamar el comercio a nuestros puertos, se importó una multitud de libros de los que había producido la imprenta española en sus intervalos de libertad, y de los que producían las imprentas de París. Entraron en el país promiscuamente los piadosos y los impíos; y desde luego, la predicación empezó a hacer la guerra a los que el clero calificaba como pertenecientes a esta última clase. Siempre he gustado yo de oír a los buenos oradores, y no faltaba nunca a los sermones del Dr. Francisco Margallo, que se distinguía entre los sagrados. Este eclesiástico declaró la guerra a muerte a los libros, y el tema de sus sermones era el perjuicio que causaban a la religión y a la moral. De su boca oí yo los nombres de Voltaire, Rousseau, Raynal, Volney, de los cuales tomaba nota para formarme el catálogo de libros que me había de proporcionar después. Sucede con frecuencia que éste sea el resultado del celo indiscreto de los predicadores; y la experiencia ha demostrado que la boga de una producción literaria está siempre en razón directa del furor con que se la persigue» (Florentino González en Camacho Carreño, 83).

Margallo había atacado también a la masonería con sus sermones y el folleto: «El gallo de San Pedro» (junio 23 de 1823), donde reveló parte de los ritos secretos que celebraban en las logias. Este texto había sido una respuesta al artículo «Francmasonería» que había aparecido en el periódico *El Patriota* N° 29 (25 de mayo de 1823, 227-228), publicación que dirigía Francisco de Paula Santander. Poco después lanzó «El perro de Santo Domingo» (1823), folleto de 24 páginas, contra los libros que consideraba malos, como los que nombró antes Florentino González. Mientras que con «La serpiente de Moisés» fue en contra de la libertad de cultos. Sobre la reimpresión de este panfleto en Caracas, los Redactores de *La Miscelánea* escribieron:

La serpiente de Moises, cuaderno impreso en esta ciudad y atribuido al Dr. Margallo, ha sido reimpreso en Caracas por el presbitero Jose Miguel Santana, prebendado, y el Procurador Jeneral y otro miembro de la municipalidad lo acusaron al jurado como sedicioso. Habiendose declarado haber lugar a la formacion de causa, el canonigo editor fue conducido a la carcel publicamente conforme al art. 39 de la ley sobre libertad de imprenta y el parrafo 2, del 164 de la constitución.

Sobre este suceso han aparecido en Caracas varios impresos, y de ellos se infiere que los habitantes de aquella ciudad se han escandalizado sobre manera y experimentado sentimientos de suma indignacion contra las opiniones emitidas en dicho escrito, ningun hombre medianamente racional, y decimos mas, nungun hombre que no este desprovisto de sentido comun podra dejar de condenar las absurdas y antisociales doctrinas que sobre la intolerancia y la politica contiene la Serpiente. Pero nostros juzgamos, y nos parece que en Bogota juzgan todos los hombres que piensan, que un papel tan falto de buen sentido y tan apartado de las ideas que circulan hoy entre las jentes que se ocupan de las cosas publicas, no merece ninguna atencion, y mucho menos el alzamiento simultaneo que su reimpresion ha producido en los liberales de Caracas. (...) en cuanto a nosotros, bien publico es que, habiendo sido repetidas veces atacados directamente y colmados de dicterios, según es uso y costumbre por los fanaticos, jamas les hemos hecho caso, ni detenidosnos a contestarles una palabra. Tan dificil seria traer a la razon a uno de estos freneticos propaladores de la intolerancia, como el que ellos lograsen persuadir a alguno, con sus necias e indijestas declamaciones teologicas. Pocos domingos hay en que estos pretendidos defensores de la religion, disimulados apostoles de la obediencia a España, no nos regalen con alguna diatriba asi por el estilo de la Serpiente. Se juntan a leer el papel cuatro hombres de sus ideas, y les parece tanto mas bonito cuanto mas desvergonzado; los que tienen de mediano juicio para adelante no hacen caso de el, al dia siguiente nadie se vuelve a acordar que hay tales animales; (porque cada uno lleva el nombre de alguna bestia o sabandija), y he aqui todo el efecto y el mal que produce la mistica gregueria que han levantado algunos clerigos en esta ciudad. (...) En cuanto al hecho de poner a un canonigo en la carcel publica, creemos que el alcalde, ordenandole la ley que pusiese preso al editor de la Sepiente, en ninguna otra parte podia haberlo puesto sin infrinjir el art. 161 de la constitucion. Si los canonigos y todos los demas eclesiasticos no les parece decoroso, ni digno de su carácter el ser tratado conforme a la ley del pais, que no se metan a escritores, porque el imprimir folletos no es una necesidad natural sin la cual el hombre no pueda pasarse (Anónimo, 23 de abril de 1826: 133).

Esta situación llevó a Francisco Margallo, a oponerse abiertamente a las nuevas normas sobre educación, mediante sermones, panfletos y escritos anónimos; así se pronunciaba controlando la organización y la estructura social, movilizando la opinión pública e influyendo en el desarrollo de la sociedad en lo político y en lo social:

> El desobediente Margallo ha seguido predicando con el mismo orgullo y altaneria: no se cansa de repetir que no se contiene por ningunos respetos humanos; que es decir, que no obedece ni al gobierno, ni á las leyes, ni á los preceptos de sus prelados.
> (...) Su incendiaria y alarmante predicacion en todas las iglesias, pasquines fijados al propio tiempo y en el mismo sentido en diversas partes, como los que han aparecido por dias de fiesta consecutivos en las puertas de la iglesia de Santo Domingo, papeluchos sin un adarme de instruccion ni de sustancia, pero sí mordaces, desvergonzados y groseros, y otras mil circunstancias y ocurrencias de que V. E. está al cabo, comprueban estas sospechas.
> Desde los años pasados ha manifestado un grande odio al Colejio de San Bartolomé, y ha tomado empeño en difamar á sus superiores, á sus catedráticos y á sus alumnos. No ha tenido otra causa para ello que la liberalidad de los principios que felizmente han desplegado unos y otros y las mejoras útiles que se han hecho en la enseñanza, bajo el inmediato influjo de V. E. que ha estimulado y alentado estos estudios, que ha concurrido tambien a los actos públicos y ha tributado elogios a los adelantamientos. El doctor Margallo renunció furioso la cátedra de teolojía de que estaba encargado, y despues ha declamado continuamente contra la supuesta corrupción de costumbres y las pretendidas doctrinas heréticas é impías que allí se enseñaban (Azuero, 23-27).

No obstante la denuncia de Azuero, cuando el Provisor del Tribunal Eclesiástico efectuó la revisión de los mismos, a pesar de que todo lo denunciado había sido público y se podía probar, dedujo que no se podía dar por cierto todo lo que Azuero había denunciado. Así que, por sus sermones, por sus publicaciones, por sus desplantes abiertos a las autoridades, por alterar la tranquilidad pública y el orden establecido y por incitar al clero y a los feligreses a rebelarse contra el Gobierno, Margallo recibió únicamente una amonestación:

> para que en adelante mida sus expresiones, y se contraiga en sus sermones y platicas a la esplicacion del evangelio, y de la doctrina cristiana (...), mandandole que se presente en uno de los conventos de relijiosos de esta capital y permanezca alli por diez dias empleandolos en santos ejercicios, y que al fin nos exhiba certificacion del

prelado regular que fuere (...) (Caicedo y Herrera, 20 de agosto de 1826: 2).

Margallo cumplió los diez días de ejercicios en el convento de San Diego.

A pesar de los cambios generales que se buscaban con las nuevas leyes, la posición de la Iglesia estaba tan arraigada en la vida diaria, que regía la vida social. De esta manera no bastaban cuántas pruebas se aportaran ni la legislación que se emitiera, la influencia eclesiástica sobre la sociedad era total. «Todos los procedimientos legales adelantados en su contra fueron siempre suspendidos antes de que se pronunciara una sentencia». La sentencia de diez días que recibió para hacer ejercicios espirituales en San Diego, «fue considerada como una lección al clero» (Bushnell, 289). Para la sociedad de la época, lo que se le hizo al sacerdote fue una afrenta. De este modo, la opinión pública se movía entre discursos, debates, sermones, comunicados, nuevas leyes y hechos políticos; sin embargo, a pesar de las modificaciones que se efectuaban, la opinión seguía controlada por la Iglesia, convertida en institución orientadora de las conciencias.

Así para mayo de 1826, en *La Miscelánea* se publicó el siguiente texto:

Dialogo. El Clerigo, el Militar y el Filosofo

El Militar: ¿Con perdon, sr. don Francisco, que lee V.?

El Clerigo: La Miscelanea, amigo don Carlos.

El Militar: ¡La Miscelanea! Voto a tantos, que se ha maleado ese papel, y es lastima. ¿Ha visto V. que encarnizamiento con el ejercito libertador. ¿Ingratos! Cuando por nosotros tienen cabeza, manos, y plumas para escribir.

El Clerigo: ¡Ah mi amigo! No esta en eso el daño: la relijion importa mas que el ejercito, y es la que tiene verdaderas quejas contra este periodico.

El Militar: Permitame V. decirle que en su lamento resuella por la herida. La Miscelanea, jamas, jamas ha atacado la relijion sino algunos abusillos con que ustedes no se hallan mal avenidos.

El Clerigo: Y yo con el permiso de V., le digo, que La Miscelanea nunca ha publicado la mas leve espresion que huela a desagradecimiento al ejercito, ni ha hecho otra cosa que hablar muy sensatamente contra fueros goticos, extravagantes y que repugnan a nuestro sistema.

El Militar: ¿Y por que ha de ser nada de lo que V. dice, el noble orgullo militar, que nos hace aborrecible la idea de ser juzgados por paisanos?

El Clerigo: ¿Y por que llama V. abusos o abusillos el que estemos solos en Colombia los catolicos romanos, y el que cada sacerdote reciba cuantas limosnas le dieren, para que apliquen sufragios por los muertos?

El Militar: ¿Válgate Dios y como se aferran ciertos hombres a ciertas ideas! Bien se conoce que el abad de lo que canta yanta, como dice el adajio. ¿Pues no ve V. padre, que Colombia es un desierto: que sin la inmigracion nunca sera otra cosa, que si no dejamos de ser unos ridiculos intolerantes, jamas dejaremos de ser unos miserables, y que si los sufragios son santos y buenos, es malisimo que por su abuso se reduzca a la mendicidad a las familias vivas por aliviar a sus parientes muertos?

El Clerigo: ¿Y V. señor tolerantisimo no echa de ver que los privilejios, bien o mal entendidos, que se concedieron a un ejercito destinado a mantener la opresión no pueden convenir a un ejercito destinado a sostener la libertad; que es una extravagancia declarar jurisconsulto por un par de horas, al que no profesa el estudio de las leyes sino el del arte militar; que en una Republica, los soldados y sus jefes no son otra cosa que ciudadanos encargados de la defensa comun, y que lo vergonzoso y degradante es cometer el delito y no el ser juzgado por hombres con casaca de un solo color, o con toga?

El Militar: V. Quiere que yo rabie. Todo eso asi sera; lo doy de barato, pero digame V. ¿Por quien tenemos patria y libertad sino por el ejercito?

El Clerigo: Despasito sr. don Carlos; V. habla muy redondamente y olvida, que si el clero no se decide por la revolucion, nada se hace, porque ya se sabe que cada pueblo esta por su cura.

El Militar: Ta, ta. ¿por su cura? Con que en concepto de V., la libertad, la conquistaron los curas, rezando el oficio y tomando chocolate en sus pueblos?

El Clerigo: ¿Y V. ha creido que los que llama El Ejercito, llovio del cielo para pelear en esta tierra sin mezclarse con el *Paisanaje*? Por Dios señor, no ha visto V. que los reclutas hoy paisanos, son los que se baten mañana ya soldados, y que jovencitos salidos entre seis u ocho hermanitos, paisanitos como ellos, son los que al cabo de seis u ocho años tiene una y media, o dos charreteras, y se creen ya tenientes-coroneles y coroneles encargados a otra parte y nacidos con uniforme?

El Militar: Yo se pocas razones doctor, pero si se batirme muy bien, y si nos hurgan con esto del desafuero, por mis bigotes que lo echare todo a trece aunque no se venda.

El Clerigo: Ese es otro cantar sr. don Carlos, y llegando a ese punto, yo tambien juro in verbo sacerdotis, hacer la guerra a las reformas, con razon o sin ella, predicando, confesando y escomulgando.

El Militar: Hara V. muy mal en obrar subversivamente contra el Estado.

El Clerigo: Y V. no hara muy bien en declararse faccioso. Pero allí viene nuestro don Jose que las da de filosofo, y tal vez tiene parte en La Miscelanea. Echemosle carta en la disputa.

El Filosofo: Servidor señores. ¿Qué calores son esos?

El Militar y El Clerigo a una: Yo digo que La Miscelanea tiene mucha razon en unas cosas, y en otras va contra toda justicia y politica.

El Filosofo: Pues entonces estan ustedes de acuerdo.

El Militar: Ni por pienso. Yo estoy bien con la reforma de todos los abusos eclesiasticos, pero me desatina el espíritu de ingratitud hacia el ejercito que ha hecho la Republica.

El Clerigo: Y yo convengo de todo corazon en que a los señores militares se les desengañe de que las vueltas no imprimen caracter en el alma como la uncion sacerdotal, pero reclamo, como buen catolico, contra toda opinion impia y perjudial al clero, cuya decision nos ha dado libertad y patria.

El Filosofo: Muy bien; con que, es decir, que cada uno de ustedes halla muy justo, muy santo y muy bueno que se redusca la corporación del otro a limites razonables en sus pretensiones.

El Militar y El Clerigo: Cabalitamente.

El Filosofo: Item mas: cada uno de ustedes, halla que su corporacion es la creadora, sostenedora y conservadora de la libertad. ¿No es cierto?

El Militar y El Clerigo: Ni mas ni menos.

El Filosofo: Todavia mas: cada uno de ustedes se juzga imparcial respecto a la clase del otro, según veo; de manera que V. sr. don Francisco, creera muy debido que la nacion opine con V. contra el fuero militar; y V. sr. don Carlos juzgara que todo hombre debe ser de su dictamen en punto a reformas eclesiasticas. ¿No es esto?

El Militar y El Clerigo: Asi mismisimo.

El Filosofo: ¿Y bien sr. don Carlos, cuál será la fuerza de nuestro ejercito?

El Militar: Suponga V. treinta mil hombres par quitar picos.

El Filosofo: ¿Y eclesiásticos de todas clases, cuantos tendremos en Colombia sr. don Francisco?

El Clerigo: Dificil me es calcularlo, pero que seamos dos mil.

El Filosofo: Bueno; yo añado otros mil, por lo que pueda suceder incluyendo las monjas y monaguillos. Tenemos aquí 33.000 personas que hacen escasamente la octojesima parte de la nacion. ¿No le haremos el favor a las otras 79 partes, de contarlas por algo en la revolucion, y de estimar su voto en el asunto?

El Militar y El Clerigo: Sin duda que haremos caso de la opinion

nacional, como sea la del buen partido.
EL FILOSOFO: ¿Y cual es el buen partido?
EL MILITAR y EL CLERIGO: El mio.
EL FILOSOFO: No es posible convenir con opiniones tan contrarias; pero es claro que cada uno de ustedes profesa una verdad y un error, y esta en todas las reglas de la critica que el error sea en el particular en que cada uno tiene intereses y espiritu de partido y no en aquel punto en que es imparcial. –Yo deseo, pues, que la nacion la vaya con cada uno de los dos en el asunto que ve con despreocupacion, y de esta manera no se podra quejar el uno ni el otro sino injustamente y por efecto de un orgullo desmedido; porque entonces los abusos eclesiásticos tendrán en su contra la nacien y mas el ejercito, y el fuero militar sera combatido por la nacion y mas el clero.
EL CLERIGO: Aunque a la nacion y el ejercito se agregara el diablo, a mi nadie me hara cambiar de opinion.
EL MILITAR: Y yo estare por el fuero, aunque supiera que un concejo de jenerales me hacia fusilar por yerro de cuenta.
EL FILOSOFO: La razon esta en camino para esta tierra y ella lo remediara todo».

Anónimo, «Diálogo. El Clérigo, el Militar y el Filósofo»
(*La Miscelánea* 1826, 93-94).

Es otro diálogo literario con tres interlocutores, El Clérigo y El Militar[10] con perspectivas ideológicas antagónicas sobre la posición del otro que causaba problemas sociales y que el Gobierno trataba de reglamentar para evitar los continuos abusos. Como unidad de construcción este diálogo informa aspectos de pensamiento de dos sectores sociales (militares e intelectuales) no incluidos en el texto anterior, donde la cuestión que se presentó se daba entre miembros de esferas distintas de la Iglesia[11].

En este nuevo diálogo, los intercambios de don Carlos, El Militar, y de don Francisco, El Clérigo, expresan posiciones irreconciliables, ya que cada uno, por los privilegios sociales y por las dispensas otorgadas, se creía con todos los derechos de rechazar los reclamos y de conservar e incluso mejorar la posición adquirida.

---

10 El fuero se fundamentaba en una sociedad basada en jerarquías de prestigio y distinción que separaba a sectores de la sociedad mediante privilegios y exenciones. Durante la Independencia «Campaña tras campaña, el Ejército se fue colmando de glorias y heroicidad; por ende, el estamento militar alcanzaba los niveles de una casta suprasocial intocable e impermeable a los apetitos de políticos y civiles, gracias a que la aplicación y resolución de los litigios civiles y penales quedaba en manos de jueces militares *ad hoc*, fundamentalmente preocupados por la corporación y el éxito guerrero» (Rueda Cardozo, 121).

11 En este diálogo, por limitación de espacio, se estudian los parlamentos de los involucrados, únicamente en lo que se refiere al fuero eclesiástico planteado por el primer texto.

Lo que diferencia a este diálogo del anterior es que es un texto autorreferencial, ya que ofrece una referencialidad interna, cuando los personajes hablan sobre *La Miscelánea* y sobre los mensajes de los artículos que se han publicado en la revista. Esta situación implica el protagonismo del propio discurso cuando se inserta un discurso dentro del otro; estrategia narrativa que permite la coincidencia de lo que se quiere decir con lo que el discurso total quiere decir. Es la autoexaminación con intenciones específicas.

En la situación que se comenta, esta técnica permite dirigir el significado de la interpretación de los textos. Así para aquellos que habían comprendido que el estar de acuerdo en que hubiese leyes contra los abusos de los clérigos era un ataque a la religión, porque equiparaban dogma con ser humano; situación ésta que el personaje de El Clérigo trató de reafirmar en el diálogo al tergiversar deliberadamente el objetivo (para guiar la opinión pública) cuando expresó: «la relijion importa mas que el ejercito, y es la que tiene verdaderas quejas contra este periódico». De este modo, los religiosos eran religión y todos sus actos eran parte de la religión. Afirmaciones que El Militar corrigió con su parlamento: «Permitame V. decirle que en su lamento resuella por la herida. *La Miscelanea*, jamas, jamas ha atacado la relijion sino algunos abusillos con que ustedes no se hallan mal avenidos». El personaje de El Clérigo clarificó los «abusillos» como: limosnas que se aplicaban a sufragios por los muertos.

Esta mención, al parecer sin trascendencia, aludía a las prácticas relacionadas con la muerte y la importancia de los funerales como acontecimiento, que separaba a los distintos sectores de la sociedad. Para la gran mayoría estaban: los santos óleos, el velorio, la llevada del cadáver a la iglesia, la ceremonia religiosa con el cuerpo presente, el entierro, el novenario, el cabo de año; pero no había posibilidad de salir del purgatorio un poco antes. Esto sólo lo podía lograr una minoría, la más pudiente, porque para la salvación del alma dejaban la fundación de capellanías[12] y la celebración de misas año tras año. De

---

12   «Las oraciones y misas por el alma que se celebraban después de los funerales y en los años siguientes corrían por cuenta de la capellanía. (...) se necesitaban de algunos recursos económicos para garantizar las memorias de las misas. En primer lugar había que dejar algún bien que proporcionara alguna especie de salario permanente al capellán en caso de que este fuera sacerdote; de no serlo, éste debía contratar curas para la celebración de las misas. Por lo general se destinaban casas, tiendas, terrenos, haciendas, ganado o dinero para la institución de las capellanías. (...) El aspecto material que las sustentan constituía un medio para lograr un fin: hacer sufragios por las almas del purgatorio hasta lograr la total absolución. Para salvar el alma se requería de la oración permanen-

ahí que El Militar agregara: «si los sufragios son santos y buenos, es malísimo que por su abuso se reduzca a la mendicidad a las familias vivas por aliviar a sus parientes muertos».

Como ninguno quería ceder la razón al otro, ambos se obcecaron y prometieron. El Clérigo se comprometió mediante un juramento con un curso de acción futuro al emitir: «juro *in verbo sacerdotis*, hacer la guerra a las reformas, con razon o sin ella, predicando, confesando y escomulgando». Palabras con las que informaba que para lograr lo que deseaba, movería a la gente ejerciendo todo tipo de presión, incluso basándose en la administración de los sacramentos con los que coaccionaría a las comunidades, las incitaría, imprimiría en las conciencias determinadas orientaciones, las estimularía a efectuar acciones equivocadas e incluso las amedrentaría con el máximo castigo eclesiástico: la excomunión (forma de presión psico-social), en nombre de su propio egoísmo y aprovechándose de su condición y de su poder; de esa manera participaría directamente en un proceso político orientando las conciencias y coordinando acciones.

En ese punto se les unió un nuevo interlocutor El Filósofo quien al tratar de mediar hizo que El Clérigo informara un poco más sobre sus ideas, porque consideraba que toda acción en contra era «impía», por lo que volvió a asegurar que: «Aunque a la nacion y el ejercito se agregara el diablo» nadie lo haría cambiar de opinión. Posición extrema compartida desde su propio punto de vista por El Militar.

En este diálogo, las intervenciones de El Clérigo, como hablante textualizado, ofrecen secuencias de argumentos que dan una información referencial más amplia que corrobora la misma idea defendida dogmáticamente ya en el primer diálogo. Desde este punto de vista los dos discursos dialogados son recursos que se desarrollan a favor de una tesis que aporta información sobre el mundo exterior a los personajes; por lo que son signos icónicos de situaciones sociales.

Con estos textos literarios, los Redactores de *La Miscelánea* mostraban la manera estética en que forjaban los discursos y gradualmente consolidaban la literatura; pero, a la vez, dejaban ver aspectos de una recepción de su labor que proporciona detalles para

---

te de los vivos; pero ésta última sólo se podía garantizar si el recuerdo del muerto permanecía en la memoria de algunos miembros de la comunidad a la que el «finado» había pertenecido. El moribundo pagaba por el recuerdo. Los réditos que recibía el capellán por el arriendo de una casa que le había sido otorgada por el testador tenían el efecto de un repique de campana que recordaba el compromiso contraído: ese dinero se pagaba a cambio de misas por el alma» (Rodríguez-González, 119-120).

una historia de la manera en que la opinión pública se forjaba en esas tempranas épocas del siglo XIX. A través de los textos, los escritores designaban papeles sociales a los lectores para desarrollar nociones de la cultura o para corregir problemas sociales; además los instruían sobre cómo entender particularidades señaladas en los escritos. Pero muchos de los lectores entrenados en viejas concepciones culturales, eran inflexibles, de ahí que: «críticas, censuras, enemistades y descontentos» fueran la norma.

La continua recepción y la actividad lectora constante produjo en esas épocas una interacción entre un grupo de lectores sociales concretos, haciendo que los emisores de unos textos se convirtieran en receptores de otros, generados en un proceso de apropiación e intercambio. De esta acción recíproca resultó un cuerpo de escritura que intentaba establecer ideas, crear literatura, mostrar innovaciones, señalar lo que los diferenciaba de otros territorios; pero también buscaba la equidad y la justicia social tratando de influir en la opinión pública.

Los emisores de estos textos idealmente emitían sus discursos con la intención de que establecieran un diálogo con determinados receptores sociales concretos para ocasionar un resultado deseado. Obviamente, como el texto llegaba a receptores diferentes de los propuestos, se producía una dialéctica de construcción de significados que afectaba de forma diversa a los varios sectores sociales; de ahí que los emisores emplearan divergentes estrategias textuales para establecer el intercambio. Para lograr esto último, empleaban en el proceso de construcción, de transformación de modelos y de difusión de los textos, formas discursivas reconocidas y técnicas textuales, que les permitía comunicarse más efectivamente con los lectores a los que destinaban sus mensajes.

Por esto, en el diálogo de Las Casas con el Cura, los personajes elegidos fueron dos religiosos: uno de ellos personaje referencial (histórico), ficcionalización, cuyo referente era el ser humano que se había enfrentado a conquistadores, funcionarios reales, colonizadores, historiadores y cronistas y que había tenido una activa participación en el funcionamiento de las llamadas Leyes Nuevas que ofrecían protección a los indígenas contra la explotaciones de hombres e instituciones, como la Encomienda. Como personaje, está construido por el nombre (como tal, es un programa narrativo condensado, cuyo desciframiento depende del universo cultural del lector) y se define por las modalidades de saber (la situación que se desarrolla, las causas y las consecuencias) y la de querer (que los hechos cambien, que los perpetradores se corrijan, que haya equilibrio social).

El segundo personaje, también referencial, es social y remite a una significación cultural; pero carece de nombre (no obstante, al ser nombrado por el oficio, el programa narrativo condensando queda marcado por sus acciones); es un cura genérico, construido por descripciones con características negativas y estereotípicas, que emplea tácticas religiosas para imprimir actitudes y orientaciones en las conciencias y en los comportamientos. La modalidad de este personaje es el poder (que tiene sobre las comunidades, el apoyo de la institución a la que pertenece y la fuerza de la tradición).

Al aparecer en el diálogo como opuestos, el lector debe tener en cuenta la posición jerárquica de los dos. El personaje de Las Casas está para enseñar, guiar y ayudar a corregir, como lo hizo el ser social. Mientras que el Cura debe aceptar su error (la opresión), reconocer su función y enmendar sus yerros. Pero eso no sucede. Por el contrario, delirante de poder, obcecado en su posición, emite su sentencia de castigo para ese «enemigo de la religión» que era Las Casas, habitante ya de un mundo diferente al suyo. En esta situación absurda, los lectores debían ver la oposición, entender la ironía de lo representado y deducir la autenticidad, el valor y el significado de la actuación del personaje.

Mientras que en el siguiente diálogo los personajes referenciales son genéricos y el programa narrativo se condensa igualmente en el nombre. El Clérigo ahora simplemente informa más; pero pertinazmente ratifica su posición mediante un juramento en el que promisoriamente confirma el abuso sobre las comunidades, empleando los sacramentos como coerción para conservar sus privilegios y su posición. Ahora, el Militar ofrece un contexto situacional a las acciones de su grupo y a las del Clero; ya que eran las dos grandes instituciones que el Gobierno comenzaba a regular mediante decretos; mientras que el Filósofo es el personaje genérico, representante del intelectual (Redactor de *La Miscelánea*) que emplea la razón para hacer entender a los dialogantes en pugna la posición extrema en que están; pero que al ver la imposibilidad de alcanzar un consenso entre ellos, deja a la sociedad la decisión sobre esas conductas.

En esa temprana sociedad estamental del siglo XIX, la lectura era una acción limitada; pocos la podían ejercer y algunos lo hacían para beneficio de un grupo; era una actividad en la que generalmente los lectores principales no eran lectores corrientes; estaban calificados para descifrar tanto el contexto como el intertexto de lo escrito. Muchos de los textos conservaban una marcada deuda con la tradición, de ahí que como estrategia textual se estableciera un diálogo intertextual con la tradición literaria culta, la cual era considerada como el paradigma con el que se medían o cotejaban estos escritos; es decir, en la instancia de enunciación se marcaba de alguna forma la presencia de las *autoridades* acreditadas o elevadas por el poder o se indicaba el apoyo en ellas para legitimar lo emitido.

Del mismo modo, aunque en menor medida que en los siglos precedentes, cuando se entraba en polémica con esa autoridad se hacía dentro de la cultura de la risa, la parodia, la ironía o la sátira. Estrategias provenientes de Europa que al ser empleadas en esas tempranas décadas del siglo XIX comenzaron a marcar los textos con leves características literarias que tímidamente señalaban los cambios culturales que se estaban implementando; pero a la vez señalan la expansión del pensamiento crítico y racional.

El inicio de publicaciones literarias significó el deseo de los intelectuales de desarrollar la literatura del área y de incorporar a la cultura a un nuevo tipo de público, cuya tradición era predominantemente oral, pero que comenzaba a elevarse a estratos sociales que antes les estaban vedados, entrando así a formar parte de un nuevo mercado de consumo. Este proceso de crecimiento de la prensa produjo la demanda por la creación de un tipo de literatura que tendía en parte a satisfacer los gustos de los nuevos lectores. Pero, al mismo tiempo, como los redactores eran parte del nuevo público lector, ellos mismos contribuyeron a sentar los parámetros de lo que iba a escribirse y a publicarse; de esta manera, formas narrativas simples (fábulas, anécdotas, chistes, monólogos, diálogos, cartas ficticias y relatos y artículos breves) empezaron a producirse constantemente en las páginas de la prensa.

La libertad crítica favoreció en parte el surgimiento de una opinión independiente, en la que gradualmente el juicio erudito y el literario se fueron uniendo con lentitud a los hechos políticos reportados. Las publicaciones periódicas desde 1825 comenzaron a ofrecer textos que señalaban el esfuerzo por establecer un quehacer literario, en el sentido actual. En esos escritos se hallan los rasgos que empezaron a caracterizar lo «propio»; los que se adoptaron, los que se quisieron imponer o los que se modificaron para lograr los objetivos que los intelectuales pensaban que debía poseer la literatura en general y la ficción en particular; del mismo modo, en esas publicaciones se observa la ideología de los escritores, las estrategias que empleaban para guiar la opinión pública y los antagonismos o las desaprobaciones que el medio sociocultural manifestaba en el momento de la escritura de las obras.

Bibliografía

Albaladejo, Tomás. «Prágmática y sintaxis pragmática del diálogo literario. Sobre un texto dramático del Duque de Rivas». *Anales de literatura española* 1 (1982): 225-248.

Anónimo, «Circular». *Correo de Bogota* (Bogotá) (26 de marzo de 1824: 55).

Anónimo, «Civilización de indijenas». *La Miscelánea* (Bogotá) (4 de junio de 1826: 153).

Anónimo, «Diálogo. El Clérigo, el Militar y el Filósofo». *La Miscelánea* (Bogotá) (12 de febrero de 1826: 93-94).

Anónimo, «Dialogo entre un cura de indios y Fr. Bartolome de las Casas». *La Miscelánea* (Bogotá) (11 de diciembre de 1825: 51-52).

Anónimo, «Fruslería». *La Miscelánea* (Bogotá) (25 de septiembre de 1825: 8).

Anónimo, «Papeles de Caracas». *La Miscelánea* (Bogotá) (23 de abril de 1826: 133).

Anónimo, «Representación del Dr. Vicente Azuero contra el Dr. Francisco Margallo». *La Miscelánea* (Bogotá) 33 (30 de abril de 1826): 135-132 (sic).

Azuero, Vicente. *Representación dirigida al Supremo Poder Ejecutivo contra el Presbitero Dr. Francisco Margallo, por el Dr. Vicente Azuero*. Bogotá: F. M. Stokes, 1826.

Bobes Naves, María del Carmen, *El diálogo. Estudio pragmático, lingüístico y literario*. Madrid: Editorial Gredos, 1992.

Bushnell, David. *El régimen de Santander en la Gran Colombia*. 1954. 3ª edición. Bogotá: El Áncora Editores, 1985.

Caicedo, Fernando y Agustín Herrera. «Administracion de justicia». *Gaceta de Colombia* (Bogotá) (20 de agosto de 1826: 2).

Camacho Carreño, José. *Florentino González: (Memorias), controversias bolivarianas*. Buenos Aires: Librería Cervantes, 1933.

Colombia. *Cuerpo de leyes de la República de Colombia, que comprende todas las leyes, decretos y resoluciones dictados por sus congresos desde el de 1821 hasta el último de 1827*. Caracas: Imprenta de Valentín Espinal, 1840.

Daza, Juan Carlos. *Diccionario de la francmasonería*. Madrid: Ediciones AKAL, S. A., 1997.

Díaz Díaz, Fernando. «Estado, Iglesia y desamortización». *Manual de historia de Colombia*. vol. 2. Jaime Jaramillo Uribe (Coord.). (Bogotá: Procultura – Tercer Mundo Editores, 1992.

Ducrot, Oswald y Tzvetan Todorov. *Diccionario enciclopédico de las ciencias del lenguaje*. Buenos Aires: Siglo XXI Argentina Editores, 1976.

González Iglesias, Juan Antonio. «Los nombres del diálogo literario. Su validez para el diálogo narrativo» *Voces* 7 (1996: 45-62).

Iser, Wolfgang. *The Implied Reader: Patterns of Communication in Prose Fiction from Bunyan to Beckett*. Baltimore: John Hopkins University Press, 1974.

Los Editores. «Prospecto». *La Miscelánea* (Bogotá) (1º de septiembre de 1825: 1).

Rodríguez-Arenas, Flor María. *Periódicos literarios y géneros narrativos menores: fábula, anécdota y carta ficticia. Colombia (1792- 1850)*. (Doral, Florida, USA: Stockcero, 2007.

Rodríguez-González, Ana Luz. *Cofradías, capellanías, epidemias y funerales. Una mirada al tejido social de la independencia*. Bogotá: Banco de la República / El Áncora Editores, 1999.

Rueda Cardozo, Juan Alberto. «Reformas liberales al fuero militar en Colombia y la Nueva Granada 1820-1857». *De milicias reales a militares contrainsurgentes: la institución militar en Colombia del siglo XVIII al XXI*. César Torres del Río y Saúl Mauricio Rodríguez Hernández (eds.). Bogotá: Pontificia Universidad Javeriana, 2008.

Santander, Francisco de Paula. *Obra Educativa de Santander*. vol. 1. Luis Horacio López Domínguez (ed.). Bogotá: Biblioteca de la Presidencia de la Republica, 1990.

La Leyenda Culta: Expresión de la Identidad Cultural y del Imaginario Colombiano del Siglo XIX

La afirmación de Fowler: «La literatura sobre la que ejercemos la crítica y sobre la que teorizamos no es nunca la totalidad» (95), confirma una serie de omisiones que se presentan en la historia literaria de cada uno de los países hispanoamericanos. En estos estudios, la «moda» es un factor importante para que lo que se publica y se lee en una época, deje de interesar en otra.

En 1930, el francés André Jolles planteó una serie de «Formas simples» que consideró el material preliterario en el que se asientan mediante el oportuno desarrollo la multiplicidad de los géneros. Esas formas son: Anécdota (Kasus), Chiste (Witz), Cuento (Mänchen), Enigma (Rätzel), Mito (Mythe), Leyenda (Legende), Memorial (Memorabile), Proverbio (Spruch), Saga (Sage) (Jolles, 1972).

Este es un designio plausible, pero intento al fin y al cabo, porque no es el inventario básico de todos los géneros históricos. Ya que en el tránsito del poema épico a la narrativa moderna en la que la novela es la forma nuclear, hay que dar primacía en la consideración a la tradición oral que permitió la difusión a través de los tiempos de mitos, leyendas e historia tradicionales. De esta tradición oral, la tradición escrita conservó características por mucho tiempo.

Las obras escritas que perviven a través de las generaciones, de una u otra forma están marcadas por cierta «autoridad» que se les ha otorgado y con la cual señalan con determinadas características los textos en diversos momentos. Sin embargo, para que esto ocurra, necesitan de la enseñanza, el patrocinio y los medios de comunicación, para que esa atribución de «poder» que se les confiere se fortalezca y difunda. No obstante, muchos de esos escritos, pasada la influencia de la interpretación que les otorgó relevancia, se vuelven «inexistentes», «insubstanciales» y pasan inadvertidos en épocas posteriores.

Este fenómeno ocurre con diferentes manifestaciones de ficción que se produjeron en los países hispanoamericanos durante el siglo XIX, como es el caso de la leyenda, en la cual se explicitan características básicas de las intenciones de los escritores colombianos del siglo XIX y de la manera en que la huella de la ideología del autor, de la sociedad y del grupo literario se plasman en la dimensión expresiva del lenguaje. Es decir, en los datos que transmite el discurso más allá de lo que literalmente enuncia su contenido nocional. Esos datos son: el tono, la época, la clase social, los grupos sociales, las regiones, etc. Porque la lengua no sólo denota (señala un objeto fuera de ella), sino que también connota (transmite una serie de datos complementarios). La elección que eligieron los autores sobre los diferentes aspectos expresivos de la lengua asegura el máximo de eficacia a su comunicación. De esta manera, se propusieron ganar no sólo la adhesión del lector sino provocar en él algún tipo de respuesta; de ahí que el contexto (social, histórico, cultural) en la producción y recepción de los textos del siglo XIX sea importante.

En esa época, la relación autor - lector se consideraba regulada por un *pacto de ficción implícito* en virtud del cual los receptores interpretaban el mundo del texto como un producto imaginario sujeto a normas específicas que tenían finalidades determinadas. El autor trataba de «influir» en los receptores de varias maneras: provocando en ellos conmoción interior similar a la experimentada en el momento de la creación del texto, despertando su imaginación, proponiéndole una determinada visión del mundo con miras a suscitar en ellos un compromiso o el rechazo de la realidad que los rodeaba y, sin duda, en todos los casos, originando en los receptores un placer estético de mayor o menor intensidad.

Ahora, la leyenda como otros de estos géneros, según Gunkel, «surge como una variante del mito y por tanto es posterior, se apoya en la tradición popular y en la invención a partir del imaginario y puede tener una cierta cantidad de material histórico» (en Pratt Ferrer, 55). Mientras que la leyenda culta es un género menor de ficción que adquirió un estatuto excepcional durante décadas del siglo XIX en Hispanoamérica; se convirtió, gracias a la difusión impresa, en una norma que se estudió, imitó y difundió; pero que, debido a cambios políticos e ideológicos de las épocas posteriores, las características que los identificaban o bien se trasformaron o se desplazaron, dejando de reconocerse por lo que eran; así, perdieron la importancia que habían ejercido en su estado anterior. Estos textos, escritos en verso y en prosa, durante ese siglo se publicaron en periódicos y en libros.

Este tipo de escrito se ha explicado como:

> leyenda (del lat. «legenda», gerundivo neutro, pl. de «leg_re», leer): Narración de sucesos fabulosos que se transmiten por tradición como si fuesen históricos. => Conseja, cuento de viejas, epopeya, fábula, mito, tradición.
> Composición poética en que se narra un hecho legendario (Moliner).

En esta definición se observan varias características de este género de escritura: puede ser oral o escrito y presentar rasgos que se asocian o bien con la historia o bien con la ficción en distintas modalidades. Además de estas peculiaridades, se reconocen dos clases de leyenda: la tradicional y la literaria o culta. La leyenda tradicional (sage) ha recibido muchos estudios, pero los límites de esta forma con el mito y el cuento siguen siendo elusivos.

François Delpech señaló las cercanías de estas formas narrativas:

> El cuento (Marchen) es una narración fuertemente formalizada, dotada de una morfología específica y de indicadores genéricos inequívocos; situado en un tiempo abstracto fuera de cualquier dimensión y marco cronológico («érase una vez...»), y en un espacio puramente simbólico en el que evolucionan los protagonistas como puros vectores funcionales: una narración, en fin, explícitamente emitida y recibida como ficción. La leyenda (Sage) es, en cambio, una narración de forma variable, localizada en un escenario reconocible o referida a una geografía conocida, situada en un tiempo más o menos pretérito pero generalmente a mitad de camino entre el tiempo mítico de los orígenes y el tiempo de la experiencia actual, e individualizada en cuanto a sus actores, que siempre están relacionados de una manera o de otra. Con una sociedad y una realidad marcadas por un cierto coeficiente de «realidad» y de contingencia: una narración, en definitiva, identificada con sucesos en los que se puede creer, y que está dotada de criterios de autenticidad que le permiten adoptar una apariencia de relativa probabilidad (...).
> Al contrario de lo que sucede con el mito, que remite siempre, de una manera o de otra, al espacio-tiempo eminentemente sagrado de los orígenes, o a la representación de un ciclo que no es sino la re-

petición regular de tal acontecimiento primordial, la leyenda se sitúa en una fase esencialmente transitoria de la historia —aunque su contenido sea imaginario—, y prefiere un pasado menos remoto, más familiar, que el de la era de la creación. Sus actores habituales no son los dioses, pero tampoco se puede decir que sean los hombres que estamos acostumbrados a encontrar cada día. Pertenecen más bien al mundo intermedio de los héroes y de los santos, o de las criaturas a mitad de camino, fabulosas pero no sobrenaturales, como son los gigantes, hombres lobos, vampiros, duendes, etc., relacionados todos ellos, al menos en algunos de sus componentes, con el mundo de lo real (en Pedrosa, 73-74).

Una de las muchas explicaciones que se han dado sobre ella dice:

La leyenda tradicional es una narración, por lo general breve, no compleja y formada por uno o unos pocos «motivos» o peripecias narrativas. Su contenido se percibe como posible –e incluso a veces como real, auténtico y hasta experimentado en una persona– por el narrador y por el oyente. Sus personajes son conocidos o tienen relación con la historia del narrador. Se inscribe en unas dimensiones de espacio conocido y local, y de tiempo pasado pero no indefinida ni real (Pedrosa, 74).

Mientras que la leyenda literaria o culta como forma narrativa difiere de la tradicional, porque: «como género nace en el Romanticismo como una manifestación de la revalorización romántica del pasado y de la literatura popular» (Benítez, 22). En España, algunas expresiones de este tipo de narración se asocian desde temprano con el romance y con las técnicas de la reconstrucción arqueológica al modo de Walter Scott; otras emplean elementos de la novela terrorífica inglesa, y modos de expresión teatral imitados de la comedia española: creando, además, un ambiente subjetivo, sobrecogedor y misterioso, donde hay ruinas, duelos nocturnos, encuentros amorosos, apariciones de ultratumba, etc. A esto, algunos agregan técnicas de los cuentos populares o tradicionales, del cuento folclórico, provenientes de la tradición oral, representados con rasgos realistas, como la economía narrativa, lo maravilloso o lo sublime terrorífico, pero tendiendo siempre a la verosimilitud realista; además, se emplean estrategias narrativas pertenecientes al mito. Todo esto hace difícil deslindar todas estas manifestaciones ficticias (Estébanez Calderón, 614-615).

Sobre la leyenda culta, en España, se reconoce su existencia como forma de escritura e incluso se señalan los autores más representativos: Ángel Saavedra, Duque de Rivas; Gustavo Adolfo Bécquer; José Joaquín de Mora, José Zorrilla. Estos escritores emplearon la denominación «leyenda» para sus escritos; así que, al estudiar su obra, se indaga sobre estas composiciones literarias, produciéndose textos críticos sobre ellas a través de los tiempos. Posteriormente, algunos estudiosos han llegado a la conclusión que los autores incluyeron en este género de ficción, textos que poseen características similares; pero los denominaron: cuento, novela, balada, romance, tradición (Étienvre, Liso).

En tanto que esto sucede en España para este género menor de ficción, en Hispanoamérica no se le presta atención, dejándose de lado un valioso y nutrido grupo de textos que se hallan en las publicaciones periódicas y en libros del siglo XIX. Colombia no es la excepción; las búsquedas en los fondos de las bibliotecas dan resultados nulos acerca de textos críticos sobre la leyenda; además, de la producción original existen entradas de algunos pocos libros elaborados durante ese siglo, pero no se encuentra ninguna sobre la producción que se difundió en los periódicos.

Las páginas de las publicaciones periódicas decimonónicas colombianas están marcadas por la aparición constante de esta clase de textos, cuyos autores son escritores reconocidos de ese siglo: Soledad Acosta de Samper, Enrique Álvarez Bonilla, José Joaquín Borda, José Caicedo Rojas, Ricardo Carrasquilla, José Joaquín Casas Castañeda, Luis Capella Toledo, Constancio Franco Vargas, Juan Francisco Ortiz, Lázaro María Pérez, Santiago Pérez, José Quijano Otero, por citar algunos. Al lado de la producción de estos y otros autores, existen numerosos textos anónimos diseminados en los periódicos y libros impresos.

Los escritores colombianos del siglo XIX escogen variantes múltiples para crear los textos que adscriben a este género menor de ficción, empleando como forma artística del lenguaje bien la prosa o el verso, escogiendo para su tipología diferentes modelos: narraciones históricas, leyendas tradicionales, narraciones novelescas, relatos folclóricos, cuentos legendarios, etc. Para lo temático, eligen lo inverosímil, lo sobrenatural, el amor, lo cotidiano, las catástrofes, los sucesos históricos tanto de la Colonia como de la Independencia; lo lejano, lo extraño, lo exótico, etc. Las leyendas existentes tratan todos los temas y emplean las más variadas técnicas presentando innovaciones en diversos aspectos de su estructuración.

Algunos de los autores se alejaron de la imitación de lo europeo: temas, ambientes y personajes; porque consideraban que al seguir esos modelos se hallaban separados de su entorno, incapaces de experimentar el mundo natural que los rodeaba y que les era propio. Esta reacción demuestra un intento de comprender el sentido profundo de una experiencia histórica que percibían como decisiva para la historia de Occidente, tanto por sus valores intelectuales como por sus inmediatas repercusiones sociales y políticas; es decir, señala aspectos de la construcción de un discurso histórico consciente y perdurable. Este esfuerzo por descolonizar tanto la imaginación como las letras contribuye a construir el imaginario común y a modificar la memoria a través del lenguaje. Esos escritores empiezan a delimitar la colectividad y a configurar, para las generaciones futuras, una comunidad territorial dotada de identidad cultural.

La leyenda culta producida en Colombia sirve varias funciones y se identifica mediante características diferentes, como se observa en el siguiente fragmento introductorio de «Teresa. Leyenda americana», composición de Juan Francisco Ortiz[13]:

---

[13] Juan Francisco Ortiz (Bogotá 1808-Buga, 1875). Hijo de José Joaquín Ortiz Nagle y de Isabel Rojas. Recibió su educación en los colegios de San Bartolomé y el Rosario y obtuvo el título de abogado. Ocupó el cargo de Secretario de Relaciones Exteriores en la que sería la última presidencia del General Santander (1833-1837). Era experto en las materias periodísticas, fundó en 1833 en Bogotá *La Cáscara Amarga*, semanario de tipo económico; en Cartagena en 1834 editó *El Lucero de Calamar*, periódico de oposición al mismo gobierno del que era parte. Entre ese año y 1836 publicó *La Rosa de la Montaña* y *La Palma de Oro* (Cacua Prada 1983, 41). Además redactó *El Tío Santiago* en 1848. Fue doctor y abogado de los tribunales de la Confederación. Ortiz trabajó al lado de su hermano José Joaquín Ortiz y con él dirigió el Colegio de Santo Tomás de Aquino. Fue cónsul de Colombia en Jamaica. Obras: *Carolina la bella*, *El Oidor de Santafé*, *Teresa, leyenda americana*, *Cartas de Piquillo y a Piquillo* [breve resumen de los trabajos del Congreso de 1856], (Rodríguez-Arenas 2007, 221; Rodríguez-Arenas 2006, II: 97-105).

Cuando todos escriben a porfía,
Y hasta un triste rapaz barbi-lampiño
Saca a la luz de Dios una poesía
Con poca chispa y sin ningún aliño;
Cuando todo se vuelve algarabía,
Pues redacta periódicos un niño
De fiero gesto y diminuto talle,
¿Habrá razón para que yo me calle?

En tanto que él se ocupa del gobierno,
y de la libertad habla a su modo,
Con vocablos salidos del infierno,
Apellidando al más patriota godo;
Hoy que levantan con orgullo el cuerno,
Cansados ya de levantar el codo
Algunos botarates, ¿no sería
Guardar silencio una torpeza mía?

Dejémosles que zurzan folletines,
atestados de huecos clausulones,
Y que se empinen, pobres chiquitines,
Queriéndose igualar a los varones:
Sigan pastando, míseros rocines,
Insulsa prosa y áridos coplones;
Que yo voy a contar una historieta,
Y valga la verdad, no soy poeta.

Mas como soy patriota verdadero,
(LIBERALÓN) por mal de mis pecados
Que sin pararme digo cuanto quiero,
Y no me arredran penas ni cuidados;
Y como tengo el corazón sincero,
Dejo ver mi opinión por todos lados;
Voy, por no estarme mano sobre mano,
A referir un hecho americano.

No solo americano, granadino;
Que no quise buscar en otra tierra
Un argumento extraño y peregrino,
Cuando en punto de amores, (y aún de guerra),
Se halla abundante mies en el camino;
Y la leyenda popular encierra
Tantos variados lances y primores
En materia de crímenes y amores.

No ofrezco maravillas. Mal podría
Mi escaso numen aspirar a tanto,
Que no es dado a una musa, cual la mía,
Alzar la voz en inspirado canto.
Dejadla, amigos, que burlona ría,
O que llore su pena y su quebranto,
Y pues que libres somos, libremente
Que se roce y que trate con la gente.

Su Mosquera cantó Villaviciosa;
Su Gatomaquia Lope nos dejó;
De Cervantes la peñola ingeniosa
Con la historia de un loco se lució
Y con pluma festiva y caprichosa
En riquísimos versos bosquejó
Su Diablo mundo el célebre Espronceda;
¿Y a mí entonces, amigos, qué me queda?

No tengo ingenio para andar cuitado
Como niño tras leve mariposa;
Ni me place fingirme enamorado
Para hablar de una dama desdeñosa:
Bueno fuera tenerla, y aún osado
Repetirle: Cogliam d'amor la rosa.
Por eso escucho a la severa historia
Y escribo un caso digno de memoria.

No exijo más que libertad completa
Para andar con soltura, libre el paso,
Decir lo que me venga a la chabeta
Con todo mi genial desembarazo:
Y, si por no apoyarme en la muleta
De la historia, los límites traspaso,
¿Qué es lo que pido? Un poco de paciencia,
Y a mi lector, benévolo, indulgencia.

Mas, ¿si llega a enfadarse? !oh cruel dolor
Que en la mitad del alma sentiré!
Un arbitrio le queda, y el mejor
De cuantos en la práctica encontré,
(Y lo aconseja un hábil escritor):
Cerrar el libro, o darle con el pié.
Para no fastidiarse esta es la clave.
Y no es insulto aquel que no se sabe.

(Ortiz, 1-3).

En este pasaje se notan algunas de las características que adopta este género menor de ficción en el siglo XIX en Colombia. Ortiz Rojas explicita características de la escritura de una leyenda como una forma para expresar sus ideas y su fantasía. Así, escribió la leyenda en febrero de 1849, cuando la política de la Nueva Granada estaba en ebullición.

Las cuatro primeras estrofas explican las decisiones y las intenciones de esta comunicación. Por medio de palabras adaptadas al fin escogido expresa motivaciones internas, emociones e intereses. Este tipo de explicación lineal es una causa que está destinada a producir un efecto en el receptor al evocarle pasiones internas, lo vuelve receptivo a su mensaje. –Este mensaje debe estar acorde con el sentido de los intereses del receptor para impulsarlo a obrar–.

Estas cinco primeras estrofas presentan lo justo con las palabras apropiadas, expresando el conocimiento que el emisor tiene de la gama de estados internos que debe solicitar de los receptores para alcanzar la respuesta deseada. La séptima estrofa destaca las autoridades en las que se apoya el tipo de escritura elegido; mientras que la octava enfatiza su patriotismo al elegir un tema de la nación como comunidad nacional, señalada por una identidad de origen, de lengua, de costumbres, de leyes. En esas estrofas se observa la importancia de la situación, del contexto, del entorno, para la aparición del sentido de las conductas humanas.

Esas estrofas hacen surgir el sentido en el receptor porque muestran la conciencia del hablante poético atenta al mundo circundante; ésta es una apuesta psicológica y social determinada, que va a ser percibida por el destinatario haciendo surgir en él el fenómeno de la percepción que está relacionado con sus intereses y expectativas.

Como algunos empleaban la escritura para producir composiciones pasajeras, que hasta un niño podía elaborar sin necesidad de tener disposición y otros escribían «folletines, atestados de huecos clausulones» donde existía misterio, suspenso y diversas historias generalmente truculentas que se desprendían de la principal, él, que no era poeta, iba a contar «un hecho americano», porque tenía estudios y estaba mejor preparado que muchos de los que se dedicaban a escribir públicamente; por eso, debía contribuir a la literatura de su tierra, en la misma forma en que Villaviciosa, Lope, Cervantes y Espronceda lo habían hecho para España.

La novena estrofa muestra cómo la construcción del sentido de los intercambios (lo que quiere decir el emisor) se realiza en gran parte colocando sus comunicaciones en un contexto. Éste se esfuerza en indicar, por medio de la manipulación de un conjunto de índices, el contexto dentro del cual quisiera que el destinatario recibiera su mensaje. En tanto que la décima estrofa cierra esta sección introductoria completando el contexto de enunciación de la novena estrofa.

Estas estrofas exponen esta vez más explícitamente el patriotismo de la voz poética, el amor a la república como expresión de unas instituciones y una forma de vida que defiende la libertad y la igualdad de quienes conviven en un espacio común.

Por eso, no había escogido otro ámbito para referente de lo relatado porque en la Nueva Granada había material para todos los temas; además la forma escritural que prefirió: la leyenda popular, surgida del pueblo, le daba la materia para estructurar cuidadosa y diestramente escenas vivas y verosímiles, logrando un efecto de autenticidad al emplear datos de un hecho verdadero, llenos de tensión y suspenso, que se evidencian ya desde la introducción que hace a la leyenda.

En las estrofas de introducción, el emisor se ha asignado una identidad, se ha posicionado en un lugar: es varón, hombre de alguna edad (opuesto a rapaz, barbi-lampiño), patriota verdadero, liberal, de corazón sincero, mesurado, intelectual; escritor, aunque no poeta; educado (conocedor de obras y fuentes), decidido e imaginativo («si por no apoyarme en la muleta de la historia los límites traspaso... pido... indulgencia», posee alguna posición económica (en comparación con gente como algunos de los representados).

El emisor introduce el punto de vista del receptor, al menos el que él cree que debería ser. De esta manera, presenta no sólo el punto de vista del otro, sino el lugar asociado a ese punto. Esos receptores deben seguir su comunicación, decodificarla y tomar posiciones como él las va ofreciendo. En la comunicación nada sucede de manera lineal, puesto que el emisor construye su enunciado integrando el punto de vista de algunos receptores, colocándose en el punto de vista del grupo social a que pertenece. Por eso marca la aposición entre él y los lectores con una especie de admonición por si no les gusta lo que va a comunicar: «para no fastidiarse... cerrar el libro o darle con el pie».

La producción imaginativa permite al emisor representarse a sus receptores como poseedores de una sensibilidad particular ante lo relatado. Esto señala a la voz enunciativa como consciente de saber a quién se dirige. De esta manera, este proceso comunicativo aparentemente está estrechamente ligado a las relaciones de lugar, de sitio, que se buscan o que se desarrollan con la emisión de este texto.

Ahora, en esta leyenda la relación entre la ficción y la «realidad histórica» es evidente, al identificarse el emisor como «liberalón» y firmar la obra en febrero de 1849, señala un momento de la historia política colombiana: el Partido Liberal colombiano nació el 16 de julio de 1848 cuando Ezequiel Rojas promovió la candidatura a la Presidencia de la República del general José Hilario López en contra de la postulación que el periódico *El Siglo* había hecho de Florentino González y después de que él mismo no aceptara la candidatura por su deseo de viajar a Europa con su familia.

Ortiz Rojas utilizó tanto la naturaleza como diferentes aspectos de la historia de su pueblo e identificó determinadas cualidades que observaba en su comunidad en términos de categorías sociales compartidas por todos y culturalmente determinadas; para así, contribuir a forjar una identidad colectiva según la especificación de los habitantes neogranadinos. Para lograr esto, tomó de la leyenda popular –que guarda la memoria colectiva de la gente del área– un hecho histórico conocido de sencillez, amor, codicia, traición y crimen para crear su texto. Del mismo modo, de la poesía lírica o épico-lírica empleó el ritmo y las estructuras dialogadas; mientras que, del cuento regional, en el que el espacio y lo local son muy definidos, hizo uso del suspenso. Es decir, en este escrito se destaca la forma en que este género de escritura adopta características de otros géneros para explicitar sus contenidos.

De ahí que, dedicara esta leyenda a un «hecho granadino», sucedido en la realidad: «Fúndase esta leyenda en un hecho histórico acaecido en el siglo pasado. En la ciudad de Remedios (cantón del nordeste de la provincia de Antioquia, en la Nueva Granada) vivía un español que tenía una hija única, hermosísima, ya casadera, llamada Teresa, de la cual se enamoró ciegamente un negro esclavo de la casa» (Ortiz, 42).

* * *

En el texto: «Engaños y desengaños. Leyenda tradicional» de Pedro A. Camacho Pradilla se ponen de relieve otros aspectos de la leyenda culta en la Colombia decimonónica:

Tal vez para consolarse
De su porvenir ya muerto
O por espansir el alma
En los campos del recuerdo,
Con el título de *historias*
Cuentan mil cosas los viejos,
Con que se aduermen los niños
I las niñas forman sueños
Celestes y encantadores
Para distraer el tedio:
El joven las llama fábulas.
Cosas de locos cerebros
I ríese grandemente
De los cuentos de los viejos.
Pero nosotros que somos
De espíritu gravi-serio,
Amigos de hallar en todo
La clave de un gran secreto,
Prestamos a estas *hablillas*
Un oído siempre atento;
I no pocas ocasiones,
Cuando el corazón cubierto
De dolor y hondo quebranto
Se ajita y revuelve inquieto,
Buscando a su mal alivio,
Hallamos en estos cuentos
Más de una aguda sentencia,
Un razonado proverbio,
Alguna lección madura
Que viene en nuestro consuelo.
Más de una cuitada hermosa
Le deben a estos cuentos
Haber huido el abismo
Que a sus pies se estaba abriendo:
Más de un galán furibundo

Hallarán la clave en ellos
Para conducirse airosos
En mil críticos momentos;
Tal vez alcanzó en el campo
Sus laureles el guerrero,
Fascinada el alma noble
Por algún *cuento de viejo*.
Llámenlas consejas unos,
Otros, visiones de enfermos,
Estos, sueños tentadores
I tradiciones, aquellos;
Tenemos para nosotros
Por sabrosos estos *cuentos*;
Pues por ellos se averigua
El carácter de los pueblos,
Se disipan los pesares,
Distraen el aburrimiento,
Libran a la cauta niña
De precipicios horrendos,
Ponen recursos a manos
Para los galantes hechos
Dan ardor en el combate
Al corazón del guerrero
I por término, coronas
Al trovador que usa de ellos
I al compás de su laúd
Los dice en candente verso.
De todos modos nosotros
Los hallamos, siempre buenos,
I, aunque al lector no le plazcan
De contárselos tenemos,
Con que, paciencia i escuche
Las hablillas de los viejos,
Que en verso rudo contamos
porque aún no somos maestros.
El Día (Bogotá) 796 (mzo. 1º, 1851): 2.

* * *

Este texto destaca en su apertura diversos tipos de escritura que se integran dentro de la leyenda colombiana decimonónica: historias, cuentos de viejos, fábulas, hablillas, relatos, sentencias, proverbios, consejas, visiones, sueños, tradiciones; es decir, es un corpus extenso e híbrido que permite explorar espacios amplios e intermedios, que señalan algunas características de este género de escritura.

También indica que algunos de los temas que se emplean son: el destino, el presente, el ocaso, la memoria, el amor, el ocio, lo imaginario, el dolor, la inquietud, el consuelo, las penas de amor, la honra, el honor, la guerra, la nobleza, etc. A la vez que encuentra que su función es: distinguir el carácter de los pueblos, aliviar los problemas, distraer los momentos de inactividad, recrear, animar e impulsar a la acción; como también para, los poetas, adquirir fama a través de ellos.

Como se observa, los escritores de esa época tienen clara conciencia de que este género menor de ficción hace parte de una industria cultural de intercambio que sirve para forjar el contexto colectivo cultural neogranadino; puesto que, puede ejercer influencia sobre la comunidad. Como creación artística transmite el valor de aspectos materiales y de sentimientos que contribuyen a la estimación y a la valoración; a la vez que, satisface necesidades que permiten que gradualmente los individuos se adhieran a una comunidad deseada y lleguen a sentirse parte de ella, cuando interiorizan las opiniones, las expectativas o las actitudes de otros con respecto a sí mismos y las transforman en propias.

Los autores reconocen las influencias extranjeras; pero, a la vez, muestran en sus composiciones la conciencia de la constitución de lo propio y de la estructuración de lo individual; con esto explicitan: confianza en sus habilidades –a pesar de las constantes proclamaciones de ineptitud–, respeto hacia los antecesores y reconocimiento mutuo y ajeno. En otras palabras, la construcción de la identidad colectiva neogranadina es un proceso entre individuos y comunidades que reconocen lo patrimonial y lo foráneo.

Las leyendas cultas que se publicaron son de temática y estilo diferente; pero quizá, las más novedosas por su tema e intención sean las de temática cotidiana ubicadas en áreas neogranadinas. Una de ellas, escrita en prosa, presenta muchas de las características ya mencionadas, y deja ver que este tipo de escritura está sujeto a una serie de combinaciones dinámicas de multiplicidad de restricciones y de fuerzas creativas.

En el periódico *El Duende* (1846) se encuentra el siguiente texto:

AMINTA
LEYENDA ROMÁNTICA

I
Los amantes
«No hay peor calvo que el que no tiene pelo»
(Poncio Pilato)

Era la noche, el nocturno luminar se hamaqueba muellemente sobre blanquísimos algodones, repartiendo caprichosamente los chorros de su frígida luz sobre el haz del globo terráqueo. Aminta, esa exhalación de la inocencia, esa creación celeste, ese ensueño angelical, velaba inquieta: su corazón temblaba como la cola de un caballo en carrera; sus ojos estaban fijos en un solo sitio; su nítido semblante revelaba esperanzas y temores. Ella amaba, y el objeto de su pasión era Arnaldo, que muy pronto debía aparecer por allí. Cada airecillo, cada leve rumor conturbaba a la ansiosa amante de tal manera, que se estremecía y tenía que aferrarse a las barandas del balcón en que estaba, para no precipitarse.

II
La cita
«Incauto amante, tu amor es sacrílego
y profano...» (Rengifo)

Un runrún, superior en fuerza y extensión a los anteriores, anunció de súbito la llegada del ser dichoso que había cohechado las potencias de la hermosa. En efecto, llega Arnaldo, encuentra la escalera portátil, sube; y dos manos bellísimas como el lampo, le ayudan; y dos contorneados brazos le reciben; y un pecho amante le estrecha. Todo es felicidad: no se oye una palabra: lágrimas de gozo, gemidos. El nocturno luminar cubrió en ese momento su semblante tras la gaza de una negra nube. De repente estremécese el anchuroso edificio: ¡terremoto! ¡terremoto! Claman muchas voces, que se repiten por el ámbito inmenso. Nuevo sacudimiento, y ya comienzan a falsear los muros, hasta que por fin con horrísono estruendo se desploma el techo, y

Aminta y Arnaldo quedan aplastados bajo el peso de los escombros ¡Qué horror!

El feroz destino con satánica carcajada rió del sacrificio de las dolorosas víctimas.

III
La visión
«¡Fiaos de este mundo y olvidad la tumba!» ncógnito)

Nunca escena más horripilante alumbró el sol al asomarse por detrás del impávido Monserrate. La espantosa trepidación había cesado; empero habían cesado también dos existencias preciosas. Allá en lontananza divisábase el lugar de la catástrofe: ya los gallinazos, cual fatídicos capuces, revoloteaban por encima. Débil fulgor se traslucía al través de gruesas piedras y maderos. Eran dos labradores que apartaban con sus azadas las ruinas homicidas en busca del mortal tesoro. De improviso un tigre gigantesco, sediento de sangre, los acomete, y al uno lo despacha de un manazo con la garra zurda; y al otro le aplica las dos andanadas de dientes, que parecían los de una fragata. Ambos son devorados instantáneamente, y su sangre fue a refrescar los cadáveres de Aminta y Arnaldo.

IV
Fin
«Implacable la suerte aún no estaba satisfecha»
(Pancracio)

La camarera de Aminta se acercó temerosa al funesto sitio y horrible serpiente le dio la muerte con voraces mordiscos; y a los gritos que diera acudió su hija quien, resbalando por entre los escombros, fue a estrellarse contra una aguda piedra de granito; los domésticos todos acudieron en seguida y la muerte se los engulló vivos e impenitentes. Era aquello una vorágine insaciable.

A los cinco días hallaron los cadáveres de los infortunados amantes, cubiertos de gusanos ¡ya no se conocían! Al ver el de Aminta, una amiga suya se atravesó el corazón con agudo acero, y el que esto escribe, al reconocer a su caro amigo Arnaldo, se dio un tiro.

K. Z. X (6-7).

Entre otras restricciones que sufre este texto se hallan: 1) la forma gramatical y semántica del lenguaje que emplea el autor; 2) las convenciones del contexto creadas por el periódico en que la leyenda se publica, que determinan su tono o registro; 3) algunas de las normas que definen el género del escrito y las expectativas que se esperan que produzca entre los lectores. Del mismo modo, 4) las fuerzas creativas proceden de la habilidad del autor para la composición del texto: la localización en un tiempo y espacio reconocibles y el empleo de personajes reales o ficcionales para comunicar algo. Para esto, utiliza los recursos del lenguaje dentro del género, con los que perfecciona la efectividad del mensaje. De ahí que, emplee figuras retóricas, oraciones cortas y largas y discurso indirecto. 5) También explota efectos de sentido y de ritmo y 6) explicita formas de estructuración que pueden o no reconocerse.

«Aminta. Leyenda romántica» como su título indica, surge de un contexto social y su composición tiene varios objetivos al clasificase como leyenda. En este sentido indica una narración tanto de sucesos conocidos como fabulosos. Para esto toma características tanto de la leyenda literaria como de la tradicional: encuentros amorosos, ruinas, modos de expresión teatral, elementos terroríficos, economía narrativa, semiverosimilitud realista, pocos motivos, lo relatado es experimentado por el narrador; además, se inscribe en dimensiones de espacio conocido y local y en un tiempo pasado no indefinido.

Es una narración claramente lúdica que expone diversas características inequívocas del movimiento romántico en el que se inscribe. Insertada en el periódico *El Duende*, cuyo distintivo era ser una sátira contra todo lo que se preciaba como valioso y hacía alarde de lo que no era, en particular de las cosas que tenían mucho oropel, apariencia y hojarasca. El editor de la publicación periódica había dicho un mes antes que «su objeto [era] divertir y dar pábulo al buen humor y chismografía bogotana» (Editores, 22: vii); por esto, la leyenda debe entenderse, teniendo en cuenta el contexto de publicación, porque éste condicionó algunas de las claves que el texto mismo proporciona.

Como parte de este contexto de publicación se encuentra en el mismo periódico *El Duende* en el número 24, publicado tres semanas antes de «Aminta, leyenda romántica», la siguiente información:

> Recomendamos a las personas de buen gusto la relación que se hace en el número 380 del *Día* (...) el folletín que lleva por título AMALIA, o qué sé yo qué, (...) es un verdadero *folletón*, un drama sentimental completo; la novedad del plan, el lenguaje romántico y tierno, su moralidad, y sobre todo la peripecia de la india Juana que desesperada se despeña cuando conoce sus errores, contra las costumbres de las criadas que no se despeñan jamás, ni se despechan, ni nada de eso, son cosas dignas de esculpirse en mármoles de bronce, como decía cierto orador. Para que nuestra literatura llegase a su apogeo no necesitaba más sino que todos nos pusiésemos a escribir de estos *folladines* (...). El folletín de Amalia está suscrito por J. M. T.: unos has creído descifrar en estas iniciales a D. José María Triana; otros dicen que es Junípero María Tafur; el Duende cree que no es nadie [Editores, 24: vii][14].

En la edición 380 de *El Día* en la sección de «Folletín» se halla una novelita de 12 capítulos, bajo el título «Amalia o castigo de un falso amante», cuyos protagonistas son Amalia y Alberto, ambos traicionados por Juana, la criada de la joven, quien entrega a Amalia mediante engaños a Emilio, vicioso criminal dispuesto a poseerla de cualquier modo; cuando está a punto de lograrlo, un ruido lo hace huir y ella se desmaya, sufriendo una fiebre cerebral que la pone al borde de la muerte. Juana se arrepiente, le cuenta a Alberto lo sucedido y este busca vengar los hechos con un duelo a muerte. Emilio muere abatido, pero Alberto queda muy mal herido. En esas circunstancias Amalia y Alberto contraen matrimonio, muriendo ambos minutos después; por lo que Juana se arroja por un precipicio (véase J. M. T, [1-3]). Este es el texto que da origen a «Aminta, leyenda romántica».

---

14 Ahora, en el mismo periódico *El Día* se había publicado el texto de A. R. O. relatado por el narrador, testigo del diálogo entre el enamorado Julio y el cínico Fabio sobre el amor, y el amar. El primero amaba con pasión desbordante a Amalia, quien lo rechazaba; así organizó un paseo al Salto del Tequendama, con ella, Fabio y otros amigos y allá, se suicidó frente a todos. Ella casi muere de la impresión. Años después el narrador encontró a Fabio, quien había cambiado de cínico y despreocupado, a abatido y melancólico, porque amaba; sentimientos que parecía que lo llevaban a seguir los pasos dados por Julio. El narrador para darle ánimo le dejó saber que era tolerante en el amor y que en él tenía un amigo. Concluyó lo relatado de la siguiente forma: «Tolerancia, pues, tolerancia en amor; mientras el espíritu material de la época se arraiga enteramente en las costumbres, y se apodera de los individuos como lo ha hecho de la especie». A. R. O., (3-4).

Prestando atención a las claves que «Aminta. Leyenda romántica» proporciona, se deben analizar el significado del título, los epígrafes, la supuesta irrealidad de su representación y la manera en que el texto en sí como fenómeno literario también se entiende (las técnicas empleadas para recrear la realidad de ese mundo narrativo).

Es decir, publicada en 1846, el referente geográfico de la leyenda es Bogotá en las inmediaciones de Monserrate; mientras que, al parecer, el tiempo es o bien el sábado, 17 de junio de 1826 hacia las 10:40 de la noche o bien el viernes, 16 de noviembre de 1827 a las 6:15 p.m. Durante 1826 y 1827, la capital sufrió una serie de terremotos y temblores que causaron pánico y caos, destruyeron o averiaron edificaciones, segaron vidas, muchas personas quedaron sin hogar; además, devastaron sistemas de comunicaciones, como calles, carreteras, puentes, causaron inundaciones, etc.

Camilo Pardo Umaña informa lo que sucedió en esa época:

> El 17 de junio de 1826 sucedió el temblor, el que arruinó varios edificios; y el 22 repitió otro fuerte pero más corto, y siguió temblando por más de seis meses en diferentes días, pero pequeños. Siguió temblando, más de un año, hasta que hubo uno el 16 de noviembre de 1827, fuertísimo que acabó de destruir muchos conventos y casas; y ha temblado hasta hoy, 14 de abril a las 7 y cuarto de la noche, pero pequeño. (...) Ha seguido temblando hasta ayer 11 de mayo que hubo uno a las 11 y media de la noche» (en Ramírez, 112).

Mientras que el terremoto sucedido en junio de 1826, ocurrido en horas de la noche, derrumbó edificios, pero no dejó pérdida de vidas; sin embargo, el que sobrevino el 16 de noviembre de 1827, al comenzar la noche, causó grandes estragos:

> El 16 [nov., 1827] a las 6 y cuarto de la tarde se ha sentido en Bogotá un fuerte terremoto, acaso el mayor que recuerda esta ciudad en muchas generaciones. Su movimiento fue de sur a norte, duró con pequeñas pausas más de un minuto. Los edificios han sufrido mucho. Las cúpulas de las dos torres de la catedral cayeron y están dañados los demás cuerpos. Este nuevo y bello edificio quedó en extremo maltratado. La media naranja de la capilla inmediata del Sagrario vino a tierra (...). La media naranja del templo de Santo Domingo está al caer; la torre de la iglesia de la Orden Tercera cayó la mitad, lo mismo que la del Colegio del Rosario, cuya casa está casi arruinada, así como los conventos de Santo Domingo y San Francisco, que eran buenos edificios; el de San Agustín se halla muy maltratado. Los cuarteles quedaron en mal estado e inhabitables,

también el palacio de gobierno. Muchas casas se arruinaron en parte y otras amenazan ruina, de modo que no se puede vivir en ellas. El terremoto ha causado una pérdida en Bogotá de más de un millón de pesos, pérdida de que no podrá reponerse en medio de la pobreza que aflige así al gobierno como a los particulares. Las desgracias han perseguido furiosamente a la república en los últimos dos años. Por el terremoto han perecido 9 personas de uno y otro sexo (Manuel José Restrepo en Ramírez, 126-127).

En la reducida Santafé de Bogotá lo ocasionado en ese terremoto fue catastrófico. Se puede observar que las torres de varias de las iglesias bastante cercanas las unas de las otras quedaron derruidas; así como los cuarteles y la casa presidencial, y en medio de esas edificaciones, las casas de habitación de la gente de la ciudad. Juan Francisco Ortiz dio un testimonio relatando las experiencias y las impresiones personales de lo que sintieron durante ese sismo:

tembló la tierra con fuerza, traquetearon los enmaderamientos, chirriaron las puertas, y la casa se remeció y se ladeó, como una barca azotada por la tempestad. En medio de la confusión y del espanto de aquella catástrofe, viendo que las paredes ya se nos venían encima, gritando todos a un tiempo, desconcertados y llenos de horror, nos agrupamos sin saber cómo, alrededor de mi madre. La ciudad levantaba en aquel momento un grito formado por sesenta mil voces, la llave de una puerta que daba al corredor se había olvidado, corrieron a traerla, alzamos a mi madre en brazos, bajamos la escalera, llegamos a la puerta y todavía temblaba la tierra, y se oía un ruido subterráneo como de muchos truenos.

El pavor que teníamos era tal y tan grande, que tiritábamos de pies a cabeza, dando diente con diente, como los que tienen fríos y calenturas, hasta las gallinas de corral estaban por el suelo, con las alas extendidas, como agarrándose de la tierra (en Ramírez, 128).

Regresando a «Aminta. Leyenda romántica», los referentes temático y temporal aluden a la serie de movimientos telúricos que azotaron a la capital un poco más de dos décadas antes de la publicación de la leyenda; hechos que han llegado hasta el presente en el dicho popular: «en los tiempos del ruido»[15]. El autor empleó esos sucesos, ya

---

15 «El segundo aconteció el 16 de noviembre del mismo año (1827), a las seis de la tarde. Mi casa se despedazó; yo estaba escribiendo. (...) Entré a mi choza y comencé a contar el tiempo en mi cronómetro. La tierra tembló aún durante 3 minutos, no creo que exagere si digo que las oscilaciones horizontales del sureste al noreste duraron 6 minutos en total. Después de eso supe que en Bogotá, a la misma hora, el suelo se había sacudido durante 8 minutos. (...) Apenas había entrado cuando un criado me viene a llamar para que salga, porque partía del cielo un ruido que no era de trueno. Yo oí efectivamente

lejanos y tal vez desconocidos para algunos lectores, a fin de ambientar y estructurar lúdicamente su mensaje.

Ahora, el nombre de la protagonista de la leyenda proporciona una clave de lectura: «Aminta» es un nombre que viene del griego y que significa: «descartar, alejar, rechazar», «apartar, defender»; «se usa erróneamente como nombre femenino» (Tibón, 26). Mientras que, las características de la leyenda culta, como texto y como género, son las de ser una obra que literalmente se lee y, además es un relato de sucesos que, aunque pueden ser verídicos, generalmente se consideran inventados al desconocerse detalles del referente.

A lo anterior, deben sumarse los significados semántico y cultural de varios epígrafes del texto. En esta leyenda, el epígrafe tiene importancia en sí mismo, por lo que dice, como en virtud de su valor intertextual; el contenido indica al lector tanto la necesidad de excavar en la historia de las palabras como la de concentrarse en esas líneas, porque están hermenéuticamente ligadas al contenido del relato.

El epígrafe que abre el apartado I de la leyenda indica inmediatamente su intención y su filiación: «No hay peor calvo que el que no tiene pelo», cuya fuente, según esta leyenda, fue Poncio Pilatos, el Procurador romano que acusó a Jesús de ser «el rey de los judíos», por tanto, seria amenaza al poder romano; posteriormente lo sentenció a muerte; además, fue un déspota y mal gobernante. Era de naturaleza inflexible y debido a la obstinación que lo caracterizaba, era duro.

Generalmente durante el Romanticismo, el uso de epígrafes tenía por objeto ennoblecer el propio texto con palabras de un modelo consagrado en el Olimpo de los Clásicos o de los importantes, como si se advocara su tutela y a la vez se indicara su emulación. En esta leyenda, el encabezamiento de esta sección juega abiertamente con el dicho popular que se conoce: «No hay calvo que no haya tenido buen pelo» y el mensaje literal del epígrafe. Ya que, la transposición de algunas palabras tergiversa maliciosamente el sentido positivo del mensaje original que significa: que «las personas mayores al carecer de ciertas facultades no quiere decir que no las hayan tenido» (González 1998, 268), convirtiendo el contenido del segundo en un pleonasmo burlesco.

---

detonaciones parecidas a un ruido lejano de cañón pero sin ecos. No se veía ninguna luz. El intervalo de tiempo entre los dos sonidos era bastante regular, alrededor de 30 segundos. Conté 10 detonaciones... el cielo estaba cubierto. (...) La causa de estos ruidos en el aire no ha sido explicada» (Boussingault en Ramírez, 117-119).

En realidad este epígrafe: «No hay peor calvo que el que no tiene pelo», es una variación de los adagios populares: «No hay peor sordo que el que no quiere oír» (obstinación), o «No hay peor peligro que el que no se evita» (evitar situaciones en las que se pueden causar daños propios), lo que significa que en este contexto es una amonestación que anticipa tanto el contenido de la sección, como señala la lección que se quiere transmitir. Además, quien se supone que lo enuncia, no es obviamente un modelo para imitar. Asimismo, el apellido Pilatos, proveniente del latín, significa: pelado, calvo; de esta manera, el significado literal y su supuesto emisor producen la redundancia semántica, todo lo cual refuerza el aspecto lúdico y causa hilaridad a quienes entienden las implicaciones.

Estas relaciones indican que Aminta era obstinada y necia; no importaba cuánto le advirtieran, tercamente iba a ir en contra de otros para alcanzar sus deseos. Al mismo tiempo, por la hora y por el lugar escondido, la relación era secreta, situación que para esa época era prohibida. Todos estos aspectos negativos llevaban a pensar que algo ominoso iba a ocurrir.

Reconociendo las demandas que la religión imponían en la vida civil de la Nueva Granada en la época de publicación del texto, el autor se deleitó destacando la gran distancia que existía entre lo que demandaba la ideología religiosa imperante vs. la conducta humana y lo que explicitaba la leyenda en el capítulo I: «Los amantes». Mediante metáforas relativas a la luna [«el nocturno luminar se hamaqueba muellemente sobre blanquísimos algodones, repartiendo caprichosamente los chorros de su frígida luz»] y sobre el estado de apasionamiento de Aminta [«su corazón temblaba como la cola de un caballo en carrera»], insinuó lo que sucedería posteriormente. Según unos, la luna «expresaría la enlodadura del espíritu en la materia (...), la falsedad, la falsa seguridad, las apariencias engañosas, (...) las promesas sin valor» (Chevalier y Gheerbrandt, 662). Mientras que, para otros, la luz de la luna sería el símbolo de la muerte (Lorca, Machado). De ahí que, el narrador enuncie las acciones reprobables de la imprudente joven que ansiosa se esconde en las sombras y se hace víctima de la seducción de Arnaldo. Personaje, cuyo nombre significa: «el que tiene el poder del águila» (Tibón, 36-37); de ahí que éste haga honor al sentido de su nombre y, amparándose en la oscuridad, vaya por su fácil presa para perderla, en un amor «sacrílego y profano». Ante el que «El nocturno luminar cubrió en ese momento su semblante tras la gaza de una negra nube».

El satirista, consciente de las fallas y de los vicios de sus conciudadanos, no puede dejar de mostrar lo que es cuando escribe; aunque está ubicado en una posición difícil, ya que se lo puede acusar de hacer lo mismo que critica. Por esto, persuade y convence empleando técnicas de escritura que evidencian sus intenciones de burla y de gozo al mismo tiempo. Su entusiasmo con el atiborramiento verbal y con los asaltos lingüísticos son muestra de la satisfacción que le produce su labor. Pide que se admire la habilidad con que usa las palabras y que se lo reconozca como un artista y la sátira como un arte.

La segunda sección, «La cita», abre de igual modo que la anterior con un epígrafe: «Incauto amante, tu amor es sacrílego y profano… (Rengifo)»; que enuncia una situación social culturalmente inaceptable en la época de publicación del texto: las relaciones sexuales fuera del matrimonio.

El señalado autor de la cita: Rengifo, es una alusión falsa al retórico Juan Díaz Rengifo, autor de un *Arte poética española*; tratado que tuvo una gran popularidad no sólo por su contenido sino porque en los colegios regentados por los jesuitas, se empleó como texto de enseñanza en el último año de gramática de los estudiantes universitarios. De este modo, el apellido Rengifo era reconocido por muchos lectores; ya que en el Colegio Mayor de San Bartolomé se educaron y recibieron sus títulos hasta la década de sesenta del siglo XIX muchos de los intelectuales reconocidos del siglo.

Este apócrifo Rengifo hace las veces de juez de lo relatado, y mediante la advertencia moral anuncia el contenido de la sección dejando en suspenso brevemente la causa de esas palabras. En el apartado, el narrador emplea vocablos, cuyo significado es diciente y directo: un ruido continuado y sordo anticipa la presencia de Arnaldo; su llegada es tempestuosa; sus movimientos indican su forma de ser; ha corrompido, cambiado la naturaleza de Aminta. Se produce lo que se ha augurado anteriormente: «la enlodadura del espíritu en la materia, las apariencias engañosas, la falsa ruta, las promesas sin valor»; es el hedonismo pleno. Ante este exceso, la naturaleza reacciona ofendida: «El nocturno luminar cubrió en ese momento su semblante tras la gaza de una negra nube»; acción que prefigura una catástrofe;

ya que, «La luna también es el primer muerto, durante tres noches, cada mes lunar está como muerta, desaparece» (Chevalier y Gheerbrandt, 658). Como resultado se desencadena el aniquilamiento de la pareja y la devastación del lugar. Es el ajuste de cuentas del «feroz destino», que inexorable celebra anticipadamente lo que va a suceder.

El epígrafe que abre el siguiente capítulo: «¡Fiaos de este mundo y olvidá la tumba! (Incógnito)», versión del Carpe diem latino, ofrecida entre signos de admiración, enuncia el esperar con firmeza o seguridad lo grato de la existencia, para aprovechar el presente exhortando al disfrute de la vida. No obstante, los signos de admiración que lo delimitan, señalan la ironía, con la que se ratifica la inaceptabilidad de las acciones de la pareja. La ira que los astros anticipan y que se origina por los actos de los personajes, provoca el terremoto, pero esa violencia astral recae en otros seres que tenían vínculos con ellos de alguna manera, causando otras catástrofes; así, quienes tratan de rescatar los cuerpos mueren atacados violentamente por un acechante tigre[16], que los embiste rápidamente, eliminado a uno «de un manazo con la garra zurda»; situación que alude a uno de los nombres con que se conoce en Colombia al jaguar: *mano de plomo*; y al otro lo acaba vorazmente, hecho que se describe con metáforas: «le aplica las dos andanadas de dientes, que parecían los de una fragata». Andanada: «Descarga cerrada de toda una andana o batería de un costado de un buque de guerra», en este caso una Fragata: «Barco de guerra, menor que el destructor, con misiones de escolta y de patrulla».

La sección IV, nuevamente abre con el epígrafe: «Implacable la suerte aún no estaba satisfecha. (Pancracio)», indicando así la suma de nuevos desastres a los ya sucedidos. Se produce una serie de muertes cada cual más trágica que la anterior, que son producto del frenesí de aniquilamiento con que la caprichosa Fortuna vilipendia la situación. Para satisfacerla se necesitan otras víctimas suicidas, entre las que se incluye el narrador del texto, quien se dispara a sí mismo y posiblemente escriba la leyenda desde el otro mundo, para agregar más énfasis sobre la redundancia y la exageración, este final ratifica la intención agresivamente satírica del texto.

---

16   En América, se llama así al jaguar (versión europeizada del nombre guaraní: yaguar). En Colombia se lo conoce también como: tigre real, tigre mariposo, tigre serrano, mano de lana o mano de plomo.

La sátira, como género, es agudamente consiente de la diferencia entre lo que son las cosas y lo que deben ser. El satirista no puede darse el lujo de ser rechazado, por lo que debe ganarse la voluntad del público receptor, para que lo lean y difundan las ideas que promueve. Cuando esto sucede se ubica en una posición más efectiva que la de simple denunciador de circunstancias y situaciones; así puede explotar mejor las diferencias entre la apariencia y la realidad y exponer especialmente lo artificial y lo hipócrita.

Esta es la posición del escritor o de los escritores que redactaron el periódico *El Duende*; al declarar sin reservas sus intenciones en el número 13: ser y hacer sátira contra la fanfarronería, señalaron la forma de interpretar diversos textos que se hallan dispersos en las páginas de la publicación, como esta «leyenda romántica» que titularon «Aminta». Al no conocerse el significado literal del nombre o entenderse las diversas claves que se hallan dispersas en el relato; el lector del momento encontraría imposible de aceptar lo obvio: la invención fantástica de animales, la exageración grotesca de circunstancias y los mensajes contrarios a la vida sociocultural de la época. Estos serían la señal sobre el propósito lúdico y satírico del texto.

Ahora en este texto, los epígrafes funcionan en forma diferente a los empleados tradicionalmente durante la época. Esta ruptura con la tradición denuncia la gran reflexión sobre las diversas posibilidades que estas técnicas hermenéuticas ofrecían al autor de la leyenda para profundizar el significado volviendo más atractivo el propio escrito y permitiéndole hacer guiños al lector entendido para incitarlo a convertirse en cómplice de lo imaginado. No obstante, se deja al lector la libertad y la labor de entender y de escoger cómo recibir el relato.

Cambiando de nivel, seguramente los lectores acostumbrados a leer y a entender las convenciones de la época reirían abiertamente con el empleo de figuras peculiares como: «el nocturno luminar se hamaqueba muellemente sobre blanquísimos algodones» o «su corazón temblaba como la cola de un caballo en carrera», visibles sátiras de metáforas románticas, que preanuncian un ambiente donde se van a desarrollar con fuerza las emociones, que en el relato se producen rápida y vertiginosamente, a la vez que anticipan serias repercusiones.

Como el Romanticismo se caracteriza por reflejar lo interior humano con lo exterior natural; el desequilibrio producido por la efusión caótica emocional de la pareja repercute en la naturaleza exterior, tan cara a los románticos, la cual reacciona produciendo materialmente un cataclismo natural, que explicita la violencia de las pasiones. El satirista emplea esta interpenetración de los sentimientos de Aminta y Arnaldo con la naturaleza, para fustigar el culto casi desenfrenado al «yo» que muestran los personajes y para castigar al exponer corruptos valores sociales.

El posterior abuso de la imaginación y de la subjetivad, la libertad de creación y la desrealización de la naturaleza representada hacen burla de los sentimientos exaltados hasta el punto de justificar el caos y la sucesión de diferentes muertes hiperbólicas, estableciendo un tono y un estado de ánimo imitado por los autores románticos; pero en la leyenda en lugar de manifestar una tendencia a la melancolía, al hastío del mundo, rasgos propios del Romanticismo, logra totalmente lo contrario; porque los lectores del momento, al igual que los lectores de épocas posteriores rechazarían lo hiperbólico de la representación, y observarían que la serie absurda y exagerada de acciones y reacciones son recursos satíricos para burlarse del exceso romántico dado a privilegiar los elementos irracionales y sobrenaturales y la idea de que el abuso de determinados efectos en el arte pueden llevar más cerca de lo inefable, de lo sepulcral y de lo macabro. Por tanto, como producto de lo relatado se llega a la risa y con esto a la aceptación del juego escritural y al rechazo del abuso desmedido de aspectos oscuros del Romanticismo.

En este último aspecto, teniendo en cuenta el contexto de publicación que se ofrece en el periódico *El Duende*, la estructura y el contenido de esta leyenda la asocian al folletín, forma narrativa que se privilegiaba en la época; que recreaba una realidad excesiva:

> El folletín no expresa la vida, no expresa la experiencia humana, sino una vida regida por unas leyes propias, distintas a las que rigen nuestra vida. (...) en ese mundo la realidad exterior importa siempre mucho más que la interior y, en muchos casos, es la única realidad que importa. Es decir, es un mundo de actos, un mundo de comportamientos en el que tanto las motivaciones como las consecuencias íntimas que pueden acarrear los actos importan poco o simplemente no importan nada. (...) otra constante del folletín es la proliferación anecdótica. Los hechos están como sometidos a una necesidad de partenogenesis continua. Los hechos se desdoblan,

cada hecho genera a su vez otros hechos que son simplemente en esencia hechos similares, semejantes (Vargas Llosa, 143-144).

«Aminta, Leyenda romántica» presenta muchas de las técnicas del folletín. Una de sus técnicas es encerrar todo un mundo escondido en el que se explicitan las emociones, los instintos primarios, los valores o falta de ellos del ser humano. Al presentar los actos de los protagonistas, los ritualiza, los populariza, sin importar los castigos o los desastres que produzcan. Otra es la manera en que la intriga mantiene al lector atento a lo narrado, empleando títulos de capítulo y epígrafes, el manejo del vocabulario y la maestría al ir creando el suspenso. Del mismo modo, cada capítulo entra a formar parte de la serie de episodios que caracteriza al folletín; pero en cada uno de estos apartados la truculencia y lo fantástico de los sucesos se incrementa hasta que llega al exceso y a lo absurdo: el narrador del texto al ver el cadáver de su amigo Arnaldo se dio un tiro. Si lo que hizo fue herirse al dispararse a sí mismo, fue una gran insensatez; pero muy probablemente para llegar a la desproporción de lo relatado, escribió el texto después de muerto, lo que convertiría la leyenda en un texto fantástico.

※ ※ ※

Como se observa, «Aminta, Leyenda romántica» expone también el desajuste que existía entre el impulso que recibió el todavía no formado liberalismo en esos años, cuando algunos miembros de ideología liberal se unieron a la primera administración de Tomás Cipriano de Mosquera (1845-1849), lo cual cambió progresivamente el rumbo del gobierno, propiciando la democracia política e impactando las mentalidades de un grupo, quienes gradualmente impusieron cambios en la vida social.

De ese modo al impulsarse el desarrollo económico y técnico del territorio, surgió la fricción con la ideología social imperante basada en la religión y en la tradición; situación que constituía el capital cultural y la economía simbólica de la época. Así, éste es un texto cultural que está construido a partir de referencias, resonancias y lenguajes culturales que se actualizan mediante la participación de los lectores, descubriendo así la organización cultural por medio de signos y símbolos, que a su vez reproducen y hacen evidentes las ideas y valores que guiaban el comportamiento social.

La forma en que a través de la lectura se construye la significación de este texto ayuda a actualizar lo enunciado y a contextualizar tanto al emisor como la recepción en el momento de la publicación. Del mismo modo, en la medida en que se comprende cómo el emisor construye signos para determinar el sentido, se alcanza a percibir el proyecto de modernidad decimonónico que impulsaba un grupo de intelectuales, quienes mostraban los límites y las barreras de la organización social, como también el sistema de prohibiciones familiares y sociales de la época.

Los teóricos, entre ellos Díaz Rengifo, encontraban que la sátira y la burla iban juntas, y su intención era corregir los vicios mediante una censura moral, que utiliza la burla para suavizar el ser reprendido (véase Díaz Rengifo, 149). La sátira, como género, es agudamente consciente de la diferencia entre lo que son las cosas y lo que deben ser. El autor no puede darse el lujo de ser rechazado, por lo que debe ganarse la voluntad del público receptor, para que lo lean y difundan las ideas que promueve. Cuando esto sucede se ubica en una posición más efectiva que la de simple denunciador de circunstancias y situaciones; así puede explotar mejor las diferencias entre la apariencia y la realidad y exponer especialmente lo artificial y la hipocresía; pero también lo lúdico y la burla.

La leyenda culta con su ambigüedad temporal permite este juego entre la percepción y la efectiva realización de sucesos. Un lector despistado se quedará con la literalidad de la historia, y muy posiblemente la rechazará por desmesuradamente hiperbólica; no obstante, como ficción, este texto se desarrolla en el debate-juego con el límite fronterizo de los géneros de veracidad y los excesos mal entendidos y peor empleados de los movimientos literarios; como creación literaria se vale de la cercana relación entre la ficción y la verdad para expresar problemas de referencialidad y la imposibilidad de entender o de aceptar lo representado en relatos que extralimitan las normas.

El producto de la sátira es parodiar una forma de escritura que viene de la oralidad y se emplea desde muy antiguo. El efecto cómico que produce esta imitación burlesca de una leyenda somete a crítica el código de valores estéticos latentes en textos que, como este, emplearon la exageración para imitar un modelo, logrando únicamente deformarlo. La parodia idiomática sobre dichos y expresiones contribuye al disfraz satírico, cuya finalidad es reformadora, ya que desmitifica valores inauténticos que gozan de la acogida de escritores nóveles; pero a la vez es eminentemente lúdica y humorística.

Como creación literaria es un texto innovador porque mediante la sátira y la parodia abre el campo a otras formas de expresión que permiten mostrar tanto mundos de ficción como ficciones del mundo, ampliando el espacio alcanzado en Colombia por la narrativa de ficción en el temprano siglo XIX. Este tipo de textos nos obliga a replantear de otra manera el vínculo entre el campo literario y el espacio político como relaciones objetivas entre posiciones que se disputan el capital simbólico; lo que Bakhtin definió como heteroglosia, revaloración del signo en la arena social. En la producción literaria del pasado habría no sólo una posición sino una multiplicidad de enunciados que envolvían al individuo demandando que organizara su identidad e identificación según las diferentes concepciones de nación, poder o institución.

La cultura no es inamovible ni estática, sino que está íntimamente relacionada con un mundo de lealtades emocionales, sentimientos morales y saberes, todo lo cual enlaza las formas de identificación simbólicas. Para concluir, en los textos hay que intentar desvelar las inconsecuencias lógicas, mentiras fundadoras o proposiciones fundamentales indefensibles, para realmente comprender el proyecto de modernidad que se intentó efectuar en el siglo XIX; para esto se requiere problematizar, tanto las representaciones como la red de juicios valorativos y normas que los textos culturales proyectan como claves de interpretación.

Como la leyenda culta, existen numerosos tipos de escrito en los libros y en la prensa colombiana del siglo XIX que esperan estudios, que ayuden a difundir de una vez por todas la valiosa narrativa que ha permanecido oculta; análisis que debe contribuir a disipar la labor destructiva de aquéllos que todavía siguen repitiendo en el siglo XXI, las apreciaciones de los positivistas, quienes si no podían encontrar los textos, era porque no existían.

Bibliografía

A. R. O. «Tolerancia en amor». *El Día* (Bogotá) 376 (ag. 26, 1846): [3-4].

Benítez, Rubén. «Las leyendas de Bécquer. Tradición y originalidad». *Leyendas, apólogos y otros relatos*. Gustavo Adolfo Bécquer. Barcelona: Editorial Labor, 1974. 7-49.

Cacua Prada, Antonio. *Historia del periodismo colombiano*: Bogotá: Ediciones Sua Ltda., 1983.

Camacho Pradilla, Pedro A. «Engaños i desengaños. Leyenda tradicional». *El Día* (Bogotá) 796 (mzo. 1°, 1851): 2-3; 797 (mzo. 4, 1851): 2-3; 798 (mzo. 8, 1851): 2-3; 799 (mzo. 11, 1851): 2-3; 800 (mzo. 15, 1851): 2-3; 801 (mzo. 18, 1851): 2-3; 802 (mzo. 22, 1851): 2-3; 803 (mzo. 26, 1851): 2.

Chevalier, Jean y Alain Gheerbrandt. *Diccionario de los símbolos*. Barcelona: Editorial Herder, 1988.

Díaz Rengifo, Juan. *Arte poética española*. Barcelona: Imprenta de María Ángela Martí, Viuda, 1759.

Editores. "Canastilla", "Teatro", "Remitidos". *El Duende* (Bogotá) 22 (sept. 13, 1846): vii.

_____. "Canastilla. *El Duende* (Bogotá) 24 (27 sept., 1846): vii.

Estébanez Calderón, Demetrio. *Diccionario de términos literarios*. Madrid, Alianza Editorial, 1999.

Étienvre, Jean-Pierre. (Ed.). *La leyenda. Antropología, historia, literatura*. Actas del Coloquio celebrado en la Casa de Velázquez. Madrid: Casa de Velázquez - Universidad Complutense, 1989.

Fowler, Alastair. «Género y canon literario». *Teoría de los géneros literarios*. Miguel A. Garrido Gallardo. Comp. Madrid: Arco/Libros, 1988. 95-128.

Garrido Gallardo, Miguel A. Comp. *Teoría de los géneros literarios*. Madrid: Arco/Libros, 1988.

González, José Luis. *Dichos y proverbios populares*. Madrid: EDIMAT Libros, 1998.

Jolles, André. *Las formas simples*. Santiago de Chile: Editorial Universitaria, 1972.

J. M. T. «Amalia o castigo de un falso amante». *El Día* (Bogotá) VII.380 (17 sept., 1846): [1-3].

K. Z. X. «Aminta. Leyenda romántica». *El Duende. Periódico de buen humor, dedicado a los cachacos de ambos sexos* (Bogotá) 27 (oct. 18, 1846): 6-7.

Liso, Susana P. «La leyenda culta en España durante el periodo romántico». Ohio State University, 2001. [Disertación doctoral].

Moliner, María. *Diccionario de Uso de Español*. Edición electrónica. Versión 3. Madrid: Editorial Gredos, 2008.

Ortiz, Juan Francisco. *Teresa. Leyenda americana*. Bogotá: Imprenta de El Dia por José Ayarza, 1851.

Pedrosa, José Manuel. «La leyenda hispánica: definición y perspectivas literarias y antropológicas de un género (con algunas reflexiones sobre la leyendística de Extremadura)». *Cuentos y leyendas de España y Portugal*. Enrique Barcia, (Ed.). Mérida, España: Editora Regional de Extremadura, 1997. 73-94.

Prat Ferrer, Juan José. *Historia del cuento tradicional*. Valladolid: Fundación Joaquín Díaz Urueña, 2013.

Ramírez, Jesús Emilio. *Historia de los terremotos en Colombia*. Bogotá: Instituto Geográfico Agustín Codazzi, Subdirección de Investigaciones y Divulgación Geográfica, 1975.

Rodríguez-Arenas, Flor María. *Bibliografía de la literatura colombiana del Siglo XIX*. Buenos Aires: Stockcero, 2006. A-L: vol. 1; M-Z: vol.2.

_____. *Periódicos literarios y géneros narrativos menores: fábula, anécdota y carta ficticia. Colombia (1792- 1850)*. Doral, Florida, USA: Stockcero, 2007.

Tibón, Gutierre. *Diccionario etimológico comparado de nombres propios de persona*. (1956). 3ª ed. México: Fondo de Cultura Económica, 1998.

VV.AA. [Joaquín Marco, Mario Vargas Llosa, Manuel Puig, Guillermo Cabrera Infante y otros]. «El folletín por entregas y el serial» [Mesa redonda]. *Anàlisi: quaderns de comunicació i cultura* (Universidad Autónoma de Barcelona) 9 (1984): 143-166.

Los Antecesores Acosta y Kemble de Soledad Acosta de Samper:

Joseph de Acosta, corregidor vitalicio de la Provincia de Guaduas – Joaquín Acosta; Peter Kemble – Caroline Kemble Acosta

Soledad Acosta de Samper (Bogotá, 1833-1913) fue una de las pocas y constantes voces femeninas que hizo presencia en la esfera pública de la segunda mitad del siglo XIX y primera década del siglo XX en Colombia, abriendo un camino para la mujer en el campo intelectual del país; no obstante, su decidida y voluminosa presencia en el mundo editorial durante su existencia, no fue sino hasta las dos últimas décadas del siglo XX que su obra comenzó a estudiarse y a difundirse.

Desde joven, poseía la clara conciencia de que para que el nombre personal pasara a la historia y dejara una marca en la sociedad, se debía alcanzar la gloria; como lo había hecho su padre, Joaquín Acosta, quien con su esfuerzo había logrado aportar beneficios para la naciente nación, por lo cual su nombre se respetaba. Pero ella, por ser mujer, conocía las férreas limitaciones sociales que tendría que vencer para intentar emular a su progenitor:

> [Q]ue dia el que he pasado que he adelantado? nada – y cuales son los pensamientos dignos de inscribirse en las hojas del libro del tiempo? cuales los hechos? ningunos! asi pasan los dias sobre mi cabeza sin saber que se han hecho para que me hizo Dios inteligente? para que todos mis sentidos si no han de servir para el bien de mi alma y de la humanidad! pero que puede hacer una mujer? mi conciencia me contesta si no puedes hacer obras nobles hechos dignos de memoria por tu sexo y tu corta inteligencia, puedes hacer la felicidad de las personas que te rodean[17] (S. Acosta[18], nov. 11, 1853: 29)[19].

---

[17] Véase la edición crítica de Rodríguez-Arenas (2014) de los diarios que Soledad Acosta y José María Samper escribieron en 1855; en esa edición se publicó por primera vez el diario de Samper y se hizo la transcripción del manuscrito que Acosta escribió en 1855, respetando fielmente las características de la escritura de los textos que produjeron los dos autores. El texto de Soledad Acosta de 1855 se había publicado como una parte del diario total en 2004. En esa edición, dirigida por Carolina Alzate, arreglaron la escritura, variando vocabulario (adicionando o eliminando palabras), modificaron la sintaxis,

La tradición imponía un conjunto de condicionamientos sociales (*hábitus*) sobre el puesto que las mujeres debían ocupar socialmente; ya que por considerárselas inferiores e incapaces[20], se las excluía, tanto de adquirir educación (en el mismo sentido en que la recibían los hombres), como de ser parte de la ciudadanía (carencia de derechos políticos, inhabilidad para participar en los asuntos públicos, situación de dependencia en el ámbito de las relaciones sociales, etc.), lo que causaba frustración a Soledad Acosta, como se observa en el fragmento anterior.

Esa situación estaba apoyada por una rígida división de conductas que dictaminaban que la educación que recibía la mujer la capacitaba para la vida doméstica y jurídicamente estaba sometida a la patria po-

---

cambiaron visiblemente la puntuación, alteraron párrafos y eliminaron peculiaridades características de la escritura de Acosta, con lo cual difundieron (y difunden) una representación alterada tanto de la escritura como de Soledad Acosta (Situación en la que yo misma caí en la confusión al realizar las diversas lecturas de la edición del 2004, porue reforzaron en mí la idea de que Acosta había sido una mujer sin igual, porque era la única mujer colombiana [que yo había visto] que había podido escribir con la perfección que mostraba la publicación del 2004, siendo apenas una joven que no había salido de su casa). Llamé a esa publicación de febrero de 2014, la "edición príncipe" de los diarios de 1855, lo cual en el sentido tradicional del significado lo es efectivamente para el texto de Samper, y en el sentido moderno lo es para el de S. Acosta ("No debe llamarse edición príncipe a la primera que se publica, sino a la que es más fiel al manuscrito original" (Checa Cremades).

[18] En las citas de las diferentes secciones del diario de Soledad Acosta en este estudio, se identificará su nombre: S. Acosta, para diferenciarlo del de su padre, quien aparecerá como: J. Acosta. Del mismo modo, las citas que provengan de textos electrónicos proporcionados por el Instituto Caro y Cuervo, se empleará el número de página que señalan los "pdf"; ya que los textos del ICC carecen de numeración y, si la tienen, incluso presentan saltos y ubicaciones de página en sitios diferentes a los que le corresponde.

Existe diferencia de catalogación de las secciones del diario que se encuentran en la Biblioteca del ICC y las que se hallan en el fondo *fsacosta* de la Biblioteca Nacional. Para este estudio se emplean los textos del ICC, los cuales se identificarán con las fechas dadas en esa catalogación.

[19] El «*Diario*» de Soledad Acosta es un conjunto de 12 piezas: 11 cuadernillos manuscritos: 1) «Reflexiones» (ag. 22, 1853) [18 pgs.], que en la carátula posterior lleva el título: «Pensamientos, apuntes y notas en Guaduas. Agosto de 1853». 2) Diario (sept. 14 – oct. 26, 1853) [38 pgs.]. 3) Diario (oct. 29, 1853-ene. 30, 1854) [108 pgs.]. 4) Diario (feb. 1º-mzo. 23, 1854 [40 pgs]. 5) Diario (mzo. 23- abr. 7, 1854 [56 pgs.]. 6) Diario (abr. 16-jun. 25, 1854) [152 pgs.]. 7) Diario (jun. 25-sept. 14. 1854) [118 pgs.]. 8) Diario (sept. 29-oct. 29), (nov. 11-12), (nov. 25-dic. 2), (dic. 6-31, 1854) [64 pgs.]. 9) Diario (oct. 13-nov. 16, 1854, fin de la Revolución) [42 pgs.]. 10) Diario (dic. 6-31, 1854) [31 pgs]. 11) Memorias íntimas (sin fecha); y un libro, regalo de José María Samper: Diario (ene. 1º-mayo 4, 1855) [136 pgs.]. Todos esos textos son parte del fondo Soledad Acosta de Samper (FSAS) en el ICC. La Biblioteca Nacional de Colombia recoge en el fondo: *fsacosta*, la mayoría de los manuscritos y textos de la escritora.

[20] «La incapacidad de la mujer (...) no es establecida *propter fragilitatem sexu*: es relativa á su estado de matrimonio, y se funda en principios de unidad y de orden, en la necesidad de conservar los bienes comunes, por lo cual se concede al socio más apto la gerencia y la representación de la sociedad. De aquí viene, como un corolario obligado, la autorización marital» (Porras, 29).

testad del jefe de familia. Puesto que legalmente la mujer era inferior al hombre, se la ubicaba al nivel de los niños; por tanto, era incapaz de gobernarse; además, al estar casada, necesitaba la «licencia marital[21]» para actuar en aspectos sociales y judiciales[22]. Esa licencia era de cuatro clases: 1. Licencia del esposo para que la mujer obrara. 2. El hombre representaba a la mujer. 3. El hombre debía otorgarle legalmente el poder a la mujer para obrar. 4. Ratificación o confirmación del esposo de lo hecho por la mujer (véase Ochoa Restrepo, 225). Es decir, los bienes de la mujer, los administraba el hombre (en este sentido, el esposo podía convertir el matrimonio en una simple manera de conseguir bienes, ya que no estaba obligado a dar garantías, hacer inventario o rendir cuentas). Mientras que la esposa estaba incapacitada civilmente[23] para obligarse de cualquier forma (efectuar contratos, negocios, etc.) y necesitaba el consentimiento del esposo o la autorización de la justicia. (No obstante, cuando el esposo desaparecía, era prófugo o había sido condenado, sobre la mujer, sin derechos, caía el peso de la administración y las consecuencias de los errores del hombre). Este estado social devaluaba a la mujer como ser pensante, lo que, a su vez, conllevaba a que en el momento de tomar decisiones educativas, ella no fuera una prioridad[24].

---

[21] Licencia marital: «aquella que la mujer casada, mayor de edad, necesitaba obtener de su marido para poder celebrar válidamente determinados actos jurídicos. Esta licencia era también conocida con los nombres de autorización marital y venia marital» (Ochoa Restrepo, 223).

[22] En el código civil colombiano, título 9: Derechos y deberes de los cónyuges, se decretaba en el artículo 176, la obediencia de la mujer al hombre; en el art. 177, los derechos otorgados al esposo sobre la mujer y sus bienes; en el art. 1805, se declaraba al hombre como jefe de la sociedad conyugal y en el art. 1809, el hombre era el que disponía de los bienes de la mujer, antes y después del matrimonio, y de lo que produjeran [llamados bienes parafernales]. Mientras que la mujer no podía sin autorización del esposo celebrar ningún contrato, aceptar a rechazar donaciones, herencias o legados, enajenar, hipotecar, empeñar, etc. (véase Colombia, 1895. 39-41, 279-280). Además, por el art 13 del Código del Comercio, tampoco podía ejercer el comercio sin su autorización y si no era mayor de 20 años (véase Ochoa Restrepo, 229). Por todas estas leyes, la mujer estaba completamente subordinada al hombre, quien absorbía todo el patrimonio de la esposa y controlaba su capacidad personal en el ámbito económico. Lo legal, se llevó al plano social, de ahí que la mujer necesitara autorización legal y posterior ratificación del hombre de los actos sociales de ella.

[23] Esta situación comenzó a cambiar únicamente con la ley 28 de 1932 que intentó delimitar la situación jurídica de la sociedad conyugal, pero que para 1946, todavía se discutía si tenía valor. Mientras que sólo con el artículo 13 de la ley 2820 de 1974, se suprimió expresamente el sistema de potestad marital y se reafirmó la igualdad del marido y de la mujer en el matrimonio.

[24] Sólo con la ley 1847 de 1932, se permitió que la mujer se graduara como bachiller para poder continuar sus estudios superiores. Mientras que únicamente hasta diciembre de 1934 se presentó al congreso el proyecto de ley para que la mujer pudiera entrar a la universidad en igualdad de condiciones que el hombre. Germán Arciniegas lo rebatió y Jorge Eliécer Gaitán lo defendió; el proyecto fue aprobado el 11 de diciembre de 1934.

Soledad Acosta Kemble, como hija única, recibió una educación que, aunque elevada para una mujer de la época, carecía del desarrollo de las áreas que no se relacionaran con el mundo doméstico; sin embargo, la instrucción que sus padres le proporcionaron, el ejemplo que su progenitor le transmitió y el decidido apoyo y aliento que recibió de su esposo, José María Samper[25], la llevaron a desarrollar habilidades culturales relevantes, gustos, preferencia, normas de conducta, áreas de avance intelectual y de trabajo, alcanzando un puesto social relativamente estable como escritora conocida.

Soledad Acosta de Samper, a pesar de su posición ideológica y de sus ambigüedades y contradicciones, fue un agente de cambio que contribuyó con su esfuerzo a establecer las bases para que se aceptara a la mujer escritora como parte de la sociedad. Para ella, la estructuración de la escritura como profesión fue una empresa social, a la que, con la guía y el apoyo de su esposo, aplicó los mismos principios que los hombres habían empleado para triunfar en las empresas comerciales. Ideas que eran dominantes tanto en su familia desde sus ancestros por ambas líneas, como en la familia de su esposo.

Los miembros de las familias Acosta, Kemble y Samper, por dos o más generaciones, fueron activos participantes en un sistema económico, social y político fuertemente impregnado de valores empresariales; modalidad que poseía una marcada orientación hacia los negocios y una actitud positiva hacia la acumulación de riqueza y reconocimiento; condiciones que reafirmaron la importancia de la iniciativa empresarial para el futuro de las naciones a las que pertenecieron.

---

[25] José María Samper escribió sobre el amargo sentimiento que le causaba la situación de su hermana Agripina, quien había llegado a los 24 años de edad, con estudio, con cultura, con aptitudes, pero limitada por el cerrado ambiente cultural y el rechazo social que acosaba a la mujer que intentaba irrumpir en la esfera pública; lo cual hacía casi imposible que llegara al matrimonio: «sufro por mi hermana, mi buena i sentimental Agripina. Hoi cumple ella 24 años... Dios mio! esto es ya mucho para una joven por interesante i bella que sea, en estos climas donde la vida se acaba tan pronto. Con una educacion esmerada, con talento distinguido, instruccion i belleza; con un padre i hermanos ricos, adorada por todos nosotros, i sin embargo la pobre Agripina no tiene porvenir i encuentra cada año un aniversario mas con una esperanza i una ilusion de menos! Sin porvenir en las letras, porque una mujer literata no vale ni puede valer en esta sociedad rústica indolente i envidiosa. Sin porvenir en el amor porque mi hermana, aun no conoce los misterios de esa pasion, ni encontrará en la oscuridad de estos pueblos, un hombre que la merezca, la ame i la comprenda! Pobre hermana mía! ¿De qué sirven la belleza, la educacion esmerada i el talento, si solo han de hacer resaltar mas el contraste con la soledad, el desencanto i la tristeza de una vida estéril i desierta? Ah! si yo pudiera darte Porvenir i dicha; si hallara para tí un esposo que fuera para tu bella alma lo que Soledad para la mía!.. Tú serías entonces feliz y yo gozaría inmensamente con tu dicha...» (Samper, mzo. 4, 1855a).

Ya los hombres que fueron tronco de las familias de los ancestros de Soledad: Joseph de Acosta y Gaine y Peter Kemble, tuvieron cada uno en forma diferente, una clara idea de la vida de los negocios y de la sociabilidad; ya que durante la época en que vivieron, el comercio fue parte integral de la existencia diaria tanto en España como en Inglaterra; sociedades en que el empresario era un creador de bienes y servicios que entendía cómo satisfacer necesidades y deseos; reconocía a menudo oportunidades donde otros no las veían, y establecía objetivos claros para desarrollar su actividad; de modo que ambos empresarios dejaron una marcada huella en la vida social tanto en la de la Nueva Granada y como en la de los Estados Unidos, lugares a donde llegaron y radicaron.

Estos individuos estaban caracterizados por la determinación, la persistencia y una alta tolerancia para enfrentar problemas; además fueron capaces de proyectarse al futuro para prevenir obstáculos y solucionar conflictos, acciones esenciales para alcanzar el triunfo. Se adaptaron a las circunstancias variables de la vida y formaron redes de relaciones que les fueron benéficas para triunfar en sus empresas.

Soledad Acosta Kemble se nutrió de estas ideas por sus padres y sus familiares y supo del triunfo que sus antecesores habían alcanzado, cada uno en una sociedad diferente, en forma casi inconmensurable. A ese conocimiento se unió el deseo de superarse y mejorar intelectualmente, cuando conoció a José María Samper Agudelo, quien sería su esposo:

> I cual es la causa de todo esto? el haber conocido un ser que se interesase sobre mis estudios, i el tratar de si no de igualarle porque esto seria imposible a lo menos de parecerme en su modo de pensar i no encontrarme mas ignorante que él (S. Acosta, mzo. 23, 1854: 11-12).

De este modo, Soledad Acosta apropió su destino, empleando nociones transmitidas, junto a las estudiadas y aprendidas, las combinó con las condiciones materiales de existencia familiar y de poder que poseía y por medio de una amplia red de relaciones sociales entró desde 1859, cuatro años después de haber contraído matrimonio, en la esfera pública con la escritura y permaneció en ella durante cincuenta años hasta su muerte, demostrando gran energía, autodisciplina y constancia, a pesar de las situaciones que vivió y sufrió a lo largo de su existencia.

2. La sociedad en España e Inglaterra durante el siglo XVIII.

La España del siglo XVIII, incluyendo sus colonias, comenzó una época de transición y transformación producida tanto por la Guerra de Sucesión Española (1702-1713), que llevó al cambio de dinastía en España, como por las modificaciones que la serie de medidas sobre el campo mercantil colonial causaron en las estructuras políticas, sociales y económicas. Durante esa centuria, España y sus territorios conformaron una sociedad agraria tradicional, cuyas principales fuentes de producción fueron la tierra y el trabajo. Sin embargo, este sector estratégico de la economía española no se impulsaba, porque la inversión en la agricultura se consideraba sumamente arriesgada; además, con la sociedad estamental tan rígidamente estructurada (nobleza, clero y estado llano), la productividad agrícola no era una prioridad (véase Lynch, 106).

Al morir sin heredero el último rey Habsburgo, Carlos II, las ansias bélicas se desencadenaron en diferentes países europeos, guiadas por el deseo expansionista marítimo y mercantil. Esto llevó a enfrentamientos y operaciones militares en España, Portugal, Italia, los países bajos, Francia, y en América, en las colonias británicas, francesas y españolas[26]. La religión (enfrentamientos entre católicos y protestantes) y la libertad (no la de todos los individuos, sino la de las potencias, especialmente Inglaterra y Francia, y su deseo de expansión territorial y económica) fueron los emblemas.

Dentro de España, se desató una violenta guerra civil entre los partidarios de los Borbones (los territorios de la Corona de Castilla) y los

---

[26] A la vez, el conflicto desarrolló querellas internas en diferentes lugares (la sucesión protestante en Inglaterra, el enfrentamiento entre Carlos XII de Suecia y Pedro el Grande de Rusia) y los países implicados avivaron viejos problemas internos en los territorios enemigos a favor de su estrategia militar (Francia impulsó la guerra de independencia húngara liderada por Francisco II Rákóczi [1702-1711], la insurrección de los *camisards* franceses, la de los hugonotes apoyados por Inglaterra; potencia que también favoreció la sublevación del país de Vaud [protestantes de las regiones alpinas entre Francia, Italia y Suiza] por religión en contra de Luis XIV). En esta conflagración bélica, los catalanes y los valencianos descontentos contra los Borbones, apoyaron a Inglaterra. Se hallaba en juego el control del poder entre dos rivales: Inglaterra y Francia. Cuando en el punto más álgido del conflicto, se pensó en la abdicación de Felipe V al trono de España, en el parlamento inglés, los *whigs*, partidarios de la guerra, fueron remplazados por los *toris*, quienes deseaban firmar la paz con Francia; además, Carlos III el Archiduque (representante de la casa de Austria), que la corte imperial vienesa había declarado rey de España, renunció a la corona española, por la muerte de su hermano, al ser nombrado emperador del Sacro Imperio Romano Germánico (véase Albareda i Salvadó, 19-22).

que estaban a favor del Archiduque Carlos de Austria (los de la Corona de Aragón, con Cataluña y Mallorca). En ambos bandos había cuestiones económicas, supuestos políticos, y la religión se empleó como bandera en la contienda; no obstante, todo lo movilizaban las potencias extranjeras; ellas comenzaron el conflicto reclamando la sucesión al trono para su elegido, y ellas lo concluyeron al negociar los acuerdos de paz (véanse Lynch, 54-56; Albareda i Salvadó, 16-29).

En ese ambiente bélico de envergadura, la unión dinástica de Francia y España era un gran obstáculo para la política de expansión marítima y mercantil británica (Inglaterra y Escocia se unieron en 1707). Para impedir que Francia fuera beneficiada con el abastecimiento español, durante los primeros años del siglo, el objetivo inglés fue el de cortar las comunicaciones entre España y sus posesiones de ultramar; para logarlo, atacaron Cádiz, tomaron Gibraltar, intensificaron la presencia de fuerzas navales inglesas que asaltaron las flotas españolas de la Carrera de Indias, demostrando la superioridad naval británica.

España buscó protección en la armada naval francesa y poco a poco hizo concesiones a ese país: aprobó privilegios a los comerciantes galos establecidos en Cádiz, les autorizó la introducción de esclavos a los territorios españoles en América a través de la *Compañía Real* de *Guinea* (que llegó a convertir el área del virreinato del Perú en un lugar casi privado para los propietarios de barcos franceses). Todo esto produjo la intensificación alarmante del contrabando francés en las posesiones españolas; ya que se amparaban en la potestad que habían recibido para que sus barcos practicaran un moderado comercio para aprovisionarse de los bastimentos necesarios a su paso por las costas americanas. Del mismo modo, Francia quiso ejercer influencia en el comercio indiano y crear rupturas legales en el régimen de monopolio (el envío de mercancías francesas en barcos españoles, la supresión del sistema de flotas y la habilitación de puertos nuevos) (véase Pérez-Mallaina Bueno, 53-54).

La Gran Bretaña no cejó en sus intentos de erosionar la alianza entre España y Francia, así mediante el Tratado de Utrecht (serie de tratados celebrados entre 1713 y 1715): recibió el «Asiento de negros» (monopolio de introducción de esclavos africanos en la América española, que se le otorgó a la South Sea Company (*Compañía del Mar del Sur*), y el «Navío de permiso»: un barco, con potestad para acompañar a la flota cuando acudía a la Feria de Portobelo, cargando 500 toneladas en mercancías; con esto los británicos se comprometían a ayudar a España en la defensa de su monopolio y en la restauración de los límites del imperio español. En 1715, consiguieron el aumento del tonelaje para los barcos (de 500 toneladas a 650) además el de que la *Compañía del Mar del Sur* pudiera viajar sola, debido a la irregularidad de los viajes de las naves españolas: así, pudieron vender libremente sus mercancías en Cartagena y Portobelo, siempre y cuando hubieran transcurrido cuatro meses desde la fecha prevista para la salida de la flota y el viaje no se hubiera organizado. Pero, amparados bajo el «Asiento de negros» y el «Navío de permiso», se robusteció el contrabando británico en los territorios españoles de América. También consiguieron proteger el comercio británico con España; así como la no alza en impuestos y que sus comerciantes pagaran lo mismo que los españoles en tierras españolas. Además, obtuvieron la restauración del privilegio de elegir al *Juez Conservador* (Institución que protegía a los comerciantes británicos).

Logrados los anteriores privilegios, la corona inglesa se opuso a que los comerciantes españoles tuvieran las mismas condiciones que los británicos habían recibido en España, como tampoco cumplieron con la cláusula 15 del Tratado de Utrecht, en que la Gran Bretaña se comprometía a dejar pescar a los españoles en Terranova (la pesca era uno de los puntos vitales del comercio británico y España era el principal consumidor de ese comercio y cliente en el comercio del bacalao) (véase Pérez-Mallaina Bueno, 71-73).

Esa difícil situación política fue apenas el inicio de la transformación gradual que se fue efectuando en España y en sus territorios. «El efecto combinado de la acción del Estado y del crecimiento económico socavaron el viejo orden social. Si bien es cierto que el *status*, la precedencia y el privilegio permanecieron, la sociedad tradicional de los estamentos en la que los nobles luchaban, los eclesiásticos rezaban y el pueblo común trabajaba y pagaba los impuestos dejó paso, a lo largo del siglo XVIII, a una sociedad de clases en la que era la riqueza más que la función la que determinaba la posición social y separaba al grande del hidalgo, al prelado del sacerdote, al propietario del campesino y al comerciante del artesano» (Lynch, 12).

En lo cultural, una de las características comunes importantes, en los países del Occidente europeo, fue el privilegio dado a grupos particulares (nobles, poderosos, conquistadores, religiosos, etc.), de los que surgieron las clases dirigentes, que se aglutinaban en grupos selectos, que frecuentemente se consolidaban y posicionaban en las sociedades mediante la herencia, el prestigio, la riqueza, las relaciones sociales y controlaban el poder. A estas circunstancias se agregaban tanto los méritos personales que hacían que los individuos asumieran una posición y se establecieran en ella, como también la aceptación de la sociedad circundante sobre el mérito alcanzado u otorgado a esos miembros o grupos.

Esa situación dual permitía que ambos aspectos prevalecieran en forma diferente y hasta era posible que uno de ellos llegara a desaparecer. Uno de los cuales era dinámico y permitía que unos individuos se integraran en un patrón establecido, por lo cual la sociedad los aceptaba; mientras que el otro era estático y rutinario, lo que era conveniente para algunos de los ya integrados a un grupo, llevándolos a que manifestaran actitudes de conformidad, continuidad y permanencia sin realizar esfuerzos para sobresalir, para destacarse socialmente. De ese modo, esa dualidad ocasionaba que la preeminencia que se les había otorgado a esas personas o grupos se inscribiera o bien históricamente (permanencia sostenida de situaciones anteriores) o bien en forma práctica (privilegio surgido por conveniencia para la sociedad y guiado por las leyes o costumbres por las que los grupos se regían).

Las sociedades del Occidente europeo se estructuraban por lo general en torno a linajes y relaciones de parentesco; de este modo las familias se continuaban a través del tiempo, la permanencia de las generaciones era una constante. Existen dos formas de imaginar la familia extensa: la concepción horizontal que se basa en el conjunto de parientes que existen en una determinada generación; idea que está limitada por la memoria. Mientras que en la idea vertical –a través del tiempo– de la familia, se mantienen el recuerdo y la presencia de los actos de los antepasados y se reviven con cada nueva generación. Desde esta perspectiva, la familia es una entidad superior que no desaparece; ya que cada descendencia la recuerda, la renueva, le da existencia; esta concepción forma el linaje. Pero también, en cada generación, las concepciones horizontales y verticales de familia se combinan en grados diversos, según la medida en que sus miembros y las circunstancias en que se hallen, valoren la una o a la otra.

En España, ya en el medioevo, se le otorgaba valor y se daba reconocimiento al poseer una ascendencia ilustre; de este modo, la concepción de linaje, que nacía de la continuidad, se reforzaba dentro de la familia al transmitirse los mismos bienes materiales, los honores o los poderes. De la herencia del prestigio de los mayores, con todas las variables a que estuviera sujeta, se pasaba a la herencia establecida y legalizada, lo que implicaba la concepción de linaje. El parentesco siempre o casi siempre existía entre las familias de mayor nivel en las sociedades medievales y renacentistas, pero la manera de ejercer la sucesión era muy diversa: descendencia de un mismo tronco (hombre o mujer), parentesco por afinidad, o simplemente por conveniencia (véase Menéndez Pidal de Navascués 2008, 37-40).

Ese concepto de los componentes que constituían la identidad familiar, en lo referente al linaje, se hallaba bien establecido por una combinación de tradiciones, de modos de vida y de definiciones legales, y estaba socialmente codificado. De ahí que para alcanzar un cargo o un ascenso en la administración pública, en la milicia y hasta un título nobiliario, desde el final del siglo XVI hasta el final del siglo XVIII, se requerían las «relaciones de méritos y servicios»[27] que señalaban la estimación adquirida y los oficios desempeñados y servicios prestados por el pretendiente, así como de sus antepasados en varias generaciones, para demostrar que en la familia había una continuidad de merecimientos que era parte de su linaje; sin esos documentos no se podían obtener cargos o prebendas:

> Incorporada esta calidad al patrimonio transmisible del linaje, se redondea la idea de nobleza propia de nuestra cultura occidental, cuya característica principal es esta, ser transmisible por herencia; será llamada por eso «nobleza de sangre» para distinguirla claramente de las otras clases, reconocidas en el mismo código. (...) se reconocía a los linajes la función de estructurar la sociedad: los más importantes formaban el entramado básico en el que se apoyaban otros menores y así sucesivamente (Menéndez Pidal de Navascués 2006, 11-12).

Cuando los españoles se trasladaron a los territorios de la actual Hispanoamérica, llevaron consigo ideas, valores y costumbres surgidos tanto de las reglas familiares y sociales, como de los sistemas

---

[27] Sobre el empleo de estos documentos para adquirir preeminencia y poder, también para obtener cargos y prebendas en la Nueva Granada, véase Gamboa 2002.

legales que habían aprendido y en los que habían vivido; todo esto lo adaptaron, muchas veces férreamente, a la cultura y a la estructura social que instauraron en los nuevos territorios. De este modo, en la Nueva Granada, formaron:

> [U]na sociedad estamental, de castas separadas, en la que la distribución de los activos –tierra y negocios– estaba altamente concentrada en la capa superior, definida por su pureza de sangre y sus relaciones políticas con la monarquía, a la vez que una parte de la población era sometida a tributos, a la servidumbre y al esclavismo, de tal modo que el capitalismo surgiría difícilmente y de manera tortuosa e incompleta (Kalmanovitz, 12)[28].

Ya establecidos en las nuevas tierras, como parte del imperio español, impusieron normas, leyes y costumbres provenientes de España; muchas de las cuales continuaron incluso después de mediados del siglo XIX, como fue el caso de «los estatutos de limpieza de sangre»[29], instrumentos jurídicos, que eran imprescindibles para poder estudiar en cualquiera de los Colegios Mayores; lo cual podían hacer sólo los hombres de las capas más altas de la sociedad.

Para comprender la situación de la sociedad en esa época, se necesita entender que el sentimiento del honor[30] era un eje vertebrador del Antiguo Régimen, férreamente enraizado en la sociedad. Para el siglo

---

[28] La situación de segregación social se ha explicado: «Se trata del sistema jerárquico que los historiadores franceses denominan "la cascada del desprecio". Cada grupo social trataba de identificarse con el superior, borrando las diferencias que lo separaban de él, y al mismo tiempo procuraba alejarse del grupo inferior, exagerando al máximo los motivos de separación. El modelo social estaba constituido por la nobleza. Todos los demás grupos sociales trataban de aproximarse a ella de alguna manera, destacando aquellos elementos de la propia colectividad que se asemejasen a las formas de vida de la nobleza. El campesinado acomodado no se diferenciaba radicalmente de la pequeña nobleza. La pertenencia a familias de "labradores honrados" o de "solar conocido", era el mejor argumento para obtener un título de nobleza que el ejercicio del comercio» (Molas Ribalta 1985, 171).

[29] Con este instrumento se excluía de muchas corporaciones y territorios a los descendientes de judíos, musulmanes penados por la Inquisición, a los que se consideraba infames y no firmes en la fe. Era condición esencial para entrar en las órdenes religiosas, en los Colegios Mayores, en las órdenes nobiliarias y para demostrar las relaciones de méritos y servicios para recibir ascenso en las fuerzas militares y navales; así como para viajar a Indias, en la denominada *Carrera de Indias* (para este último aspecto, véase González-Cotera Guerra, 18). La situación varió un poco al final del siglo XVIII cuando la Corona española emitió las cédulas de "Gracias al sacar".

[30] «En su origen, la palabra "honor" (en latín: *bonos)* designaba una divinidad que representaba el coraje en la guerra. Más tarde significó la concesión de tierras, como premio por la victoria; luego esta base material sirvió a la elaboración de un concepto moral de extrema complejidad, por no decir ambigüedad. Una rica literatura lo fue definiendo como guía de la conciencia, como regla de conducta, o como medida del rango social. Gracias a sus numerosas acepciones, el honor hizo morir a más hombres que la peste, suscitó más controversias que la gracia, más disputas que el dinero» (Pitt-Rivers, 19).

XVIII, el honor era un concepto social absolutamente entendido y reconocido dentro del estamento nobiliario por todos los grupos sociales. Esto conformaba una sociedad fragmentada en estamentos diferenciados, lo cual producía una sociedad cerrada, monopolios de cargos (sancionados por la tradición o el Derecho), pluralismo jurídico (desigualdad ante la ley), gradación en la honorabilidad, según la jerarquización estamental (mientras más baja la clase, menos honor). Por esto, la aristocracia se negaba a valorar socialmente los trabajos mecánicos, porque no querían eliminar las desigualdades, ni conceder dignidades a quienes carecían de ese derecho a causa de su nacimiento o de su oficio. El trabajador de cualquier gremio estaba rebajado a niveles de infamia y tachado de *vil*[31]; así se sospechaba su origen converso o judaizante (véanse Rábade Obradó; Porras Arboledas). Además, los trabajos mecánicos eran considerados *serviles*, lo que causaba el desprestigio y disminuía la condición social. Concepciones mentales que pasaron y se implantaron en los diferentes territorios españoles en América, y que se exponen en las informaciones de limpieza de sangre para estudiar en los Colegios Mayores en Santafé de Bogotá:

> Oficios viles: El hidalgo típico había asimilado la forma de ser de la rancia nobleza peninsular; por ello despreciaba los oficios mecánicos y manuales, que consideraba viles y que en España realizaban los moros, excelentes cultivadores, artesanos y constructores, y los judíos, que desempeñaban el oficio «vil» del comercio al menudeo y la usura. En América estas últimas labores fueron ejecutadas por mestizos, indios y negros. «...todo lo que significaba trabajo manual, como oficios artesanos y aún las profesiones de maestro de escuela y cirujano, se tenían como propios de las castas de mestizos, pardos y gentes con raza de la tierra».
> Los padres y los demás ascendientes de los pretendientes a colegiales del Rosario certificaban, entre otras cosas, «no haber ejercido oficios viles ni bajos», «como zapateros, pintores, etc.», «herreros», «barberos», «no han obtenido oficio vil por donde se les impute infamia o descrédito», «no han tenido oficio bajo prohibido por derecho por las ordenanzas de este reino».

---

[31] «Desde el siglo XV la legislación castellana hablaba de oficios "bajos y viles". Posteriormente el concepto de oficio manual o "arte mecánica" se emparejó con la idea de vileza, quizá sin una intención explícita de menosprecio, pero con unas consecuencias innegables de creación de una cierta deshonra legal. El fenómeno no era ciertamente exclusivo de España. Ya hemos visto las ciudades italianas. En Francia la línea del honor dividía tajantemente a comerciantes y artesanos. Y puesto que artesanos eran los que se dedicaban a las artes mecánicas se producía la identificación entre ambos conceptos» (Molas Ribalta 1985, 175).

> El 6 de diciembre de 1743 el claustro no aprobó las informaciones presentadas por don Andrés Gregorio Coronel, pues los testigos aseguraron «que su abuelo materno tuvo el de público fundidor de campanas... que ni el pretendiente, ni sus padres, ni sus abuelos, sabe hayan tenido los [oficios] lustrosos».
> Don Isidro de Pujol y Fajardo fue rechazado también en virtud de que los testigos no estaban muy seguros acerca de si el oficio que desempeñaba su padre en Cartagena: médico y cirujano por el protomedicato, era «vil o bajo» (Guillén de Iriarte 1994, I: 58-59).

Los trabajos mecánicos eran considerados impropios de las clases altas, porque subordinaban al trabajador a un patrón o a la servidumbre de un amo. Pero esto era relativo; ya que, si el oficio era indispensable en el lugar, algunas veces dejaba de ser denigrante. No obstante, según una lista ofrecida para rechazar a los aspirantes al Colegio de abogados de la Gran Canaria, si la familia estaba relacionada con ellos, ejercían «oficios viles». Entre estos se encontraban las labores de: sastre, carpintero, barbero, herrero, lanero, cerero, platero, tonelero, pescador, confitero, panadero, pedrero, especiero, zapatero, sombrerero, hortelano, latonero, espartero, vendedor de pescado, tintorero, etc. Mientras que el oficio de mercader, como los de verdugo, carnicero, molinero, tamborero, pregonero, portador de carnes y menudencias de la carnicería, camellero, torero y otros semejantes, eran mecánicos (véase Alzola, 85-91).

Por centurias en toda España y en sus territorios, las actividades mercantiles e industriales fueron consideradas bajas y desmerecedoras.

> Las reglas de las órdenes excluían taxativamente al mercader o al que hubiera usado él, sus padres o abuelos «oficios viles y mecánicos»: «Y declaramos que mercader se entiende para este efecto aquel que [h]aya tenido tienda de cualquier género de mercancía que sea, residiendo en ella por su persona o por sus ministros y cambiadores. Los que tienen [b]anco público, y tienen por trato que dar dinero a cambio por sí o por sus factores. Y oficios viles y mecánicos se entienden: platero o pintor que tenga por oficio, bordador, cantero, mesoneros, taberneros, Escri[b]anos que no sean secretarios del Rey, u de cualquier persona real, procuradores públicos u otros oficios semejantes a estos, o inferiores a ellos, como son sastres y otros semejantes que viven por el trabajo de sus manos» (en Domínguez Ortiz, 126).

Esta percepción social hacia los oficios considerados «viles y mecánicos» en la península, eran parte de la existencia diaria en la Nueva

Granada, y persistió férreamente hasta la quinta década del siglo XIX, como lo informan las investigaciones de Guillén de Iriarte sobre los estudiantes del Colegio Mayor de Nuestra Señora del Rosario para la época 1826-1842:

> Los oficios que hubieran desempeñado el padre y demás ascendientes varones, por parte de padre y madre, reafirmaban la condición social del colegial. Durante el periodo estudiado, los oficios más honrosos desempeñados por los padres siguieron siendo los cargos públicos, sin embargo, a medida que avanzaba el siglo iban incrementándose los oficios de mercaderes e industriales, aunque estos últimos constituían la minoría (Guillén de Iriarte 2008, 66).

El rechazo de la nobleza hacia los «oficios viles y mecánicos» hizo que el «vivir de rentas» se considerase la única forma digna de subsistencia; de ahí que las propiedades y los bienes les permitieran mostrar su posición social, con lo cual podían presentarse como grandes señores. En la conformación de los grandes patrimonios nobiliarios, junto a la posesión de la tierra y de los bienes, jugaban un papel fundamental: la familia, las herencias, las políticas matrimoniales que practicaban, además de los altos cargos gubernamentales alcanzados. Para la conservación de las fortunas se empleaba el mayorazgo, por el cual el primogénito aseguraba la permanencia y el potencial futuro económico de la familia.

En este estado de circunstancias, se produjo el rechazo al trabajo manual; era preferible pasar hambre conservando las apariencias, que realizar algún trabajo que ayudara a solventar los problemas económicos de la familia. Los oficios manuales (mecánicos y viles) inspiraban un sentimiento adverso, porque eran considerados propios de gente plebeya, e impedían el ascenso en la escala social. Esa animadversión produjo un aumento de la ociosidad de los miembros de las clases altas y medias; situación que se transmitió culturalmente y continuó a través de las épocas y de los continentes. «[E]l menosprecio del sistema social del trabajo se daba en España con virulencia» (Molas Ribalta 1985, 173).

La situación de rechazo estaba tan arraigada en el siglo XIX en la Nueva Granada, que se ha escrito al respecto:

> La gran división de clases, entre una clase alta pequeña, prestigiosa y alejada del trabajo físico, y una mano de obra explotable y barata, proporcionó un fuerte y perdurable apoyo a la creencia de que el

trabajo manual era degradante. (...) aún los jóvenes pobres, dominados por los valores de una sociedad jerárquica, se resistieron al trabajo como a algo humillante. Entre los jóvenes acomodados, que tenían todas las posibilidades de evitar el trabajo, la persistencia de las asociaciones negativas con relación a este era todavía mayor. Por lo general, la juventud privilegiada hizo frente con firmeza a todos los esfuerzos de sus padres para que superaran el negativo significado social del trabajo físico (Safford, 114-115).

Ahora, la situación social de la Gran Bretaña difirió en parte de la de España. Durante el siglo XVIII, Inglaterra poseía una estructura social muy similar a la española, en cuanto a la sociedad estamental, y las relaciones entre los grupos eran comparables: existía una pequeña minoría noble que controlaba el gobierno, la aristocracia (*gentry*) formada por todos los que vivían bien, poseían tierra y otros la trabajaban para ellos; luego seguían todos aquellos que eran propietarios de tierra y la labraban, y en la base de la estructura, estaban los trabador rurales o urbanos pobres. En esta sociedad se le daba gran importancia a la tierra y al trabajo agrícola, ya que de esto vivía la mitad de la población. Gracias a mejoras sustanciales en el sector agrícola y a las buenas cosechas que ocurrieron entre 1730 y el medio siglo, Inglaterra tuvo un inmejorable mercado para la exportación de trigo, lo cual redundó en beneficio de muchos, que tuvieron dinero para gastar o invertir (véase Lehmberg y Heyck, 47-62)

Esta situación económica solidificó el comercio, permitiendo que Inglaterra aprovechara durante el siglo, la profunda desarticulación económica, social y demográfica que sacudió a Europa, para crear las condiciones necesarias para el desarrollo definitivo de la industrialización; pero esas condiciones no fueron planeadas por el estado, sino impulsadas por los mismos negociantes. El comercio fue adquiriendo una gran importancia a lo largo del siglo, de tal forma que el gobierno respondió a las demandas de los poderosos hombres de negocios, quienes comenzaron a participar en los designios políticos que los afectaban; así obtuvieron con agilidad aquello que juzgaban necesario para el fomento del comercio. Lo cual no sucedía en España, cuyos negociantes estaban excluidos de proponer e impulsar cambios en la política económica, «por lo que en lugar de desarrollar un espíritu de progreso que llevaría a iniciativas e innovaciones en el campo comercial se limitaron a la búsqueda del encumbramiento nobiliario y de un dominio sobre la tierra» (García Fernández, 61).

Londres fue el centro de una gran actividad financiera que incorporó los mercados de Inglaterra, Irlanda, Gales y Escocia. La Corona británica impulsó la estructuración de compañías para que operaran en el comercio exterior, para la consecución de materias primas imprescindibles y de productos exóticos que interesaban tanto para el consumo interno, como para la exportación; no obstante, esas compañías debían apoyar al erario real, cuando se les requería.

La actitud respecto al comercio en las islas británicas era diferente a lo que sucedía en España. La alta nobleza estaba muy involucrada en la economía; esta elite se dedicó exclusivamente al comercio del vino en alta cantidad. Mientras que la nobleza rural o señores (*gentry*) y los caballeros (*esquires*), quienes ocupaban cargos en la alta administración, se fueron incorporando al comercio, tanto en los vinos (para consumo personal o para la venta), como en productos diversos (alimentos, manufacturas textiles, metálicas o materias primas, etc.). Junto a estos grupos se hallaban los grandes comerciantes que no pertenecían a la nobleza, quienes eran miembros de familias reconocidas en el mundo del comercio y se dedicaban a una diversidad de productos para consumo interno, como para exportación. Estos, por su posición intermedia y carente de nobleza, intentaron por diversos medios ascender a ese rango; a ellos seguían en la base de la pirámide una miríada de pequeños comerciantes que surtían los mercados internos (véase García Fernández, 427-459).

> La burguesía mercantil británica reforzaba su poder económico por los canales políticos que estaban a su disposición a través del parlamento donde ejercían presión para canalizar sus intereses. Gran Bretaña, a diferencia de España, y debido a la consolidación del liberalismo, posibilitado por la propia existencia de su clase mercantil, se comportaba como una economía más abierta, en la que no primaba la búsqueda de rentas. El uso de la influencia política en Gran Bretaña no se encaminaba a la consecución de parcelas de poder, artificiales e improductivas, como ocurría en España con los sectores privilegiados y monopolistas de los que los británicos ya se habían desprendido, sino que la clase mercantil británica focalizaba su influencia en la política en el apoyo a la movilidad de los agentes económicos (García Fernández, 498).

Bajo estas condiciones, la economía británica sufrió un fuerte crecimiento en el siglo XVIII. El comercio se expandió rápidamente, las exportaciones aumentaron vertiginosamente; todo lo cual reforzó la redistribución de la mano de obra (se calcula que para 1700, el 68% de la población trabajaba en la agricultura; mientras que para 1800, lo hacía únicamente el 36%). De esta manera, la expansión mercantil hizo que la economía inglesa se especializara en las manufacturas, y se fuera alejando de la agricultura.

En esa sociedad que se había mercantilizado en muchas formas, el término «mercader», que originalmente había denominado a cualquiera que realizaba intercambio de productos, para mediados del siglo XVIII, se limitó considerablemente el significado, pasando a expresar únicamente el que comerciaba al por mayor (véase Hancock, 9-10).

A esto, para 1733, los británicos habían ocupado y establecido 13 colonias en el área de Norte América: Virginia (1607), Massachusetts (1620), New Hampshire (1623), Maryland (1634), Connecticut (1635), Rhode Island (1636), Delaware (1638), North Carolina (1653), South Carolina (1663), New Jersey (1664), New York [Antigua New Amsterdam] (1664)[32], Pennsylvania (1682), Georgia (1732). Esta fue una forma del mercantilismo inglés, durante ese siglo; para ellos, la expansión territorial era una parte de la estrategia económica; a la vez que, esos nuevos territorios eran también un mercado de explotación mercantil y de exportación.

De 1756 a 1763, se desarrolló el conflicto bélico internacional (Gran Bretaña, la dinastía francesa: Francia y España, la dinastía Hohenzollern en Prusia y la dinastía de los Habsburgo en Austria) que se conoce como la Guerra de los Siete Años; resultado del conflicto de intereses por el control comercial y territorial y por la supremacía colonial en Norte América e India.

Conflicto bélico que amplió la expansión territorial; ya que al final de la guerra, Gran Bretaña había adquirido de España: Gibraltar y Menorca (importantes bases navales) y La Florida; de Francia:

---

32   Este territorio fue originalmente una colonia holandesa, que se estableció en la actual isla de Manhattan en 1624, lugar en que se instaló la Compañía holandesa de las Indias Occidentales (*Dutch West India Company*), que los países bajos habían fundado en 1621, para establecer un monopolio comercial en el área y, de ese modo, extender la expansión holandesa en América [También se establecieron en las Antillas menores (Antillas neerlandesas y Aruba), en el norte de Sur América, en la Guayana Holandesa (hoy Surinam) y en zonas del Brasil]. Desde 1640, los gobernadores de New Amsterdam tuvieron que solucionar problemas y establecer límites con las colonias de New England (Plymouth, Massachusetts, New Hampshire, Rhode Island, Connecticut, Long Island) por el territorio. Hubo intentos ingleses de apoderarse del área hasta que finalmente el Duque de York, con órdenes reales, en 1664 entró en la Bahía del Río Hudson y forzó la entrega del territorio, que pasó al poder británico.

Canadá y la isla de Cabo Bretón, las islas de Tobago, Granada, San Vicente y Dominica en el Caribe, Senegal en África Occidental, además de partes de la India. El comercio de exportación y reexportación ofreció grandes oportunidades a los mercaderes británicos; y los mercados no europeos crecieron en importancia comparados al mercado europeo. El comercio extranjero británico se centraba especialmente en Europa; exportaba o reexportaba a esos mercados únicamente el 20%; mientras que el 80% de las mercancías iba a los territorios no protegidos y a sus colonias. La Gran Bretaña enviaba: lino, vino, maderas, pertrechos navales, hierro, que llegaban de los Países Bajos; cuyos excedentes eran reimportados luego a otros lugares. Del mismo modo que junto con la lana, que fue el principal producto de exportación por centurias, los ingleses reexportaban productos tropicales (conseguidos legal e ilegalmente) como: tabaco, azúcar, tinturas y materia primas; mientras que del mercado interno se exigían nuevas exportaciones: productos de alfarería, cerámica, cristalería, cubiertos, productos de cuero y de papel (véase Thomas and McKloskey; Hancock, 28-30).

Paralelamente, los mercados extranjeros no europeos llamaron la atención; puesto que de ellos se obtenían textiles, sedas, porcelana, azúcar, tabaco, productos muy apetecidos en toda Europa. Pero este comercio demandaba grandes inversiones de capital y una restructuración del mercado local. Quienes lo ejercieron, conocidos como mercaderes de las indias orientales (India y el sudeste asiático) y occidentales (en el territorio americano: Barbados, Jamaica, Bermuda), encarnaron la nueva riqueza, la sofisticación y la influencia política en Londres.

Paralelamente con lo anterior, también ocurrió una expansión en la esfera intelectual; los mercaderes británicos del siglo XVIII y sus contemporáneos fueron testigos de los significantes avances en la investigación geográfica, el conocimiento científico y en la tecnología; los cuales también contribuyeron a la expansión territorial: el Estrecho de Bering (1728), Alaska y las Islas Aleutianas (1741), Tahití, las Islas Salomón y Nueva Guinea (1760) (véase Hancock, 32-34).

A causa de la deuda masiva en la que incurrió la Gran Bretaña en los conflictos bélicos, el gobierno les ordenó a las colonias en Norte América pagar los gastos de su propia defensa; a esto se agregaron las diferencias sobre el manejo económico que cada una de las colonias poseía. Se originaron las protestas, que posteriormente se convirtieron en una guerra civil, que llevó a la independencia de las colonias británicas en América entre 1775 y 1783.

En este mundo, la guerra y los esclavos les permitieron a los comerciantes británicos amasar grandes fortunas, confirmándoles un puesto en la sociedad comercial, con lo que adquirieron extensas posesiones de tierra; esto los autorizó a cubrir contratos gubernamentales, suscribir bonos del estado, prestar capital a las entidades gubernamentales, servir como consejeros en el gobierno y liderar el desarrollo de nuevas tierras en América; es decir, alcanzaron significante influencia política. No obstante su éxito, todavía se los veía como figuras marginales en la sociedad. No podían conseguir el título de "Baronet" (título hereditario más bajo de honor que detentaba un plebeyo, que estaba debajo de un barón); lo cual les impedía ser considerados como parte de la pequeña nobleza hacendada; por tanto, dentro de esa sociedad del siglo XVIII, carecían de estatus social (véanse Cannon, 126-148; Hancokc, 279-280); así, a pesar de la prominencia de los negocios en la vida social, la estratificación persistía.

Las anteriores situaciones históricas ofrecen una perspectiva interna sobre aspectos sociales y culturales que conformarán la actuación social de las cabezas de las familias Acosta y Kemble, de las que descendió Soledad Acosta de Samper, quien al escribir el libro sobre la vida de su padre: *Biografía del general Joaquín Acosta, prócer de la Independencia, historiador, geógrafo, hombre científico y filántropo* (1901), aportó detalles sociales y psicológicos del General Acosta, noticias y fechas de carácter genealógico elaborados, pulidos e incluso embellecidos o modificados; pero a la vez, seleccionados específicamente para contribuir a un fin predeterminado (proceso de mitologización de la personalidad). Estos aspectos estaban destinados a informar su filiación, su parentesco y su idoneidad. Como se observa, este afán no era únicamente para revivir la existencia de los antepasados, sino también para dar testimonio de aspectos importantes que habían contribuido a forjar el nombre de la familia Acosta, del cual ella era parte; rasgos que habían intervenido para forjarla a ella como individuo y como intelectual.

Ella era una persona digna de «poseer biografía» (Lotman, 8), de ahí que Acosta de Samper considerara que los hechos del general

Acosta debían entrar a la memoria colectiva para que la posteridad los conociera, los valorara y, a la vez, considerara lo hecho, como aporte a lo que ella era en la cultura de su época; es decir, su significación histórica. Por tal motivo, ese texto es una fuente histórica que va mucho más allá de su propio caudal informativo; ya que en las escuetas referencias que muchas veces efectuó sobre sus ascendientes, pero que elaboró para realzar lo que se proponía, ella dejó latente toda una rica gama de aspectos culturales y sociales que se hacen relevantes y cruciales en el momento de escribir sobre esta escritora.

3. La familia Acosta[33]

El tronco de la familia Acosta, del que desciende Soledad Acosta de Samper, fue **Joseph de Acosta y Gaine** (Denia, Alicante, España, 1745-Guaduas, Nueva Granada, oct. 18, 1803). Hijo de Domingo de Acosta y Juana Octavia Gaine.

+1 en 1764, contrajo matrimonio con María de la Soledad Bonilla Ovalle, en Honda, Nueva Granada, quien murió (jul. 26, 1786) en la misma población, sin descendencia.

+2 en 1786, contrajo segundas nupcias con María Soledad Pérez de Guzmán y Marchán, en Guaduas, Nueva Granada, quien nació en 1770 y murió (feb. 16, de 1818) en Bogotá[34].

Hija de Buenaventura Pérez de Guzmán y Atuesta y de María Magdalena Marchán y Vargas. Nieta paterna de Francisco Pérez de Guzmán y de Magdalena Atuesta. Nieta materna de Francisco Marchán e Ignacia Vargas.

María Soledad Pérez de Guzmán y Marchán era la hija menor del matrimonio Pérez de Guzmán y Marchán Vargas. Otros hermanos: Gabriela, Manuel, Lorenzo, Andrés y José. Andrés (Guaduas 1774-Cáqueza feb. 16, 1834) estudió en el Colegio de San Bartolomé, fue sacerdote y participó activamente durante la época de la Independencia como patriota.

Los hijos del matrimonio de Joseph de Acosta y Gaine y María Soledad Pérez de Guzmán y Marchán fueron[35]:

---

[33] Esta genealogía se estructuró tanto con los aportes de Acosta de Samper (1901), como con los de Restrepo Sáenz y Rivas (vol. I, 1991).

[34] Bogotá, Parroquia de las Nieves, libro 3 de defunciones, folio 17r.

[35] La escritora no mencionó sino a 5 de los hermanos Acosta Pérez: «Encontróse, pues, viuda a la cabeza de una larga familia de chiquillos. El hijo mayor era Domingo, quien había nacido en 1792, después había dos hijas: Josefa y Mariquita; seguía un hijo, Manuel, un año menor que Ana María, que había nacido en 1798 y vivió hasta 1896. El menor de todos se llamaba Tomás Joaquín, el cual vino al mundo el 29 de diciembre de

2   Domingo (Guaduas, 1792-París, 1847). Estudió en El Colegio Mayor de Nuestra Señora del Rosario.
2   Ana Josefa
2   Antonia
2   Mariquita
2   María del Carmen
2   Manuel (1797-?), estudió en el Colegio Mayor de Nuestra Señora del Rosario.
2   Ana María (1798-1895/1896), contrajo matrimonio con Benito Gutiérrez Delgado, quien era hijo de Leandro Gutiérrez y de Margarita Delgado, naturales de Guaduas.
2   Tomás Joaquín (Guaduas, dic. 29, 1800-feb. 21, 1852). Estudió en el Colegio Mayor de Nuestra Señora del Rosario.
+   Contrajo matrimonio (mayo 31, 1832) con Caroline Kemble Rowe o Row36, en Tarrytown, New York. Tuvieron una hija: Soldad Acosta Kemble.
    3   Soledad Acosta Kemble (Bogotá, mayo 5, 1833). Contrajo matrimonio con:
+   José María Samper Agudelo (Honda, mzo. 31, 1828-Anapoima, jul. 28, 1888)
    4   María Ignacia Bertilda (Bogotá, jul. 31, 1856-Bogotá, jul. 31, 1910). Ingresó al Monasterio de la Enseñanza, donde recibió el nombre de Reverenda Madre María Ignacia.
    4   Carolina (Guaduas, oct. 15, 1857-Bogotá, oct. 27 de 1872).
    4   María Josefa Virginia Soledad (Londres, nov. 5, 1860-Bogotá, oct. 10, 1872).
    4   Blanca Leonor (París, mayo 6, 1862-inhumada en el cementerio Père-Lachaise (París), ene. 5, 1921[37]).

1800» (Acosta de Samper 1901, 13).
36   El registro del bautismo de Caroline Kemble en 1814, presenta el nombre de la madre como: «Thomasina Dorothy Row Kemble» (véase el registro posteriormente).
37   Información proporcionada por Isabel Corpas de Posada.

3.1 Joseph de Acosta

(AGS, 1.19.9, SGU, LEG, 7066,44, 11 r.)

El alicantino Joseph de Acosta fue el origen de esta familia Acosta en la Nueva Granada. Su nieta expuso los siguientes aspectos de su vida, cuando lo presentó:

> Empezaba el año de 1761 cuando arribaban a las costas del Nuevo Reino de Granada dos jóvenes, parientes entre sí, los cuales habían salido de la Madre Patria en busca de una fortuna que su familia no les ofrecía. Llegaron a Cartagena llevando cartas de recomendación para algunos comerciantes peninsulares del entonces emporio mercantil de las Indias. Sabido es que en aquella época tenía lugar una anomalía muy curiosa entre los españoles de ambos Continentes, a saber: que el trabajo o la carrera comercial, que en España se consideraba como impropia para un caballero, –el cual debería más bien morir de hambre que plegarse a un trabajo que le podía dar la subsistencia–, esa misma carrera y aun otras menos honrosas no eran consideradas derogatorias o impropias para un caballero que iba a las Colonias de América. Por ese motivo muchos jóvenes condenados a la miseria en la Madre Patria, al trasladarse a las Colonias prosperaban y acababan por radicarse en un país en donde se abría para ellos un porvenir más halagüeño que en España.
> Uno de los jóvenes de que venimos hablando se llamaba Josef de Acosta; era natural de Denia –en el antiguo Reino de Valencia–, pero se había educado en Cádiz. El otro –Josef de Cabrera– era primo de Acosta, y su descendencia existe en Bogotá. (...) el joven Acosta emprendió negocios mercantiles con los ricos comerciantes españoles que llevaban el mismo apellido del primer patriota venezolano, el General Francisco Miranda, (...). En breves años Acosta logró reunir una mediana fortuna, con la cual se estableció en Honda, ciudad que al fin del siglo XVIII era muy importante (...). En Honda Acosta fundó una casa de comercio que se ramificaba con Cartagena, Popayán, Pasto, Quito y Guayaquil. Allí se casó con doña Soledad Bonilla, pero en breve enviudó y contrajo segundas nupcias (en 1785), con la hija menor del dueño de todo el valle de Guaduas, D. Buenaventura Pérez (Acosta de Samper 1901, 7-9).

Más adelante, la escritora informó sobre lo infructuoso que habían sido las investigaciones de Joaquín Acosta, su padre, para encontrar documentos sobre el abuelo en Denia en 1845:

> [A]l día siguiente a las seis de la mañana se puso en marcha con dirección a Denia, (...). A las siete y media de la mañana entraba al pueblo que había visto nacer a su padre cien años antes. (...) / El cura le facilitó los archivos y los libros parroquiales, pero no encontró nada que le interesara. La familia de su padre había dejado su ciudad natal desde fines del siglo diez y ocho, y nadie daba razón de su paradero (Acosta de Samper 1901, 406).

Para entender plenamente lo que Acosta de Samper enunció en la escritura, brevemente se deben recordar aspectos históricos del siglo XVIII, como: la Casa de Contratación, la Carrera de Indias, el puerto de Cádiz, junto a la precisión de significados, tanto para la diferenciación social del comercio, como para destacar la posición social de los implicados en la época.

Como un intento de controlar el comercio con los territorios del Nuevo Mundo, la monarquía española estableció *la Casa de Contratación* en Sevilla en 1503. Esta institución ejerció varias funciones: reguló el tráfico comercial, actuó como tribunal de justicia en lo referente a la navegación, fue oficina migratoria, escuela de navegación y depósito de los bienes de los difuntos que procedían de América; además fue el organismo regulador de la Carrera de Indias (véase Álvarez Nogal, 26). Del mismo modo, se encargó de conseguir colonos para poblar las nuevas tierras, registró y expidió licencias para los que querían pasar a América y fue un órgano consultivo de los monarcas en todo lo referente al comercio con el Nuevo Mundo (véase Laviana Cuetos, 23).

Junto con esta institución, se creó en 1543, *el Consulado de cargadores* (Tribunal comercial que ayudaba en la función judicial) que estaba formado por un prior, dos cónsules, un juez de la Contratación y treinta negociantes elegidos a la suerte entre los inscritos en la *Matrícula* de comercio de las Indias. Este organismo estudiaba y aprobaba las medidas que la Casa de Contratación ordenaba, seleccionaba los navíos que debían integrar las flotas y era intermediario entre los comerciantes y el rey, quien los desposeía de sus ganancias o los gravaba eliminando sus derechos. En mediación, el Consulado negociaba con el rey y repartía las ganancias entre los comerciantes. Casi al mismo tiempo, la corona tuvo que crear el Juzgado de Indias en el puerto de Cádiz, una especie de dependencia de la Casa de Contratación. En 1610, el Juzgado se liberó de la Casa y en 1633 se le concedió a Cádiz autorización para que, en su puerto, se cargasen los géneros europeos, con destino a las Indias, evitando así el trámite sevillano.

Durante más de trescientos años, la conexión entre España y América fue la «Carrera de Indias», que era la ruta marítima que seguían las flotas y galeones españoles para comerciar con los territorios de América. De esta manera, la corona española quiso controlar la salida de riquezas del Nuevo Mundo, a la vez que abastecía los territorios de mercancías europeas. Llegado el siglo XVII, Cádiz fue afianzando su posición en la Carrera de Indias, tanto por su posición de puerto y por las tarifas aduaneras favorables que ofrecía a los comerciantes, como por las facilidades que la bahía brindaba al contrabando. En ese siglo, España no pudo satisfacer las demandas comerciales de sus colonias; por lo cual recurrió a distintos países europeos para completar las cargas de los navíos de la Carrera de Indias. Estos y otros aspectos fueron convirtiendo a Cádiz en un punto crucial para los negocios internacionales.

El 12 de mayo de 1717, La Casa de Contratación fue trasladada de Sevilla a Cádiz (decreto de Felipe V), debido a factores geográficos, políticos y económicos. El puerto de Cádiz permitía con más facilidad el atraque de grandes naves que realizaban el comercio de Indias; lo que se hacía muy difícil o imposible en Sevilla. Además, desde años antes, los comerciantes de Cádiz contribuían a solucionar cargos onerosos a la Corona, ofreciendo la solución monetaria; a esto se agregaba el hecho de que a en este puerto, vivía la mayoría de los comerciantes que efectuaban el tráfico indiano (véase Alonso Diez, 358-359).

Este cambio de lugar enfatizó la rivalidad entre Sevilla y Cádiz, evidente hacía más de un siglo, ya que estaba en juego la sede del comercio de la monarquía con los territorios americanos. Aunque los sevillanos quisieron revertir la orden con reclamos y demandas, no lo lograron. A partir de entonces, Cádiz se convirtió en el eje central de la Carrera de Indias; ya que «casi un 85% de los navíos que cruzaron el Atlántico tuvieron como punto de partida y de regreso obligatorio el puerto gaditano, para el período 1717-1765» (García-Baquero, I: 111). De este modo, con el incremento del comercio tanto con Europa como hacia América, llegaron europeos al puerto gaditano, que debido a sus labores mercantiles se establecieron en la ciudad y contribuyeron a forjar una diversa y pujante sociedad nueva, que gracias a sus aportes monetarios fue alcanzando los diversos rangos de nobleza y los cargos gubernamentales (véase Bustos Rodríguez 1992, 178-182).

Ahora, también se deben tener en cuenta los cambios históricos de los significados de las palabras. En el siglo XVIII, el comercio mayorista o de lonja tenía un alto grado de prestigio y quienes lo ejercían, poseían respetabilidad social:

> La diferenciación del comercio al mayor y al menor constituía un elemento fundamental en la organización social e institucional de la burguesía del Antiguo Régimen. En el siglo XVIII se continuaba distinguiendo a los "mercaderes de lonja de los mercaderes de vara". Los primeros llamados a veces lonjistas, eran los verdaderos comerciantes o negociantes, caracterizados por el ejercicio de su actividad en tienda cerrada, lonja o almacén. Este "trato y negociación" superior eran los únicos que habilitaban para el ingreso en los consulados de comercio, de los que quedaban excluidos los comerciantes al por menor o mercaderes de tienda abierta (Molas Ribalta 1989, 414).

Mientras que el comercio al por menor, detallista: «estaba constituido por quienes se dedicaban (por lo menos en teoría) al comercio de un tipo concreto de productos, (mercaderes de paños, de sedas, etc.) y lo hacían al por menor «vareando», es decir, midiendo los tejidos con una vara» (Molas Ribalta 1989, 414); esto era considerado un «oficio mecánico», por tanto degradante; por eso: «eran incompatibles con una condición honorable quienes: "hayan tenido tienda pública de trato y mercancía, vendiendo por menudo o a la vara"» (Molas Ribalta 1989, 414-415).

En tanto que el primero negociaba con una serie de productos diversificados y en volumen, y sus negocios salían del entorno local y se realizaban a puerta cerrada, el segundo vendía sus productos especializados a un mercado local, se ejercía en tiendas en barrios concretos de la ciudad y se atendía detrás de un mostrador; es decir se hacía a puerta abierta (véanse Nieto Sánchez, 279 y Sánchez González, 122-128). Los primeros tenían ventajas y privilegios y su movilidad social estaba garantizada; mientras los segundos, por los oficios que desempeñaban, se los veía mal; se los censuraba, lo cual predeterminaba su «estatus» social. Su única forma de movilidad social se hallaba en acceder al grado de maestro.

> Si bien a principios del siglo XVIII tanto unos como otros eran denominados mercaderes, a medida que el tráfico comercial se iba desarrollando y los primeros se enriquecían, desearon diferenciarse cada vez más de sus compañeros de profesión inferiores. Fue entonces cuando catellanizando el término francés «négociant», los mayoristas valencianos comenzaron a denominarse como negociantes. (...)
> Es decir, al igual que en Francia, los comerciantes mayoristas valencianos, pretendían, al adoptar la nueva denominación, diferenciarse económica y socialmente de sus inmediatos inferiores. Si en Francia la evolución se realiza en la segunda mitad del siglo XVII, en Valencia todo parece indicar que el tránsito ocurre a finales de la década de 1730. (...)
> Tras su éxito en la década de 1740, fue abandonándose progresivamente en la década siguiente (...) puesto que el término que iba a sustituirle, el de «comerciante», tenía un acento menos extranjerizador. De todas formas el periodo de transición fue lento, y abarcó toda la década de 1750 en la que los titubeos entre una y otra denominación fueron muy frecuentes. (...) Será ya definitivamente a partir de los inicios de la década de 1760 cuando se producirá el irreversible triunfo del término «comerciante» que prevalecerá (...).
> No obstante, durante la mayor parte del siglo XVIII las palabras «negociante», primero, y «comerciante», después, sirvieron para calificar fundamentalmente a los hombres que realizaban el comercio al por mayor. Esa actividad mayorista era, realmente, el principal rasgo diferenciador, y no, como muchas veces se ha señalado, el hecho de que el tráfico tuviera una dimensión internacional, ya que los propios comerciantes al por menor también solían actuar en este ámbito con el fin de importar los productos que luego revendían en sus tiendas. (...)
> Para estos detallistas quedó reservado, durante la mayor parte del siglo, el término «mercader», como se evidenció legalmente al crearse en 1764 el gremio de «mercaderes de vara» para los relacionados con la venta por menor de tejido. Igualmente, cuando el tráfico que se realizaba, era de una envergadura muy inferior al de los mayoristas y se encontraba en cierto modo especializado en la negociación de un determinado producto, era la palabra «tratante» la que solía emplearse (Franch Benavent, 130-133).

Esta percepción, que poseían los valencianos sobre el estatus social de quienes ejercían los dos tipos de comercio, era característica de todas las regiones españolas. Así, el iniciarse en los negocios en Cádiz no poseía gran dificultad, si se tenían medios económicos y se hacía parte de una red familiar o comercial. Pero al no tener esas posibilidades, existían otras formas de empezar en los negocios o de acercarse a ese mundo. El aprendiz de mercader (así como el de cualquier oficio) debía permanecer algunos años de criado en la tienda de un familiar o de un compatriota, durante un tiempo que podía pasar de los 5 años; donde desempeñaba desde trabajos en labores domésticas, hasta los directamente relacionados con el oficio; lo cual le daba paulatinamente el conocimiento de la labor y de las técnicas comerciales y financieras, y le permitiría adquirir relaciones necesarias para poder desarrollar con éxito los negocios futuros.

Los aspectos de este aprendizaje se verificaban mediante una carta de recomendación (carta de crédito), un acuerdo verbal o un contrato notarial[38], que celebraban los padres o familiares del aspirante y el patrón, pagándole a este a veces sumas considerables (véase Carrasco González, 44). Muchos de los que no tenían dinero ni posición, se quedaban como simples criados del comerciante. Otros con medios económicos, los hijos de los comerciantes de puerta cerrada, o los con suerte, pasaban la etapa y obtenían una recomendación para un comerciante en un lugar determinado, quien se ocupaba de los gastos por un tiempo especificado, y mientras tenía un sirviente en su negocio, también le iba enseñando los métodos y las técnicas del comercio (véase Carrasco González, 48-49)[39]. Incluso muchos, a imitación de holandeses, irlandeses e ingleses, se entregaban como criados («Indentured servants») por varios años a cambio del costo del viaje o del aprendizaje.

---

[38] Entre los varios convenios de este tipo que se conservan, están: «Contrato de aprendizaje del oficio de sirviente, entre Cornelio Francisco de Goiti y Mateo de Alegría y su hijo, Gabriel Antonio de Alegría (Traslado)». (AHPA., 1.2.2.3. ESC, 26801). «Contrato de aprendizaje entre Juan Pérez de Junguitu, barbero y vecino de Elburgo y Juan López de Uralde, vecino de Alegría, para que el hijo de este, Juan Bautista López de Uralde, sirva al primero como aprendiz de cirujano y barbero durante cuatro años» (AHPA., 1.2.2.1.10380, PRO, 10721, Fol.0046v).

[39] En los archivos españoles se encuentran numerosos documentos que dan cuenta de esta situación. Uno de ellos está descrito como: «Expediente de información y licencia de pasajero a Indias de Juan Bautista Costa, mercader, factor, natural y vecino de Cádiz, con sus criados José Felipe de Acosta, mercader, natural de Cádiz y Domingo Calzada, mercader, natural de Logroño, a Nueva España. Casado» (AGI., 10.42.3.293, CONTRATACION, 5499, N.11). También: «Expediente de información y licencia de pasajero a Indias de Toribio Antonio de Mendiola, mercader, factor, vecino de Cádiz, a Cartagena de Indias, con los siguientes criados: -Antonio González, natural de Cádiz. -Juan Arias de la Carrera, natural de Oviedo. -José Díaz de la Zarza, natural de Córdoba» (AGI., 10.42.3.286, CONTRATACION, 5492, N.2, R.8). Así como: «Expediente de información y licencia de pasajero a Indias de Pedro Pablo Sánchez de Ocaña, mercader, factor, vecino de Cádiz, con su criado Antonio Senoutzem, mercader, natural de Cádiz, a Cartagena. Fecha final» (AGI., 10.42.3.288, CONTRATACION, 5494, N.3, R.33).

Otra forma para laborar en el comercio era la navegación, considerada la manera más popular y rápida para subir en el mundo mercantil. El interesado comenzaba con sucesivos viajes como tripulante, hasta llegar al cargo de capitán. Así podría comenzar en los negocios y hacer de comisionista de otros y ser representante del armador. De ese modo, empezaba a repartir trabajo a comisión, a recibir mercancías y a distribuirlas (véanse Carrasco González, 45-46; Bigham, 1979).

> Durante casi todo el siglo XVIII Cádiz fue el centro oficial del monopolio mercantil de España con sus posesiones americanas. En ese siglo el potencial económico de Cádiz y las posibilidades de rápido ascenso atrajeron a hombres y mujeres de todos los territorios españoles peninsulares y americanos y del resto de Europa. Panfletos anónimos de la época describen cuán fácil era para un hombre corriente llegar a ser, en un breve espacio de tiempo, hombre rico y poderoso gracias a la actividad mercantil y a la actividad comisionista al servicio de intereses extranjeros (Fernández Pérez, 29).

Ahora bien, antes de comenzar a contextualizar las afirmaciones de Acosta de Samper plasmadas anteriormente, se debe señalar la ausencia total de información sobre los bisabuelos en su texto, ni siquiera hay mención de los nombres; situación que llama la atención, ya que la autora estaba inmersa en una mentalidad social donde las jerarquías, los orígenes y las pruebas no sólo eran fundamentales sino esenciales para demostrar la pertenencia, la antigüedad y la valía del apellido Acosta y de la familia de su padre. De ahí, que la historia que la escritora presenta, comienza con los hechos del abuelo Acosta en la Nueva Granada.

En el fragmento antes destacado sobre Joseph de Acosta se observan aspectos obvios y otros no tanto. Históricamente se ha inferido el año de su nacimiento, por el comentario que la autora efectuó al aludir a la visita de Joaquín Acosta a Denia en 1845: «entraba al pueblo que había visto nacer a su padre *cien años antes*» (énfasis agregado); lo cual señalaría 1745, como el año en que habría nacido. Además, mientras escuetamente explicitó que Joseph era oriundo de Denia, enfatizó que había recibido educación en Cádiz; aunque no especificó de qué clase, ni clarificó en qué lugar concreto de ese puerto, ni con quién.

Con la explicación que Acosta de Samper ofreció sobre «la carrera del comercio» en España y en América, confirmó la pobreza de la familia Acosta Gaine en la península; por la cual Joseph habría sido uno de esos «jóvenes condenados a la miseria» si se hubiera quedado en España. En esta consideración hay que observar que «Gaine», el apellido de la madre, no es español; posiblemente sea de origen francés; lo cual ubicaría a esta familia (por influencia de la familia de la madre) como una en la que la emigración no sería una circunstancia desconocida.

Denia en la entonces gobernación-corregimiento de Alicante (antiguo reino de Valencia), por su calidad de puerto, era un lugar de entrada de extranjeros procedentes de los países europeos a España. Los grupos mayoritarios de inmigrados a esa región provenían de diversos lugares de Italia y de Francia; los primeros, especialmente de Génova, debido a la proximidad geográfica y al volumen de intercambio de productos entre las dos áreas. Mientras que de los segundos se sabe:

> La inmigración francesa también constituye una constante en la demografía valenciana, y en particular en la alicantina, durante todo el antiguo régimen. (...) A diferencia de la italiana, la francesa es una inmigración más cualificada, por lo que respecta a Alicante, y su colonia mercantil tuvo en el siglo XVIII un peso específico incuestionable. (...) hay también una diferencia cualitativa; mientras el núcleo francés está mayoritariamente dedicado a actividades comerciales, con porcentaje muy reducido de individuos dedicados a oficios de baja condición, los genoveses, por el contrario, se dedican, en su mayor parte, al servicio doméstico, domiciliándose generalmente en casa de su dueño, o a trabajar a jornal (Giménez López, 66-67).

Con esta información, se puede conjeturar que, a pesar de su pobreza, la familia Acosta Gaine habría tenido cierto tipo de conocimiento o de conexión que le habría permitido celebrar algún contrato con un mercader para enviar a su hijo a Cádiz a prepararse en ese ambiente. Debido a su baja edad, este entraría como criado del negociante. De este modo, comenzaría a recibir un aprendizaje, que posteriormente le permitiría iniciarse en el comercio colonial, y le ayudaría a abrirse camino para cambiar su fortuna y su destino.

Otro aspecto que acentuó Acosta de Samper, con la explicación que proporcionó sobre «la carrera del comercio», destacando que, aunque era considerada improcedente, los jóvenes de familias de bajos recursos que estaban en la miseria en España, la adoptaban al pasar a otras tierras. Con esto indicaba que Joseph Acosta, de familia con pocos o ningún recurso, al entrar a ejercer esta labor, lo había hecho en un estado bajo, lo cual en la España de la época era deshonroso y derogatorio.

Según Acosta de Samper, Joseph de Acosta finalmente pasó a Cartagena de Indias, lugar al que, según ella, había llegado en compañía de su primo Joseph de Cabrera[40]. Esto último no era verdadero[41]; entró en la escritura de la historia de la familia como argumento que tenía el fin de distraer al lector, de engañarlo. Era cierto que la descendencia de los dos jóvenes existía en Bogotá; pero no la diferencia de edad entre ellos, como tampoco que habían llegado juntos a la Nueva Granada. El texto presentado de esta manera ofrecía una conclusión que se aceptaba como verdadera; ya que no se podía demostrar su falsedad, porque se carecía de conocimiento sobre lo que se decía.

---

[40] «Empezaba el año de 1761 cuando arribaban a las costas del Nuevo Reino de Granada dos jóvenes, parientes entre sí, los cuales habían salido de la Madre Patria en busca de una fortuna que su familia no les ofrecía. (...) Uno de los jóvenes de que venimos hablando se llamaba Josef de Acosta; era natural de Denia —en el antiguo Reino de Valencia—, pero se había educado en Cádiz. El otro —Josef de Cabrera— era primo de Acosta, y su descendencia existe en Bogotá» (Acosta de Samper 1901, 7-8).

[41] Lo afirmado por la escritora era parcialmente falso. Joseph Cabrera no había nacido todavía, según su genealogía, cuando Joseph de Acosta llegó a Cartagena. «Pedro José de Cabrera y Llac nació el 27 de junio de 1762, y fue bautizado el 29, en el lugar de Ráfol de Almunia, jurisdicción de Denia (actual provincia de Alicante y antes de Valencia), y falleció en Bogotá en 1814» (Restrepo Sáenz y Rivas, II: 18).

Esto es una falacia *ad ignorantiam* (apela a la ignorancia del otro, porque no puede refutar lo afirmado) (véase Noceti, 15).

En este punto, las fechas proporcionadas por Acosta de Samper ofrecen otros aspectos importantes. Según ella, Joseph Acosta había pasado en 1761 a la nueva Granada. Si había nacido en 1745, según la inferencia que ella misma proporcionó, él tenía 16 años cuando llegó a Cartagena. Aunque en el presente, él sería considerado todavía muy joven a esa edad, no se debe olvidar que la situación era diferente en el siglo XVIII, a pesar de que en ese entonces la mayoría de edad se adquiría a los 25 años[42].

A los dieciséis años se podía contraer matrimonio o ser reclutado en el ejército (véase AGS, 1.19.8, SGU, LEG, 6959, 36); también se podían hacer viajes a ultramar legalmente (guardadas todas las restricciones y trámites que se requerían); de no poder ir por las vías oficiales, los viajes se efectuaban fraudulentamente. Aún más, según las costumbres europeas de la época, a esa edad, muchos jóvenes de ambos sexos cumplían el contrato («indenture») de ser siervos de un patrón como aprendiz de un oficio, lo que estipulaba el estar a su servicio y el obedecerlo en todo lo que se le ordenara por un tiempo normal de 7 años.

Teniendo en cuenta todos estos aspectos socioculturales del siglo XVIII, cabe preguntarse[43]: ¿En calidad de qué llegaría Joseph de Acosta a la Nueva Granada? ¿Qué tipo de capital llevaría (monetario, de servicio)? ¿A esa edad, siendo un joven «condenado a la miseria

---

[42] Véanse «Mayoría de edad a Gonzalo de Herrera, hijo de Pedro García de Herrera, difunto y vecino que fue de Burgos, aunque tiene menos de 25 años pero más de 20, pudiéndose emancipar de la tutoría de Pedro de Valladolid, escribano y vecino de esta ciudad» (AGS, LEG, 149801, 204); «Documentación relativa a la petición de varios padres de familia, de que la mayoría de edad para desempeñar cargos públicos sea la 23 años (mayoría de edad civil) en lugar de la de 25» (AHN, 2.3.1.2.11.2, FC-PRESID_GOB_PRIMO_DE_RIVERA, 251-1, Exp. 413); «José María Cambronero, natural de esta Corte, licenciado y doctor en Leyes por la Universidad de Alcalá de Henares, sobre que previa la dispensa de edad que le falta para la mayoría de 25 años, se le expida título de abogado de los Reales Consejos» (AHN, 1.1.4.12.1, CONSEJOS, 12103, Exp. 60).

[43] Estas preguntas surgen al constatar que los datos proporcionados por Acosta de Samper en 1901 sobre sus ascendientes son incompletos, sintéticos, embellecidos (véanse más adelante las citas que ella ofrece del diario de su padre), modificados o falseados para transmitir ideas que se conformasen a un plan preestablecido. En este punto podría argüirse que el objetivo principal del libro de Acosta de Samper era la vida de Joaquín Acosta y lo demás no era importante. Sin embargo, en esta vida, la información sobre los abuelos y los padres del progenitor debería ser valiosa; no obstante, de los abuelos apenas proporciona nombres, además el padre de Joaquín, Joseph de Acosta, empieza su historia, en la escritura de la nieta, con informes oscuros, medias verdades o simplemente datos falsos.

en la Madre Patria», habría tenido suficientes recursos propios para costear los gastos del viaje y para comprar mercancías para vender? ¿Siendo pobre y tan joven, habría viajado como intermediario de alguien para realizar ventas a comisión? o ¿Debido a la pobreza familiar y a la carencia de recursos propios, las «cartas de recomendación» con las que llegó a Cartagena, serían parte del *contrato de aprendizaje* (cartas de contrato como criado de un amo)?

Algunas de las respuestas se pueden deducir, cuando se conocen los requisitos para ser comerciante o representante de alguien para realizar negocios en ultramar durante la época:

> Para todos quienes desearan pasar a las Indias o comerciar en ellas, naturales y naturalizados, la ley exigía un buen número de documentos burocráticos. Los requisitos necesarios fueron recogidos en la Recopilación de las leyes de Indias, leyes números 11, 13, 15 a 17 y 33 del libro IX, título XXVI, y ley número 29, libro IX, título XXVII. (...) tenemos los siguientes: poseer un caudal mínimo de 300.000 maravedíes de plata antigua, registrar los efectos que se han de negociar en el registro de la Casa de la Contratación y presentar un buen número de papeles; a saber: partida de bautismo propia y de los padres, así como acreditativo del estado civil y de limpieza de sangre. Si se era joven, había que añadir el correspondiente documento de emancipación paterna[44], así como de poseer cierta experiencia mercantil; si casado y se deseaba viajar a las Indias, consentimiento formal de la esposa y compromiso del sujeto de regresar en un periodo máximo de tres o cuatro años (Bustos Rodríguez 2003, 330).

Esos requisitos exigidos, aunados a la pobreza de la familia Acosta Gaine y la temprana edad de Joseph explicitan la imposibilidad de que él hubiera llegado en calidad de comerciante a la Nueva Granada. Además, la información que aportó Acosta de Samper, comunicó lo infructuoso de la búsqueda de documentos que realizó Joaquín Acosta sobre la familia Acosta en Denia; de lo cual se obtienen otras conclusiones:

> El cura le facilitó los archivos y los libros parroquiales, pero no encontró nada que le interesara. La familia de su padre había dejado su ciudad natal desde fines del siglo diez y ocho, y nadie daba razón de su paradero (Acosta de Samper 1901, 406).

---

[44] Entre los documentos de emancipación se encuentra: «Guillermo Thompson vecino y del comercio de la ciudad de Cádiz, y José Guillermo Thompson, su hijo de edad de más de 21 años, sobre que se le apruebe la escritura de emancipación otorgada por Guillermo a favor de José su hijo, para poder por sí solo tratar en su comercio» (AHN, 1.1.4.8.2, CONSEJOS, 27328, Exp. 4).

En las anteriores aseveraciones existen dos aspectos diferentes: la inexistencia de documentación y la carencia de información sobre la familia. Situación lógica, al conocerse las catástrofes ambientales, sociales y económicas que ocurrieron en Valencia y Alicante durante el siglo XVIII (véase Alverola Romá); lo que obligó a muchas familias a emigrar a otros lugares para subsistir. No obstante lo anterior, se debe considerar el segundo aspecto.

Una característica de la sociedad de la época era la avalancha de pruebas testimoniales y documentales para celebrar un rito (como contraer matrimonio), para realizar una función, para alcanzar un permiso o una merced o para obtener un cargo. La partida de bautismo (o fe de bautismo), además de expresión de la identidad personal, se empleaba como un registro social de la adscripción estamental; ya que era un documento vital que alejaba las dudas sobre el ser descendiente de converso o de judío; señalaba que los padres habían contraído matrimonio y demostraba que se era hijo legítimo. En los casos de ser hijo natural, se explicitaba el hecho. Este documento, en muchas formas, durante siglos fue un instrumento de segregación, desde el momento en que se celebraba el rito y se sentaba la partida en los archivos eclesiásticos en libros diferentes, según el color de la piel: blancos (españoles), pardos, indios y negros. En el mundo burocrático del siglo XVIII, la partida de bautismo era un documento imprescindible, requerido también para contraer matrimonio, para viajar legalmente a los territorios americanos e incluso para obtener educación; era una prueba que impedía o impulsaba la movilidad social, porque demostraba la limpieza de sangre; por tanto era un documento esencial e irrevocable[45].

---

45 Su importancia era tan trascendental que se llegaba a la falsificación para intentar obtener lo que se deseaba. Uno de los expedientes que se encuentra en los archivos españoles, descrito como: «Concesión de plaza de cadete a Esteban Santinelli, hijo de Luis Santinelli, ayudante mayor de Milicias; denegación del permiso para estudiar matemáticas en Cádiz por falsificación de partida de bautismo. Fol. 168-185» (AGS, 1.19.13, SGU, LEG, 7186, 46). En este caso, el padre que había sido enviado a Venezuela en 1798, pidió que a su hijo de 12 años «se le siente plaza de cadete en el Batallon Veterano de dicha provincia». Entre los papeles que adjuntó estaba la partida de bautismo del hijo, que mostraba que había nacido en 1786. A los dos años, el padre solicitó, nuevamente al Rey, que le diera permiso al muchacho para ir a Cádiz a estudiar matemáticas, porque como era menor de edad no podía prestar el servicio. Esta última afirmación, hizo que el Subdelegado Castrense del Condado Provincial en Cádiz emitiera mensaje privado, para que se buscase la partida de bautismo del joven en los libros de bautismo del Segundo Batallón del Regimiento de Infantería de Nápoles. Hechas las indagaciones, se remitió una copia de la partida que informaba que Esteban había nacido en 1788. Es decir, apenas tenía 10 años, cuando el padre solicitó plaza de cadete para él.

En su viaje a Europa, Joaquín Acosta[46], consciente del valor de ese documento, y de otros que estructuraran la memoria histórica sobre su familia y posiblemente para legitimar deseos que fundamentaran concepciones relacionadas con las relaciones sociales y la identidad social, encontró que en la iglesia del lugar donde su padre había dicho que había nacido, no existía ningún documento que ratificara ese hecho.

Esta circunstancia es significativa porque el orden social estamental del siglo XVIII, en el lugar y en la época del nacimiento de Joseph de Acosta, se demandaba la existencia de esos instrumentos de identificación, que clasificaba; ya que con ellos se efectuaba la filiación y se empleaban como criterio determinante para alcanzar una determinada posición social. No poseer la partida de bautismo, causaba problemas, creaba prejuicios y atraía deméritos. Las partidas de bautismo no desaparecían de las iglesias, por ser documentos oficiales de identificación indispensables. Esto sucedía cuando ocurría una catástrofe como un incendio o la destrucción del recinto; del mismo modo pasaba cuando el libro en que se registraba el nacimiento se extraviaba; si esto acontecía, se levantaba una nueva partida mediante testigos.

Aunque la iglesia de Denia existía en el siglo XIX y poseía documentación archivada, cuando Joaquín Acosta fue a investigar los documentos sobre su progenitor, no encontró ningún escrito que confirmara algún aspecto de él o de su familia.

Como antes se observó, ese documento y otros requisitos se necesitaban para pasar a América. No obstante «la carrera de Indias fue un mundo fraudulento» (Bustos Rodríguez, 330). Al revisar las «Informaciones y licencias de pasajeros de Indias» al Nuevo Reino de Granada desde 1732 a 1775, de la Casa de Contratación, en los Archivos de Indias y de Simancas, no hemos podido hallar el nombre de Joseph de Acosta.

Aquí hay que recordar que esas listas reflejaban la emigración oficial. Sin embargo, desde el siglo XVI había existido una corriente migratoria clandestina:

---

[46] Con el tiempo, olvidó lo que había hecho y pidió la nueva merced, que fue negada y que manchó su expediente porque el Rey dio la orden de negar el permiso de viaje del hijo a Cádiz y de que reprendieran al padre «por el artificio de que se valió para obtener la gracia de Cadete a favor de su hijo Don Esteban (8v).
Joseph de Acosta murió cuando Joaquín contaba apenas 3 años de edad, situación que no le permitió a este último recordar a su progenitor, y menos conocerlo.

Este fenómeno existía desde los comienzos de los viajes al Nuevo Mundo, y a veces los que lo practicaban eran en cantidad tan elevada y surgían tan de repente, una vez el buque en alta mar, que se les conocían como los *Llovidos*, apelativo sólo utilizado para aquellos que embarcaban furtivamente para ultramar.

Los desplazamientos a América no poseían ningún atractivo como medio de transporte, aunque sí lo tenían como solución a problemas vitales, realidades de sueños, y esperanzas de una nueva vida allende el océano. Para algunos suponía su segunda oportunidad por lo que pasaban a Indias aunque fuera de forma ilegal, y dispuestos a sufrir todas las penalidades y riesgos que conllevaba la travesía (Flores Moscoso, 251).

La situación se incrementó durante el siglo XVIII, involucrando fuertemente el puerto de Cartagena de Indias[47]:

> [D]os reales despachos de 15 de mayo de 1729 [53] y de 20 de septiembre de 1739 [113] atacan el serio problema de los "polizones", o "llovidos" disimulados por las autoridades y el personal marino y cuya situación en Ultramar es totalmente ilegal y por tanto obligatorio su retorno a España.
>
> En las respectivas prefaciones de estas dos Reales Cédulas se consignan noticias muy curiosas sobre estos "polizones". Especialmente la exposición de motivos del documento 113, donde el Gobernador de Cartagena de las Indias, en carta de 17 de octubre de 1737, denuncia la abundancia de los "llovidos" —llegaron ciento setenta— a los cuales metió en un batallón. El Real Consejo de Indias recuerda los preceptos de la Recopilación sobre los pasajeros a las Indias y ordena su rigurosa observancia. Propone el alto Tribunal que se haga una impresión aparte del título de "Pasajeros" del cuerpo ge-

---

[47] En 1759 el comerciante cartagenero Juan de Arechederreta fue castigado por orden real y debió viajar a Cádiz a responder. El permiso y perdón real dado en 1762 dice: «Por Don Juan de Arechederreta vecino i del comercio de la ciudad de Cartagena de Indias se me ha hecho presente la precisión en que se halla de volver a aquel puerto para evitar que se continuen los graves perjuicios que esta experimentando en las gruesas dependencias i nexocios que dejo pendientes por la celeridad con que tuvo que salir de allí para estos reynos en virtud de mi Real Cedula de veinte i dos de septiembre de mil setecientos cinquenta i nueve suplicándome sea servido de concederle mi Real Licencia de restituirse a su casa i visto en mi Consejo de las Indias con lo que dixo mi Fiscal, he venido he condescender a esta instancia, i de consequencia mando al Presidente y Oidores de mi Real Audiencia de la Contratacion de Cadiz no le pongan embarazo alguno en su embarque, con calidad de que haga el juramento acostumbrado de no intervenir, consentir ni disimular cosa alguna en quanto al pasaje a los Dominios de la America de los sujetos llamados *polizones o llovidos*, que son los que van sin oficio ni licencia sino que lo participará al Comandante Gefe o Capitán de los navios a quien correspondiere para que no puedan ocultarse por ser assi mi voluntad, i tenerlo resuelto últimamente a consulta del enunciado mi consejo, a treinta de octubre de mil setecientos i treinta y ocho. Fechado en San Idephonso a veinte i uno de septiembre de mil setecientos i sesenta i dos. Yo el Rey» (AGI, 10.42.3.301, CONTRATACION, 5507, N.2, R.11) [énfasis agregado].

neral de 1680 y que se entregue a los marinos para que así no puedan alegar ignorancia en el cumplimiento de lo establecido. La disposición de 1739 manda que se remitan a España los polizones (Muro Orejón, lxiv-lxv)[48].

Muchos pagaron sobornos, otros embarcaron furtivamente ayudados por los mismos pasajeros[49]. Algunos más, pagaron su viaje, cubriendo los gastos de embarque de los viajeros legales. Otros eran llevados como marinos sin paga y explotados por el costo del transporte. Era tan endémica la situación que a lo largo del siglo se dictaron inútilmente leyes y disposiciones para tratar de frenar el éxodo ilegal (véanse Muro Orejón (Ed.), 77-79 y 241-244 y Flores Moscoso, 252-259).

Ahora, haya emigrado Joseph de Acosta legal o ilegalmente, la escritora lo ubicó en Cartagena de Indias en 1761, con «cartas de recomendación» para «*los* ricos comerciantes españoles que llevaban el mismo apellido del primer patriota venezolano, el General Francisco Miranda» (énfasis agregado); dato que ayuda a conocer parte de las circunstancias de Joseph de Acosta en Cartagena.

La familia que llevaba el mismo apellido que el patriota Miranda era la formada por Domingo (José) de Miranda y Llanos (Gijón, 1684-Cartagena de Indias, 1748) e Inés de la Cruz Gómez Hidalgo (Cartagena de Indias, 1696-1765), quienes habían contraído matrimonio en ese puerto en 1710 (véase Ripoll Echeverría, 30). El primero era Caballero de Santiago, regidor y alcalde de Cartagena; el 30 de diciembre de 1740 compró el título de Marqués del Premio Real, con el Vizcondado previo de Préstamos, al duque de Mirandola, al cual se lo había entregado Felipe V para su venta privada (véanse Anes Fernández, 116; Andújar Castillo y Felices de la Fuente, 149); título que le fue concedido el 5 de marzo de 1741 (véase Ripoll Echeverría, 31).

El matrimonio tuvo 6 hijos:

1) Diego Joseph de Miranda (Cartagena de Indias, 1712-1748), segundo Marqués del Premio Real, quien viajó a España, donde murió sin descendencia.

---

[48] La situación continuó a pesar de las leyes impuestas. En 1765, las autoridades reales volvieron a endurecer las leyes y a ordenar obediencia a los edictos contra polizones o llovidos que pasaran en "los navíos de guerra y merchantes" para formar con ellos el batallón fijo de la plaza de Cartagena; pero decretando "que los polizones que no sean utiles para la tropa, se pongan en uno de los castillos, y vuelvan a España en Partida de Registro" (AGN de Colombia, Colonia, Milicias y Marina, 67, fl. 572r).

[49] «[N]o por eso dejó de ser mayor el número de los que llegaron pero escondidos en los navíos y protegidos de la gente de ellos no fue posible recogerlos todos, siendo cierto haber llegado a aquellos reinos avisos que han conducido 80 y 100» (en Muro Orejón, (Ed.), 242).

2) Domingo José de Miranda Gómez (Cartagena, ?-1766), tercer Marqués del Premio Real, quien viajó a España y vivió en las ciudades de Jerez y Sevilla; Caballero de Calatrava, Señor de Paterna del Campo, Veinticuatro perpetuo de la ciudad de Sevilla. Contrajo matrimonio con Josefa Sarralde de La Habana. Tuvieron hijos (véase Díaz de Noriega y Pubul, 86).

3) María Francisca de Miranda Gómez, Marquesa de Valdehoyos, quien en octubre 18 de 1737 contrajo matrimonio en Cartagena de Indias con Fernando de Hoyos y García de Hoyos (San Vicente de Panes, Oviedo, 1706-Cartagena de Indias, ¿1753?)[50] (véase Lohmann Villena y Solano, 378). Caballero de Calatrava, alcalde ordinario de Cartagena de Indias, Primer Marqués de Valdehoyos, quien compró el título en 1750 al convento de carmelitas de Santa Ana de Madrid (AHN/1.1.2.2// Consejos,11751, A.1750, Exp.1). El matrimonio tuvo dos hijos.

4) Ignacio José de Miranda (Cartagena de Indias, 1719-1777), Caballero de Santiago (1743); en 1750, compró los títulos de Vizconde del Real Agrado y luego el de Conde de Villamiranda, al convento de Nuestra Señora de Atocha. Este emprendió viaje junto con el hijo de la Marquesa de Valdehoyos a España en 1767.

5) Juana María de Miranda[51], Condesa del Castañar, quien contrajo matrimonio con Fernando de Bustillos Herrera y Gómez de Arce (1726-¿1781?), Comisario Ordenador de Marina, Maestre Principal de Galeones en Lima, Alférez de fragata (1751); luego Alférez de navío (1752). Llegó a Cartagena de Indias, donde fue ascendido a Ministro Principal de los Galeones; Teniente de fragata (1759); Intendente del Departamento de Cartagena; Ministro del Consejo de Guerra, Caballero de Santiago (1750), Vizconde de Gracia Real y Marqués del Castañar (1766).

6) María Teresa Miranda, cuyo esposo fue Juan de Arechederreta (?-1769), rico mercader trasatlántico, que fue factor de la Com-

---

50 Mediante documento de 1773, el hijo de la Marquesa informó que desconocía el paradero del padre desde hacía más de 18 años (véase Carmona, Ezzame y Mogotocoro, [16]).

51 Debió morir antes de 1779, ya que Manuel de Guirior, Virrey de Perú escribió una carta en 1779 a José de Gálvez, Secretario de Indias acusando recibo para que se le entregaran a Fernando de Bustillos, Marqués del Castañar, los créditos que había heredado de Juana María (AGI, 22.9.978, LIMA, 659, N. 46).

pañía Gaditana de Negros.

Esta familia Miranda, establecida en el puerto de Cartagena de Indias, formó desde temprano en el siglo XVIII una cadena de negocios, que se extendía mediante miembros del clan familiar y agentes, desde Cádiz, Cartagena, Panamá, Portobelo, Santafé de Bogotá, Honda, Cali, Tunja, Cúcuta, Popayán, Quito y Lima. Uno de los ejes de su comercio era la trata de esclavos, negocio que el patriarca de la familia, Domingo Miranda, había establecido y contado con licencias (1734, 1737) para ejercerlo (véase Colmenares, 93); y en el que participaron activamente hijos y yernos: Diego José, Ignacio José, los esposos María Francisca y Fernando y María Teresa y su esposo Juan de Arechederreta.

Gracias a la cuantiosa fortuna acumulada en las transacciones de minerales (hierro, plata y oro), de mercancías, de comida (harina), de materias primas y en la trata de esclavos, los hombres de esta familia accedieron a hábitos de órdenes, hidalguías y títulos nobiliarios. Todo eso les facilitó el ascenso social que los encumbró a la nobleza[52]. Comenzaron por adquirir cargos locales, prosiguieron con la consecución del hábito de caballero; y dos de ellos alcanzaron cargos importantes: (Domingo José), agregó una veinticuatría perpetua en Sevilla; mientras que Fernando de Bustillos llegó a Ministro del Consejo de Guerra; todo lo cual les otorgó prestigio social y les aumentó los méritos para finalmente obtener el título nobiliario, que lograron por concesión real, previa solicitud, comprándolo a un convento o a una institución.

Para tener un amplio control de los negocios, el progenitor permaneció en Cartagena; mientras que dos de los hijos radicaron en Cádiz y se matricularon como comerciantes en el Consulado de Cádiz, para participar activamente en la Carrera de Indias, lo que los autorizó a emprender viajes interoceánicos con mercancías: Diego José se estableció primero y se registró en 1834 y 1835 en el Consulado (véase Ruiz Rivera, 122). Después lo hizo Ignacio José, en 1843, y todavía aparecía registrado en 1771 (véase Ruiz Rivera, 86, 185).

Al morir los padres y emigrar o morir los hermanos, María Francisca, Marquesa de Valdehoyos, se puso al frente de los negocios en

---

[52] «La nobleza era deseada por comerciantes y funcionarios debido a que aportaba distinción y privilegios, eximía de ciertos impuestos, permitía acceder a algunos cargos y oficios superiores —por ejemplo, en el ejército—, y dotaba de mecanismos jurídicos para conservar la riqueza acumulada» (González del Campo, 8).

Cartagena, engrosando el capital familiar. Se dedicó al comercio en distintos ramos (vinos, linos, harina, esclavos), para lo cual empleaba un barco de gran calado que poseía la familia: *El Triunfante* (navío que desde 1754 estaba inscrito en la Carrera de Indias); en él, transportaban grandes cargas de mercancía, de lo cual dan cuenta los registros de los años 1754, 1759, 1762; además poseía acciones en una compañía de navegación de La Habana y contrataba otros barcos cuando los necesitaba. Otro aspecto del negocio que dirigía la Marquesa de Valdehoyos era el de prestar dinero al gobierno, a la iglesia, al tesoro real, algunas veces sin cobrar interés; lo cual posteriormente revertía en gracias y consideraciones de esos organismos hacia ella y los suyos (véase Carmona, Ezzame y Mogotocoro, [17-19]).

Los comerciantes de Cartagena necesitaban de los cargadores a Indias que estaban registrados en el Consulado de cargadores; situación que esta familia había solucionado al tener a uno de sus miembros registrado en Cádiz. Con la llegada de los barcos, recibían la mercancía a crédito y ellos enviaban de regreso también mercancía a crédito. Esta familia era una de las pocas que podía importar y exportar por su propia cuenta; cuando recibían o entregaban mercadería, establecían cuentas que luego iban cancelando a medida que se les remitían los pagos.

Esta era la familia Miranda a la que aludió Acosta de Samper. En realidad, se refería especialmente a la Marquesa de Valdehoyos, ya que ella era quien estaba a cargo del negocio, establecía los contactos, tenía los agentes en distintas ciudades y había alcanzado renombre y crédito, tanto en lo referente al comercio de bienes, como al de la trata de esclavos, en la época en que Joseph de Acosta llegó a Cartagena. De esta familia, el joven aprendiz Acosta asimiló el fundamento de los manejos mercantiles; así:

> En breves años Acosta logró reunir una mediana fortuna, con la cual se estableció en Honda, (...) fundó una casa de comercio que se ramificaba con Cartagena, Popayán, Pasto Quito y Guayaquil. Allí se casó con doña Soledad Bonilla, pero en breve enviudó, y contrajo segundas nupcias en (1785) con la hija menor del dueño de todo el valle de Guaduas (Acosta de Samper 1901, 9).

El trabajo arduo, la inteligencia y la habilidad permitieron que Joseph de Acosta fuera encontrando un destino y una posición social en las nuevas tierras. En Cartagena, como criado y aprendiz de la familia Miranda, comprendió que al cumplir su contrato y quedar libre, debía ser parte de una red comercial; pero para tener alguna oportunidad tenía que buscar su propio lugar y dejar su impronta. Poseía los contactos establecidos con la familia de esclavistas, así que ganada la confianza de la casa comercial de la Marquesa de Valdehoyos, se ubicó en un punto estratégico e importante del camino real que conducía de Cartagena a Santafé de Bogotá, en la villa de San Bartolomé de Honda, puerto sobre el río Magdalena[53]. Lugar donde llegaban al interior los productos de comercio que enviaban desde Cartagena; lo mismo que muchos productos de regiones interiores que llegaban a la villa para ser redistribuidos; así como los que iban de Quito y Popayán hacia el norte del territorio. Además, en ese puerto desembarcaban los funcionarios, eclesiásticos, militares, y todos los otros viajeros que iban de España al Nuevo Reino de Granada o que iban del interior hacia Cartagena para embarcarse en ruta a España. En 1763, esa población era un lugar de mucho movimiento y ya tenía una clase mercantil establecida:

> La dicha villa de Honda está muy bien poblada de buenas casas, todas de teja. Su iglesia parroquial nueva y buena y bien alhajada, con buenos ornamentos y preseas. Tiene asimismo colegio de la Compañía de Jesús y convento de San Francisco y hospicio de padres ermitaños descalzos de San Agustín, que aquí llaman candelarios, (...) y éste está fuera de la villa y en ella hospital con su ermita al salir de la villa. Tiene su Cabildo y cría sus Alcaldes ordinarios y de la hermandad y algunos pedáneos en su jurisdicción, y hay un juez de puertos, que tiene dos desembarques el río y sus bodegas. Tiene muchos vecinos honrados y acaudalados, que es la mayor honradez hoy en día para el vulgo. Tendrá la villa de Honda 1,000 vecinos, con los que viven en el campo que administra su párroco. (...) Distará de Santafé veinte leguas de mal camino, con muchos lodazales, pero es muy trajinado (Oviedo, 266-267).

Joseph de Acosta se avecindó en Honda comenzando una nueva etapa de su vida; y, según la escritora, fundó en ese puerto «una casa de comercio que se ramificaba con Cartagena, Popayán, Pasto, Quito y Guayaquil». Afirmación de Acosta de Samper que lo ubicó

---

[53] «El viaje por el Magdalena, desde Cartagena o Santa Marta hasta el puerto de Honda podía demorar entre veinte días y tres meses. El recorrido que se hacía constaba básicamente de tres etapas, Cartagena - Barrancas, que tomaba casi cuatro días, Barrancas - Mompox, otros cuatro días y Mompox - Honda, el cual se tardaba casi veinte días» (Jiménez, 119).

instalado en el puerto ejerciendo el oficio mercantil. Tendría que hacerse aquí la pregunta: ¿Habría podido Joseph de Acosta reunir dinero suficiente como sirviente de los Miranda, para establecer una casa comercial de tal envergadura? ¿Era un simple agente cobrador de la casa mercantil de la Marquesa de Valdehoyos? Esta ambigüedad de información parece ser el aporte de la nieta para pulir y embellecer la historia de la familia.

El punto que interesa aquí es que Joseph de Acosta comenzó a consolidar una posición, tanto en lo personal, como en lo económico, lo cual eran pasos de la movilidad social que, en el marco de una sociedad estamental que presentaba fisuras, debido al mestizaje que caracterizaba a la Nueva Granada en ese entonces, se requerían. Las capas sociales que no eran nobles, reproducían modelos de comportamiento y valores propios de la aristocracia y ansiaban acceder a ese nivel superior (véase McFarlane, 62-75).

Como recién llegado y primera generación en el territorio (emigrante, varón, joven y soltero), Acosta se vio obligado a crear su círculo personal, a enlazar con el grupo social al que se vinculaba, a generar relaciones políticas, económicas, sociales y personales, que lo capacitaran y, a la vez, le permitieran incorporarse en esa sociedad; esto lo ayudaría a lograr una consolidación y progresión patrimonial, así como un aumento de su prestigio social.

Uno de los pasos del proceso para obtener ese cometido era el matrimonio; acto que realizaba un papel importante en las estrategias de reproducción patrimonial y en las tácticas de acceso al poder y al predominio social. Acosta contrajo nupcias (al parecer, en Honda) con Soledad Bonilla Ovalle[54], estableciendo redes de filiación y parentesco, que le facilitaron participar en los espacios de sociabilidad. No se sabe nada de la primera esposa o de su familia; pero es de suponer que la asociación con ese grupo de familiares, allegados y amigos, le ayudó a generar vínculos sociales que reforzaron las relaciones profesionales y políticas y que le fueron dando un nombre y abriendo paso en el entramado social.

Pero el dinero que iba adquiriendo no era suficiente, había que

---

54 Los datos sobre su vida son poco fiables, se señalan 1763 o 1764 para el matrimonio y el 26 de julio de 1786 para su muerte (Restrepo Sáenz, Rivas, 39); mientras que Acosta de Samper afirmó que ella había muerto prontamente: «en breve enviudó» (Acosta de Samper 1901, 9). Mientras que afirmó que había contraído segundas nupcias en 1785 (Acosta de Samper 1901, 9).

funcionar en la arena pública, prestando servicios relevantes que hicieran evidente la necesidad que la sociedad tenía de él como individuo. Esta era la manera de ampliar su influencia fuera de su núcleo familiar y, así, aumentar su proyección social; a la vez que era otra forma de ascenso: la categoría social derivada de los cargos públicos ejercidos[55].

De esta manera, Acosta sumó a su actuación como comerciante, la de Alcalde de la Santa Hermandad en el cabildo de San Bartolomé de Honda; esto significa que fue una especie de policía encargado de la persecución y castigo de los delitos que se cometieran fuera del perímetro urbano. Ejerció esta función en 1772, 1775 y 1778 (aunque sólo pudo aportar prueba de un caso en el que participó ejerciendo esas actividades). También detentó el cargo de Procurador General (representante de los vecinos ante el cabildo) en 1775; pero considerando que debía principiar a cuidar sus intereses tanto privada como públicamente, empezó a entrar en el sistema de administración y cobro de los impuestos reales en las áreas importantes para el gobierno colonial; de ese modo ejerció los siguientes cargos: Administrador de la Real Renta de Tabaco (Honda, 1777), Administrador de la Real Renta de Aguardientes (Guaduas, 1777); es decir, fue recaudador de impuestos en la producción y el consumo de estas áreas de la tributación real (véase AGS, SGU, LEG, 7066, 44). Pero fue durante esos años en que Acosta fijó sus miras en el distrito vecino de Guaduas; lo cual señalaría que ya en esa época desarrollaba labores mercantiles en esa área[56].

Ahora, en su primer matrimonio Acosta no tuvo hijos; no obstante, los tuvo fuera de él. Uno de ellos era conocido y llevaba el apellido: José María Acosta.

> Hijo también del Corregidor vitalicio de Guaduas, don Joseph de Acosta, aunque de ninguno de sus matrimonios. Osorio parece haber sido el apellido materno. Heredó la casa de su padre en la villa, la famosa **Casa del Camino de Guaduas** o **Casa de los Virreyes**,

---

[55] Toda la información de los cargos y las actividades ejercidos por Joseph de Acosta se encuentran en el Archivo General de Simancas, SGU, LEG, 7066, 44.

[56] En 1794, Antonio Meléndez de Arjona, que había sido el Administrador de Tabacos en Honda, lugar del que dependía Guaduas, dijo que en 1777 había nombrado a Acosta, a causa de que había quedado vacante el puesto, como administrador de ese ramo en Guaduas: «como resulta de los documentos i libros, i cuenta agregados a la mia general de aquel tiempo a que me remito. Y para que obren los efectos, que haya lugar donde convenga. Doi la presente a pedimento del referido don Jose Acosta en Santafe a primero de septiembre de 1794» (AGS, SGU, LEG, 7066, 44, 20v).

en la que vivió por espacio de 50 años, recibiendo y despidiendo a viajeros, dispensando favores, aclarando disputas, conciliando enfados y siempre alerta al progreso del poblado, del valle y de toda la comarca. No hacía con ello sino proseguir una ponderada tradición de familia. (...) José María Acosta murió soltero en Guaduas en 1858, a la edad de 76 años. Es decir, que debió haber nacido allá por 1782 (Hincapié Espinosa, 414-417).

Para 1781, Joseph de Acosta era vecino de Guaduas, donde tenía una tienda que José Antonio Galán y su gente robaron. En 1782, fue Administrador Subalterno de Tabacos; pero aprovechando sus relaciones de amistad con el Virrey Arzobispo Antonio Caballero y Góngora le pidió personalmente que lo ascendiera, por vacante, a Administrador Particular de esa misma renta; lo cual sucedió por decreto directo del Virrey el 6 de marzo de 1783.

Ese mismo año, se formó un Regimiento de Milicias Disciplinadas (cuerpo de hombres que se empleaban en áreas locales) en Guaduas y Acosta recibió el cargo de Capitán del Regimiento, encargado de darles instrucción y vestirlos. Este era el primer paso para entrar en la carrera militar, la cual le podría alcanzar un título nobiliario.

En 1785, el gobierno de Santafé pidió nominación para alcalde ordinario de primer voto de Guaduas; Acosta fue el designado, por lo cual recibió el nombramiento de Alcalde Ordinario de primer voto (con funciones judiciales, policiales y encargado de las causas criminales); hecho que muestra la manera en que fue ascendiendo administrativamente en esa comunidad. Por esta época contrajo segundas nupcias[57] en Guaduas con María Soledad Pérez de Guzmán y Marchán, hija de Buenaventura Pérez de Guzmán y Atuesta y de María Magdalena Marchán y Vargas, dueños de todo el valle de Guaduas.

> D. José se estableció definitivamente en Guaduas, en donde nacieron todos sus hijos. Labró casa de teja espaciosa, de dos pisos, e hizo prosperar sus propiedades agrícolas, pues en breve todos los adyacentes valles al de Guaduas le pertenecieron por haberles comprado sus partes a los hermanos de su mujer (Acosta de Samper 1901, 11).
> Villa y Valle de Guaduas
> Edward Mark (1846)

Además del cargo de Administrador que ya poseía Joseph de Acosta en 1786, se desempeñó como Administrador Particular de las

---

57 Otra fecha difusa; Acosta de Samper afirma que el matrimonio sucedió en 1785; otros dicen que fue en 1786 (Restrepo Sáenz, Rivas, 39).

Rentas Estancadas de Aguardientes y Tabacos; puestos en los que continuó, hasta que en 1789 solicitó al Virrey, la creación en Guaduas de un Juzgado Particular de Diezmos, segregándolo del de la villa de

Honda. Lo cual se hizo y él fue nombrado además Juez Particular. El Virrey José de Ezpeleta erigió el partido de Guaduas en Corregimiento el 17 de septiembre de 1789, y Acosta recibió el título y el cargo de Corregidor del área (véase AGS, SGU, LEG, 7066, 44).

Ese mismo año, Carlos IV fue proclamado rey. El entusiasmo del electo Corregidor lo llevó a jurarle fidelidad el 6 de enero de 1790.

> Ese ritual de jurar y proclamar a los reyes era uno de los sucesos más llamativos que podían ocurrir en la época colonial, incluso dentro de otras fiestas y celebraciones. Las juras, tal vez, fueron los eventos que mostraron más suntuosidad, esfuerzos económicos y que tuvieron más significación política, simbólica y festiva en la sociedad colonial. En ellas se realizaban ceremonias y varios rituales en la plaza mayor de cada localidad; allí, sobre un tablado, el alférez real manifestaba, públicamente, en nombre del vecindario, la sujeción al nuevo soberano. Tales juras eran, en estricto sentido, un ritual que buscaba mantener la legitimidad y lealtad del monarca entre los súbditos (Velasco Pedraza, 107).

Joseph de Acosta realizó una suntuosa y costosa ceremonia: «propuse que por mi solo, sin pension alguna de los vecindarios, me constituia a contribuir con todos los costos necesarios para esta celebridad; aun cuando no se me concediese el honor de condecorarme para ella con el carácter de Alferez Real» (AGN de Colombia, Colonia, Virreyes, 61, fl 3r). Al informar al Virrey Ezpeleta sobre esos actos, Acosta pidió el título de Villa para Guaduas, con el correspondiente escudo de armas; mientras que, para él, solicitó al título de Alferez Real.

Para 1794, Acosta desempeñaba la recaudación de las cuatro rentas de Tabaco, Aguardiente, Pólvora y Naipes y fue nombrado interinamente como Administrador de Alcabalas, cargo que se le prometió como titular, pero que tuvo que reclamar en 1795. Al año siguiente, solicitó del Rey Carlos IV el grado de teniente coronel (véase AGS, SGU, LEG, 7065, 40). Murió en 1803, en Guaduas, detentando el puesto de Corregidor vitalicio.

El título de Corregidor vitalicio que obtuvo, se hallaba entre el conjunto de oficios «vendibles y renunciables»; dentro de los últimos se encontraban los adquiridos por un particular a la Hacienda Real a título de perpetuidad y eran heredables (véase Tomás y Valiente, 387).

Como se observa, en el lapso de tres lustros, Joseph de Acosta emprendió un ascenso vertiginoso en la sociedad de las villas de Honda y de Guaduas. Ubicado en el Camino Real que conducía a Santafé, continuó con el comercio, pero con calculados planes de ascenso social. La visibilidad que adquirió en Honda, la incrementó en Guaduas ocupando sucesivamente distintos ramos de administración; los cuales reclamaba cuando había una vacante, hacía que lo nominaran para alcanzarlos o simplemente los pedía en persona (véase AGS, SGU, LEG, 7066, 44. fol. 35, 42, 49, 53, 58, 59). En cada una de estas situaciones, la Corona recibía réditos.

Joseph de Acosta robusteció el entramado de relaciones y lo acrecentó sagazmente al convertirse en magnánimo anfitrión de todos los dignatarios que iban a la capital o regresaban a España; así recibió al Virrey Juan de Torrezar Díaz Pimienta (1782), al Arzobispo Antonio Caballero y Góngora (1782), que se convirtió en Virrey por muerte súbita de Díaz Pimienta[58], al Virrey Gil y Lemus (1789), al Virrey José

---

58 La llegada del Virrey, enfermo y con su esposa que había dado a luz un niño muerto en el trayecto y que llevaba un niño de 2 años, la describieron en la época: «El 19 de junio los de la comitiva volvieron a Bodegas y en la misma falúa en que habían navegado continuaron remontando el río. Temprano estuvieron en Bodeguitas de Río Seco. En cabalgaduras los varones y en sillas la virreina y el niño, emprendieron la ascensión de la Meseta Andina. El camino, aunque de mal piso, estaba seco. Desde Guaduas don Joseph de Acosta había mandado más de cien hombres, los que se turnaban para cargar con las sillas. A las 4 de la tarde llegaron a Guaduas» (en Restrepo Sáenz, 161).

Manuel de Ezpeleta (1789) y al Virrey Pedro Mendinueta y Múzquiz (1797). La manera en que los agasajó a su paso hacia Santafé le granjeó amistades y beneficios.

La relación con el Virrey Arzobispo Caballero y Góngora incrementó el prestigio social de Acosta y le permitió consolidar su posición en esa sociedad. De esta manera contrajo el segundo matrimonio, con la hija menor del dueño del valle de Guaduas; además, lo capacitó para seguir recibiendo a los otros dignatarios con todo el confort que les podía proporcionar. El religioso dignatario le otorgó el puesto de Administrador de Tabacos y lo nombró capitán del recién creado Regimiento de Milicias Disciplinadas de Caballería local (1783); posteriormente pidió la nominación para alcalde ordinario de primer voto del distrito de Guaduas y le otorgó el cargo a Acosta (1785) (véase AGS, SGU, LEG, 7066, 44. fol. 78, 79).

Logrado lo anterior, Acosta continuó el proceso de ascenso social y personal, edificando una espaciosa mansión (que en la época tenía dos pisos), que hasta el día de hoy se conoce como «La casa de los Virreyes», instrumento visual emblemático de poder y de éxito. Además, obtuvo mediante compra gradual, la tierra de todo el valle (lo que era correspondiente a la adquisición de un señorío).

El Virrey Ezpeleta accedió a la petición de Acosta de segregar el Juzgado Particular de Diezmos de Honda para crear uno en Guaduas, lo cual sucedió; a la vez, nombró a Acosta, Juez Particular del mismo (véase AGS, SGU, LEG, 7066, 44. fol. 80-85). En 1789, el mandatario erigió a Guaduas como corregimiento y le otorgó (por compra) a Acosta el título vitalicio de «Señor Corregidor de la Provincia de las Guaduas» (véase AGS, SGU, LEG, 7066, 44. fol. 87, 93-95). Además, posteriormente lo apoyó con una carta personal, escribiéndole al Rey, para que le concediera el grado militar de teniente coronel que Acosta solicitó en 1796 (Véase AGS, SGU, LEG, 7066, 44. fol. 1-7).

Con los cargos y títulos que alcanzaba y adquiría, desarrolló una intensa actividad para cultivar su imagen pública, realizando generosos donativos y financiando obras públicas y benéficas:

> El chapetón D. José de Acosta debió de ser generoso y amante de la instrucción, pues regaló amplio solar para que se fundase una escuela pública, y de su propio peculio pagaba 25 duros mensuales al maestro de escuela de la villa de Guaduas, lo cual para ese tiempo se consideraba estipendio sumamente alto. Además regaló el

El Camino Real – (Hincapié Espinosa, 45)

terreno en el cual se construyó la iglesia, la alcaldía, etc., etc. (Acosta de Samper 1901, 11-12).

Con el capital material y el intangible social que había acumulado e invocando las grandes ventajas sociales que se derivaban de sus esfuerzos por el área, Joseph de Acosta consideró que debía continuar su ascenso, esta vez en el área militar (había recibido honorariamente el título de capitán de un Regimiento local, que después fue eliminado); con su actuación en ese cargo, pensó en la experiencia militar adquirida y quiso gozar de los privilegios y preminencias del fuero militar que lo podrían llevar a adquirir un título de nobleza; así pidió el ascenso como oficial de carrera. Por esto, en 1794 se dedicó a recoger documentación que probara sus actos y sus logros.

Para acreditar los nombramientos de los cargos que había ejercido en su ascenso social, llevó testigos (algunos 22 años después) y ante notario los hizo testificar (véase AGS, SGU, LEG, 7066, 44. fol. 25, 26, 49). Reunió todos los documentos y las declaraciones juramentadas e hizo que un notario conocido del reino los copiara y certificara. En los documentos que acopió, se evidencia el esfuerzo que Acosta efectuó para que se destacaran los favores que les había hecho a los gobernantes y al gobierno; además enfatizó varias veces, la deferencia con que los virreyes lo habían tratado. Al mismo tiempo, le informó por extenso al Rey Carlos IV los actos que él, por su propia voluntad, sin que nadie lo delegara, había efectuado en la jura en 1790 (con estos documentos explicitaba su identidad, sus actos que habían contribuido a apoyar a la monarquía y destacaba vínculos personales y colectivos con el Monarca). Luego adjuntó la carta de apoyo del Virrey Ezpeleta y remitió todo el legajo al soberano, suplicando (fórmula protocolaria) el grado de teniente coronel (véase ES.47161.AGS/2.19.9//SGU, LEG, 7066, 44). Es decir, solicitaba ser nombrado y elevado al cargo de oficial de plana mayor y de carrera.

Como civil, con sus influencias personales y su dinero, Acosta ya había llegado hasta adquirir el título de Corregidor vitalicio (cargo que no existía en el área, pero que orquestó hasta que lo obtuvo; sin embargo, por este lado no podía alcanzar un título de nobleza). De ahí que deseara ascender militarmente, ya que era la vía posible para llegar a la aristocracia. Es muy posible que pensara que, si había podido adquirir un cargo civil y su correspondiente título, el nuevo ascenso en otro campo, gracias a sus conexiones y a su fortuna sería muy probable. Acostumbrado a tratar a los miembros altos de la nobleza y del gobierno de la Nueva Granada, se dirigió personalmente al Rey, para efectuar su pedido; el cual, para su sorpresa, le fue negado por la corte.

¿Qué sucedió? La consideración de que Acosta gozaba como individuo en el área rural de Guaduas, le hizo olvidarse de que en la sociedad española se le otorgaba mucha preeminencia social tanto a la nobleza, a las órdenes militares, a los estudios, a la pericia militar y a los logros castrenses que se alcanzaran para la monarquía. Como dueño del valle de Guaduas, los Virreyes le prestaban atención, tanto por sus contribuciones monetarias y sociales, como por los favores personales que les hacía; pero fuera de ese ámbito nadie lo conocía, porque carecía de nombre, su familia no era noble y aún peor, no tenía estudios que lo acreditaran, no tenía papeles como la partida de bautismo, por tanto, no podía demostrar su limpieza de sangre; tampoco había logrado ningún mérito en el campo militar para la Corona. El dinero había disimulado muchos aspectos de su vida y le había posibilitado el ingreso a sectores de la sociedad neogranadina, pero no tenía ni el capital castrense, ni grados militares, como tampoco poseía rango dentro de la nobleza.

Aún más, acostumbrado a moverse en un mundo mercantil clientelar, donde las relaciones adquiridas contribuían al ascenso, a la obtención de ganancias y a la reciprocidad de favores; no dudó en informarle al Rey muy extensamente todo lo que había hecho para beneficiar a los virreyes (era como si hubiera ayudado directamente al monarca). Para Acosta, esos hechos, aunados a los logros adquiridos eran suficientes para que se le otorgara la merced que había pedido. No obstante, para la Corona (aunque Acosta había logrado el concurso del Virrey para respaldar su petición), lo que mostraba y aducía para obtener el grado militar, carecía de valor; no poseía ningún requisito para ingresar en el selecto mundo de los privilegiados. La imagen mental que Acosta poseía de sí mismo le impidió captar la realidad directamente; así que la sorpresa que debió haber experimentado cuando le negaron el pedido, tuvo que haber sido considerable.

No obstante, algo debió haber cambiado en su percepción del mundo después de ese rechazo; ya que en 1800, «cuando su hijo mayor cumplió ocho años, resolvió enviar á su mujer á Santafé, en donde los niños deberían recibir toda la instrucción que él deseaba que tuviesen» (Acosta de Samper 1901, 12).

3.2 Joaquín Acosta

El octavo y último hijo de Joseph de Acosta y Gaine y María Soledad Pérez de Guzmán y Marchán fue Tomás Joaquín de Acosta y Pérez de Guzmán (Guaduas, 29 de diciembre de 1800-Guaduas, 21 de febrero de 1852); quien desde los 6 a los 10 años recibió instrucción de los padres franciscanos en Bogotá; luego entró a estudiar al Colegio Mayor de Nuestra Señora del Rosario (véase Acosta de Samper 1901, 18), donde ya estudiaban sus hermanos Domingo y Manuel. Al parecer iba a obtener el título para seguir la carrera de abogado[59]; pero sus estudios no fueron regulares; es decir, no fue ni colegial ni convictor.

Los estudiantes de los Colegios Mayores estaban divididos en becados, porcionistas o convictores, manteístas y familiares. Además, al Colegio Mayor de Nuestra Señora del Rosario sólo podían ingresar «varones seculares», quienes se diferenciaban por su forma de vestir, según fueran internos o externos. Los primeros eran tanto los becados, como los porcionistas que pagaban por residir y comer en la institución, pero que no habían recibido la beca.

> El viejo adagio de "juntos pero no revueltos", se reflejaba en estas instituciones educativas, donde la categoría de becario y porcionista era muy importante con respecto a los manteístas y familiares. Sólo los primeros tenían el status de colegial.
> La selección de becario era la más estricta; debía dar información [de limpieza de sangre] no sólo sobre él sino también sobre sus padres, abuelos y demás familiares. La única situación que no se tildaba como negativa era la de ser "pobre" en recursos económicos. El becario cursaba todos sus estudios gratuitamente dentro del colegio. Los porcionistas, llamados también porcionistas o convictores, daban informaciones sobre su condición social y vivían dentro del colegio, pero pagaban una pensión y podían intervenir dentro del cuerpo directivo de la universidad como lo hacían los becarios.
> Los manteístas de los Colegios Mayores vivían fuera de la institución educativa, pero su status social se consideraba dudoso por no tener clara procedencia racial (blanca) y su condición social

---

[59] Domingo Acosta aparece en los documentos del Colegio Mayor de Nuestra Señora del Rosario inscrito en el curso académico 1806-1807, en la clase de gramática, como estudiante manteísta, la cual aprobó con 5 A.A; luego en el curso académico 1807-1808, en la clase de filosofía, como estudiante manteísta, aprobándola con 5 A.A; nuevamente para el curso académico 1808-1809, como estudiante manteísta de filosofía, aprobando la clase con 5 A.A (véase Guillén de Iriarte 2006, 245, 250, 254).

Manuel Acosta fue estudiante manteísta para el curso académico 1810-1811, siguió la clase de gramática, aprobándola; para el curso académico 1811-1812, continuaba como estudiante manteísta, tomó la clase de filosofía y la aprobó; y en el curso académico 1814-1815, seguía como estudiante manteísta; estudió derecho canónico, aprobándolo con 4A y 1R (véase Guillén de Iriarte 2006, 260, 262, 265).

Joaquín aparece inscrito en el curso académico 1814-1815 como estudiante manteísta, en la clase de filosofía, la que aprobó con plenitud; luego para el curso académico 1817-1818, como estudiante manteísta, estudió derecho civil, aprobando con plenitud (véase Guillén de Iriarte 2006, 266, 269). Los registros están incompletos porque no se sabe cuándo entraron al Colegio Mayor o cuando dejaron de estudiar; tampoco se sabe si Domingo y Manuel terminaron los estudios.

(de nobleza). A este tipo de estudiante no se le pedían informaciones, y pagaban algún dinero por sus estudios. A los manteístas, además de no poder participar en la vida directiva de la universidad, se les ponían demasiadas trabas para poder acceder a las facultades mayores (Soto Arango, 127-128).

Para poder tener el privilegio de ser colegiales, como ya se observó, los candidatos debían demostrar «Limpieza de sangre y nobleza», ya que el objetivo principal del Colegio Mayor de Nuestra Señora del Rosario era: «educar a la clase dirigente que ocuparía los altos cargos burocráticos en los gobiernos civil y eclesiástico, denominados "oficios nobles"» (Guillén de Iriarte 2006, 50).

Estas condiciones prevalecieron en la sociedad neogranadina, incluso ya pasada la Independencia, como consta en el cuestionario que en 1824 se impartía en el Colegio del Rosario; fases que debían probar y señalaban al candidato como apto para ser considerado «colegial». Los testigos que presentaba el candidato (de 3 a 5), debían certificar cada uno de los siguientes aspectos de la calidad de la familia del solicitante:

> El cuestionario que debían responder los testigos ante el secretario del Colegio para demostrar la "limpieza de sangre" y la "nobleza" del fututo colegial, era el siguiente:
>
> 1ª. Primeramente sean examinados: Si conocen al pretendiente a sus padres, abuelos y demás ascendientes.
> 2ª. It. Si los casamientos contraídos por los ascendientes del opositor por ambas líneas han sido iguales en calidad, o si se ha oído murmurar lo contrario.
> 3ª. It. Si el pretendiente, sus padres, abuelos y demás ascendientes han tenido o tienen mancha de la tierra o de mulatos, y si han cometido infamias públicas o secretas.
> 4ª. It. Si el pretendiente sus padres, abuelos y demás ascendientes han sido y son cristianos viejos, limpios de toda mala raza de Moros, Judíos, Conversos, Marranos, y de cualesquiera otras sectas reprobadas: Si en esta reputación se han mantenido siempre, o se ha murmurado lo contrario.
> 5ª. It. Si los ascendientes del pretendiente fueron capaces de obtener hábitos de órdenes militares: si los pretendieron, y si dejaron de obtenerlos por qué causa. Si el pretendiente ha tenido pretendientes que hayan vestido la Beca en el Colegio.
> 6ª. It. Si el pretendiente o sus padres, abuelos y demás ascendientes han sido traidores al Gobierno, o castigados por crimen de religión.
> 7ª. It. Si los ascendientes del pretendiente han ejercido oficios viles

o bajos de los reprobados por las leyes: y si por el contrario han servido los de lustre y distinción expresen los que supieren.

8ª. It. Si los ascendientes del candidato han mudado el apellido del padre y familia en el de la madre u otro alguno: si ha sido por encubrir alguna nota en la limpieza o por qué causa.

9ª. It. Si los ascendientes del pretendiente han casado dos o más veces: si tuvieron niños de ambos matrimonios, y por la confusión de ellos, puede padecer el pretendiente en opinión común y del que declara.

10. It. Si hay cofradías de Estatuto o nobleza en los lugares y sus comarcas donde han vivido el pretendiente y sus ascendientes, si las han pretendido y entrado en ellas, y si han dejado de hacerlo por qué causa.

11ª. It. Si el pretendiente es desposado por palabras de presente o de futuro; si ha sido frayle profeso o novicio en religión alguna: si tiene enfermedad contagiosa; si es inclinado al estudio, virtuoso y de buen genio para vivir en comunidad.

12ª. It. Digan los testigos la edad que tengan, y si les comprenden las generales de la ley; si han sido rogados o pagados para que declaren en contrario de lo que saben; y si de poco tiempo a esta parte han sido informados del linaje del pretendiente.

13ª. It. Si los padres y ascendientes del pretendiente han tenido pleitos sobre calidad o preminencias, si van escritos en ellos, y en donde paran los procesos.

14ª. It. Si todo lo que llevan dicho y declarado es público y notorio pública voz y fama, común sentir y la verdad» (Guillen de Iriarte 2006, 51-52).

Visto lo anterior, incluso pasada la época en que los hermanos Acosta habían recibido instrucción en el Colegio Mayor de Nuestra Señora del Rosario, el cuestionario al que debían someterse los testigos era bastante riguroso. De las 14 preguntas, 6 eran relativas a la «limpieza de sangre» (demostrar ser de familia de cristianos viejos, ser hijos legítimos, haber cumplido con las obligaciones de la paternidad y la filiación a un nombre, distinguirse por su obediencia a la Iglesia y al gobierno; no haber infringido leyes divinas ni humanas; junto a esto, se examinaban los honores que la familia había recibido, así como la genealogía que poseía el aspirante para ser honrado con la distinción de ser admitido como colegial; todos esos aspectos reforzaban las estructuras sociales y políticas tradicionales e identificaban a los miembros de una determinada familia como representantes ejemplares de la elite, que iban a apoyar y justificar los ideales de esa cultura. Pero a la vez, alejaba a los que no se inscribían dentro de la elite, de los cargos destinados a las clases sociales elevadas y de las prebendas (ventajas políticas, económicas y sociales) que con ellos obtenían, lo que les permitía ascender a puestos de privilegio.

Ahora, los tres hermanos Acosta siguieron los cursos del Colegio Mayor de Nuestra Señora del Rosario como estudiantes manteístas; es decir, como alumnos externos. «Por vivir fuera del Colegio no se les exigían los requisitos de limpieza de sangre y nobleza, y por ende no formaban parte de la comunidad» (Guillén de Iriarte 2006, 97). La circunstancia de estudiar como manteísta alejaba a la familia del educando de cualquier contratiempo que les causara el tener que presentar los estatutos de limpieza de sangre. Pero a la vez, les impedía adquirir determinados cargos o ascender con facilidad una vez terminados los estudios:

> Mientras los colegiales dominaron las estructuras burocráticas del reino, los manteístas y abogados encontraron serias dificultades para obtener cargos de prestigio tanto civiles como eclesiásticos e inquisitoriales. El camino abierto que les quedaba era bastante limitado y suponía generalmente una trayectoria de lentos ascensos (Torres Arce, 246).

La sociedad en que vivían los hermanos Acosta era estamental y jerarquizada y el prestigio y el poder dentro del entorno social se hallaban en la cumbre de la pirámide, a la cual pocos tenían acceso. Para cuando los hermanos Acosta comenzaron a estudiar, la prestancia y el poder, adquiridos por Joseph de Acosta, habían desaparecido; ya que, al morir repentinamente el progenitor, la fortuna que había acumulado, pasó a otras manos.

En esa sociedad, las dignidades, los oficios, las pensiones y las mercedes se alcanzaban demostrando la calidad de lo que se consideraba noble e ilustre en el área; proceso que se iniciaba mediante las informaciones de nobleza y limpieza de sangre; indagaciones que habilitaban para recibir la educación destinada a la clase dirigente que iba a desempeñar los altos cargos burocráticos tanto civiles como eclesiásticos.

Así, a pesar del esfuerzo que había hecho Joseph de Acosta para alcanzar la cumbre social, sus tres hijos varones recibieron instrucción en el Colegio Mayor de Nuestra Señora del Rosario como manteístas; situación que no sólo los bajaba en categoría en relación con los alumnos que eran colegiales y convictores, sino que posteriormente les causaría contratiempos tanto en el ascenso social, como en la permanencia en un específico grupo social; situación que pudo deberse o bien a la ausencia de papeles del padre y de los abuelos (partidas de bautismo), con lo cual no podían probar la calidad de la familia Acosta en España o al hecho de que Joseph de Acosta había comenzado su carrera de mercader sin fortuna, o bien a que había tenido hijos fuera del matrimonio (José María Acosta); como también a que la madre, María Soledad Pérez de Guzmán y Marchán, al quedar viuda en 1803, careciendo de habilidad para el comercio se valió de un sirviente de su esposo para que controlara los amplios negocios que él había levantado, llegando incluso a contraer matrimonio en desigualdad con él y finalmente perdiendo la fortuna para sus hijos[60]:

> [T]uvo que emplear particularmente a un dependiente de su marido, quien la sirvió asiduamente, y por último se hizo tan necesario para la dicha y bienandanza de la viuda que al fin ésta resolvió casarse con él. Llamábase el joven D. Manuel Samper, y era vástago de una respetable familia de Honda. Sin embargo, los jóvenes hijos de doña Soledad veían la proyectada alianza de su madre con tan mala voluntad, que una vez que tuvo efecto la ocasionó en el resto de su vida muchos sinsabores y amarguras, en lugar de los consuelos que esperaba cosechar de aquella desacertada conexión entre una dama ya entrada en edad y un joven casi imberbe (Acosta de Samper 1901, 13-14).

Este matrimonio de una mujer mayor, con un hombre más joven que ella, fue rechazado por los hijos, como afirma Soledad Acosta de Samper; del mismo modo, que fue un escándalo, causó sensación y dio mucho que hablar en la época. Para esa cerrada sociedad colonial, lo aceptado era que el hombre fuera mayor que la mujer al contraer matrimonio; e incluso si la edad del hombre era considerable con respecto a la mujer, como fue el caso del segundo matrimonio de Joseph de Acosta con María Soledad Pérez de Guzmán y Marchán, se aceptaba sin gran problema, puesto que se consideraba que el hombre buscaba asegurar con facilidad su descendencia. No obstante, cuando la situación era al revés, como fue el segundo matrimonio de María Soledad Pérez con Manuel Francisco Samper y Mudarra[61], nacido en Guaduas hacia 1782 y muerto en Bogotá en 1848, la diferencia de edad entre ellos (él de 21 años y ella de 33 años), era una circunstancia que

---

60 «Abandonada la gerencia de sus haciendas en manos subalternas, cuando Domingo llegó á su mayor edad encontró muy deteriorada la fortuna legada por D. José de Acosta» (Acosta de Samper 1901, 14).

61 Era hermano de José María Samper Blanco, padre de José María Samper Agudelo.

se salía de la tradición, por tanto, era considerada peligrosa y antinatural. Además, ella había sido la esposa del hombre más rico del lugar, mientras que Samper y Mudarra era apenas un sirviente, un subordinado que ganaba un sueldo; lo cual era sospechoso; ya que indicaba la posibilidad de que él habría contraído matrimonio tanto por tener acceso al dinero de ella, como a su posición; matrimonio que habría hecho para ascender socialmente. Cualquiera que haya sido la causa, la realidad es que los hermanos Acosta Pérez recibieron instrucción en el Colegio Mayor de Nuestra Señora del Rosario como manteístas.

En una defensa que hizo de sí mismo, Joaquín Acosta comentó sobre los primeros años de su vida:

> Todo ciudadano debe a la patria sus servicios cuando ellos pueden ser de alguna utilidad i es evidente que un muchacho de 13 años que era la edad del que esto escribe en 1814 no podia hacer otra cosa que continuar su educación en un Colejio. – De 1816 a 1818 tenia la alternativa o de seguir en el Colejio o servir a los Españoles, preferí pues el primer partido. – En el año de 1819 apenas entraron las tropas republicanas en esta ciudad, cuando corri a alistarme bajo sus banderas abandonando mi carrera que estaba para concluirse. ¿Que mas podria exigirse de mi? (J. Acosta 1834, 1).

Como se observa, en la vida de Tomás Joaquín de Acosta y Pérez de Guzmán sucedió algo imprevisto que causó ruptura en ese orden estamental social: la Independencia de España. Por eso, cuando tuvo edad suficiente y después de muerta la madre (el 16 de febrero de 1818, según consta en la partida de defunción)[62], se retiró del Colegio Mayor de Nuestra Señora del Rosario antes del curso 1819-1820: «convencido de que la Patria necesitaba soldados y no letrados» (J. Acosta en Acosta de Samper, 84), para inmediatamente recibir el nombramiento para servir en el ejército patriota como subteniente de Infantería (sept, 6, 1819) en el Batallón Cazadores.

Hizo campaña en el Cauca (1819) y en el Chocó (1820) contra los realistas; fue nombrado teniente (sept. 4, 1820); luego recibió el cargo de secretario de José María Cancino, gobernador del Chocó; fue elevado al cargo de capitán (oct. 24, 1821)[63]. En 1822, ya como teniente vigiló los trabajos que se hacían para construir un canal en el istmo

---

[62] La escritora señaló el 18 de enero de 1818, como la fecha de la muerte (Acosta de Samper 1901, 22).
[63] Las fechas de recepción de ascensos militares corresponden a la Hoja de Servicios citada por Davis (103, 104).

de San Pablo que comunicara el Atlántico y el Pacífico; además elaboró un informe detallado sobre los distritos mineros del área. Fue ascendido por el General Francisco de Paula Santander al cargo de capitán de Infantería (feb. 11, 1823); y posteriormente a Oficial de Número (oct. 1°, 1823); también fue nombrado para la Secretaría de Estado y del Despacho de Guerra en Bogotá. Cansado de ese puesto, le pidió por carta (mayo 3, 1825) a Francisco de Paula Santander que lo ubicara en el servicio activo; así recibió el mando de media brigada de artillería en Bogotá (jul. 26, 1825).

En su carrera militar y por órdenes de los superiores, fue enviado a desempeñar labores de reconocimiento de terrenos; tuvo que hacer investigaciones y mediciones de áreas específicas para dar informes al gobierno, hizo las veces de ingeniero y de geólogo, teniendo apenas el conocimiento matemático y el de dibujo; respondió a las órdenes recibidas de la mejor manera posible, pero necesitaba mejorar la instrucción en el área de la formación de planos y de técnicas específicas para cada área. Sus servicios como ingeniero, le hacían falta al país; pues no existía personal preparado en ese campo.

En realidad, con la Independencia, cambiaron algunas circunstancias civiles; pero la mentalidad hacia diversos tipos de trabajo no era una prioridad, ni se consideraba propia de ciertas clases sociales; así como tampoco lo técnico o lo económico eran áreas del interés público, porque durante siglos no lo había sido. Sin embargo:

> Joaquín Acosta aspiraba a algo más que a vivir oscuramente en Bogotá como Capitán en un cuerpo estacionario o como empleado público subalterno. Su ardiente deseo era el de pasar a Europa a estudiar ciencias e ingeniería, y de esa manera servir a su país con utilidad e inteligencia. Con la renta que le daba su disminuida herencia paterna sabía que podía vivir en Europa con economía. Solicitó entonces del Gobierno licencia para ausentarse del país y que le concediesen el exiguo sueldo de Capitán durante dos o tres años para con ese auxilio comprar libros e instrumentos (Acosta de Samper 1901, 107).

Efectuó la solicitud (sept. 29, 1825) nuevamente al General Santander, quien se la concedió en octubre de 1825, «obtuvo una licencia temporal para seguir estudios en Francia "con el objeto de estudiar y formar un verdadero oficial facultativo"» (Figueroa Cancino, 190) y viajó (oct. 11, 1825) a París donde vivía su hermano Domingo, quien se desempeñaba como Secretario de la Legación de Colombia en Roma. Estando en París, posteriormente se relacionaría en forma diferente con quien sería Presidente de Colombia, Francisco de Paula Santander, cuando estuvo en exilio. Además estableció contacto con antiguos conocidos de su casa o formó nuevas amistades: el marqués de Lafayette, el barón de Humboldt, Gay-Lussac, Laplace, Benjamín Constant, Henri Gregoire, Destutt de Tracy, Elie de Beaumont, David D'Angers, entre otros; algunos de ellos le abrieron las puertas de reconocidas instituciones; de ese modo, asistió a las sesiones del Instituto de Francia, a la Academia de Ciencias y a otras sociedades científicas, tomó clases de ciencias y literatura en la Sorbona y asistió a conferencias de física, química, matemáticas, astronomía, geología, medicina e historia. Además, tomó lecciones de esgrima, de baile y de elocución; también algunas lecciones de chino. Entre agosto y noviembre de 1826, viajó al sur de Francia e Italia.

Joaquín Acosta describió en su diario días normales para él en París:

> [feb. 13, 1826] Fuy con el Baron de Humboldt a la sesión del Instituto y me presentó antes que comensase a Mr.[64] Arago, y al Mariscal Marmont duque de Ragusa. Conocí a Mr. Laplace, Jussieu, Poison Prony, Cuvier, Gaylusac, &a, &a. El jeneral Andreossy leyo una memoria jeolojica y Mr. Girand otra.[65] La sesion se tenia en la biblioteca del Instituto. Se dio cuenta de quedar admitido Mr. Ireicinet como miembro.
> Comi en casa de los SS Linne y Mannesco y me retiré á casa á las 8 (J. Acosta 1826, 10).
> [feb. 15, 1826] Nos visitó Mr. Humboldt y Mr. Arago. Estuve en casa del obispo Gregoire que me dio su obra sobre el origen de las libertades de la iglesia Galicana. Comimos en casa de Mr. Duhamel profesor de Matematicas que ha escrito varias obras importantes[66] y

---

64   Abreviatura de *mosieur*.
65   La autora transcribió este aparte del diario de su padre de la siguiente manera: «Estuve hoy con el Barón de Humboldt en la sesión del *Instituto de Francia* (*) que yo ansiaba conocer: tenía lugar en la Biblioteca del Instituto. Antes de que se abriera la sesión, el Barón me presentó á su íntimo amigo el famoso astrónomo Francisco Arago (*) al Mariscal Marmont Duque de Ragusa (*) al sabio Laplace (*) á uno de los Jussieu (*) á Poisson el geómetra (*) á Gay-Lussac y a otros sabios no menos importantes.
      París, 12 de noviembre de 1829".
      "El general Andressy leyó una Memoria sobre geología, M. Gerard otra"» (Acosta de Samper 1901, 111-112).
66   La transcripción de la autora de esta entrada del diario fue: «Vino hoy á visitarme M. de Humboldt con M. Arago y el obispo Grègoire. Este último me obsequió con una obra suya sobre el *origen de las libertades de la Iglesia galicana*. Comimos en casa del joven matemático Duhamel, profesor que ha escrito varias obras científicas importantes, y aunque no ha cumplido todavía treinta años es considerado como persona de gran saber» (Acosta de Samper 1901, 112-113).

nos retiramos á casa temprano (J. Acosta 1826, 11).

[feb. 16, 1826] Estuvimos en el observatorio paseamos una hora por los jardines de Luxemburgo y arreglamos con Mr. Duhamel qe vino a casa nuestro plan de estudios. Comimos con Mr. Bertrand y su familia y estuvimos en el Odeon por la noche (J. Acosta 1826, 11-12).

[feb. 17, 1826] Comenzamos nuestros estudios de Matematicas con Mr. Duhamel profesor de los alumnos á la Escuela politécnica. A pesar de la lluvia que cahia a torrentes estuvimos en el otro lado del Sena y visitamos al Baron de Humboldt que nos anuncio debia presentarnos en casa de M Lafayette en un baile el martes próximo. Por la noche estudiamos hasta las 9 en que nos fuimos a una reunion á soirée en casa de Madama Striller, hermana del M. Montilla, se bailaba y jugaban cartas. Las señoritas (de las cuales no habia ninguna bien notable) alternaban a tocar piano por papel (J. Acosta 1826, 12-13).

[feb. 18, 1826] Salimos á la casa de Mr. Lans que no hallamos, estuvimos en el Marais en las plazas Leal y de la Grevi y á la una del dia vine a la Sorbona pa hacerme inscribir. Concluida esta operacion y obtenida una carta de entrada asisti a la leccion de Fisica de Mr. Gay-Lussac que trato de Metereologia y se concluyo a las 3 y media. Habia muy cerca de mil auditores en el anfiteatro – Comimos en el restaurante Naudin y estuvimos a las 8 en casa de Mr. Ampere con Mr. Bertrand (J. Acosta 1826, 13-14).

[feb. 20, 1826] A las 7 fuimos á casa de Mr. Duhamenl á la leccion de Matematicas. Despues estuvimos en el curso de Fisica Mr. Ampere en el Colegio Real de Francia. Este profesor aunque hombre segun dicen de mucha ciencia es oscuro, tiene una pronunciacion dificil y no es ningun modo á proposito pa enseñar lo que hace que su curso sea tan poco concurrido qe apenas habia 25 auditores varones y una mujer qe gravemente sentada provista de anteojos escuchaba atentamente explicar los diversos fenomenos de la teoristica[67] (J. Acosta 1826, 15-16).

La instrucción que Joaquín Acosta adquirió, se ha descrito en la siguiente forma: «Este tipo de adiestramiento se basaba en la asistencia a clases en la Sorbona, el Instituto de Francia, la Academia de Ciencias y otras instituciones eruditas. Además, se apoyaba en la frecuente asistencia a tertulias, salones y sociedades cultas. Con el tiempo, recibió membresía en varias de estas sociedades dentro y fuera

---

[67] La transcripción de un aparte de esta entrada que hizo la autora fue: «A pesar de su mucha ciencia no es adecuado para enseñar. Su estilo es obscuro, tiene una pronunciación difícil, lo cual hace que sus lecciones sean poco frecuentadas y concurridas. No asistimos a ella sino unos 25 estudiantes y una dama. Esta, gravemente sentada en medio de los jóvenes, con los anteojos calados, escuchaba atentamente la lección y tomaba nota sin hacer caso alguno de lo que la rodeaba (Acosta de Samper 1901, 113-114).

del país» (Figueroa Cancino, 190).

Para probar ante el gobierno, que había pagado por su viaje, que había estudiado, presentó cartas de referencia por cursos seguidos:

> *Ministerio de la Guerra.*
> El infrascrito declara, que el Señor Joaquín Acosta, natural de Bogotá, fue autorizado para seguir por dos años consecutivos los cursos teóricos i prácticos de la escuela de aplicación de los Injenieros jeógrafos: que se ha distinguido por su celo i aptitud: que los diversos ejercicios a que se ha consagrado en el terreno, bajo mi dirección, han sido a la vez provechosos para su instrucción i para la carta de Francia; en fin, que sus trabajos han sido mencionados honrosamente en las relaciones verbales de la comisión del depósito de la Guerra.
> Pienso, pues, que el joven injeniero, tan recomendable por todos aspectos, puede desde ahora emprender con suceso, grandes operaciones jeodésicas i topográficas.
> Paris, 6 de abril de 1830.
> El Teniente Coronel, Director de los Estudios, L. Puissant, miembro de la Academia de Ciencias.
> Paris, 9 de abril de 1830 (Triana, 19).

Acosta siguió cursos dispares, sobre diferentes áreas que le llamaban la atención por el contenido o por quien los dictaba; el joven tenía interés en aprender temas específicos, pero no seguía un plan de estudios como se concibe en el presente. De ahí que se haya dicho sobre esta formación: «Los estudios de Acosta sólo fueron parcialmente científicos. También tomó lecciones de esgrima y de locución y, según parece, demostró tener tanto interés (o más) por la política y las humanidades como por las ciencias» (Safford, 239). Del mismo modo: «contó con una instrucción científico-humanista dispersa que rebasaba ampliamente las ciencias militares» (Figueroa Cancino, 190-191).

Joaquín Acosta hizo viajes a Alemania, Bélgica e Inglaterra entre abril y mayo de 1830. A su regreso a París, fue testigo de la revolución que el pueblo francés hizo contra el rey, haciendo que abdicara. El 2 de septiembre se embarcó en Havre rumbo a Estados Unidos, de donde seguiría para Colombia. Durante el viaje de retorno en el barco, conoció a Caroline Kemble, quien sería su esposa; la trató durante el mes y medio en que duró el trayecto. Ya en los Estados Unidos, continuó el trato con la familia Kemble, hasta el día 4 de diciembre cuando volvió a embarcarse con destino a Cartagena en la costa colombiana. Durante esas semanas se comprometió matrimonialmente con la joven, enlace que se celebró en 1832, ya que «necesitaba antes arreglar sus asuntos de fortuna y pedir nueva licencia para salir del país» (Acosta de Samper 1901, 315); aunque llegó a Cartagena en diciembre de 1830, sólo entró a Guaduas (debido a la guerra, los malos caminos y las visitas que efectuaba) el 26 de marzo del mismo año, obviamente con una nueva perspectiva del mundo, y con deseos de arreglar todo para contraer matrimonio.

La patria que encontró estaba cambiada, Bolívar había muerto, Santander estaba en exilio y Sucre había sido asesinado. A su regreso, casi inmediatamente el gobierno provisional lo ascendió a primer comandante de Artillería (jun. 30, 1831) y tuvo que tomar de nuevo el servicio activo en el ejército; también fue nombrado Delegado alterno a la Asamblea Constituyente. No obstante todos estos cargos, los estudios que realizó en Europa comenzaron a servir a la patria; fue nombrado Director de Caminos de Cundinamarca; cuando aceptó el cargo (nov. 15, 1831) afirmó que en el trabajo productivo para la patria, seguía el ejemplo de su padre (Joseph de Acosta), por lo cual reimprimió un panfleto que él le había dirigido al virrey Ezpelata.

> En el momento en que el consejo municipal de esta capital acaba de nombrarme, para dirijir los reparos i la construccion de caminos en la provincia; ha venido a mi poder, la representacion que mi padre hizo al virei Ezpeleta, en que habla de esta materia. Obedezco a un sentimiento de piedad filial, haciendo imprimir para distribuir a mis amigos, este documento en que estan consignados los votos de este tan buen padre como excelente ciudadano. La existencia entera del menor de sus hijos será en lo futuro consagrada á llenar estos deseos i yo procuraré animado i sostenido por su ejemplo trabajar en los medios de ser útil á mis conciudadanos. Aunque este escrito no tiene fecha tengo fundamentos para creer que fue presentado en el año de 1791 (fpineda_573_fol346_347.pdf).

Los reportes que presentó se publicaron en el periódico oficial *El Constitucional de Cundinamarca* (feb. 19, 1832), (ene. 6, 1833) y (ene. 20, 1833); renunció a este cargo en marzo de 1833 (véase Davis, 112). Mientras todo lo anterior sucedía, enseñaba una cátedra en la universidad; además, leía, estudiaba y continuaba correspondiéndose con las relaciones que había dejado en Europa.

Viajó nuevamente a Estados Unidos (mzo. 14, 1832)[68] para celebrar

---

[68] Ese viaje fue rechazado por el general Obando, quien se negó a darle la comisión para

su enlace matrimonial, pero también para entregar el nombramiento de Presidente de la República a Francisco de Paula Santander[69], quien le sirvió de padrino de boda[70]. Joaquín Acosta contrajo matrimonio con Caroline Kemble Rowe el 31 de mayo de 1832. La pareja se estableció en Bogotá, en donde nació su única hija, Soledad Acosta Kemble, el 5 de mayo de 1833.

A su regreso a Colombia, Joaquín Acosta fue ascendido a teniente coronel; continuó dictando clases en la universidad, al parecer con éxito:

> En Bogotá a principios de la década de 1830, los únicos cursos de ciencias que iban más allá de la filosofía natural básica, eran las clases de botánica de Céspedes o, en su ausencia, las de Matís, y las conferencias de química y física experimental dictadas por Joaquín Acosta desde 1833 hasta 1836. Acosta que había regresado recientemente de París, donde había realizado sus estudios despertó,

---

llevarle el nombramiento a Santander, acusándolo de querer obtener con esto un viaje gratis para contraer matrimonio; por lo cual envió al capitán Honorato Rodríguez a llevar el nombramiento. Sin embargo, Acosta fue enviado por Ignacio de Márquez, quien sucedió a Obando en el cargo. Ambos delegados entregaron los encargos y el nombramiento a Santander (véase Davis, 113).

[69] Sobre este hecho Obando escribió: «Joaquín Acosta (...) importunó hasta que consiguió que la República le costease este paseo. Cuando yo tenía el mando, tuvo la imprudencia de hablarme para que le diese esta comisión alegándome que él tenía que ir a aquel país a casarse, y yo le dije que no haría ese disparate porque importaba que el comisionado fuese una persona a quien el Presidente debiese tener confianza (a la cual él no tenía ningún derecho) para que instruyese a S. E. de cuanto necesitase saber sobre el estado de la República; y que mucho menos le daría esta honrosa comisión, después de saber que su interés era el de ir a casarse, operación que no era de cargo de la República. Nombré pues al comandante Honorato Rodríguez, (...) pero como enseguida dejé el mando y me remplazó Márquez, este que quería formar a costa del Erario un número de prosélitos, mandó á dicho Acosta ya sin necesidad y por la sola razón de que no era él quien le costeaba. ¿Me habría perdonado este famélico el que yo no pospusiese los intereses de la Nación á sus necesidades particulares? ¡Cuándo! al contrario la guardó para el día del concurso de acreedores; y en vez de dar al general Santander noticias exactas del estado del país que le llamaba al mando supremo, procuró, aunque en vano, engañarle asegurándole que no debía aceptar el destino, porque si iba a la Nueva Granada, vendría á ser víctima de la ambición del general Obando que le aborrecía mortalmente. El interés, pues, que Acosta aparentaba en Bogotá tener en la venida del general Santander, era el de que la República le costease el viage que tenía que hacer á los Estados Unidos á casarse, porque de esta especie de patriotas nos ha dejado la revolución una abundancia extraordinaria en el ejército y fuera de él» (Obando, 140-141).

[70] El general Santander escribió las siguientes entradas en su diario: «1831. Noviembre 21. Lunes: Estuve en Tarry Town, a ver a la futura esposa de Joaquín Acosta. Es un lugar situado a la izquierda del Hudson, 30 millas de New York» (Santander, 150). «1832. Mayo 31. Jueves: Asistí al casamiento de Joaquín Acosta en el pueblo de Terry Town (sic)» (Santander, 174). «1832. Junio 1°. Viernes: Fui por el río Hudson al establecimiento militar de West Point y a la fundición de cañones, etc., en hierro de Mr. Kemble, en cuya casa comí y dormí» (Santander, 175). «1832. Junio 23. Me embarqué para Santa Marta con Acosta y su mujer y Honorato Rodríguez. Adiós, Estados Unidos» (Santander, 177).

según parece, un interés momentáneo, puesto que se ha afirmado que al principio más de sesenta personas asistieron a sus clases, incluido cierto número de profesores de las facultades tradicionales. Dos años más tarde tenía aún bastantes estudiantes, ya que diez de ellos hicieron una presentación pública. Acosta también enseño, u ofreció enseñar, mineralogía en el Colegio del Rosario en 1837 (Safford, 138).

En 1833, el general Francisco de Paula Santander le encargó las administraciones del Observatorio Astronómico y del Museo Nacional, a donde trasladó las clases de química; en junio fue declarado técnicamente en servicio activo como Comandante al mando de medio batallón de artillería. Estas actividades, y la administración del Museo y del Observatorio los realizó conjuntamente (véase Davis, 119).

> El sábado 6 del corriente se presentó por primera vez un acto de química con ocho jóvenes presididos por el hábil profesor Joaquín Acosta. En él se acreditó con satisfacción de los inteligentes examinadores, grande aprovechamiento en unas materias, á cuyo estudio sólo se había consagrado el corto periodo de siete meses («Certámenes públicos de la Universidad Central y del Colejio de San Bartolomé». El Cachaco 8 [jul. 14, 1833]: 1).

Luego se dedicó a preparar y a presentar informes sobre el camino al Magdalena y sobre la mina de sal de Zipaquirá. En 1835 fue designado Diputado al Congreso; al mismo tiempo, el Gobierno le solicitó informes sobre los límites de la república y de las provincias; poco después, fue elegido juez tercero principal de las Nieves; además de recibir el cargo de redactor de *El Constitucional de Cundinamarca*, periódico oficial. En 1836, enseñó mineralogía en el Colegio del Rosario; así como clases de botánica, en su casa. Durante esos años fue consultor sobre la fabricación de pólvora, papel y vidrio; así como sobre imprentas, extracción de sal, procesamiento de licores y fabricación de monedas, y además fue Diputado a la Cámara de 1833 a 1837 (véase Davis, 120).

Como amigo de la administración de Santander; esta lo apoyó e impulsó en diversas áreas; sin embargo, durante esos 4 años se opuso al presidente y a su gabinete. Fundó su primer periódico político: *La Prensa Bogotana* (nov. 23, 1833), con el que apoyaba al gobierno en sus principios básicos, pero siempre proponiendo vías alternativas para que esos fundamentos se realizaran; de forma tal, que fue creando disensiones y se fue haciendo de enemigos en el grupo santanderista: LA PRENSA BOGOTANA. Hemos visto el núm. 1° del papel que bajo este nombre se ha empezado a publicar el sábado 23 de noviembre. Nos agradan los objetos que se propone, i ofrecemos gustosos cooperar con su autor a la consecución de ellos en cuanto esté de nuestra parte. No le perdonamos, sin embargo, el que nos haya dicho que nuestras producciones se resienten del contacto que tenemos con los miembros de la administración. Nosotros no nos resentimos de nada, i menos de esto, (...). El autor del papel, que ha solido honrarnos con sus remitidos, i que nos conoce bien de cerca, no debiera haber hablado de nosotros en estos términos, porque en verdad que no habrá tenido ocasión de saber que somos dóciles instrumentos de nadie. / No le aprobamos tampoco lo que dice del general José María Obando (...). Esperamos que esta sea la primera i última vez en que hable así de los buenos patriotas. Si lo contrario sucediere, siempre nos tendrá, como ahora, en la arena defendiéndolos.

SOBRE LA MISMA. (Remitido).
El que habla demasiado, de continuo comete muchos errores. Así ha sucedido al autor de La Prensa Bogotana, pues, no contento con dogmatizar en todos sentidos, nos ofrece comunicar la sabiduría que manifiesta estar rebosando; i a fuerza de tanta facundia, ha empezado por decir algunas mentiras, i cometer faltas bastante grandes como vamos a manifestárselo. / En su lúcido prospecto quiere aparecer como imparcial, i después de anatemizar las personalidades, mui luego ha contradicho estos principios, i esta es la primera falta en que ha incurrido el editor de la Prensa. (...) La tercera falta consiste en el modo impropio con que habla del jeneral José María Obando, en lo que nos parece que hai más parcialidad que ignorancia de parte del escritor, que procura zaherir con malignidad i estudio a un personaje, que no merece se le trate tan indignamente por quien se precia de ser sabio, moderado i amigo de los principios republicanos. (...) La cuarta falta consiste en hacer mención del jeneral Tomás Cipriano Mosquera con el designio de injuriarlo. (...) en nuestro sentir es injusto, imprudente e impolítico hacer recuerdos ofensivos de la conducta de un ciudadano (...). La sesta falta consiste en la censura que se hace al gobierno por haber ordenado, que los domingos se tenga una academia jeneral de jefes i oficiales. (...) suspenderemos nuestro juicio i dirijiremos nuestros votos porque el ilustrado autor de la Prensa emplee sus luces i su celo patriótico, no en denigrar i zaherir, sino en censurar con moderación i amonestar con juicio («*La Prensa Bogotana*». El Cachaco 37 [dic. 1°, 1833]: 149-150).

Poco a poco la oposición que le hizo al gobierno fue notable. Junto con otros se opuso públicamente a la administración; así se publicó el folleto: «Esposición de las razones en que veintinueve representantes de la Nueva Granada se fundaron el día 22 de marzo de 1836 para declarar no constitucional la conducta del poder ejecutivo en la negociación del convenio con Venezuela» (véase brblaa374051.pdf).

Apoyó la candidatura de Ignacio de Márquez, en contra de la de Obando, del cual Santander era partidario. Ya en el cargo, de Márquez lo pasó por alto en la designación de cargos e incluso cuando en 1837, nombró a Joaquín Acosta como Encargado de Negocios de la Nueva Granada en el Ecuador, fue porque el primer elegido rechazó la nominación (véase Davis, 127). Salió para Quito (dic. 16, 1837), a pesar de no ser de su agrado el compromiso, llegando a esa capital (feb. 20, 1838) después de un fatigante desplazamiento; el objetivo de ese viaje era:

> [A]rreglar por las vías decorosas de una franca negociación las cuestiones pendientes o que se presentasen entre los dos Gobiernos: promover por medios amistosos todo lo que favorezca a los intereses políticos, industriales y mercantiles de la Nueva Granada y a su crédito exterior, y supervigilar y neutralizar cualesquiera planes o tentativas que pudieran mirarse como amenazas a su seguridad (Lino de Pombo en Acosta de Samper 1901, 352).

Específicamente tenía que dirimir la situación sobre los límites territoriales y negociar un tratado comercial; pero, aunque trabajó en la materia, no pudo lograr nada positivo. El periódico *La Bandera Nacional* crítico de la administración de de Márquez, atacó la misión de Acosta, calificándolo de espía caro e inútil y enfatizando que se conseguía más información de los periódicos ecuatorianos que de la que enviaba Acosta al gobierno (véase Davis, nota 113, pg. 129).

Renunció al cargo y retornó a la Nueva Granada a finales de 1838. En 1839, fue nombrado Diputado a la Cámara y elegido posteriormente Presidente de ese órgano. Reabrió las clases de química y retomó las direcciones del Museo y del Observatorio. En 1840, junto con el barón Gros, el encargado francés en Bogotá, midieron la altura del Salto del Tequendama, corrigiendo los datos de Humboldt y de Francisco José de Caldas.

En el Congreso, entre 1839 y 1840, Joaquín Acosta se fue asociando progresivamente con los miembros más conservadores, alejándose completamente de Santander y su grupo. Publicó *El Censor del Ob-*

servador i del Correo &c, su segundo periódico político (oct. 20, 1839):

> En la Nueva Granada también se arraigan cada día los hábitos del gobierno popular, i ya comenzamos a ver con claridad i a darle al patriotismo de cada individuo los quilates que le corresponden. En la patria que denominaron Boba hubo patriotas de 24 quilates; hoy ya no se encuentran tan puros, la mayor parte tienen mucha liga i los hai bien bajos de suerte que ya los pueblos desconfían mucho, no sea que a costa de su tranquilidad i bien estar, vayan a corregir el engrandecimiento de algunos. / Por lo cual hemos resuelto ejercer sin piedad nuestro derecho de censura sobre los beligerantes, entendiendo por ellos al Correo que en un tiempo pretendió ser de la razón, aunque después con una franqueza que le hace honor, abandonó semejante pretensión i al Observador, o sea resurrección del Argos en gloria i Majestad. (*El Censor del Observador i del Correo &c*. 1 [oct. 20, 1839]:1).

Con esta publicación, consolidó censura abierta hacia quienes fueran en contra de la administración, haciéndose cada vez más conservador en su posición política. En noviembre de 1839, asistió al general Mosquera en un duelo que sostuvo con el general Obando (véase la descripción que Obando hizo de este hecho: 1842, 208-209).

A la muerte de Francisco de Paula Santander en 1840, el gobierno fue atacado y Acosta tuvo que presentarse nuevamente a servicio activo[71]; esta vez con el cargo de comandante y jefe de Estado Mayor de División, dirigiendo la artillería de la Segunda División de las tropas del gobierno contra los insurgentes. En esta calidad, participó en la batalla de la Chanca y estuvo en campaña en diversas partes del país. Primero fue a la Costa atlántica entre octubre y noviembre de 1840; mientras que entre febrero y mediados de abril de 1841, estuvo bajo el mando del general Joaquín Posada Gutiérrez, quien lo envió a Honda, Ibagué y Cartago; y finalmente entre Bogotá y Honda, luego a Antioquia, y a Pasto (vía Cali y Popayán), donde tuvo que reprimir el alzamiento de comunidades indígenas seguidoras de Obando[72] contra el gobierno en Tierra Adentro; estando ahí, recibió orden del Secretario de lo Interior y Relaciones Exteriores, Mariano

---

[71] Acosta escogió esto en lugar de ser enviado otra vez a Ecuador (véase Davis, 135).
[72] Cuando Obando se levantó contra el gobierno de de Márquez expulsó de la armada como traidores a un número de militares entre los que se encontraba Acosta; por tanto, el hecho de que este hubiera participado en la batalla decisiva que derrotó a Obando, ha sido considerado por algunos como: «una gran satisfacción para Acosta» (Davis, 137).

Ospina, para que estudiara esos terrenos para construir caminos y así poder comunicar Popayán con La Plata.

Duró 15 meses en campaña antes de regresar a Bogotá, a donde llegó en noviembre de 1841. En los últimos años se había aliado con los Ministeriales al mando de de Márquez; pero en ese momento se encontró enfrentado a algunos de ellos, quienes seguían a Herrán. Participó en las sesiones del Congreso, pero ante los ataques y la presión que sentía, no terminó su cargo.

En 1842, fue nombrado coronel por sus servicios durante la revolución; del mismo modo fue enviado como Ministro a Washington, para evitar que se formara un incidente internacional con Estados Unidos, debido a la salida intempestiva del ministro estadounidense, James Sample, en la Nueva Granada. Acosta viajó a Washington (abr. 11, 1842) para establecer relaciones, lo cual se realizó; regresó a Bogotá a comienzos de 1843.

Al finalizar el Congreso en 1843, el presidente Herrán anunció el deseo de promover a Acosta al cargo de Secretario de Relaciones Exteriores, lo cual produjo la renuncia del Secretario de Finanzas, Rufino Cuervo, arguyendo enemistad entre los dos. Al parecer tampoco se llevaba bien con el Secretario del Interior, Mariano Ospina Rodríguez, ni con otros ministeriales. No obstante, Acosta ocupó el puesto, desde octubre de 1843 hasta marzo de 1845. Cansado de las labores gubernamentales, decidió continuar sus estudios y adelantar la escritura de obras que había planeando.

El 15 de abril de ese año, pidió licencia militar y partió para Europa; dejó a su esposa e hija en Halifax, Nueva Escocia; luego viajó a París donde llegó a comienzos de agosto de 1845; el 26 de agosto viajó a España de donde retornó el 28 de octubre. Luego viajó a Inglaterra a recibir a su familia que llegó en mayo de 1846. Después se estableció en París por el resto de su viaje[73]. Volvió a conectarse con muchos de quienes había conocido en su primer viaje y emprendió nuevas relaciones. Frecuentó a Boussingault, Broigniart, Elie de Beaumont y D'Orbigny, entre otros.

---

[73] Joaquín Acosta permaneció en Europa desde agosto de 1845 hasta junio de 1849. El desconocimiento de esta información ha permitido que se cometan errores graves como el de adjudicar una de las acuarelas de Edward Walhouse Mark, referenciada por el pintor: «Col. Acosta, Guaduas, July 2nd, 1846», como de Joaquín Acosta, cuando el retratado fue el coronel José María Acosta, medio hermano de Joaquín [véase *Edward Walhouse Mark. Acuarelas*. (Prólogo de Malcom Deas). Bogotá: Banco de la República – El Áncora Editores, 1997. 104].

Comenzó un activo trabajo de investigación y de producción de obras y cartas geográficas indispensables para la Nueva Granada. En

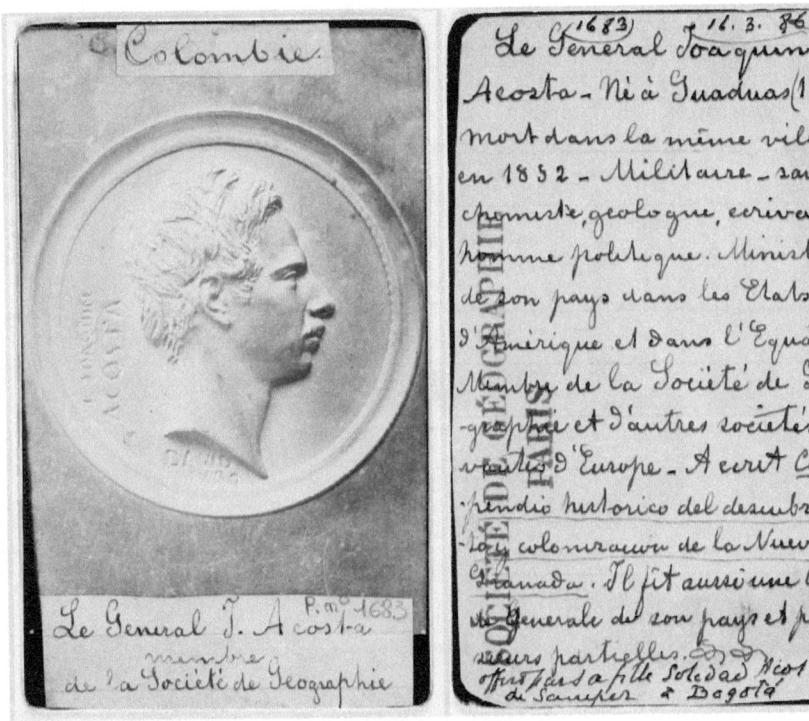

Le general Joaquin Acosta. [Avant 1886]
Bibliothèque nationale de France, département Société de Géographie, SG PORTRAIT-1683

1847, lo primero que publicó fue el Mapa de la República de la Nueva Granada dedicado al Barón de Humboldt (41 x 50 cm.), el cual produjo y costeó con sus propios medios, y que hasta ese momento era el mapa más preciso del territorio del país. Lo envió a la Nueva Granada y luego lo presentó a la Sociedad de Geografía de París, de la cual fue miembro.

En 1848 publicó: *Compendio histórico del descubrimiento y colonización de la Nueva Granada en el siglo décimo sexto*, escrita como emulación de las que Cieza de León y Prescott habían realizado sobre Perú y México respectivamente. Su intención era motivar a la juventud neogranadina para que conociera los inicios sociales, políticos y económicos del país y, de ese modo, pudieran comprender los problemas que existían y pudieran prevenir los futuros que viviera la Nueva Granada.

> Hace ya muchos años que se siente la necesidad de una obra que instruya nuestra juventud en la historia antigua de la Nueva Granada. Para llenar este vacío me propuse reimprimir alguno de los autores antiguos que tratan de la materia, pero leyendo detenidamente cuanto poseemos impreso o manuscrito respecto del antiguo virreinato del nuevo reino de Granada, observé que las narra-

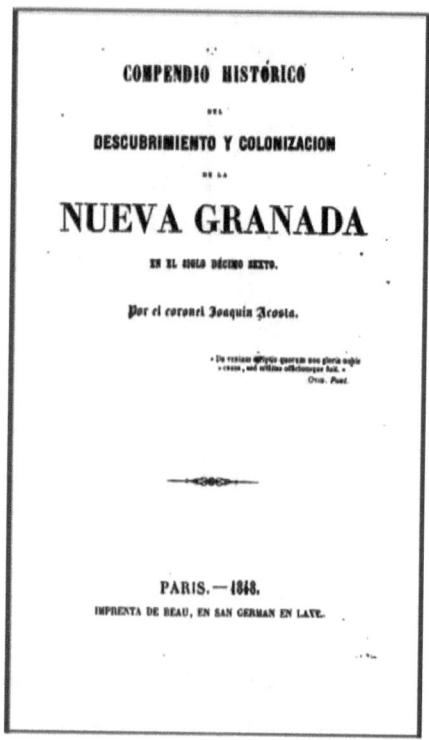

> ciones de los cronistas, además de ser incompletas, se hallan recargadas de fábulas y de declamaciones que ocultan y ahogan, por decirlo así, los hechos esenciales. El lenguaje mismo antiguo, grande atractivo para el que ha adquirido el hábito de leer aquellos escritos, es un obstáculo al común de los lectores á quienes su profesión y ocupaciones no permiten consagrar el tiempo necesario para sacar el jugo á memorias añejas y separar en ellas el grano de la paja. / Valiéndome de estas crónicas y de otros documentos, traté entonces de componer una narración completa y exacta aunque compendiosa, reproduciendo las impresiones que había recibido con la lectura de aquellas obras, conservándoles su interés y su-

pliendo las unas con las otras. Esta es la que me atrevo á dar á luz, esperando que sea de alguna utilidad mientras una pluma más diestra se haga cargo de la empresa (J. Acosta 1848, v).

Luego tradujo y publicó: *Viajes científicos a los Andes ecuatoriales: ó Coleccion de memorias sobre física, química é historia natural de la Nueva Granada, Ecuador y Venezuela / presentadas á la Academia de Ciencias de Francia por M. Boussingault... y por el Sr. Dr. Roulin: traducidas... por J. Acosta, y precedidas de algunas nociones de geología, por el mismo* (2 vols. 1849). Así como el *Semanario de la Nueva Granada* de Francisco José de Caldas (1849). También publicó artículos periodísticos: «Señor Editor de la Gaceta» (sobre áreas minerales no exploradas en la Nueva Granada). *Gaceta de la Nueva Granada* LXV.885 (jun. 10. 1847): 369-370. «Agua mineral de Coconuco». *Gaceta de la Nueva Granada* LXV.885 (jun. 10. 1847): 370-371. «Carta jeográfica de la República». *Gaceta de la Nueva Granada* LXVI.904 (ag. 19, 1847): 540-541. «Ensayo de una descripción topográfica del alto Magdalena». Gaceta Oficial (Bogotá) LXIX.974 (abr. 27, 1848): 261-262. También intentó impulsar la navegación por el río Magdalena y la construcción de un ferrocarril por Panamá (véase Davis, 157-158).

En París en agosto de 1847, fue testigo de los sucesos ocurridos en esa ciudad entre el 23 y el 25 de febrero de 1848, que obligaron al rey Louis-Philippe a abdicar. Se consagró al estudio de la mineralogía y la geología, especialmente en la Escuela de Minas de París. En mayo de 1849, estalló una epidemia de cólera en la ciudad causando muchas muertes y creando el pánico general. Debió soportar la situación hasta que a mediados de junio partió con su familia rumbo a la Nueva Granada.

> Acosta llevaba consigo un inmenso equipaje compuesto de muebles, cuadros, libros, curiosidades, instrumentos de toda especie, cajones con plantas vivas que deseaba introducir en su país, como especies nuevas. Pensó, pues, que su viaje podía ser más agradable, si en lugar de tomar pasaje en un vapor con su familia y enviar por otra vía su equipaje, tomaba el camarote entero de un buque mercante, lo preparaba para su uso particular y atravesaba el océano como en su propia casa sin otros pasajeros, que estorbasen sus estudios, y con toda comodidad. Es cierto que como el buque era de vela, tardaría más en la travesía, pero aquello se compensaba con la libertad y las comodidades de que gozarían (Acosta de Samper 1901, 458-459).

Regresó a la Nueva Granada en agosto de 1849; ese mismo año fue designado Miembro Honorario de la Sociedad de Geografía de Londres. El gobierno le ofreció puestos en el gabinete y en la cátedra, pero los rechazó, para dedicarse a sus investigaciones y estudios científicos. Publicó una guía de navegación por el río Magdalena: *Itinerario descriptivo del Magdalena al uso de los viajeros en el vapor, precedido de un almanaque para facilitar su inteligencia*. Bogotá: Imprenta de «El Día», 1850. Así mismo, dio una serie de conferencias sobre geología que se publicaron como: *Lecciones de jeolojía*. Bogotá: Imprenta del Neo Granadino, 1850.

En ese año, el gobierno lo llamó al servicio activo al mando de una tropa. Por orden gubernamental, viajó a las provincias de Santa Marta y Valle de Upar. Participó en la guerra; dirigió, junto con el General Mendoza, la batalla de Garrapatas e hizo campaña en Antioquia. Realizó tablas de cálculos astronómicos para los años 1851 y 1852: *Almanaque para el año bisiesto de 1852, acompañado de algunas máximas jenerales que deben observar los ciudadanos a quienes toca desempeñar el cargo de jurados*. Bogotá: Imprenta de «El Día», 1851. Además, escribió: «Informe del Coronel Joaquín Acosta sobre los baldíos de Santa Marta y Valle de Upar (1851), concluido en Guaduas el 8 de marzo de 1851.

En agosto de 1851, le confirieron el grado de General y fue nombrado Senador de la República. En esa época colaboró con la Comisión Corográfica. Antes de morir, donó a la República su rica colección de libros americanos, que se conserva en la Biblioteca Nacional, y la serie de minerales que poseía. En enero de 1852, llevó a sus hombres a tratar de salvar el navío Magdalena que se había estrellado en el Peñón del Conejo (lugar donde atracaba todo barco que llegaba de la Costa), distante 12 leguas de Guaduas. El vapor se salvó, pero Joaquín Acosta contrajo fuertes fiebres; falleció el 21 de febrero de 1852 (véase Acosta de Samper, 1901).

En el testamento que efectuó en 1850, señaló lo que había él aportado al momento del matrimonio con Caroline Kemble en 1831 (de la fortuna que había poseído Joseph de Acosta, muy poco pasó a los hijos); pero la industria y el trabajo le permitieron a Joaquín Acosta dejar en herencia a su esposa y a su hija: 4 casas, una quinta, algunas tierras en Guaduas y la mitad de un potrero; además de libros, muebles y pocas alhajas. No era un hombre rico, pero tenía medios suficientes para vivir con tranquilidad (véase J. Acosta, 1850).

Como se observa, Joaquín Acosta heredó de su padre, Joseph de Acosta, el ánimo emprendedor y el espíritu de sociabilidad; incluso también compartió con él, el aprendizaje práctico y, posiblemente, hasta el temperamento. Lo que los diferenció fue el tipo de educación, que el padre quiso que sus hijos tuvieran, para tener mejores oportu-

General Joaquín Acosta
Museo Nacional de Colombia

nidades. Educación que Joaquín empleó y logró con ella lo que su progenitor no había alcanzado: ascendió por todos los grados militares hasta llegar a General de la República, y además dejó una marca en la historia al realizar importantes labores en beneficio de la nación. Educación e ideas que como educador trató de impartir a la juventud neogranadina.

4. La familia Kemble[74]

El tronco de la familia Kemble, del que desciende Soledad Acosta de Samper, es **Peter Kemble** (Esmirna, Turquía, dic. 12, 1704-Morristown-New Jersey, feb. 23, 1789). Hijo de Richard Kemble (mercader inglés y vicecónsul británico).
+ (jun. 13, 1731) contrajo matrimonio en New York con Gertruyd Bayard (Hackensack, Bergen County, New Jersey, oct., 1702, - Mount Kemble, New Jersey (ag. 24, 1748).
  Segunda hija de Samuel Bayard (New York, 1669-1745) y de Margaret van Cortlandt (ag. 12, 1674-1723). Este fue un matrimonio entre dos miembros de aristocráticas familias (mzo. 12, 1696).
Los hijos del matrimonio de Peter Kemble y Gertruyd Bayard fueron:

2 Samuel (New Brunswick, New Jersey, 1732-abr., Sumatra, 1796).
2 Richard (ag. 1733-Mount Kemble, sept. 13, 1813).
2 Margaret (Piscataway, New Jersey, nov. 14, 1734-feb. 9, 1824); matrimonio (dic. 8, 1758) con Thomas Gage, de aristocrática familia inglesa, comandante en jefe de la armada británica en Norte América y gobernador de Massachusetts.
2 Mary (jul. 25, 1736-?)
2 Frances (ene. 25, 1738-?)
2 Peter[75] (ag. 17, 1739-New York, jul. 6, 1823), educado en el College of Philadelphia, la actual University of Philadelphia. Mercader de las Indias Occidentales. Residió

---

74 Esta genealogía se estructuró basándose en Stout (1992).
75 Contrajo matrimonio con Gertrude Gouverneur y tuvieron los siguientes hijos: Gouverneur (Cold Springs, NY, ene. 25, 1786-dic. 16, 1875); Peter (abr., 1787-nov. 24, 1813); William; Richard (1800- Cold Spring, NY, 1888); Gertrude (?-1841; Mary (?-/?).

varios años en St. Kitts, una de las islas de las Antillas británicas y en San Eustaquio, isla de las Antillas holadensas.
2   Stephen (New Brunswick, New Jersey, mayo 8, 1741-New Brunswick, New Jersey, dic. 20, 1822), educado en el College of Philadelphia. Entró a la armada británica (mayo 5, 1757). Subió distintos rangos militares, hasta llegar a Brigadier General segundo al mando durante la guerra de la Revolución de los Estados Unidos.
2   William (?-?). Capitán de la armada británica, murió en Inglaterra.
2   Judith (feb. 2, 1743-?)
2   Samuel (New Brunswick, New Jersey, ab., 1732-Sumatra – Indonesia, 1796). Marino de la armada británica; subastador para la firma Kemble & Spens y mercader. Dejó la armada en 1773, para aceptar el cargo de Recaudador de Impuestos del puerto de New York. Pero por haber servido en la armada británica, durante la guerra de Estados Unidos contra la Gran Bretaña tuvo que refugiarse en Inglaterra, de donde nunca pudo regresar a su patria. En Londres estableció una casa mercantil, pero no tuvo éxito. Luego se estableció en las Antillas. Contrajo matrimonio (New Brunswick, mzo. 9, 1758) con Catharine French (New Jersey, 1739); hija del segundo matrimonio de Philip French (New York City, 1697-1778) y Ann Farmar (New Jersey, ca. 1705), (hija de Thomas Farmar, primer alcalde de New Brunswick de 1730-1747). French compró un terreno muy grande cerca de New Brunswick, New Jersey.
Samuel Kemble y Catharine French tuvieron 7 hijos:
   3   Peter (marino de la armada británica, murió en Inglaterra)
   3   Catherine
   3   Mariah (?-1839)
   3   Mary (?- 20 feb., 1768 en New Brunswick, New Jersey)
   3   Gideon (New Brunswick, 1749-?)
   3   Cornelia
   3   William (jun., 1770-?)
   3   Gideon (1749-?). Recolector del Puerto de Kingston en Ja-

maica. Contrajo matrimonio en 1804 con Thomasina Dorothy Rowe, tuvieron 7 hijos:
- Susanna Maria (Kingston, Jamaica 1805-?).
- William (Jamaica, 1810-1889), casado con Maria Louisa Stevenson. (Empleado de la Asamblea y Administrador de Correos de Jamaica. Tuvieron 2 hijos).
- Henry John (?-?), casado con Isabella Stevenson en 1851. (Él fue abogado en Cuotos, Jamaica. Tuvieron 6 hijos).
- Frederick (1815-?).
- Caroline[76] (jul., 1814-?). Contrajo matrimonio (Tarrytown, New York, mayo 31, 1832) con Joaquín Acosta. Vivieron en la Nueva Granada (Colombia); tuvieron una hija: Soledad Acosta Kemble.
- Emily (1817-1911). Contrajo matrimonio con James Porteus. Tuvieron 6 hijos
- Edward (1822-1916). Contrajo matrimonio con Charlotte Parke en 1858. (Vivieron en Jamaica, donde él fue juez de la Corte Suprema. Tuvieron 3 hijos).

4.1 Peter Kemble

Durante el siglo XVII, Inglaterra desarrolló políticas internas y externas para avanzar la economía, especialmente impulsando el comercio. Para lograr esto, el estado internamente emitió regulaciones, creó y financió entidades, como la Compañía Inglesa de las Indias Orientales (*East India Company*), que extendieron el comercio a lugares internacionales estratégicos (las regiones de la India y el Asia) que carecían de regulaciones. Estas ideas tuvieron éxito; lo cual funcionó como un incentivo para adoptar medidas intervencionistas para desarrollar aún más el mercado y obtener así más ganancias.

No obstante, no fueron los únicos que desarrollaron el comercio. Los Países Bajos poseían una estructura económica centrada en el co-

---

[76] Véase el registro de bautizo de Caroline Kemble posteriormente. En Stout, la información que aparece sobre Caroline es: «CAROLINE[4] KEMBLE, hija de #8 Gideon[3] (Samuel[2], Peter[1]), contrajo matrimonio con el general James Acosta de Bogotá, Colombia. // James y Caroline[4] (Kemble) Acosta tuvieron la siguiente familia: / i. Soleta[5], quien contrajo matrimonio con José Marie Sambert, un comerciante de Bogotá» (Stout, 359).

mercio e impulsada por los mercaderes y una red de instituciones gubernamentales y financieras que apoyaban el comercio internacional; una de sus instituciones visibles era la Compañía holandesa de las Indias Orientales (*Dutch West India Company*) que negociaba con especias en la India e Indonesia en forma tan exitosa que tomaron el control de los puertos de las Indias Orientales (lugares de India y de la antigua Sumatra), y establecieron colonias como New Amsterdam

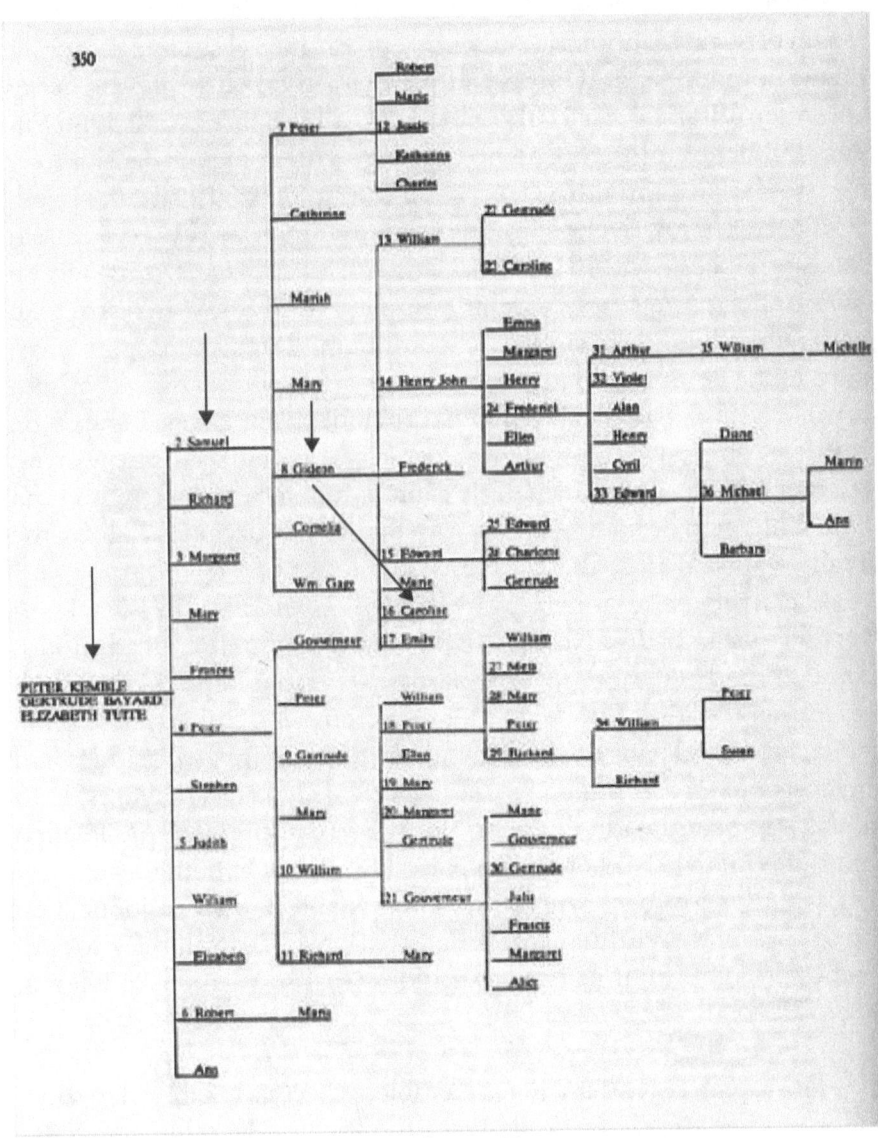

(Stout, 350)

en la isla de Manhattan. Este sistema de comercio neerlandés fue el gran rival de Inglaterra durante esa época; de forma tal, que la competencia entre esos países por controlar el comercio y expandir el territorio fue extraordinaria.

Ahora bien, internamente Inglaterra poseía una política que se había implantado desde la Edad Media, en la que para aprender un oficio, un joven debía vivir durante 7 años de criado, obligado a un maestro, a quien se le pagaba una cantidad estipulada para que le enseñara el oficio («apprentice indenture»). En 1563 el sistema de aprendizaje forzado se volvió obligatorio para todos los que quisieran aprender un oficio; en 1601, se extendió a los pobres y a los que tuvieran muchos hijos. Se ordenó que el que fuera menor de 21 años y no estuviera de aprendiz, debería ser puesto preso. El sistema se extendió a todos los niveles sociales durante el siglo XVII y continuó sin modificaciones hasta 1814. De este modo, el/la joven se convertía en un/a trabajador/a extra, le debía completa sumisión al maestro y no podía abandonarlo hasta que se cumpliera el tiempo. Legalmente, para tener un aprendiz, se debía haber sido aprendiz en la misma forma. Esta estructura también funcionaba en otros lugares de Europa, como en los países bajos, Francia, Alemania, Austria y otros; era una manera de formación de capital humano, porque se invertía en la educación de la juventud y se mejoraba la situación social (véanse Wall; Wallis; Wallis, Webb, Minns).

Al convertirse el comercio en estrategia económica decisiva, la inversión que los padres efectuaban para que sus hijos fueran admitidos como aprendices era cuantiosa, pero ese entrenamiento podría establecer habilidades duraderas que se incrementarían después con la práctica y las relaciones que se establecieran. Las investigaciones han demostrado que en Inglaterra, la mayoría de los hijos mayores de 15 años ya habían dejado el hogar; porque se consideraba que la edad antes del matrimonio era clave para desarrollar habilidades económicas en los jóvenes. Muchos de ellos establecían su residencia en otros lugares y continuaban con la experiencia, los valores y los patrones de comportamiento transmitidos (véanse Wall, 1978; Klemp, *et al.*, 2013).

Ahora, para entender a Peter Kemble, es necesario saber algo sobre sus ascendientes. El abuelo de Peter fue Richard Kemble, mercader en Londres y Concejal del distrito electoral de Bishopsgate, Londres. Este envió a su hijo Richard Kemble (el padre de Peter), cuando tuvo la edad suficiente, como aprendiz («apprentice indenture») durante un periodo de 7 años, para que se formara en el oficio de mercader. El maestro era un mercader turco de apellido Barnardiston, a quien le pagó una suma grande. Así, en los dos últimos años de su contrato («indenture») de aprendizaje, este negociante envió a Richard a Esmirna, Turquía. Allá, Richard terminó el compromiso; pero entendiendo la importancia del lugar para el desarrollo mercantil personal, se estableció en el área, donde desarrolló y mejoró su situación personal y económica.

Trabajó con la Compañía inglesa del área de Levante, tanto en Esmirna como en Tesalónica, puertos centrales de Turquía. Como miembro de esa Compañía podía operar libremente el comercio que quisiera, empleando sus propios medios económicos; pero debía serle fiel a la entidad y utilizar únicamente sus agentes y sus bodegas. No obstante, existían transgresores, que solucionaban el problema pagando multas (véase Vlamy, 129-134). Los miembros de la Compañía eran grupos selectos de comerciantes ingleses y ciudadanos de Londres. La corporación competía con las de otros países, como la Compañía holandesa de las Indias Occidentales (*Dutch West India Company*), que utilizaba Turquía como un área tanto de comercio como de reaprovisionamiento de materias. Estaba igualmente la Compañía francesa de las Indias Occidentales o de Levante (*Compagnie des Indies occidentales*) y otras, lo cual hizo esta área una de las más pujantes en comercio en esa época; además, fue el mercado más importante del comercio inglés durante el siglo XVIII.

Sabiendo que no era noble por nacimiento, Richard Kemble empleó las ganancias que adquirió como comerciante en el área de Esmirna para, según las apariencias, contraer nupcias dentro de la prominente familia Mavrocordato[77] de la isla de Scio (Chios) en la costa de Turquía; con lo que posiblemente se insertó en una red comercial interna, que contribuyó a estabilizar su posición social, incrementando su consideración social; gracias a las nuevas redes de pa-

---

[77] Familia poderosa del Imperio Otomán que se originó en la isla de Scio; formada a través de los años por comerciantes, que acumularon capital con el monopolio de mercancías primas como: la sal, la carne, los granos y los productos que era cruciales para el sostenimiento de Estambul, pero que recibieron educación en los mejores centros europeos. Posteriormente emplearon el dinero para comprar títulos de nobleza y así cimentaron el poder (véase Philliou, 180).

rentesco y de amistad que alcanzó (una hermana de su esposa estaba casada con Mr. Edwards, Cónsul británico en Esmirna). El matrimonio tuvo 7 hijos, todos nacidos en Turquía.

No obstante, la preeminencia social que Richard hubiera logrado en Turquía, en la Gran Bretaña, para tener respeto, consideración y alta estima, requería del nacimiento noble, alto rango en el servicio real, alta categoría en la armada, el clero o las leyes. Además, debía tener una heredad; ya que la posesión de tierra, confirmaba la respetabilidad en esa sociedad; asimismo, el noble debía serlo y parecerlo tanto en presencia como en proceder. Existían ciertas características del comportamiento que eran representantes del estatus del noble: buena educación, buen vestido y coche, maneras refinadas y recursos económicos para sostener ese estilo pulido de vida (véase Hancock, 280).

Richard Kemble habría logrado algunos de esos aspectos, pero carecía del nacimiento y de la nobleza. Sin embargo, sabía que para perfeccionar la estimación social en el mundo británico se requería mejorar la educación y la cultura. De esta manera, la percepción del mundo que poseía y su experiencia, lo llevaron a proporcionar una educación a sus hijos, diferente de la que él había recibido; permitiéndoles, de ese modo, intentar ser aceptados y ascender no sólo económica sino socialmente.

En 1717, Richard regresó a Inglaterra a causa de las grandes pérdidas comerciales que había sufrido por las guerras. En ese momento vendió la «Crown Tavern», negocio que poseía y alquilaba y estaba localizado en Cornhill, Londres. En 1718, George I, lo nombró Vicecónsul británico en Salónica, lugar donde murió en junio de 1720 (véase New York Historical Society, xiii). Uno de sus hijos fue Peter Kemble.

En 1712, siguiendo el plan trazado con anterioridad, Richard envió a Peter a Londres para que recibiera educación formal en una prestigiosa escuela de Westminster. Esa adquisición de educación y características de comportamiento: refinamiento en la presencia y en el vestido, habilidades sociales y culturales no le proporcionaban a Peter la nobleza, pero eran una manera en que esa alta sociedad lo aceptaría en algunos de sus salones y en sus círculos. De este modo, Peter Kemble comenzó el perfeccionamiento social y cultural, y estructuró y extendió una red de socialización, que posteriormente le fue muy importante. En ese lugar, donde permaneció 6 años, conoció a Thomas Gage, segundo hijo del Vizconde de Gage, aristócrata poderoso y futuro terrateniente (véase Mierisch, 3).

En 1718, Richard, atento a la importancia del aprendizaje y la práctica en el campo comercial, sabiendo el poder del comercio de los Países Bajos y de las redes mercantiles globales que poseían, envió a Peter a prepararse con un mercader, pariente lejano, que residía en Rotterdam; principal centro comercial de licores en ese momento y en donde los grandes mercaderes eran a la vez la elite política de la ciudad. Peter estuvo muy poco tiempo en el lugar, pero el conocimiento adquirido fue profundo y productivo.

A finales de 1720, al fallecimiento del progenitor, Peter viajó a Inglaterra, donde comenzó a ejercer su profesión. Había adquirido las bases que necesitaba tanto en lo social y en lo educativo para intentar ascender en esa sociedad y ser aceptado en círculos más altos. No obstante, para lograrlo debía mejorar en lo económico y aumentar su herencia y su hacienda. Así en 1721, emprendió un viaje comercial a Guinea (¿trata de esclavos?); a su regreso se estableció como mercader en Londres durante varios años. Pero en esa ciudad, él estaba marcado por su pasado, debía buscar nuevos horizontes, para alcanzar el ascenso social; porque a pesar del dinero adquirido, era una figura marginal para la sociedad a la que quería pertenecer.

Con la íntima convicción de que con el pulimiento de su comportamiento y con el comercio, mejoraría su condición social, hacia 1730, a la edad de 26 años, viajó a los territorios de las colonias británicas en Norte América. Se estableció como comerciante en Piscataway Landing, cerca de New Brunswick, New Jersey, donde vivió los siguientes 10 años.

El dinero obtenido (heredado y producido), sus habilidades comerciales, aunadas a su pulida educación y finos modales, cimentaron su reputación y buen nombre, y pronto consolidó su inserción dentro de la diversa sociedad colonial alta de New York y de New Jersey, cuando en 1731, contrajo matrimonio con Gertruyd Bayard, segunda hija de Samuel Bayard[78] y de Margaret van Cortlandt[79]. Con esa boda se co-

---

78   De familia aristocrática neerlandesa, hijo único de Nicholas Bayard, el hijo menor de Ana Bayard Stuyvesant; quien era hermana del Gobernador Peter Stuyvesant, último mandatario de New Amsterdam, población holandesa, que en 1664 pasó a llamarse New York. Este era uno de los terratenientes más importantes del momento.

79   De otra familia aristocrática neerlandesa, hija de Stephanus van Cortlandt, juez de la

nectó fuertemente con las familias más importantes del área. Entró en un grupo social conformado por descendientes de familias que combinaban la opulencia con el estatus social alto; con lo cual reforzó las relaciones sociales y profesionales; no obstante, como súbdito británico, las normas de esa sociedad eran las de Inglaterra. Así, él se había conectado familiar y socialmente, había alcanzado grandes cimas económicas; pero no podía ascender a la nobleza; ya que los principios socioculturales británicos regían la estructura social del lugar.

Como una de las señales verdaderas de poder era la adquisición de tierra, porque atribuía al propietario peso social, dignidad y autoridad, Peter comenzó una constante compra de plantaciones, que oscilaban entre los 20 acres (80.937 km^2) y más de 300 acres[80], según estuvieran localizadas en terreno urbano o en áreas del campo. Esta adquisición de posesiones era en parte para proporcionar rentas y lugares de residencia, así como para establecer la seguridad económica de sus herederos y la categoría social de su familia; además esto le consolidó una gran visibilidad social.

No obstante, la adquisición de tierra no estaba únicamente dirigida a la herencia o a la familia; tierra con rentas de alto valor, como la mayoría de las señaladas en el testamento de Kemble, también proporcionaban la aceptación para participar en la política local; ya que permitía al propietario funcionar como miembro de la sección y tener voz para escoger y elegir a la Asamblea y al Concejo; así, mientras más tierra se poseyera, más influencia política se obtenía.

En esos años, Peter Kemble incrementó su fortuna; ya que se convirtió en el comerciante más buscado, debido a la calidad de sus importaciones; productos que eran deseados por la aristocracia de las colonias (véase Mierisch, 3). Lo mismo sucedió con las relaciones de amistad, de comercio y de política que estableció (uno de ellos George Washington y, posteriormente, William Franklin [hijo de Benjamin Franklin]); su casa era el centro de reuniones y fiestas, a las que asistía un círculo muy privilegiado de aristócratas y personas importantes y reconocidas de las ciudades vecinas. Asimismo, para consolidar aún más su presencia social, se convirtió en un padre prolífico; ya que en

---

corte superior de New York, miembro del Concejo del Gobernador tanto en la época holandesa como en la inglesa, Alcalde de la ciudad de New York, Secretario de la provincia de New York, comerciante y terrateniente.

[80] En el testamento que Peter Kemble efectuó en 1765, señaló poseer 8 plantaciones; algunas de ellas iban más allá de los 300 acres (véase Hutchinson, 210-212).

el término de 11 años procreó 9 hijos.

Durante ese tiempo, las provincias de New York y New Jersey estaban gubernamentalmente unidas; pero en 1738, cuando el territorio de New Jersey pidió tener administración propia y ser separado de New York, el Rey George II, nombró a Lewis Morris[81], Gobernador Real de New Jersey. Ese año, Kemble se convirtió en un amigo cercano del Gobernador Morris, quien en 1744-1745 lo recomendó para ser miembro del Concejo, afirmando que era un comerciante importante; sin este apoyo no hubiera podido ser parte de ese cuerpo gubernativo, ya que su nacimiento se lo impedía (sólo los nobles accedían a estos cargos). En ese nombramiento se evidencia el clientelismo y la reciprocidad que ahora le brindaban sus relaciones de amistad.

De esta forma, comenzó otro aspecto de la preeminencia social. Peter Kemble entró en la política de la colonia; fue nombrado miembro del Concejo Real (sept. 23, 1745) y entró oficialmente en el cargo (ag. 10, 1747). En octubre de 1749, contrajo matrimonio por segunda vez con Elizabeth Tuite, oriunda de Trenton, quien era parte de una vieja familia irlandesa radicada en Maryland. De este matrimonio tuvo otros tres hijos: Elizabeth (1753), Robert (1755) y Ann Catherine (1757). En la década de 1750, Kemble declaró su lealtad a la Gran Bretaña; además compró comisiones en la armada británica[82] para sus hijos Samuel, Stephen y William[83]. Para 1753, fue nominado para ser Juez de la Corte Suprema de las Colonias británicas.

Antes de 1758, compró un terreno de 1250 acres (5.058.575 km^2), que denominó Mount Kemble (que abarcaba casi la totalidad de lo que hoy es el parque histórico nacional de Morristown); en el centro, para su vivienda, construyó una gran mansión; de este modo, se con-

---

[81] Nació en 1671 en Morrisania, propiedad de 1920 acres (7.769.971 km^2) que su padre poseía en lo que hoy es el sur del Bronx. En 1691, tomó control de las propiedades paternas. Para 1692, fue nombrado juez, comenzando así su carrera pública, que estuvo llena de altibajos: fue Juez de Justicia de New York (1715); Gobernador de New Jersey (1738), cargo en el que continuó hasta su muerte (1746).

[82] Igual que en España, la armada británica era tanto un negocio como una carrera, así las comisiones (los cargos) se compraban y se vendían. Un cargo en un regimiento permanente costaba bastante dinero; pero proporcionaba una carrera estructurada y un sistema de pensión; sin embargo, en muchos casos la promoción también se compraba.

[83] Dos de ellos entraron a la armada: Stephen y William; Samuel sirvió en la marina. De ellos, Stephen fue el que tuvo la carrera más larga en el servicio militar. Comenzó a los 17 años (1757), llegando hasta el rango de brigadier general (en tiempo de guerra); no obstante, su rango más alto en la carrera militar fue el de coronel. Se retiró del servicio activo en 1786 y pasó a funcionar como «Deputy Judge Advocate»: alto oficial-abogado, encargado de administrar justicia en la armada en Inglaterra hasta 1805.

virtió en el hombre más rico del condado Morris. Este tipo de patrimonio lo obligaba a mostrar interés en el desarrollo del área circundante de la provincia; lo cual además de prestancia social, lo encaminaba a la posible adquisición de un título nobiliario, como parte de la nobleza rural. Asimismo, esta acumulación de propiedad indica la fortuna que Peter Kemble poseía.

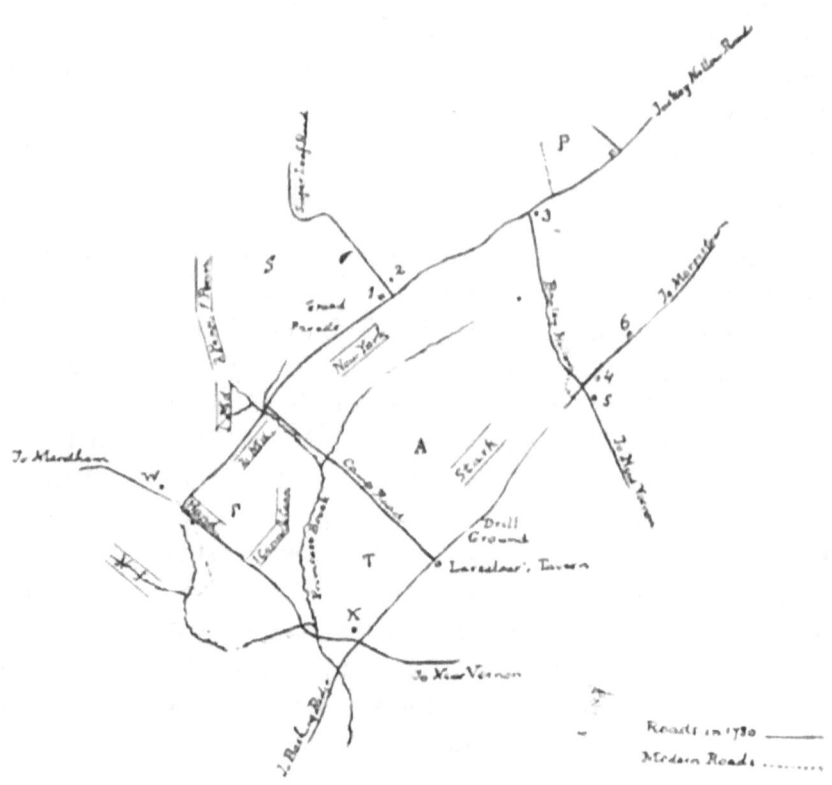

Mapa descriptivo de Mount Kemble y sus alrededores hacia 1780
http://www.glenalpin.org/kemble-period.html

Pocos meses después de la compra del terreno, en 1858, su hija Margaret de (23 años) contrajo matrimonio con Thomas Gage (38 años) en Mount Kemble; hecho que destaca la prominencia alcanzada por Peter Kemble; pero que también enfatiza uno de los patrones de las élites: el matrimonio entre iguales: Peter y Thomas se habían conocido en el colegio; ahora eran correligionarios, ricos y poderosos. La diferencia de edad entre los esposos Gage Kemble era de 15 años, pero pertenecían a la misma cerrada esfera social controlada por el poder del dinero; el uno era de la antigua y noble aristocracia, mientras que ella pertenecía por su familia a una elite económica poderosa (*nouveau riche /new money*); era la unión del renombre y la gran riqueza, lo cual hacía la alianza muy prestigiosa[84].

Además, ese matrimonio también explicita otro patrón de cohesión de la élites: las cerradas redes de relaciones que establecían mediante los enlaces de los hijos; es tanto la extensión del nombre, como el seguro de pervivencia y continuidad[85], y tangencial entrada a la nobleza. El hijo mayor del matrimonio Gage Kemble, Henry, recibió el título de Vizconde Gage, a la muerte del anterior Vizconde, heredando con eso distintos títulos nobiliarios y los bienes que existían en Sussex, Inglaterra.

Posteriormente, Peter Kemble fue nombrado Juez de Paz del condado Morris (abr. 30, 1768); a partir de 1765[86], fue representante y

---

[84] Peter Kemble, hermano de Margaret, contrajo matrimonio con Gertrude Gouverneur, 20 años menor que él, descendiente de otra prestigiosa familia neerlandesa emigrada en 1663 al área de New York. Ellos tuvieron 6 hijos: Gouverneur (1786-1875), Peter (1787-1813), Gertrude (?-?), Mary (1794-?), William (1795-?), Richard Frederick (1800-?).

[85] Margaret ha pasado a la historia como traidora para los británicos; muchos creyeron que espió para los patriotas durante las batallas de Lexington y Concordia, proporcionando información militar que los ayudó a protegerse de los ataques británicos; pero eso nunca se ha podido probar. A causa de los rumores, fue enviada a Inglaterra a pedido del gobierno británico en agosto de 1775 de donde nunca pudo regresar (véase Lurie y Mappen, 298).

[86] En 1765, 3 años después de que Francia se había retirado del área, una de las concesiones de tierra en New Brunswick, que otorgó el gobernador de New York, fue un terreno en la orilla del río St. John, de 20.000 acres (80.937.200 kms^2) concedido al general Thomas Gage y a 19 individuos más, casi todos residentes de New York. Entre los nombres junto a Gage figuraban: Stephen Kemble, Samuel Kemble [hijos de Peter Kemble], Henry Gage [hijo de 5 años de Thomas Gage y Margaret Kemble], William Bayard, Samuel Bayard, Robert Bayard [primos de los hermanos Kemble], Archibald McCall, mercader de Philadelphia [esposo de Edith Kemble, hija de Peter Kemble], Philip French [primo de los hermanos Kemble]). En 1767, 15 de los que habían recibido la concesión, incluyendo Thomas Gage, transfirieron sus derechos a la tierra, a Stephen Kemble por la suma de 10 libras, moneda de la época; a partir de ese momento la concesión pasó a llamarse «Kemble Manor». En 1774, para evitar perder la tierra por no cumplir con lo prometido para la concesión, Kemble dividió una parte del terreno en 100 lotes de más o menos 200 acres cada uno, para ser vendidos o alquilados; venta que

orador del Concejo por varios años; era Presidente del Consejo, siempre que el gobernador estaba ausente, honor bastante alto. En esa capacidad, completó diversas obras públicas importantes; lo cual aumentó su consideración social; en esa calidad permaneció hasta 1776.

El prestigio alcanzado, las amistades realizadas (George Washington, Thomas Gage, William Franklin, etc.), y las redes familiares, sociales y políticas establecidas, le fueron muy valiosas cuando llegó la época de la guerra de independencia entre la gran Bretaña y las colonias americanas. Peter Kemble se negó a jurar lealtad al nuevo gobierno; pues llevaba muchos años de relaciones y conexiones con la Gran Bretaña y el cambio de situación no era conveniente para él ni personalmente, ni para sus negocios; por negarse a dar el juramento, el Comité de Seguridad patriota lo llevó a juicio.

Eso significaba que tanto la vida como las posesiones estaban en peligro; los amigos lo abandonaron y se evitaba su presencia. Cuando él y su hijo Richard se presentaron al juicio, el hijo hizo el juramento de lealtad, abogó por su padre y solicitó indulgencia para él como para todos los de la familia. Fue indultado y a Richard le tocó comprometerse a responder por la buena conducta del padre. No obstante, le prohibieron cualquier actividad en favor de los británicos, como tampoco podía ir a New Brunswick.

Sin embargo, la suerte que tuvo el padre, no alcanzó a tres de sus hijos: Samuel, Stephen y William, miembros de la armada y la marina británicas. Ellos tuvieron que abandonar la patria durante la guerra. Samuel murió en Sumatra; Stephen tuvo una larga carrera militar y sólo en 1805, pudo regresar; mientras que William murió pocos años después en Inglaterra.

Incluso cuando en los años de 1780 y 1781, las tropas patriotas, con Washington a la cabeza, ocuparon Morristown, y los oficiales del ejército desalojaron muchas viviendas confiscando las posesiones; a Peter Kemble, (como *tory* reconocido) no le sucedió eso. Únicamente sufrió el inconveniente de tener que permanecer recluido y bajo guardia en su posesión de Mount Kemble; también se vio obligado a compartir su vivienda con varios generales. Lo que no aconteció con

---

se fue realizando, hasta concluirse en 1811, cuando fue comprado el último de los lotes. No obstante, quedaron 10.000 acres que no se habían dividido, los cuales se vendieron en 1820. De ese modo, durante 45 años, Stephen Kemble recibió rentas y beneficios de un terreno en el que había invertido 10 libras. En 1800, en una carta afirmó que las rentas recibidas por esa tierra, las tenía destinadas a los hijos de su hermano Samuel [abuelo de Caroline Kemble] (véanse Reynolds, 146-157; Raymond, 332-333).

otros leales al gobierno británico, a Kemble le respetaron la vida y la de su familia, junto con sus bienes; al parecer por intercesión de Washington, su antiguo amigo. Estuvo en esta incómoda situación hasta la batalla de Yorktown en 1781, cuando todo terminó, quedando libre. Continuó en Mount Kemble hasta su muerte en 1789, lugar donde fue enterrado.

Como comerciante sin tener nacimiento noble, le tocó seguir todos los lineamientos culturales para intentar ser admitido dentro de la alta sociedad; puesto que él era un *nouveau riche* sin título de nobleza. Luego para procurar penetrar el círculo de nobles aristócratas, se adaptó a todo lo que ese grupo demandaba: adquirió más educación y posición (se hizo abogado, luego Concejal y, posteriormente juez), refinó aún más su pulimento, relacionándose con lo más selecto de la aristocracia del área; consiguió tierra, estableció relaciones comerciales, sociales y culturales. Gracias a la reciprocidad de amistad con el Gobernador, logró entrar en el Concejo Real de la colonia y alcanzó un cargo parlamentario. Esto le proporcionó la oportunidad para probar y mostrar públicamente su carácter y dorar su reputación (cubriendo así sus inicios); ya que los cargos y los actos públicos demostraban que era un buen súbdito británico; para comprobarlo, juró públicamente lealtad al Rey. La posición gubernamental que alcanzó, la empleó primariamente, para incrementar su poder y para salvaguardar sus intereses comerciales, agrícolas y sociales.

El tamaño del terreno que adquirió como vivienda personal y la mansión que construyó, eran la expresión evidente del deseo de llegar a ser un caballero («gentleman») en el sentido nobiliario, puerta de acceso a la nobleza británica. La construcción de la mansión, instrumento visual emblemático de poder y de éxito, era tanto parte de la identidad social propia que estructuraba, como también un modo de solidificar su estatus; pero como los motivos de la adquisición de la tierra eran mixtos, las mejoras que debía hacer en el terreno, mediante la agricultura y el cuidado, no los realizó. En 1765, comenzó a parcelar la propiedad y a desintegrarla, dando el centro de la misma, donde estaba la casa, a su hijo Richard (320 acres); sección por la que este debía pagar 300 libras. Este predio, según sus propias palabras, se había depreciado por mala administración para 1773.

La situación familiar no debía haber sido estable en ese momento, porque amenazó que si Richard llegaba a demandar cualquier suma de dinero, el terreno que le había legado (que ahora llamaba granja) debía venderse y se debía repartir el dinero entre los otros hijos. No obstante, arreglada la situación en 1780, liberó a Richard del pago de las 300 libras (con lo cual fue el único hijo que no tuvo que pagar por el terreno legado) (véase Hutchinson, 212).

Con esto, el anhelo de ser parte de la nobleza terminó para Peter Kemble; llegó la guerra de independencia, y aunque posiblemente hubiera querido regresar a Londres y su sociedad, ya no tenía ni las conexiones ni el vigor y la resistencia que se requerían para emprender esa reubicación. Con el nuevo gobierno, comenzó un cambio gradual de lo estatuido; pero él quedó marcado como «*loyalist* o *tory*»: leal al Rey, circunstancia que no le fue favorable socialmente. De ese modo, sin importar la fortuna que amasó y el servicio parlamentario efectuado, para los nobles británicos, Peter Kemble siguió siendo un ser marginal; mientras que posteriormente para los patriotas forjadores del nuevo gobierno, fue un rebelde realista; posición que debió haberle causado un resentimiento profundo y una gran desazón durante la última parte de su existencia.

4.2 Caroline Kemble Acosta

En este punto se debe prestar atención a la información que Acosta de Samper plasmó sobre el momento en que Joaquín Acosta y Caroline Kemble se conocieron:

> Acosta había reanudado en tierra sus relaciones de amistad con las señoras Kemble, sus compañeras de viaje. Ellas se habían establecido en casa de una parienta que tenía una casa de campo en las orillas del bello río Hudson, cerca de una pequeña aldea llamada Tarry Town. Le presentaron algunos parientes que tenían en Nueva York, entre otros a Mr. G. Kemble, rico propietario de una afamada fundación de cañones. Este llevó al joven colombiano a que visitase el establecimiento. (...) Pero corría el tiempo, y el joven colombiano se vio precisado a abandonar los Estados Unidos, en donde un nuevo interés lo demoraba ya, pero no lo hizo antes de dejar arreglado su matrimonio con la señorita Carolina Kemble, una de sus compañeras de viaje, que le había cautivado el corazón (Acosta de Samper 1901, 314-315).

El fragmento menciona datos importantes para identificar a los miembros de la línea de la familia Kemble con los que Caroline compartió su vida en el área de New York antes de contraer matrimonio. Esta referencia señala a Gouverneur Kemble (1786-1875), nieto del primer Peter Kemble nacido en Esmirna, e hijo mayor del segundo Peter Kemble [abogado y comerciante]. Gouverneur se graduó de Columbia College (1803) en New York; desde ese momento hasta 1814 fue un próspero comerciante; en su casa se reunía un selecto grupo de jóvenes entre los que se encontraba Washington Irving, su gran amigo.

Debido a sus conexiones, durante la administración Monroe, en 1815 fue enviado como agente naval y Cónsul del gobierno de Estados Unidos a Cádiz, España, donde estudió el arte de trabajar el hierro y de fabricar cañones; así al regresar a Estados Unidos vio la oportunidad de emplear el proceso aprendido. Con su hermano, William Kemble (1795-1881), y con el apoyo de un grupo de inversionistas, crearon la fábrica de fundición West Point (*West Point Foundry Association*) (1817), que pronto comenzó a producir piezas de artillería, partes para locomotoras y productos de hierro. En 1839, los hermanos Kemble vendieron la fábrica a Robert Parrot, quien al año siguiente contrajo matrimonio con Mary Kemble, hermana de los Kemble. Esta fábrica se consideró como una de las más productivas del momento y una industria históricamente importante. Gouverneur fue también representante democrático en el Congreso de los Estados Unidos, durante la administración Van Buren (1837, 1841) (véanse Stout, 354 y Historic Patterson, 1-2).

Este fue el hombre de la familia Kemble que Acosta de Samper mencionó en el fragmento, y la «afamada fundición de cañones»: *West Point Foundry*, situada en Cold Springs, distante 44 kms. de Tarrytown. Este último lugar era donde, al parecer, Caroline se hospedaba en ese momento y posiblemente también su madre y sus hermanos: Susanna Maria, Emily y Edward (1822-1916)[87].

Ahora, de Caroline Kemble Acosta, la madre de Soledad, han surgido algunos datos personales. Sus padres fueron Sampson Gideon Kemble y Thomasina Dorothy Rowe. En el libro de Registros de Bautismos de la Iglesia de Inglaterra de Jamaica consta el día en que fue bautizada y el nombre de los padres:

---

87 Acosta de Samper, describió a la familia que viajaba en el barco donde Joaquín y Caroline se conocieron, como: «una familia, compuesta de una señora inglesa, viuda, con tres hijas solteras y un niño pequeño» (1901, 311).

[Caroline daughter of Sampson Gideon Kemble & Thomasina
Dorothy his wife, late Row Spinster   28 July 1814]

West Point Foundry (www.historicpatterson.org/PDFs/CivilWar13-24.pdf)

Thomasina, la madre, fue bautizada el 9 de diciembre de 1786 en Port Royal, Jamaica, en la parroquia de la Iglesia de Inglaterra (Jamaica Church of England Parish); era hija de Richard Rowe y Ann Rowe. Los esposos Rowe tuvieron otros hijos:[88] Ann (1783); Richard Lindsay (1785); Charles James (1788) y William (1790). Ellos también recibieron el bautismo en Port Royal, Jamaica.

---

[88] Es posible que hayan tenido más hijos. Los nombres que aparecen referenciados son los únicos que se han encontrado.

Thomasina Dorothy Rowe
Jamaica Church of England Parish Register Transcripts, 1664-1880

Name:	Thomasina Dorothy Rowe
Event Type:	Christening
Event Date:	09 Dec 1786
Event Place:	Port Royal, Jamaica
Gender:	Female
Father's Name:	Richard Rowe
Mother's Name:	Ann Rowe
Page:	33

GS Film number: **1291769**, Digital Folder Number: **004620529**, Image Number: **00021**

Thomasina Dorothy Rowe: fecha y lugar del bautismo, junto con el nombre de los padres.

Caroline Kemble nació en la isla de Jamaica, probablemente en Kingston, en julio de 1814 y fue bautizada el 10 de agosto del mismo año en la parroquia de la Iglesia de Inglaterra (Jamaica Church of England Parish) en Kingston; fue la quinta de siete hijos del matrimonio Kemble Rowe

Caroline Kemble estudió en Francia (Samper 1879, 71; Acosta de Samper 1901, 338); a los 16 años de edad, conoció a su futuro esposo, Joaquín Acosta, en el barco en que ambos regresaban de Europa, cuando ella y la familia iban a establecerse en Estados Unidos. La pareja se trató entre septiembre y principios de diciembre de 1830 y se comprometieron en matrimonio; luego Acosta viajó a la Nueva Granada porque «necesitaba antes arreglar sus asuntos de fortuna y pedir nueva licencia para salir del país» (Acosta de Samper 1901, 315).

Año y medio después, el 31 de mayo de 1832, la pareja contrajo matrimonio por el rito episcopal[89], en Saint Johns Episcopal Church en

---
[89] «La Iglesia Episcopal comenzó como parte de la Iglesia de Inglaterra, pero se convirtió en una entidad independiente durante la Guerra Revolucionaria Americana (1775-1783). El 9 de noviembre de 1780, una conferencia de tres clérigos y 24 delegados laicos se reunió en Chestertown, condado de Kent, Maryland, y decidieron que "la Iglesia antes conocida en la Provincia como la Iglesia de Inglaterra, ahora se debía llamar la Iglesia Episcopal Protestante". /   En la sesión de la Convención General celebrada del 29 de septiembre al 16 de octubre de 1789, se adoptó una Constitución de nueve artículos en la que se llamó a la nueva iglesia: "Iglesia Episcopal Protestante de Estados Unidos de América" (siglas en inglés: PECUSA). La palabra "protestante", señalaba que se trataba de una iglesia en la tradición de la reforma, y la palabra "episcopal" de

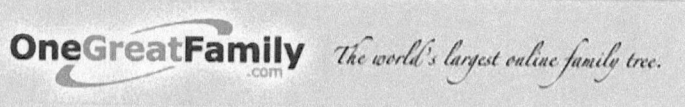

Caroline Kemble

Birth date: JUL 1814
Birth place: , , ,

Death date:
Death place: , , ,

Kemble Family

Parents:
  Father: Sampson Gideon Kemble
  Mother: Thomasine Dorothy Rowe

Spouse:
  Spouse:

Siblings:
  Brother William Kemble
  Brother Henry John Kemble
  Sister Caroline Kemble
  Sister Maria Kemble
  Brother Frederick Kemble
  Sister Emily Kemble
  Brother Edward Kemble

Children:

Caroline Kemble: fecha del nacimiento y filiación.

Yonkers, Westchester, New York (véase el registro de matrimonio)[90]. En este documento, los nombres de los contrayentes aparecen como: Caroline Kimball y Joachim Acosta [transcripción fonética de los nombres]; lo que permanece sin variación es la fecha en que se realizó la ceremonia: 31 de mayo de 1832; día en que concuerdan tanto los documentos, los testigos y los informantes. El general Francisco de Paula Santander fue testigo de la boda. Pasado poco más de mes y medio del

---

    la palabra griega "episkopos", significa "la supervisión que realizan los obispos". / A través de los años hubo numerosos esfuerzos por cambiar el nombre de la Iglesia y eliminar la palabra "protestante". Entre los nombres sugeridos fueron "La Iglesia Católica Reformada", "La Iglesia Católica Americana", "La Iglesia de América", y "La Iglesia Anglicana de América". La Convención General de 1967 votó a favor de añadir un preámbulo a la Constitución, que dice: "La Iglesia Episcopal Protestante de Estados Unidos de América, también conocida como la Iglesia Episcopal (cuyo nombre, por la presente, es reconocido para designar también a la Iglesia)"» (http://www.episcopal-church.org/es/page/historia-de-la-iglesia-episcopal).

[90] La distancia entre Tarrytown y Yonkers es de 21 kms. La disparidad de información entre los lugares en el registro de matrimonio puede deberse a que la iglesia central estaba en Yonkers; por tanto, en ese lugar se conservaron los registros.

Caroline Kemble
Jamaica Church of England Parish Register Transcripts, 1664-1880

Name:	Caroline Kemble
Event Type:	Christening
Event Date:	10 Aug 1814
Event Place:	Kingston, Jamaica
Gender:	Female
Father's Name:	Sampson Gideon Kemble
Mother's Name:	Thomasina Dorothy Row Kemble
Page:	275

GS Film number: **1291763**, Digital Folder Number: **004620523**, Image Number: **00383**

Caroline Kemble: Registro del bautizo y lugar en que se realizó.

enlace y no cumplidos todavía los 18 años de edad, el 23 de junio de 1832, Caroline salió junto con su esposo y el general Santander rumbo a la Nueva Granada (véase Santander, 177).

José María Samper ofreció los siguientes datos sobre Caroline Kemble Acosta en tres oportunidades. El primero es un poema que le compuso a Soledad durante el tiempo del cortejo. El segundo en el boceto biográfico que escribió del general Acosta, a quien no conoció. El tercero, el relato que efectuó en sus memorias, sobre el momento en que conoció a su futura suegra.

> Noble, digna, sencilla i afectuosa;
> Franca en su porte, su actitud i acento;
> Igual sin diferencia de momento;
> Inteligente, amable, bondadosa.
>   Siempre contigo tierna i cariñosa,
> Doquier mostrando plácido contento;
> Llena de un religioso sentimiento,
> Esa es tu Madre – Soledad dichosa!
>   Yo con placer la escucho agradecido,
> Con respetuosa estimacion la veo;
> I mi filial amor, enternecido
> Le brindaré, llenando mi deseo!
>   ¡Dichoso yo si de ventura henchido
> Felizidad le brindo en mi himeneo!
>   (mzo. 23. 1855), (Samper 1855b, 52).

Regresaba a Colombia en 1830, tomando de Francia la vuelta de Nueva York, y dio la casualidad de que en la misma nave se embarcase una interesante familia inglesa, casi toda educada en Francia, que iba a establecerse en los Estados Unidos del Norte. Uno de los miembros de aquella familia era la señorita Carolina Kemble, brillantemente educada, bellísima y de raza anglosajona-griega. El sabio joven colombiano se prendó tan prontamente de las gracias y cualidades de la señorita Kemble, que al desembarcar en Nueva
York estaba cautivado por completo. En breve concertó su matrimonio, que verificó en 1832; y tan buen sentido y tal nobleza de alma mostró siempre la esposa de Acosta, que no sólo se aclimató física sino moralmente en Nueva Granada.

Caroline Kimball
New York, Marriages, 1686-1980

Name:	Joachim Acosta
Spouse's Name:	Caroline Kimball
Event Date:	31 May 1832
Event Place:	Saint Johns Episcopal Church,Yonkers,Westchester,New York
Indexing Project (Batch) Number:	M51111-1, System Origin: New_York-ODM, GS Film number: 974.7 B2N V. 79

Registro del matrimonio de Caroline Kemble y Joaquín Acosta

Profesando ella la religión anglicana y hablando las lenguas inglesa y francesa, hizo educar a su hija única (Soledad) en la religión católica, por ser la de su padre y su patria, y aprendió con suma aplicación la lengua castellana, a fin de hablar prontamente a su esposo y su hija en el idioma de los neogranadinos. Con razón Acosta quería y estimaba tanto a su digna esposa (que por cierto le ayudaba mucho, como amanuense, en sus trabajos históricos y científicos), bien que amaba a su hija con verdadera idolatría (Samper 1879, 71-72)

[F]ui presentado a la señora viuda del General Acosta, dama inglesa de las más bellas prendas y el muy delicado trato. Aunque tenia los cabellos yá casi blancos y cumplidos los treinta y nueve años, estaba en el esplendor de su hermosura de matrona llena de vida y de frescura (habia sido muy bella mujer), y su conversacion era digna de una cultísima dama, al propio tiempo ilustrada y muy sencilla y candorosa. Algo prevenida estaba ella contra mí, sin conocerme, a causa de mis opiniones políticas; pero creo que gané sus simpatías y consideración desde que empezámos á tratarnos (Samper 1881, 275-276).

En estos comentarios, José María Samper confirmó tanto la religión de la madre, el año del nacimiento de ella (Samper la conoció en 1853, cuando ella contaba 39 años de edad; lo cual indica que ella había nacido en 1814, como lo confirma el registro de bautizo anterior); así como los idiomas que hablaba (inglés, como lengua materna; francés como lengua de estudio y español como lengua que aprendió en el lugar en que radicó).

A los aportes de Samper, Soledad Acosta mencionó una de las varias habilidades de su progenitora: «Como no hubiese entonces en Bogotá maestras capaces de enseñar música y canto, obtuvieron de la esposa del Comandante Acosta que diese algunas lecciones y consejos acerca de ese arte [en el Colegio de la Merced] que ella había aprendido a fondo en Francia, en donde se había educado» (Acosta de Samper 1901, 338).

Del mismo modo, a través de los diarios de Soledad Acosta (1853-1855) y de José María Samper (1855a), se saben aspectos de su rutina cotidiana: estaba en casa, atendía y cuidaba a la hija, se preocupaba por ella; tocaba piano, bordaba, leía, sostenía una cercana relación con los cuñados, quienes llegaban a su casa de visita muy frecuentemente; es decir, tenía la vida social normal y correspondiente a toda matrona de esa época (cuidado de la casa, vida familiar, visitas, tertulias, teatro, etc.). Al mismo tiempo, en esas páginas se explicita la preocupación que la progenitora sentía por el puesto social de su hija, quien informó:

> Anoche escuché por primera vez palabras de amor (...). M. R. [Medardo Rivas] con quien venia me habia hablado varias veces pero yo no sabia lo que decía estaba mi mente ocupada con ideas tan dulces que no atendia a lo que me decían, de repente comienza el una larga frase que sin duda habia estudiado antes diciendome que me amaba hasta el frenesí i que se yo que mas   solte inmediatamente su brazo i le dije que le rogaba que no me hablara de ese modo porque era una conversacion que me disgustaba en extremo me contesto que me pedia humildemente perdon pero que no habia podido menos & yo le repetí que no dijiera mas i que si habia otras señoritas que les agradara: yo no encontraba gusto alguno en tal conversacion i le rogaba otra vez que desistiera no sé

de adonde me salio tanto valor no creia yo que podria jamas decir tanto cuando yo no estaba acostumbrada a esas cosas afortunadamente pronto llegamos a casa i se despidío despues de haber añadido sin embargo otras cosas que no pude contestarle porque ya estabamos en la puerta (...) Mi Mama me repite sin cesar que le gusta mucho este hombre que a mí tanto me choca yo nada puedo contestar» ([dic. 25]. S. Acosta 1853: 82-83), (énfasis agregado).

Un aspecto social importante en las clases altas era el prestar atención a la escogencia que las hijas hicieran de sus futuros esposos. No era conveniente seguir los dictados de un amor romántico, basado en los impulsos y en las emociones, que iba a desaparecer muy pronto con las duras realidades de la existencia, produciendo la desdicha y afectando el hogar. Ellas debían elegir un amor «sensible»; es decir, los compañeros debían tener capacidad de ofrecer una posición estable y poseer algunas cualidades que los hiciera atrayentes de algún modo. De esa manera, ellas serían conscientes de sus responsabilidades domésticas, porque sus mentes no estarían nubladas por el romance, y estarían mejor capacitadas para realizar sus deberes de esposas[91].

Por esta concepción cultural imperante, la señora Kemble Acosta aconsejaba constantemente a su hija, Soledad, que escogiera entre el grupo de hombres de su propio círculo. La unión con uno de ellos, no la decepcionaría; ya que tendría clara conciencia de lo que debía esperar. Para la progenitora, Medardo Rivas (ocho años mayor que la joven), quien era de reconocida familia y abogado (se había graduado un año antes que Samper), no era controversial como hombre público, tenía posesiones y acababa de ser Cónsul de la Nueva Granada en Ve-

---

[91] Uno de los ejemplos clásicos de esta situación, lo aportó Lerner (1992): «Harriet Beecher, en vísperas de su matrimonio con Calvin Ellis Stowe, le contó sus temores y ansiedades a su buena amiga Georgiana May. Criada a la sombra de un padre rígido, el eminente y autoritario ministro religioso, Leeman Beecher, y a la de Catherine, perfeccionista hermana mayor, Harriet era una retraída joven soñadora, que se debatía entre "sentimientos mórbidos". Su matrimonio, a la edad de veinticuatro años, con Calvin Stowe, viudo y profesor de literatura bíblica en el Seminario Teológico de Lane, una institución de la cual su padre era presidente, fue una decisión sensible más que romántica. La vida matrimonial, en la cual ella dio a luz siete hijos, estaba llena de enfermedad, pobreza respetable y multitud de tribulaciones, dentro de un espíritu de sacrificio cristiano, fue el centro de su vida. Como muchas esposas antes que ella, cuando tomó la pluma para suplementar los ingresos inadecuados de su esposo, lo hizo para beneficiar a su familia. Normalmente ella escondía sus "garabatos" en su canasta de costura, trabajando en ellos secretamente cuando el cuarto estaba vacío, y retomando sus "ocupaciones apropiadas" de zurcir y coser cuando alguien estaba presente. La autora de *La cabaña del tío Tom*, la "damita", a quien el presidente Lincoln metafórica y galantemente dio el crédito de haber comenzado la Guerra Civil, halló riqueza, fama y realización personal a través de su escritura; pero nunca trascendió el concepto tradicional de la esposa y de la maternidad» (Lerner, 57-58).

nezuela (1849-1850), era un candidato inmejorable. Lo que no sucedía, ante sus ojos, con José María Samper, quien por su ideología radical era supremamente controvertido y rechazado; además era viudo; es decir, poseía un bagaje personal, social y político que no era conveniente (hay que recordar que Joaquín Acosta terminó sus días asociado al partido conservador). Pero probablemente, lo que era peor para la madre, era que la hija estaba enamorada de Samper y, al parecer, el joven le correspondía, puesto que ya la había pedido en matrimonio seis meses antes. Difícil situación la de la señora Acosta, ya que los imaginarios socioculturales son imposibles de comprender cuando se está inmerso en ellos.

Con todo y por todo, la señora Acosta se preocupaba por el estado de ánimo y el comportamiento de la hija; debía ayudarla a ser una dama, a permanecer como tal, para evitar que la murmuración arrastrara el nombre de la familia; por eso vigilaba sus actos de cerca y la corregía cuando era necesario, como sucedió en esta circunstancia que Soledad relató en su diario, cuando ya contaba 21 años de edad:

> Tu tambien ya pereciste, se me acabo pues aun ese debil consuelo en mi pesar? quién lo hizo? – quien sino estas manos!... si! manos traidoras para que me destruiste al retrato de mi bien? que no he de tener siquiera ese recuerdo? no me ha de quedar ni su imagen para poder contemplarla en mis ratos de desesperacion i asi calmar algo mi pena inmensa! se acabo yacen alli las cenizas i no puedo ya nunca tener ese placer! Cuantas lagrimas me causo este sacrificio, cuantos suspiros oprimian mi ajitado pecho – sin embargo con mano firme lo hice! rompi la bella imajen i la quemé, cuantas veces mis lagrimas me ofuscaban la vista i los convulsos sollozos apagan la llama mientras mis ojos seguian el progreso del fuego destruyendo poco a poco toda mi obra – cada punto dibujado alli me habia costado horas de pensar para recordar su fisonomia para mi siempre amable – cuantos dias gaste yo en acabarlo! – cuantas horas de alegria estuve meditando sobre el tiempo cuando lo veia verdaderamente! – se parecia tanto! – pero vano es recordar esto, ya no esciste. –
> *Mi Mama me sorprendio el retrato i lo vio entre mi pupitre (su pupitre). Lo tomó entre sus manos i dijo "que diria el si supiera esto!"* – *Que* diria *el!* resono en mi oído que diria! – Ya no podrá decir nada porque no esciste! el tono de burla con que dijo esto me penetro hasta el alma – no queria yo que ser humano supiera que tenia retrato de el que creyeran que cuando me voy a mi cuarto que estoy mirándolo – no – *esta tarde supo lo que yo tenia y un instante despues lo queme delante de ella!* – fue sacrificio pero mi orgullo mi amor propio me lo

> mandaba! – al pie de la Solita enterrare sus cenizas! ([jun. 10] S. Acosta 1854: 136), (énfasis agregado).

La progenitora como mujer de familia inglesa y educada en Francia tenía una concepción muy estructurada y precisa del puesto de la mujer en la familia y en la sociedad. Por eso, ni siquiera en la casa la joven podía dejar de poseer y demostrar su candidez, obediencia y virtud. Tener un retrato, del tipo que fuera, de un hombre que no fuese el prometido, el esposo o alguno de los familiares masculinos (padres, tíos, hermanos) era impropio de una joven respetable y podría causar murmuraciones. Del mismo modo en que ella había visto en el pupitre el dibujo que la hija había hecho del pretendiente y la había sorprendido mirándolo, eso mismo podría suceder con la servidumbre, los familiares o las amistades que frecuentaban la casa. Lo cual generaría comentarios que impulsarían la maledicencia y con ello el descrédito de la joven y de la familia.

En la misma forma en que a la madre le habían enseñado que el proceder de la mujer en todos los lugares debía ser irreprochable, como norma prevalente en la buena sociedad, la señora Acosta esperaba que pocas palabras fueran suficientes para que su hija entendiera lo equivocado de su comportamiento. La mujer debía ser sumisa en todo momento a sus mayores y su conducta debía dejar siempre en alto el honor familiar; es decir, no debía dar de qué hablar; ya que, eso sería contraproducente para su identidad social y para sus posibilidades matrimoniales. De ahí que la hija, en medio de un remolino de emociones, reaccionara quemando el retrato que había hecho con tanto trabajo: «no queria yo que ser humano supiera que tenia retrato de el que creyeran que cuando me voy a mi cuarto que estoy mirándolo – no –».

Otra función que la progenitora tenía, era la de cuidar el buen nombre de la hija en la relación con el pretendiente; por eso, ella era la intermediaria en la comunicación entre los dos; así cuando todavía no se había establecido formalmente la posición de él en la relación, cuando deseaba comunicarse con la joven, lo hacía escribiéndole o enviándole un regalo a la madre; comunicación indirecta que indicaba que él seguía interesado en ella:

> Estaba yo sentada aqui cerca de la ventana leyendo y me interesaba lo que leia era "Iskander, de Israeli hijo" cuando entro mi mama y me dijo "Adivine de quien he recibido un regalo de un libro" yo por

supuesto no pude adivinar, entonces me entrego un libro divinamente empastado con letras de oro encima dedicandoselo el autor, no sé lo que me paso senti por un instante el placer mas grande conque esta es su obra! es decir que no me ha olvidado que todavia se acuerda ([nov. 6, 1853] S. Acosta 1853: 16).

Aunque Soledad sintiera que a la madre no le interesaban sus estudios ni su porvenir, la progenitora estaba orgullosa de su hija y la animaba indirectamente al servicio social, a su presencia en la esfera pública. En este sentido, es muy posible que la señora Acosta nunca pensara en que algunos de sus actos con la hija, podrían sembrar semillas que años después tendrían gran importancia y darían frutos impensados. Uno de ellos fue el haber sido la promotora de la escritura del siguiente texto:

> Algunas veces me exalto, olvido por un momento mis pesadas penas i me entusiasmo. Converso con enerjia i dejo aquella apatica melancolia que me oprime el corazon – pero que poco dura este estado pronto vuelvo a la realidad i soi otra vez Soledad en la soledad! – Esta tarde estuvimos en casa de las Orrantias alli se hablo de que esta Revolucion jamas se acabaria i yo por chanza dije que me pondria a la cabeza de las mujeres i acabaria con todos los enemigos – volvi a casa i a instancias de mi Mama i curiosa de ver si yo tambien podria escribir una proclama – la hize – pero antes de acabar de escribirla se me acabo el entusiasmo i la transitoria excitacion paso i volvi a quedar tan melancolica i sin esperanza como antes! ([jun. 9] Acosta 1854: 134).

El texto de la proclama fue:

Soledad Acosta á las valientes Bogotanas

¡Compatriotas! Nuestra infeliz patria, marcha con pasos precipitados acía la ruina, el sol de la esperanza se oculta bajo la sombra de la desgracia! los heroes de otros tiempos pierden la confianza, i la victoria nos deja para protejer el pabellon enemigo!

¡Mujeres valientes, de todas las clases de esta ciudad! aquellos destinados por la naturaleza para protegernos, abandonan sus hogares i el valor no los anima yá: nos dejan! huyen olvidados de que quedan sus familias sin varon que las proteja!

¡Conciudadanas! Levantad vuestras timidas cabezas, fortaleced vuestros debiles brazos i marchemos á atacar a los Vandalos que se han apoderado de esta Ciudad! No temais! que es mas honroso morir por la patria que vivir esclavas de los hombres mas inicuos! ¡que! los asesinos i traidores nos seguiran gobernando? la paz de

nuestras casas se acabara por ellos? no! yo ofrezco llevar a la Victoria todas las que quieran marchar bájo mis ordenes! –
¡Compañeras! Corramos a las armas! demos una leccion a los que se titulan la parte valiente del jenero humano, mostrando que si podemos ser sumisas tambien el bello sexo tiene valor i enerjia!
Mirad! el anjel de la muerte se acerca ácia los perversos, i las mujeres son las salvadoras de su patria! –
Soledad Acosta.
Bogotá, 10 de Junio 1854
El uniforme es a la Blummer
(S. Acosta, 1854, Fol.: 1-2).

Al parecer la madre envió el texto a José María Samper, con la aquiescencia o no de Soledad, después de que él regresó de participar en los combates contra el gobierno de Melo; ya que, en diciembre de ese año, él le escribió a la madre la siguiente carta:

Mi Sra Carolina:
Aunque ya se acabó el tiempo de los papelitos, perdóneme U. que le escriba hoi el segundo, pues no sería atento remitir a secas el «precioso» álbum ni el pequeñísimo obsequio que me tomo la libertad de enviar a mi Srta Solita[92], como un humilde desquite de su linda «proclama» que hoi tuvo la condescendencia de darme.
He comprado un cuadro con doce apóstoles bélicos, en el cual no deja haber uno que otro Judas, i como solo tenía 6 marquitos, he escojido para colocar en ellos a los que juzgo mas dignos. Remito los otros para que los vean: no le he dado su marco al no 2 por que la Sra quiere tenerlo siempre del brazo, i se pondría zelosa; al no 3 por jesuita y bobo; al 7 por que anda recojiendo papeles para su Biblioteca; al 10 por que no cabe en el marco por ser mui grande su ambicion; al 11 tampoco, por demasiado serio i un poco simple; ni al 12 por que estando mui feo i torcido no debe estar en el Gabinete de mi Srta Solita.
Ruego a mi Srta coloque esos cuadritos en su gabinete, como un recuerdo de su entusiasmo patriótico; i como ha prestado sus servicios a la patria sembrando el entusiasmo i el valor entre las bogotanas, con sus bellas proclamas, i ha funcionado como jeneral, creo justo que U. mi Sra Carolina, coloque el retrato de mi Srta entre los de los jenerales, en lugar preferente.

---

[92] Soledad tenía una prima con el mismo nombre, para distinguirlas en casa, sus padres y familiares la llamaban únicamente a ella por cariño *Solita* (véase Samper 1881, 275, 276); agnomento que se extendió familiarmente; ya que años después, en la tradición oral de la Familia Kemble se sabía que Caroline había tenido una hija: «Soleta» (la escritura provino de la transcripción fonética del nombre con el que se la conocía).

Perdon por estas bromas de pura i afectuosa confianza –
Tengo el honor de suscribirme de U. i mi Srta Solita, rendido amigo
i servidor. q. b. s. p.

José M. Samper

Su casa
Dbre 9.

(FSAS – 004-1)

(S. Acosta, 1854, Fol.: 1-2).
FSAS-01 CPT 1 PZA.0

La progenitora debía guiar a la hija en la vida doméstica; tenía que orientarla en la vida social según las normas de la época, hacer de ella una dama y también protegerla. Como tal, Samper conocedor de las reglas de comportamiento, envió primero obsequios y comunicaciones a la madre, para recibir de ella la aprobación, para que se realizasen las futuras visitas, en las cuales ella siempre estuvo presente. Únicamente cuando Soledad aceptó formalmente casarse con José María, la señora se retiró por un momento: «Su madre nos dejó solos (¡que fina atención!) i yo le leí las demás páginas de mi diario» (Samper 1855a, 28).

La víspera del matrimonio, el 4 de mayo de 1855, día en que Soledad cumplía 22 años de vida, ella escribió en su diario: «Le pedí al Señor que le diera su bendicion a mi Madre para que siempre viva contenta a mi lado, que sea yo su tierno apoyo en todas partes i que en lugar de perder una hija tenga dos hijos que se ocupen de su felizidad constantemente» ([mayo 4] S. Acosta 1855: 98). De este modo, la progenitora vivió con el matrimonio Samper Acosta, desde entonces.

Décadas después, Isidoro Laverde Amaya escribió sobre José María Samper y su familia:

(...) sin más tregua ni reposo para su inquieto espíritu, que el de unas pocas horas de sueño, y aquellas indispensables para encontrarse en la mesa en unión de su esposa y de sus hijas, teniendo al lado a su suegra, que vivió siempre en su mismo hogar, y a quien estrechamente le ligaban cariño inalterable y estimación profunda.

Para él las expansiones familiares en el seno del hogar tornábanse a menudo en abiertas lizas de inteligencia, porque tanto su esposa, como su misma suegra y sus dos inteligentes y espirituales hijas, le oían con singular atención, no sin que de vez en cuando dejaran de expresar ellas, francamente, su opinión sobre punto de literatura y bellas artes. ¡Cuánta dulce satisfacción le procuraba el afecto de los suyos! (Laverde Amaya, 142).

Así el deseo de Soledad antes de casarse se realizó. José María Samper aceptó a Caroline Kemble Acosta como parte de su familia inmediata; ella vivió con su hija y fue miembro de ese núcleo familiar, hasta el momento en que falleció (fecha y lugar que hasta ahora se desconocen).

Bibliografía

Archivos

Archivo de Indias ....AGI
Archivo General de la Nación – Colombia ....AGN
Archivo General de Simancas ....AGS
Archivo Histórico Provincial de Álava ....AHPA
Archivo Histórico Nacional ....AHN
Fondo Soledad Acosta de Samper ....FSAS

Artículos y Libros

Acosta, Joaquín. *Compendio histórico del descubrimiento y colonización de la Nueva Granada en el siglo décimo sexto*. París: Imprenta de Beau, 1848.

_____. *Defensa*. Bogotá: Imprenta de Salazar por Ramón Torre, 1834. 4p. [Biblioteca Nacional de Colombia: Folios 683-684 del F. Pineda 469]

_____. *Diario en París*. s.l. 1826. Manuscrito. Fol.: 288. FSAS-14 CPT 2.

_____. *Testamento del General Joaquín Acosta*. mss. 1850. [7 pgs.]. mss 129. Libros raros y manuscritos. Biblioteca Luis Ángel Arango.

Acosta, Soledad y José María Samper. *Los diarios íntimos*. (Edición crítica). Flor María Rodríguez-Arenas. Doral, Florida, USA: Stockcero, 2014.

Acosta /de Samper/, Soledad. [Diario de Soledad Acosta /de Samper/: primera parte] Soledad Acosta a las valientes Bogotanas. Bogotá: 1853-1854. Manuscrito. Fol.: 1-2. FSAS-

01 CPT 1 PZA.0 http://www.bibliodigitalcaroycuervo.gov.co/74/1/Carta%20S.A.S.pdf

_____. [*Diario de Soledad Acosta /de Samper/: primera parte*], (14 de setiembre a 26 de octubre 1853). Diario S.A.S Cuadernillo 4.pdf Biblioteca Caro y Cuervo 74. Mss. http://www.bibliodigitalcaroycuervo.gov.co/74/5/Diario%20S.A.S%20Cuadernillo%204.pdf

_____. [*Diario de Soledad Acosta /de Samper/: primera parte*], (Desde octubre 1853 hasta 30 de enero 1854). Biblioteca Caro y Cuervo 74. Mss. Cuadernillo 12.pdf http://www.bibliodigitalcaroycuervo.gov.co/74/15/Diario%20S.A.S%20Cuadernillo%2012.pdf

_____. [*Diario de Soledad Acosta /de Samper/: primera parte*], (1º de febrero a 23 de marzo de 1854). Biblioteca Caro y Cuervo 74. Mss. Cuadernillo 11.pdf http://www.bibliodigitalcaroycuervo.gov.co/74/11/Diario%20S.A.S%20Cuadernillo%2011.pdf

_____. [*Diario de Soledad Acosta /de Samper/: primera parte*], (23 de marzo al 7 de abril de 1854). Biblioteca Caro y Cuervo 74. Mss. Cuadernillo 6.pdf http://www.bibliodigitalcaroycuervo.gov.co/74/11/Diario%20S.A.S%20Cuadernillo%2011.pdf

_____. [*Diario de Soledad Acosta /de Samper/: primera parte*], (6 de diciembre a 31 de diciembre de 1854). Biblioteca Caro y Cuervo 74. Mss. Cuadernillo 5.pdf http://www.bibliodigitalcaroycuervo.gov.co/74/6/Diario%20S.A.S%20Cuadernillo%205.pdf

_____. [*Diario de Soledad Acosta /de Samper/: primera parte*], (16 de abril – 25 de junio de 1854). Biblioteca Caro y Cuervo 74. Mss. Cuadernillo 7.pdf http://www.bibliodigitalcaroycuervo.gov.co/74/14/Diario%20S.A.S%20Cuadernillo%207.pdf

_____. *Diario de Soledad Acosta /de Samper/: primera parte*. (25 de junio-14 de septiembre de 1854). Biblioteca Caro y Cuervo 74. Mss. Cuadernillo 8.pdf http://www.bibliodigitalcaroycuervo.gov.co/74/14/Diario%20S.A.S%20Cuadernillo%207.pdf

_____. [*Diario de Soledad Acosta /de Samper/: primera parte*], (Desde el 13 de octubre hasta el fin de la Revolución).

Biblioteca Caro y Cuervo 74. Mss. Cuadernillo 9.pdf http://www.bibliodigitalcaroycuervo.gov.co/74/8/Diario%20S.A.S%20Cuadernillo%209.pdf

_____. [*Diario de Soledad Acosta /de Samper/: primera parte*], (30 de setiembre al 29 de octubre, 11 y 12 de noviembre, 25 de noviembre a 2 de diciembre, 17 a 25 de diciembre 1854). Biblioteca Caro y Cuervo 74. Mss. http://www.bibliodigitalcaroycuervo.gov.co/74/13/Diario%20S.A.S%20Cuadernillo%2010.pdf

_____. *Diario de Soledad Acosta /de Samper/: segunda parte. Comenzado el día 1º de enero de 1855*. Biblioteca Caro y Cuervo 75. Mss. http://www.bibliodigitalcaroycuervo.gov.co/75/1/Diario%20S.A.S%20Album.pdf

_____. [*Diario de Soledad Acosta de Samper: primera parte] Memorias íntimas*. Mss. FSAS 001-2, pza 14. Cuadernillo 13.pdf http://www.bibliodigitalcaroycuervo.gov.co/74/9/Diario%20S.A.S%20Cuadernillo%2013.pdf

_____. *Diario íntimo y otros escritos de Soledad Acosta de Samper*. Carolina Alzate (edición y notas). Bogotá: Alcaldía Mayor de Bogotá – Instituto Distrital de Cultura y Turismo, 2004.

_____. *Biografía del general Joaquín Acosta, prócer de la Independencia, historiador, geógrafo, hombre científico y filántropo*. Bogotá: Librería Colombiana Camacho Roldán y Tamayo, 1901.

_____. «Bibliografía». *Revista Americana: periódico de política general – ciencias sociales, físicas y naturales – historia – viajes – crítica biografía – costumbres – estadística – bellas artes – industria – crónica – variedades* (Lima) 3 (feb. 5, 1863): 61-63. 8 (abr. 20, 1863): 207-209. [Firmado: Bertilda].

Acosta, José. «José de Acosta. Grado». ES.47161.AGS/2.19.9//SGU, LEG, 7066, 44.

Alonso Diez, Carlos Simón. «El traslado de la casa de la contratación a Cádiz – 1717». *Revista da Faculdade de Letras* 13 (1996): 353-364.

Albareda i Salvadó, Joaquim. *La Guerra de Sucesión de España (1700-1714)*. Barcelona: Editorial Crítica, 2010.

Álvarez Nogal, Carlos. «Instituciones y desarrollo económico: La Casa de Contratación y la Carrera de Indias (1503-1790)». *La Casa de la Contratación y la navegación entre España y las Indias.* Antonio Acosta Rodríguez, Adolfo Luis González Rodríguez y Enriqueta Vila Vilar (Coords). Sevilla: Universidad de Sevilla, Consejo Superior de Investigaciones Científicas, CSIC. 2003. 21-51.

Alverola Romá, Armando. *Catástrofe, economía y política en la Valencia del siglo XVIII.* Valencia: Institució Alfons el Magnànim. Diputació de Valencia, 1999.

Alzola, José Miguel. *Historia del ilustre Colegio de Abogados de Las Palmas de Gran Canaria.* Las Palmas de Gran Canaria: Cabildo Insular de Gran Canaria, 1966.

Andújar Castillo, Francisco; Felices de la Fuente, María del Mar. «Nobleza y venalidad: el mercado eclesiástico de venta de títulos nobiliarios en el siglo XVIII». *Chronica Nova* 33 (2007): 131-153.

Anes Fernández, Lidia. «Comercio con América y títulos de nobleza: Cádiz en el siglo XVIII». *Cuadernos Dieciochistas* 2 (2001): 109-149.

Bigham, Barbara. «Colonists in Bondage: Indentured Servants in America». *Early American Life* 10 (Oct., 1979): 30-33, 83-4.

Bustos Rodríguez, Manuel. «Origen y consolidación de las élites gaditanas en la época moderna». Andalucía y América. *Los cabildos andaluces y americanos. Su historia y su organización actual: Actas de las X Jornadas de Andalucía y América.* Bibiano Torres Ramírez (Coord). (Universidad de Santa María de la Rábida, marzo 1991). Sevilla: Patronato Provincial Quinto Centenario. Diputación de Huelva, 1992. 171-188.

_____. «Comerciantes españoles y extranjeros en la Carrera de Indias: la crisis del siglo XVIII y el papel de las instituciones». *Burgueses o ciudadanos en la España moderna.* Francisco José Aranda Pérez (Coord.). Cáceres: Ministerio de Ciencia y Tecnología, 2003. 325-353.

Cannon, John. *Aristocratic Century: The Peerage of Eighteenth-Century England.* Cambridge: Cambridge University Press, 1987.

Carmona, Salvador, Mahmoud Ezzame, Claudia Mogotocoro. «Accounting, forms of capital and social space: The Case of the Marquesa of Valdehoyos (Cartagena de Indias, 1750-1775)». XIV Workshop en Contabilidad y Control de Gestión «Memorial Raymond Konopka». Sanlúcar de Barrameda (Cádiz), 2009: [43pp].

Carrasco González, María Guadalupe. *Comerciantes y casas de negocios en Cádiz, 1650-1700*. Cádiz: Universidad de Cádiz – Servicio de Publicaciones. 1997.

Checa Cremades, José Luis (7 de enero de 2012). «Edición princeps». *Encuadernación y artes del libro*. http://checacremades.blogspot.com/2011/12/edicion-princeps.html

Colombia. *Código civil colombiano expedido por el Congreso de 1873 y adoptado por la Ley 57 de 1887: Con un suplemento de las leyes que lo adicionan y reforman, desde 1887 hasta 1892, inclusive*. Bogotá: Imprenta Nacional, 1895.

Davis, Robert Henry. *Acosta, Caro, and Lleras: Three Essayists and Their Views of New Granada's National Problems, 1832-1853*. Vanderbilt University, 1969. [Disertación de doctorado].

Díaz de Noriega y Pubul, José. *La Blanca de la Carne en Sevilla*. Madrid: Ediciones Hidalguía, 1976.

Dominguez Ortiz, Antonio. *Orto y ocaso de Sevilla*. Sevilla: Universidad de Sevilla, 1991.

Fernández Pérez, Paloma, *El rostro familiar de la metrópoli. Redes de parentesco y lazos mercantiles en Cádiz, 1700-1812*. Madrid: Siglo. XXI, 1997.

Figueroa Cancino, Juan David. «La formación intelectual *de* Joaquín Acosta y el Compendio histórico del descubrimiento y colonización de la Nueva Granada (1848)». *Anuario Colombiano de Historia Social y de la Cultura* 34 (2007): 425-458.

Flores Moscoso, Ángeles. «*Tripulantes* de inferior categoría: *llovidos* y *desvalidos* en el siglo XVIII». *Andalucía y América en el siglo XVIII: actas de las IV Jornadas de Andalucía y América*. Vol. 1. Bibiano Torres Ramírez, José J. Hernández Palomo (Coord.). Sevilla: Escuela de Estudios Hispanoamericanos, 1985. 251-270.

Franch Benavent, Ricardo. *Crecimiento comercial y enriquecimiento burgués en la Valencia del siglo XVIII*. Valencia: Institucio Alfons el Magnanim: Institucio valenciana d'estudios i investigacio, 1986.

Gamboa, Jorge Augusto (Ed.). *Encomienda, identidad y poder. La construcción de la identidad de los conquistadores y encomenderos del Nuevo Reino de Granada, vista a través de las Probanzas de mérito y servicios (1550-1650)*. Bogotá: Instituto Colombiano de Antropología e Historia, 2002.

García-Baquero González, Antonio. *Cádiz y el Atlántico (1717-1778): el comercio colonial español bajo el monopolio gaditano*. Cádiz: Diputación provincial de Cádiz, 1976. 2 vols.

García Fernández, María Nélida. *Comerciando con el enemigo: el tráfico mercantil anglo-español en el siglo XVIII (1700-1765)*. Madrid: Consejo Superior de Investigaciones Científicas, 2006.

Giménez López, Enrique: *Alicante en el siglo XVIII. Economía de una ciudad portuaria en el Antiguo Régimen*. Valencia: Ed. Alfons el Magnànim, 1981.

González-Cotera Guerra, José María. *Pasajeros a Indias de Liébana y sus valles circundantes 1503 - 1790 según la documentación del Archivo General de Indias*. 2005. liebana.org/pasajeros_a_indias.pdf

González del Campo, Fernando. «La investigación genealógica en España a través de diversos archivos: ejemplos de resolución de casos, siglos XVI al XX». *Cuadernos de Genealogía* (HISPAGEN) 2 (2007): 6-11.

Guillén de Iriarte, María Clara. *Los estudiantes del Colegio Mayor de Nuestra Señora del Rosario, 1773-1826*. Bogotá: Centro Editorial Universidad del Rosario, 2006.

_____. *Los estudiantes del Colegio Mayor de Nuestra Señora del Rosario, 1826-1842*. Bogotá: Editorial Universidad del Rosario, 2008.

_____. *Nobleza e hidalguía en el Nuevo Reino de Granada. Colegio Mayor de Nuestra Señora del Rosario, 1651-1820*. Santa Fe de Bogotá: Ediciones Rosaristas, 1994. 2 vols.

Hancock, David. *Citizens of the World: London* Merchants *and the Integration of the British Atlantic Community, 1735-1785*. New York and Cambridge: Cambridge University, 1995.

Hincapié Espinosa, Alberto. *La villa de Guaduas*. 2ª ed. Bogotá: Banco de la República, 1968.

Historic Patterson. «West Point Foundry». *www.historicpatterson.org /PDFs/CivilWar13-24.pdf*

Hutchinson, Elmer T. *Documents Relating to the Colonial History of the State of New Jersey, Calendar of New Jersey Wills, Volume VIII: 1791-1795*. Westminster, Maryland: Heritage Books, 2008.

Jiménez, Magdalena. «Vías de comunicación desde el virreinato hasta la aparición de la navegación a vapor por el Magdalena». *Historia Crítica* (Universidad de los Andes – Bogotá) 2 (1989): 118-125.

Kalmanovitz, Salomón. *La economía de la Nueva Granada*. Bogotá: Fundación Universidad de Bogotá Jorge Tadeo Lozano, 2008.

Klemp, Marc. *et al.* «Picking winners? The effect of birth order and migration on parental human capital investments in pre-modern England». *European Review of Economic History* 17.2 (2013): 210-232.

Laverde Amaya, Isidoro. «José María Samper». *Colombia Ilustrada* (Bogotá) 9-10 (feb. 15, 1890): 142-148; 11 (mzo. 15, 1890): 167-172; 12 (abr. 2, 1890): 181-186.

Laviana Cuetos, María Luisa. «La organización de la Carrera de Indias, o la obsesión del monopolio». *Cuadernos Monográficos del Instituto de Historia y Cultura Naval* (Madrid) 52 (2006): 19-35.

Lehmberg, Stanford E. and Thomas William Heyck. *The Peoples of the British Isles: A New History: From 1688 to 1870*. 3rd. edition. Chicago, IL.: Lyceum Books, Inc.; 2008.

Lerner, Gerda (Ed.). *The Female Experience: An American Documentary*. (1977). Oxford – New York: Oxford University Press, 1992.

Lurie, Maxine N., Marc Mappen (Eds.). *Encyclopedia of New Jersey*. New Brunswick, N. J.: Rutgers University Press, 2004.

Lynch, John. *La España del siglo XVIII*. (1989). Barcelona: Editorial Crítica, 1999.

McFarlane, Anthony. *Colombia antes de la Independencia. Economía, sociedad y política bajo el dominio Borbón*. Bogotá: Banco de la República y El Ancora Editores, 1997.

Mark, Edward Walhouse. *Edward Walhouse Mark. Acuarelas*. (Prólogo de Malcom Deas). Bogotá: Banco de la República – El Áncora Editores, 1997.

Menéndez Pidal de Navascués, Faustino. «El linaje y sus signos de identidad». *En la España medieval. Estudios de genealogía, heráldica y nobiliaria*. Miguel Ángel Laredo Quesada (Coord.). Madrid: Universidad Complutense, 2006. 11-28.

_____. (Ed.). *La nobleza en España: ideas, estructuras, historia*. Madrid: Fundación Cultural de la Nobleza Española, 2008.

Mierisch, Arthur F. «Peter Kemble A Tory». *Garden Sate Legacy* 14. www.GardenStateLegacy.com December 2011. 1-14.

Molas Ribalta, Pere. «La actividad económica de la burguesía en la España del siglo XVIII». *Revista de la Facultad de Geografía e Historia* 4 (1989): 407-424.

_____. *La burguesía mercantil en la España del Antiguo Régimen*. Madrid: Eds. Cátedra, 1985.

Muro Orejón, Antonio. Ed. *Cedulario americano del siglo XVIII: Cédulas de Luis I (1724), Cédulas de Felipe V (1724-46)*. Sevilla: Editorial CSIC - CSIC Press, 1977.

Nocetti, Óscar R. *Falacias y medios de comunicación (el discurso como arma)*. Buenos Aires: Editorial Hvmanitas, 1990.

New York Historical Society. *Collections of the New York Historical Society for the Year 1884*. New York: Printed for the Society, 1885.

Nieto Sánchez, José A. *Artesanos y mercaderes: Una historia social y económica de Madrid, 1450-1850*. Madrid: Editorial Fundamentos, 2006.

Obando, José María. *Apuntamientos para la historia o sea Manifestación que el General José María Obando hace a sus contemporáneos i a la posteridad...* Lima: Imprenta del Comercio, 1842.

Ochoa Restrepo, Guillermo. «Licencia marital». *Estudios de Derecho* (Bogotá) XXII.64 (sept., 1963): 223-231.

Oviedo, Basilio Vicente de. *Cualidades y riquezas del Nuevo Reino de Granada*. Bogotá, Imprenta Nacional, 1930.

Pérez-Mallaína Bueno, Pablo Emilio. *Política naval española en el Atlántico, 1700-1715*. Sevilla: Escuela de Estudios Hispano-Americanos, CSIC, 1982.

Philliou, Christine. «Families of Empires and Nations: Phanariot *Hanedan*s from the Ottoman Empire to the World Around It (1669-1856)». *Transregional and Transnational Families in Europe and Beyond: Experiences Since the Middle Ages*. Johnson, Christopher H. *et al*. New York: Berghahn Books, 2011. 177-199.

Porras, Demetrio. *Práctica forense o Prontuario de organización y procedimientos judiciales concordados y anotados. Tomo II*. Bogotá: Imprenta de Silvestre y Compañía, 1883.

Porras Arboledas, Pedro Andrés. «Nobles y conversos, una relación histórica difícil de ser entendida hoy: el caso de los Palomino, conversos giennenses». *Estudios de genealogía, heráldica y nobiliaria*. Miguel Ángel Ladero Quesada (Coord.). Madrid: Universidad Complutense, 2006. 203-224.

Rábade Obradó, María del Pilar. «La invención como necesidad: genealogía y judeoconversos». *Estudios de genealogía, heráldica y nobiliaria*. Miguel Ángel Ladero Quesada (Coord.). Madrid: Universidad Complutense, 2006. 183-202.

Raymond, W. O. (William Odber). *Glimpses of the past. History of the river St. John, A.D. 1604-1784*. [n.p], St. John, N.B., 1905.

Restrepo Sáenz, José María. *Biografías de los mandatarios y ministros de la Real Audiencia (1671 a 1819)*. Bogotá: Editorial Cromos, 1952.

Restrepo Sáenz, José María y Raimundo Rivas. *Genealogías de Santafé de Bogotá*. (1928). Nueva edición. Grupo de Investigaciones Genealógicas «José María Restrepo Sáenz». Vol. I. Bogotá: Editorial Presencia, 1991.

_____. *Genealogías de Santafé de Bogotá*. (1928). Nueva edición. Grupo de Investigaciones Genealógicas «José María Restrepo Sáenz». Vol. II. Bogotá: Editorial Gente Nueva, 1992.

_____. *Genealogías de Santafé de Bogotá*. Nueva edición. Grupo de Investigaciones Genealógicas «José María Restrepo Sáenz». Vol. VI. Bogotá: Editorial Gente Nueva, 2000.

Reynolds, W. K. *The New Brunswick Magazine* Vol. 1. [n.p], St. John, N.B., 1898.

Ripoll Echeverría, María Teresa. *La élite en Cartagena y su tránsito a la República. Revolución política sin renovación social.* Bogotá: Universidad de los Andes, 2006.

Rodríguez-Arenas, Flor María. *Bibliografía de la literatura colombiana del Siglo XIX*. Buenos Aires: Stockcero, 2006. 2 vols.

_____. «La representación de Efraín entre la sensibilidad y la masculinidad en *María* de Jorge Isaacs». *María*. Jorge Isaccs. (Edición crítica) Doral, Florida, USA: Stockcero, 2008.

_____. «El cortejo». *Los diarios íntimos*. Soledad Acosta, José María Samper. (Edición crítica) Doral, Florida, USA: Stockcero, 2014. xxxiv-xlvii.

_____. *Los diarios íntimos*. Soledad Acosta, José María Samper. (Edición crítica) Doral, Florida, USA: Stockcero, 2014.

_____. «Los dos diarios y los otros textos de 1855». *Los diarios íntimos*. Soledad Acosta, José María Samper. (Edición crítica) Doral, Florida, USA: Stockcero, 2014. xlvii-cxii.

Ruiz Rivera, Julián Bautista. El *consulado de Cádiz. Matricula de comerciantes. 1730-1823*. Cádiz: Diputación Provincial de Cádiz, 1988.

Safford, Frank. *El ideal de lo práctico. El desafío de formar una élite técnica y empresarial en Colombia.* (1976). Bogotá: Empresa Editorial Universidad Nacional – El Áncora Editores, 1989.

Samper, José María. «Carta a la Sra. Carolina». FSAS – 004-1.

_____. *Diario de José María Samper A. comenzado el 1º de enero de 1855*. mss. [109 pgs.]. Fondo Soledad Acosta de Samper – 006. Biblioteca Rivas Sacconi, Instituto Caro y Cuervo. (1855a).

_____. *Historia de una alma: Memorias íntimas y de historia contemporánea*. Bogotá: Imprenta de Zalamea hermanos, 1881.

_____. *Improvisaciones*. Bogotá, 1855. mss. [96 pgs.]. Fondo Soledad Acosta de Samper 061 – V2. Biblioteca Rivas Sacconi, Instituto Caro y Cuervo. (1855b).

_____. «Joaquín Acosta». *Galería Nacional de Hombres Ilustres o Notables, o sea coleccion de bocetos biográficos*. José María Samper. Bogotá: Imprenta de Zalamea, 1879. 67-77.

Sánchez González, Ramón. «Burguesía mercantil: mercaderes y comerciantes de Toledo en el siglo XVIII». *Burgueses o ciudadanos en la España moderna*. Francisco José Aranda Pérez (Coord). Cuenca: Ediciones de la Universidad de Castilla-La Mancha, 2003. 119-143.

Santander, Francisco de Paula. *Santander en Europa: Diario de viaje, 1830- 1832*. Vol. 2. Bogotá: Presidencia de la República, 1989.

Soto Arango, Diana. *Polémicas universitarias en Santafé de Bogotá. Siglo XVIII*. Santafé de Bogotá: Universidad Pedagógica Nacional, CIUP, Colciencias, 1993.

Stout, Kemble. *Genealogy of the Kemble (Kimble) family in America*. Pullman: Kemble Sout, 1992.

Suárez Fernández, Luis. *Historia general de España y América*. Madrid: Ediciones Rialp, 1984.

Thomas, R. P., and Deirdre McCloskey. «*Overseas Trade and Empire, 1700-1820*». *The Economic History of Britain, 1700-Present*. Vol. 1. Roderick Floud and Deirdre McCloskey (Eds.). Cambridge: Cambridge University Press, 1981. 87-102.

Tomás y Valiente, Francisco. «La formación del estado y la venta de oficios». Centralismo y autonomismo en los siglos XVI y XVII: homenaje al profesor Jesús Lalinde Abadía. Aquilino Iglesia Ferreirós, Sixto Sánchez-Lauro (Eds.) Barcelona: Edicions Universitat Barcelona, 1989. 387-399.

Torres Arce, Marina. *Inquisición, regalismo y reformismo borbónico: El Tribunal de la Inquisición de Logroño a finales del antiguo régimen*. Santander: Servicio de Publicaciones de la Universidad de Cantabria, 2006.

Triana, Januario. *Biografía del General Joaquín Acosta*. Bogotá: Imprenta del Neogranadino, 1853.

Velasco Pedraza, Julián. «Celebrar el poder: Juras y reclamaciones en el Nuevo Reino de Granada, 1747-1812». *Fiesta, memoria y nación. Ritos, símbolos y discursos 1783-1830*. Orián Jiménez Meneses y Juan David Montoya Guzmán (eds.). Bogotá: Universidad Nacional de Colombia, 2011. 107-129.

Vlami, Despina. «Entrepreneurship and Relational Capital in a Levantine Context: Bartolomew Edward Abbott, the "Father of the Levant Company" in Thessalonik (Eighteenth-Nineteenth Centuries)». *Historical Review* 6 (2009): 129-164.

Wall, Richard. «The Age of Leaving Home». *Journal of Family History* 3 (1978): 181-202.

Wallis, Patrick, Cliff Webb, Chris Minns. «Leaving home and entering service: the age of apprenticeship in early modern London». *Continuity and Change* 25.03 (Dec. 2010): 377-404.

Wallis, Patrick. «Apprenticeship and training in premodern England». *The Journal of Economic History* 68 (2008), 832-861.

Manuela. Novela Bogotana (1858) de José Eugenio Díaz Castro: La ideología y el realismo de medio siglo[93]

«Celebro la noticia como amante de las ideas liberales»

José Eugenio Díaz Castro

1. José Eugenio Díaz Castro[94]

José Eugenio Díaz Castro proviene de uno de los troncos familiares importantes de Cundinamarca, Colombia. Sus padres fueron: don José Antonio Díaz Ospina y doña Andrea de Castro Rojas; los abuelos paternos fueron: don Mariano Díaz Machado (1720-1749) y doña María Manuela Ospina y Rubiano; y los bisabuelos paternos de José Eugenio Díaz fueron don Agustín Díaz y doña Francisca Javiera Machado,

---

93 Este ensayo se publicó como parte de la Edición crítica de *Manuela. Novela bogotana*. Eugenio Díaz Castro. Doral, Florida, USA: Stockcero, 2011.

94 Sobre este autor véase el libro de Rodríguez-Arenas: *Eugenio Díaz Castro: Realismo y Socialismo en Manuela. Novela bogotana*. Stockcero: Doral, Florida, USA: Stockcero, 2011. 318pp.

quienes fueron designados como: «troncos de la apreciable familia de su apellido en Cundinamarca» (Restrepo Sáenz *et ál*. 1993, III: 16).

Los abuelos paternos por parte de la madre del escritor fueron: Manuel Ruiz de Castro y doña Manuela Rey Manrique; mientras que los abuelos maternos por parte de la progenitora del escritor fueron: don Juan de Rojas y doña Gabriela Rey Manrique. Las hermanas Manuela y Gabriela Rey Manrique, a su vez, fueron hijas de don José Rey Manrique y de doña María de Abersusa, quienes fueron los bisabuelos maternos del autor de *Manuela*.

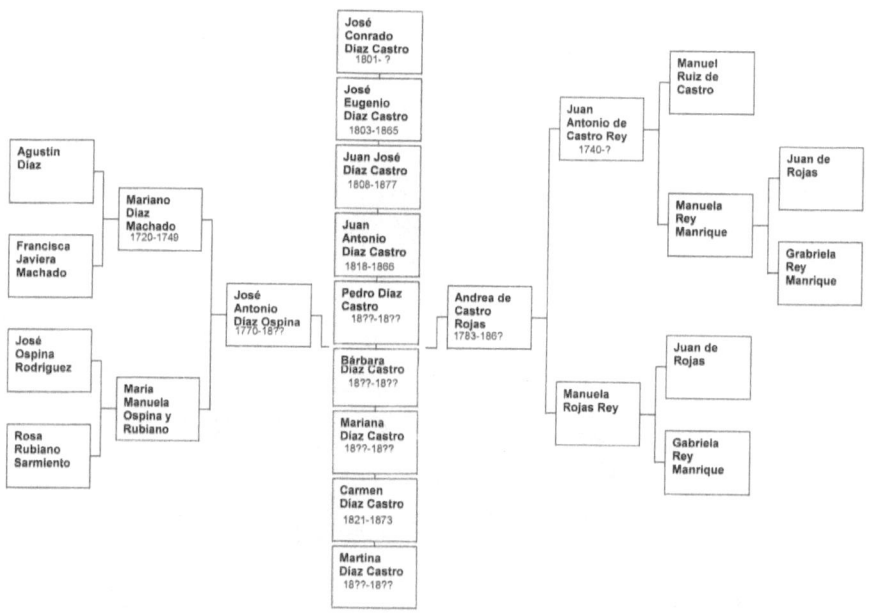

Árbol genealógico de José Eugenio Díaz Castro

El matrimonio Díaz Castro tuvo 9 hijos, según el testamento de la madre: José Conrado (1801-18??), José Eugenio (1803-1865), Juan José (1808-1877), Juan Antonio (1818-1866), Pedro, Bárbara, Mariana, Carmen (1821-1873) y Martina (véase Restrepo Sáenz *et ál*. 1993, III: 20).

Ahora, el padrino de bautismo de José Eugenio Díaz Castro fue José Joaquín Ortiz Nagle (1767-1842), firmante del acta de Independencia, quien fue enviado prisionero a Puerto Cabello durante el Régimen del Terror. Su hijo, el reconocido escritor del siglo XIX, José

Joaquín Ortiz Rojas nació en 1814, once años después de que el autor de *Manuela* recibiera el bautismo. Patricia Torres Londoño está equivocada cuando afirma que fue «el escritor José Joaquín Ortiz», en la biografía de Díaz Castro [página web de la Biblioteca Luis Ángel Arango - http://www.banrepcultural.org/blaavirtual/biografias/diazeuge.htm], ya que este escritor nació años después de que Díaz Castro fue bautizado.

Además, la madrina, en esta ceremonia, fue María Josefa Díaz Ospina, tía paterna del autor, quien recibió el bautismo en Guasca el 19 de julio de 1778 y contrajo matrimonio en Bogotá en 1794 con Mariano Acosta Ospina (véase Restrepo Sáenz *et ál.* 1993, III: 18). En la transcripción de la partida de bautismo de Eugenio Díaz que se ofrece en la edición de las obras de Díaz Castro hecha por la Presidencia de la República, dice: «Gla. Josefa Díaz» (Díaz Castro, 1985, II: 441), nombre que señala un error de lectura de quien trascribió el documento.

Durante la niñez y la adolescencia de Eugenio Díaz Castro se declaró la Independencia de España, comenzó la lucha por el poder entre los diferentes grupos y sucedió la situación que en la historia de Colombia se conoce con «La época del terror», cuando España intentó recuperar el territorio. En ese lapso de tiempo, como él mismo afirmó, asistió a la escuela de Casimiro Espinel (véase Díaz junio 25, 1859: 41); además, durante los años de represión debió haber recibido educación en casa[95] mediante tutores o familiares –situación normal entre familias acomodadas–. «Muchos de estos estudiantes podrían, de un lado, acceder a los colegios existentes, de otro disponer en su ambiente familiar de tutores, preceptores o viajes de conocimiento» (García 2005, 222).

Entró a hacer sus estudios superiores en el Colegio Mayor de San Bartolomé, en el que fue admitido el 13 de febrero de 1819, como parte de una nueva generación de intelectuales[96]. Estudió durante 6

---

95 «Este eclesiástico me recibió en su familia y se dedicó a continuar mi educación, que había sido interrumpida hacía dos años, por consecuencia de la guerra, y de las vicisitudes que ella nos hizo sufrir. Dentro de algunos meses me perfeccioné en la escritura, y aprendí algo de latín, y partí con él para Bogotá con la esperanza de seguir allí mi carrera» (Florentino González en Camacho Carreño 1933, 54).

96 El grupo de jóvenes que comenzó a educarse durante esta época pasó a constituir la nueva intelectualidad neogranadina/colombiana; puesto que los intelectuales formados durante la Ilustración: «fueron barridos por la metralla pacificadora entre 1816 y 1819. Los que lograron sobrevivir salieron como sombras declinantes de las prisiones o regresaron para empeñar las armas que les dieron la libertad. Lo que quedaba, entonces, era

años la carrera de Derecho Civil, con lo cual cumplió totalmente con los requisitos de la legislación emitida en 1824 para los estudiantes avanzados de Derecho, por lo cual debió haber recibido mínimo el título de bachiller en Derecho Civil.

Se dedicó a diversos trabajos agrícolas y administrativos durante su vida, en 1857 regresó a Bogotá a acompañar a su madre enferma. Traía consigo los manuscritos de *Una ronda de don Ventura Ahumada*, el de *Manuela* y el de «Las aventuras de un geólogo», que finalmente se publicó como *Bruna, la carbonera*. Tenía 55 años de edad, cuando en 1858, publicó *Una ronda de don Ventura Ahumada*, en la Imprenta de la Nación, de propiedad de Lázaro María Pérez. A finales de ese año, fue a visitar a José María Vergara y Vergara (quien contaba sólo 27 años de edad) con la propuesta de fundar un periódico literario; decidieron que se llamaría *El Mosaico*. Para solidificar esa publicación entregó los manuscritos de *Manuela*. La novela comenzó a publicarse el 8 de enero de 1859, con el título: «Manuela. Novela bogotana», hasta el 2 de abril del mismo año; pero salió únicamente hasta menos de la mitad del capítulo octavo, cuando se suspendió la publicación. Al mismo tiempo aparecieron otros textos suyos publicados en la *Biblioteca de Señoritas*. Entre 1859 y 1861 y en los dos periódicos publicó los artículos que se conocen de su pluma. Entre 1861 y hasta poco antes de su muerte, se dedicó a escribir los textos de *El Rejo de Enlazar, Los Aguinaldos*, y *Pioquinta o el Valle de Tenza*. Espiró el 11 de abril de 1865 en Bogotá.

Eugenio Díaz Castro nunca contrajo matrimonio; pero en el momento de su muerte, le sobrevivieron al menos tres hermanos: Juan José, quien vivió 12 años más. Juan Antonio, murió al año siguiente y Carmen, 8 años después. De los otros se desconocen las fechas del fallecimiento. También varios de ellos tuvieron hijos, por lo cual la familia Díaz Castro para el momento del deceso del autor era conocida tanto en el área de Soacha, como en Bogotá (véase Restrepo Sáenz *et ál.* 1993, III: 19-21).

2. Publicaciones

---

una sociedad analfabeta que debía sustentar un "Estado analfabeto"» (Ruiz 1990, xxviii).

Eugenio Díaz Castro entró en la escena pública como escritor cuando publicó su primera novela, *Una ronda de don Ventura Ahumada. Anécdota bogotana*, en 1858 en Bogotá, cuyo texto salió en la Imprenta de La Nación; establecimiento que estaba situado «en la carrera del Perú, calle 1ª número 26; es decir, en la actual calle 10 entre carrera 8ª y 9ª» (Jiménez Arango, 1965).

En diciembre de 1858, comenzó la publicación de «Manuela; Novela Bogotana, orijinal de Eujenio Díaz», en *El Mosaico*, periódico fundado por él y por Vergara. Pero sólo vio la luz una fracción del texto: Capítulo I. La posada de Mal-Abrigo: 3 (ene. 8, 1859): 23-24; 5 (ene. 22, 1859): 39. Capítulo II. La Parroquia: 5 (ene. 22, 1859): 39-40; 6 (ene. 29, 1859): 46-48; Capítulo III. El Cura: 6 (ene. 29, 1859): 48; 7 (feb. 5, 1859): 55-56. Capítulo IV. El lavadero: 8 (feb. 12, 1859): 62-64. Capítulo V. El Trapiche del Retiro: 9 (feb. 19, 1859): 69-72; Capítulo VI. La Lámina: 10 (feb. 26, 1859): 77-80; Capítulo VII. Expedición a la montaña: 11 (mzo. 5, 1859): 87-88; 12 (mzo. 12, 1859): 95-96; 13 (mzo. 19, 1859): 103-104; Capítulo VIII. La casa del ciudadano Dimas: 15 (abr. 2, 1859): 121-122. [Inconclusa][97].

Al tiempo que publicaba la novela en *El Mosaico* [= A], también difundió otros textos narrativos en la misma publicación periódica, así como en la *Biblioteca de Señoritas* [= B].

Así, en enero de 1859, se difundieron en:
A] «Las fiestas de Monjas-Burgo» (ene. 8, 1859);
B] «El trilladero de la hacienda de Chingatá» (ene. 8, 1859);
    «El boquerón» (ene. 15, 1859);
    «A mudar temperamento» (ene. 15, 1859), (ene. 22, 1859), (ene. 29, 1859).

---

[97] En la constitución de 1832, Cundinamarca pasa a llamarse Provincia de Bogotá. «En la Provincia de Bogotá había cuatro regiones centralizadas en cuatro ciudades y delimitadas dentro de ciertos contornos geopolíticos: Bogotá, desde luego la primera, en la Sabana; Zipaquirá al norte. Chocontá al nordeste y La Mesa al Sur Occidente» (véase Velandia 2005, 10). En 1855, la Provincia de Bogotá, cuya capital era Bogotá, estaba dividida en 80 distritos parroquiales, uno de los cuales era La Mesa, lugar que es el teatro de los acontecimientos narrados en *Manuela*, novela de Díaz Castro. Por la ordenanza 19 del 9 de enero de 1856 se legisló: «Las cabeceras de los distritos parroquiales se denominarán según su importancia Ciudades, Villas o Parroquias. Llevarán el nombre de Ciudades las cabeceras de los distritos de Bogotá, Zipaquirá, Chocontá, Guaduas y La Mesa; el de Villas los distritos de Anolaima, Cáqueza, Fómeque, Funza, Fusagasugá, Gachetá, Guatavita, Pacho, La Palma, Nemocón, Ubaté, Villeta; y el de Parroquias las cabeceras de los demás distritos» (véase Velandia 2005, 24-25). El teatro de la narración de Manuela quedaba circunscrito a una parte de la Provincia de Bogotá; de ahí la delimitación geográfica del espacio narrativo que el autor proporcionó en el título.

En febrero de 1859:

B] «El viaje de Carlitos a las costas de San Diego a fines de 1858» (feb. 12, 1859), (feb. 19, 1859).

En marzo de 1859:

B] «Una eleccion de prior» (mzo. 5, 1859);

«Un preceptor de escuela» (mzo. 19, 1859);

En abril de 1859:

B] «El oficial del rei» (abr. 16, 1859).

En mayo de 1859:

A] «Federico i Cintia o la verdadera cuestión de las razas» (mayo 21, 1859).

B] «La ruana» (mayo 21, 1859);

«El predicador» (mayo 28, 1859);

«De gorra» (mayo 28, 1859);

En junio de 1859:

B] «Mi pluma» (jun. 25, 1859);

«Recuerdos ruanísticos» (jun. 25, 1859).

En julio de 1859:

B) «La mujer en la casa» (jul. 9, 1859);

«El gorro» (jul. 16, 1859);

«Un paseo a Fontibón» (jul. 23, 1859);

«Andina» (jul. 30, 1859).

En agosto de 1859:

A] «Modismos del idioma» (ag. 20, 1859).

En octubre de 1859:

A partir de octubre de 1859 hasta abril de 1860 *El Mosaico* presenta el siguiente título: *El Mosaico* al cual está unida *La Biblioteca de Señoritas*.

A-B] «La variedad de los gustos» (oct. 29, 1859) [crítica sobre «La maldición» de M. M. Madiedo].

Enero de 1860:

A-B] «Un muerto resucitado» (ene. 22, 1860).

Febrero de 1860:

A-B] «La hija i el padre» (feb. 25, 1860).

Abril de 1860:

A-B] «El canei del totumo» (abr. 14, 1860); (abr. 21, 1860).

Noviembre de 1860:

A] «La palma (fragmento de una novela)» (nov. 10, 1860);

«María Ticince» (nov. 10, 1860).
Febrero de 1864:
A] «El Trilladero del Vínculo» (feb. 20, 1864).
Póstumamente se publicaron:
«Manuela; novela orijinal de Eujenio Díaz» (texto completo, con cambio de título, como parte del segundo volumen de una obra colectiva, 1866);
«Pioquinta o el valle de Tensa; novela histórica, escrita para *El bogotano*» (1865-1866, incompleta);
El rejo de enlazar (1873);
Los aguinaldos en Chapinero (1873),
«Bruna la carbonera» (1879-1880).
Por primera vez se publicó como libro en 2 volúmenes: *Manuela. Novela de costumbres colombianas* (1889), nuevamente se le modificó el título.
También se difundieron: «Historia de la paloma» (1894);
«Un par de pichones» (1971);
«Dos haciendas» (1972);
«Una cascada nueva en la América del Sur» (1985).
En 1985, se hizo la edición en dos volúmenes de *Novelas y cuadros de costumbres*, donde se reunieron las obras de Eugenio Díaz Castro (véase Rodríguez-Arenas 2006, I (A-L): 336-346).
El 20 de julio de 1872, Manuel Briceño Fernández y José María Quijano Otero fundaron el periódico *La América* (Silvestre 1883, 315). El 14 de diciembre de ese año, en un aviso sobre las actividades editoriales, los redactores del periódico informaron que tenían en su poder «cuatro novelas de costumbres, inéditas, del señor Eugenio Díaz, el afamado autor de la Manuela y de María Ticince». De esta manera en la imprenta de *La América* se publicaron:
El rejo de enlazar (1873);
Los aguinaldos en Chapinero (1873).
El 19 de febrero de 1873, Manuel Briceño contrajo matrimonio con María Díaz Cubillos (Uno de sus contemporáneos 1885, 21), hija de Juan Antonio Díaz Castro, hermano menor de Eugenio Díaz Castro (véase Restrepo Sáenz et ál. 1993, III: 19).

3. Manuela. Novela bogotana

Cuando los escritores colombianos que publicaron sus novelas entre 1845 y 1870 emplearon la traducción que los españoles habían efectuado para la palabra «*moeurs*»[98] del francés (titulando sus obras con el calificativo «de costumbres»), no pudieron anticipar que la historiografía y la crítica literaria colombianas encasillarían férreamente como «costumbristas» esas producciones de ficción, sin tener en cuenta ni las influencias ni los modelos literarios a los que ellos adscribieron sus textos, como tampoco las características estéticas que los constituyen. De esta manera, bajo esta clasificación se encuentran dispersas las obras de los representantes más señalados de la intelectualidad liberal del medio siglo: Eugenio Díaz Castro, Próspero Pereira Gamba, Bernardino Torres Torrente, Raimundo Bernal Orjuela, José David Guarín y José María Samper, entre otros; escritores que aprovecharon modos de leer paradigmáticos, pero emplearon procedimientos de apropiación de modelos narrativos en boga, ampliando las demarcaciones entre razón e imaginación y entre los discursos sobre la verdad, el conocimiento, el poder y su representación, para representar efectiva y verdaderamente la compleja realidad social y, así, construir un corpus literario que solidificara la narrativa de ficción neogranadina/colombiana como una expresión cultural nacional.

Ese grupo de escritores liberales del medio siglo vincularon sus inquietudes intelectuales y las formas narrativas de sus empresas ficcionales a los cambios sociales y literarios que sus novelas atestiguan; de ahí que su referente fuera el estudio sagaz o el retrato indiscutible de su sociedad contemporánea, y el desciframiento de los mecanismos sociales constituyentes; es decir: el mundo familiar para los lectores de la época formaba las escenas de las novelas; el espacio narrativo

---

[98] En París en 1847, en un artículo sobre Larra y Mesoneros Romanos ya se afirmaba: «España, y es de las más curiosas contradicciones del espíritu peninsular, se acomoda muy bien con estas falsificaciones de lo extranjero, a condición de que el extranjero finja no percibírselo. Este nacionalismo intolerante que salta a cualquier palabra de influencia francesa copia servilmente, desde nuestros modos y nuestras comedias ligeras hasta nuestras autoridades históricas y nuestras clasificaciones de partido, todas las manifestaciones de la vida exterior de Francia. Todo, excepto las condiciones morales de las que son el reflejo. Aquí, como en los informes del individuo al estado, el genio español percibe únicamente el lado palpable de las cosas. Esto es tan verdadero, que no hay término, por ejemplo, entre nuestros vecinos que responda a la acepción psicológica de la palabra *moeurs*: el español traduce *moeurs* por costumbres, hábitos, reproducción de tal hecho material. Este préstamo superficial adaptado mal que bien al arcaísmo batueco, debe producir, lo concebimos, acoplamientos encontrados de incoherencias barrocas que Larra nos ayudará a vislumbrar» (D'Alaux 1847, 230).

conceptualizado lo constituía el lugar que habitaban o conocían y las situaciones sociales eran las que se vivían. Por eso, se privilegiaba el desencanto de la realidad resultado de la explicación social y científica, el debate público nacional, la mezcla de gente dispar con sus formas de hablar y sus gustos y el conglomerado de cosas heterogéneas trabajadas por las amplias búsquedas sociales, que habían convertido al pueblo en protagonista político; por lo que denunciaban los desequilibrios sociales producto de la explotación y el abuso que originaban el crimen y la miseria.

De esos escritores, Díaz Castro corrió la «suerte» de encontrar en Vergara a un pertinaz conservador, quien (con su cerrada y clasista visión de mundo, y habiendo sido amenazado con el «perrero» en los «retozos democráticos» que habían ocurrido en el sur del país) posiblemente creyó que ese «guache» (liberal que vestía ruana, para diferenciarse de los liberales radicales) sería fácil de destruir, como lo habían sido hacía muy poco los dirigentes y miembros integrantes de ese partido al ser encarcelados, ejecutados o exiliados. Lo censuró y limitó en vida, y a su muerte, y a pesar de las directas afirmaciones públicas de Díaz Castro de ser *«amante de las ideas liberales»* (Díaz junio 25 de 1859, 41-42) [Itálicas agregadas], o debido a esa decidida proclamación ideológica, no sólo mutiló el texto de *Manuela*, eliminado secciones completas, sino que también, empleó su conocimiento de la retórica para invalidar los alcances de esa labor escritural, al crear y esparcir la noción de que «su programa en política era conservador»; ambigüedad ésta, cuyo fin era producir diversidad de sentidos y crear el equívoco que críticos e historiadores de la literatura colombiana han aceptado como ley, interpretando que el autor pertenecía al partido conservador. Juicio que va en contra de la vida de Díaz Castro, como de la obra que publicó durante su existencia.[99]

La dilucidación de las circunstancias que plagan las concepciones que se tienen hasta el momento sobre la producción de Díaz Castro (escritor de avanzada, sagaz lector y fuerte crítico de la sociedad de su tiempo) requiere tanto de un entendimiento del clima intelectual que se vivía en la Nueva Granada, como de un acercamiento a las cir-

---

[99] Los únicos textos con datos autobiográficos, que difundió, son: «La ruana» (1859d), «Mi pluma» (1859e), «El gorro» (1859b) publicados en *La Biblioteca de Señoritas* y «La variedad de los gustos» (1859c), artículo de crítica sobre la novela «La maldición» de Manuel María Madiedo, que vio la luz en *El Mosaico*. Estos textos se hallan recopilados en Díaz Castro (1985, 353-371), obra en la que se eliminó la información bibliográfica original.

cunstancias personales del autor dentro del contexto neogranadino en la época en que escribió y publicó *Manuela*; así como al desciframiento de las influencias y modelos literarios y a la comprensión de las características estéticas del discurso con las que el escritor estructuró su obra cumbre. De este modo, se podrán entender los rasgos que la constituyen y la escuela literaria a la que se adscriben; datos que aportan una visión clara de la ideología que poseía este autor.

4. El contexto político-social de la Nueva Granada

El clima político neogranadino de la década anterior a la escritura y al comienzo de la publicación de las obras de Díaz Castro lo marcaron varias circunstancias: La administración de Tomás Cipriano de Mosquera (1845-1849) comenzó una serie de cambios para modernizar el Estado, entre ellos la contratación de extranjeros especializados en diversas áreas científicas y técnicas que laboraron como ingenieros, arquitectos, profesores de colegios y universidades, acuñadores de monedas, etc.; además, en ese gobierno se aspiró a la creación del Banco Central y del Colegio Militar, y se adquirieron cinco mil libros en Europa destinados a la Biblioteca Nacional.

No obstante el impulso en ese sentido, al ponerse en funcionamiento el plan trazado por Mariano Ospina Rodríguez en la educación universitaria que establecía la disciplina entre los estudiantes, el retorno de la influencia del clero en la educación superior, la centralización del currículo, la eliminación de autores y obras de éste (Bentham, Destutt de Tracy), esa administración tuvo éxito parcial en la formación de una juventud conservadora, pero fue abiertamente rechazada por los nuevos jóvenes liberales (véanse Helguera 1958, 168-178; Martínez 2001, 53-63; Samper 1881, 102).

La elección de José Hilario López (1849-1853), sucesor de Mosquera en el gobierno, dio pie a una serie de cambios liberales: «libertad de cultos, abolición de la prisión por deudas, libertad total de prensa, libertad de enseñanza, expulsión de los jesuitas, abolición de la esclavitud y abolición de los resguardos indígenas» (Martínez 2001, 66). Así mismo, se intentó reducir el poder de la Iglesia y lograr la descentralización del gobierno; al mismo tiempo, se eliminaron los monopolios del estado sobre el tabaco y la sal y se disminuyó la fuerza pública a 2.500 hombres; mientras que se instituyó el matrimonio civil, se instauró el sufragio universal masculino y se reconoció el derecho de cada provincia a diseñar su propia constitución (véase Martínez 2001, 66).

Los artesanos se habían agrupado y en 1846 habían fundado la Sociedad de Artesanos, que en 1848 cambió el nombre a Sociedad Democrática de Artesanos; cuya mayor preocupación era lograr una protección para sus industrias[100]. Al mismo tiempo, las divisiones políticas dieron origen a la fundación del partido liberal colombiano en 1848 y a la del partido conservador[101] en 1849; sufriendo el liberal poco tiempo después, una escisión entre gólgotas y draconianos. Los primeros eran los radicales, grupo conformado por la élite económica, social y política del partido; promovieron muchos de los cambios políticos del momento y quisieron establecer el libre cambio. Mientras que los segundos eran moderados, deseaban una institución castrense fuerte, buscaban la preservación de los privilegios sobre las tierras baldías, eran partidarios de la pena de muerte, sostenían el poder del gobierno y poseían intereses proteccionistas[102]. Los miembros de

---

[100] «La *Sociedad Democrática* en Bogotá, creada en 1848, fue invención de varios *Lopiztas*, entre ellos José María Vergara Tenorio (joven de gran capacidad, considerable instrucción y mucho valor moral) y Fernando Conde que redactaban *El Aviso*, Ricardo Venegas, redactor de *La América*, y otros liberales entusiastas, a quienes pareció conveniente mover las masas populares por medio de los artesanos, con el fin de hacer triunfar la candidatura del General López. Los artesanos de Bogotá, en su gran mayoría, habían sido hasta entonces gobiernistas, mejor dicho, materia disponible para servir como soldados y sufragantes al Gobierno, bajo influencia de los jefes y capitalistas conservadores y del clero. ¿Cómo sustraerles a esta influencia y ponerles del lado del liberalismo? Se creyó que lo más eficaz para este fin era halagar sus pasiones (porque *ideas* no tenían), hablándoles de *emancipación*, *igualdad* y *derechos* (jamás de deberes), y su amor propio, con la perspectiva de convertirse ellos, a su vez, en una potencia política y social, mediante la asociación permanente de sus unidades dispersas. Por eso la sociedad fue llamada Democrática de *Artesanos*. (...) convenía neutralizar su fuerza material con otra más inteligente; y tanto por esta conveniencia, como por entusiasmo democrático, centenares de jóvenes e individuos que no eran artesanos se hicieron recibir miembros de la Democrática. Yo fui de este número y entré con todo el calor de un liberal sincero (...).

¿Qué hacíamos todos en la Democrática? Perorar, diciendo casi todos los más estupendos dislates, agitar las pasiones, practicar la política tumultuaria y organizar las fuerzas brutas del liberalismo. Jóvenes y artesanos proponíamos y proclamábamos las cosas más estrafalarias (...). En breve las Democráticas se multiplicaron en toda la República» (Samper 1881, 189-191). Véase la narración de Samper sobre la manera en que se separó definitivamente de la Sociedad Democrática (1881, 207-209).

[101] Sobre los conservadores de la época se ha dicho: «El conservatismo, podía, sin embargo, exhibir una lista bastante extensa de notabilidades que había figurado desde siempre en posiciones más o menos importantes dentro del gobierno o a las que distinguía cierta celebridad local. Entre ellos figuraban Eusebio Borrero, Joaquín Barriga, Mariano Ospina, Manuel María Mosquera, Ignacio París, Eusebio María Canabal, Juan de Francisco Martín, José Joaquín Gori y Rufino Cuervo» (Colmenares 1968, 101-102).

ambas facciones liberales se acercaron a los artesanos para conseguir votos para sus elegidos; pero al poco tiempo, los gólgotas se separaron de ellos. La vida política de los draconianos como partido fue muy corta, entre 1850 y 1854, extendiéndose máximo hasta 1856, al punto que para 1860, eran apenas un recuerdo político (véase Llano Isaza 2005, 40).

Para 1853, los grupos de artesanos comprendieron que sus intereses no eran los de los draconianos, porque estos no habían cumplido con las promesas de elevar el arancel aduanero y del proteccionismo. El general José María Melo[103] derrocó el 17 de abril de 1854 el gobierno liberal de José María Obando, quien se negó a aceptar el mando supremo que el primero le ofreció. El ejército proclamó a Melo, quien asumió la dictadura y se mantuvo en el poder hasta diciembre del mismo año. Ese golpe de estado había comenzado con el grito dado por Melo de «¡Abajo los gólgotas!» y contó con el apoyo de los grupos de artesanos[104]. Como reacción, gólgotas, draconianos y conservadores unieron sus fuerzas para retomar el control del gobierno; lo cual sucedió en diciembre del mismo año (véase Martínez Garnica, 605-618).

En lo social, además de que se habían iniciado las expediciones de

---

[102] Entre los draconianos se contaban: Lorenzo María Lleras, José Antonio Gómez, Francisco Antonio Obregón, Ramón Mercado, Lisandro Cuenca, Rafael Eliseo Santander, Juan Francisco Ortiz Rojas, Patrocinio Cuéllar, Vicente Lombana, Joaquín Pablo Posada y otros (véase Llano Isaza 2005, 10).

[103] El 29 de marzo de 1854, se acusó a Melo, Comandante General de la fuerza armada de Bogotá, del asesinato del cabo Pedro Ramón Quirós en el cuartel de caballería de Bogotá; de ser hallado culpable sufriría la pena de muerte. Ese mismo día, las cámaras legislativas comenzaron la destrucción de la institución del Ejército permanente y la abolición de la carrera militar. Esto significaba que Melo, militar de honrosa carrera, quedaría sin puesto y posiblemente arrostraría graves cargos; situaciones que pesarían fuertemente en su decisión de dar el golpe de estado (véanse Cordovez Moure 2006, 223; Camacho Roldán 1892, 112).

[104] Este gobierno tuvo una raíz fuertemente popular e intentó controlar los abusos que se cometían con los aranceles y los monopolios; además quiso detener la venta de las tierras indígenas para prevenir más el empobrecimiento de las comunidades indígenas (König 1994, 493-502). «La toma del poder del 17 de abril no fue un golpe mediante el cual un caudillo buscara satisfacer intereses políticos y económicos propios. Su valor radica más bien en el intento de fijar otras prioridades para el desarrollo nacional de la Nueva Granada proclamando y buscando realizar un proyecto nacional propio. El gobierno del general Melo constituido por una coalición de artesanos, soldados liberales moderados, duró sólo ocho meses y tuvo por demás que concentrarse en el enfrentamiento militar con el gobierno destituido y sus partidarios. (...) En contraposición al proyecto de la burguesía de comerciantes que había dado inicio al desarrollo económico de la Nueva Granada incorporándola en el mercado internacional, en la división internacional del trabajo, arriesgando al mismo tiempo la integración nacional, Melo y los artesanos siguieron una política nacional orientada hacia la igualdad social y la unidad nacional que habrían de romper con el papel predominante de los estratos altos, así como también lograr las condiciones necesarias para que la sociedad neogranadina se desarrollase hacia una nación» (König 1994, 494).

la Comisión Corográfica[105] y se difundían los trabajos que sus miembros producían comenzando a divulgar aspectos físicos, políticos, económicos y culturales sobre el territorio neogranadino y su gente; en 1851 se había abolido definitivamente la esclavitud; pero los terratenientes que empleaban la mano de obra campesina continuaban ejerciendo prácticas que perpetuaban las formas de sujeción extraeconómicas. Los hacendados del territorio seguían practicando de diversas maneras el concertaje.[106] En las haciendas de la Sabana de Bogotá, los trabajadores que vivían en ellas debían prestar servicios de ordeñe, vaquería, siembra y trilla de trigo y cebada (véase Kalmanovitz 1992, 248-249). Además, existía un alto grado de sumisión de los arrendatarios hacia los dueños de la tierra, tanto por la dependencia económica, como por los mecanismos de coerción que los últimos empleaban (véase Kalmanovitz 2003, 149-150).

Mientras que en las haciendas paneleras del Sumapaz: «La explotación que ejercían los terratenientes era mucho más despiadada y sin el paternalismo y las pretensiones aristocráticas que caracterizaba a los hacendados de la Sabana de Bogotá» (Kalmanovitz 1992, 249). El principal elemento que prevalecía entre terrateniente y campesino era la renta y la coacción externa (Kalmanovitz 1992, 253).

Para las haciendas tabacaleras como en Ambalema, los apareceros realizaban la recolección del tabaco; estos trabajaban en pequeños terrenos propios o arrendados, pero debían vender toda su cosecha al

---

105 «Entre enero de 1850 y febrero de 1859 el territorio de la Nueva Granada fue sometido, por primera vez, a estudio geográfico sistemático. Durante nueve años la Comisión Corográfica, dirigida por el geógrafo militar italiano Agustín Codazzi, visitó la mayor parte de las regiones habitadas del país, llevando registro de sus características geográficas y topográficas, así como de sus recursos naturales, sus industrias y sus condiciones sociales. Fue ésta una empresa de proporciones heroicas. Codazzi recorrió más de 50.000 kilómetros por un territorio virtualmente desprovisto de caminos, y confrontando las formidables dificultades de los Andes colombianos, o los peligros de la selva tropical, estudió un área cercana a un millón de kilómetros cuadrados, equivalente a la actual superficie conjunta de Francia, Alemania y Portugal» (Sánchez, 1999: 17-18). «En el contexto de la Comisión Corográfica de la Nueva Granada, la palabra *corografía* hace referencia tanto a la descripción como al levantamiento del mapa de cada una de las provincias del país, y de éste en su conjunto. Diez años antes de iniciarse la Comisión Corográfica, Codazzi había definido el concepto de "mapa corográfico" como el de "un reino, república o imperio"» (Sánchez 1999, 17).

106 El concertaje o mita: «Lo predominante en esta relación residía en la obligación laboral de los mitayos a prestar el servicio, impuesta institucionalmente por una combinación de autoridad ancestral, cepo y autoridad real y, finalmente, adoctrinamiento religioso. No hay entonces nada en este tipo de explotación que se asimile al capitalismo (...). Ni existe, en consecuencia, ninguna razón para ver en el mitayo el antecedente del moderno proletario. / Mientras subsistió, la mita cobró importancia en la asignación de la decreciente fuerza laboral del indígena., siendo especialmente favorable para el desarrollo de las haciendas» (Kalmanovitz 2003, 44).

terrateniente a un precio que representaba el 30% de ganancia para el hacendado (véase Kalmanovitz 2003, 159). Estas formas de producción eran un elemento de coacción, residuo del concertaje que provenía del sistema colonial, en que existían derechos desiguales y obligaciones sin contraprestación alguna por parte de los terratenientes.

5. La sociabilidad y los cambios en el imaginario colectivo neogranadino

Dadas las circunstancias sociales y políticas que ocurrieron a finales de la década del cuarenta y principio de la del cincuenta del siglo XIX, se incrementaron las asociaciones públicas. Los artesanos estaban agrupados y tenían al principio un fin educativo[107]. Posteriormente, los jóvenes liberales radicales formaron la Escuela Republicana[108]; pero como reacción, los jóvenes del partido conservador establecieron la Sociedad Filotémica[109], cuya inauguración se hizo el día del

---

[107] «En 1848, la *Sociedad de Artesanos* no se ocupaba de política; en sus sesiones nocturnas se daba enseñanza de lectura, escritura, aritmética y dibujo lineal. Atraídos por el objeto simpático de la institución, nos incorporamos en ella varios jóvenes recién salidos de los colegios, que después debíamos figurar en las luchas políticas; recuerdo los nombres de los señores José María Samper, Medardo Rivas, Carlos Martín, Antonio María Pradilla, Januario Salgar, Próspero Pereira Gamba y Narciso Gómez. Enseñábamos a leer y escribir, y concurríamos con este objeto dos o tres veces a la semana a las escuelas nocturnas. En 1849, después de la inauguración de los nuevos mandatarios, la Sociedad se puso de moda y era raro el liberal que no quisiese inscribirse en sus filas, principalmente los de las clases militar y de empleados públicos. Empezaron a asistir a las sesiones personas que deseaban hacer notorias sus opiniones liberales, (...) sólo se hablaba de política y se hacías proposiciones extraordinarias discutidas con calor como si ese fuera un cuerpo deliberante» (Camacho Roldán [s.f], 81-82.

[108] «El 25 de septiembre de 1850 tuvo lugar la reunión pública de una sociedad de jóvenes estudiantes del Colegio de San Bartolomé, con el nombre de *Escuela Republicana* (...). Allí hicieron su aparición los hombres que en los veinticinco años siguientes debían figurar de diversos modos en la escena pública: Domingo Buendía, Manuel Suárez Fortoul, José Joaquín Vargas, Ramón Gómez, Leopoldo Arias Vargas, Mario Lemos, Alejandro Roa, Aníbal Galindo, Camilo A. Echeverri, Milcíades y Marcelino Gutiérrez, Narciso y Clímaco Gómez Valdés, José María Samper, Francisco E. Álvarez, Santiago Pérez, José María Rojas Garrido, Peregrino Santacoloma, Joaquín Morro, Antonio María Pradilla, Nicolás, Próspero y Guillermo Pereira, Celso de la Puente, Tomás y Lisandro Cuenca, Leonidas Flórez, Olimpo García, Narciso Cadena, Pablo Arosemena, Januario Salgar, Manuel Lobo Guerrero, Juan Bautista Londoño, Octavio Salazar, Eustorgio Salgar, Vicente Herrera, Foción Soto, Antonio María Domínguez, Horacio González y otros» (Camacho Roldán [s.f], 199-200).

[109] «Los miembros más notables de la Sociedad Filotémica eran los jóvenes Carlos Holguín, Manuel María Medina, Antonio J. Hernández, Fortunato Cabal, José María Pinzón Rico, Juan E. Zamarra, Pedro A. Camacho Pradilla, Belisario Losada, Vicente Vargas, Joaquín F. Vélez y Emilio Macías Escovar. Algunos de ellos terminaron su carrera en las filas liberales, como los señores Hernández, Pinzón Rico y Vicente Vargas. Poca fue la duración de esta Sociedad. Fundada a fines de octubre de 1850, terminó su

natalicio del Libertador, el 28 de octubre de 1850, en la Quinta de Bolívar. Asimismo, para contrarrestar el creciente poder de las Sociedades Democráticas, miembros del partido conservador habían fundado la Sociedad Popular y de Instrucción Mutua y de Fraternidad Cristiana, agrupación que también incluía a diversos artesanos[110]. Mientras que «las señoras conservadoras formaban en la Sociedad del Niño Dios, presidida por la señora doña Gabriela Barriga de Villavicencio, viuda del ilustre prócer, y por el presidente honorario don Mariano Ospina» (Cordovez Moure 2006, 638).

Con el incremento de las asociaciones, además de los estudios geográficos y científicos que se realizaron, se produjo una difusión de ideas, de valores y por tanto una transformación de la sociedad que permitió la adopción de nuevas prácticas que obraron en la modificación de estructuras socioculturales y en la construcción de situaciones que permitieron rupturas y adopciones en los imaginarios sociales[111] conocidos; puesto que se dio un vínculo entre la actividad intelectual y el espacio común al que pertenecían estos grupos y en el que sus miembros funcionaban según pautas específicas de conducta; dando así lugar a formas de acción colectiva, que llevaron a promover acciones que tuvieron repercusiones sociales.

Las situaciones culturales y las condiciones del saber que estas agrupaciones tenían en común eran la lectura y la difusión de infor-

---

carrera en julio de 1851, durante la rebelión conservadora, en la que, habiendo querido tomar parte, fueron sorprendidos y aprisionados por los de la Escuela Republicana. Estos trataran a sus prisioneros con mucha generosidad y obtuvieron que se les dejase libres a los pocos días» (Camacho Roldán [s.f], 203).

[110] «La Sociedad Popular, presidida por el señor Simón J. Cárdenas (Pan de yuca), notable taquígrafo que murió en la toma de esta ciudad el 18 de julio de 1861, tenía sus sesiones en el antiguo Coliseo» (Cordovez Moure 2006, 638). Otro testimonio informa: «La *Sociedad Popular*, compuesta en su principio de una reunión que, con pretextos religiosos, había formado la Compañía de Jesús. Esta Sociedad mostró desde un principio sentimientos fuertes de animadversión al gobierno y a los liberales. Los señores Simón J. Cárdenas, Juan Malo, Juan Esteban Zamarra y otros, eran los inspiradores principales de la asociación conservadora» (Camacho Roldán [s.f], 82).

[111] «Los imaginarios sociales serían precisamente aquellas representaciones colectivas que rigen los sistemas de identificación e integración social y que hacen visible la invisibilidad social» (Pintos, 108). «Tiene que ver con la 'visiones de mundo', con los metarrelatos, con las mitologías y las cosmologías, pero no se configura como arquetipo fundante, sino como forma transitoria de expresión, como mecanismo indirecto de reproducción social, como sustancia cultural histórica» (Pintos, 111). «Lo que aquí más nos interesa es su incidencia en el presente como forma de configurar, de modos y a niveles diversos, lo social como realidad para los hombres y mujeres concretos. Por ello no se constituye como campo específico de conocimiento objetivo o de proyecciones o deseos subjetivos, sino que establece una matriz de conexiones entre diferentes elementos de la experiencia de los individuos y las redes de ideas, imágenes, sentimientos, carencias y proyectos que están disponibles en un ámbito cultural determinado» (Pintos,:112).

mación; actividades que integraron las relaciones interindividuales que se desarrollaron en el interior de esos grupos, las que luego pasaron a insertarse en el centro de los grupos familiares, llegando a operar en las relaciones entre los integrantes tanto en los comportamientos, como en las conveniencias; situación que se produjo en todos los niveles privados y públicos, promoviendo reacciones diferentes para los involucrados, según como ellos se representaran y se relacionaran con la realidad.[112]

Originalmente, la propagación de información surgió de la comprensión y de la conexión ideológica con lo que sucedía en puntos específicos de Europa; especialmente en Francia, país donde la gente, en los gabinetes o salas de lectura, podía leer lo último que salía, por muy poco dinero y sin tener que comprar el texto; así se estaba al día en información, pero a la vez, se desarrollaba una distancia crítica con la autoridad. Esa influencia francesa se observa en anuncios como el siguiente, que se hallan en los periódicos bogotanos de la época:

> Gabinete de lectura: Fundado por los esfuerzos del Sr. Ignacio Gutiérrez, el Gabinete ha pasado ya por sus pruebas de existencia. Hoy cuenta con más de 40 miembros, i hai un copioso surtido de periódicos nacionales i extranjeros. El Sr. Gutiérrez nombrado Director por fallecimiento del siempre lamentado José I. París, ha determinado trasladar el gabinete a un buen salón de la calle del Comercio. Allí habrá lectura i tertulia para los socios, quienes por la módica cuota de 1 peso mensual disfrutarán de más de 25 periódicos, i de un decente lugar de reunión. Deseamos larga vida a este útil establecimiento (Anónimo 1848, 122).

Las asociaciones y la lectura trajeron un nuevo discernimiento en el imaginario colectivo neogranadino, lo que permitió tomar deci-

---

[112] Efectos de los cambios que se produjeron en ese momento histórico se relatan en una carta de la madre de José María Vergara y Vergara, escrita a raíz de decretada la constitución de 1853: «Hace cuatro días que pasó el proyecto de la emancipación religiosa y dar libre la entrada del comercio; y los artesanos se pusieron furiosos: se amotinó el pueblo: era un aguacero de piedras, sacaron puñales, los representantes con pistolas, otros con estoques; y mataron un albañil y un herrero. Fueron a sacar a Obando en auxilio, y no quería salir; por fin salió, cuando ya se acababa el bochinche, y le temblaban las piernas. A Mateus lo hirieron junto a la nariz. Y el runcho Neira quiere bajar a Obando; todos están contra él, ya no tiene partido. Don Fernando está que se muere: ya pide rey español. Lombana está disgustado con Obando; son tres partidos: cachacos, gólgotas y guaches. Ya no se sabe esto cómo es. Eladio se metió en medio del alboroto a defender a los Lombanas, que tienen muchos enemigos. Las Lombanas tuvieron que llorar todo el día, como lloramos el día de la expulsión. (...) Ladislao hace doce días que se fue al Noviciado y no ha venido; está encantado con Filomena Castro y conservador como nada; y Eladio encantado con Dolores y rojo como el diantre, y así, estoy entre dos extremos» (Samper Ortega 1931, 53).

siones y redefinir relaciones sociales, gracias a las nuevas experiencias locales que se impulsaban en las agrupaciones; para lograrlo, los pensadores se valieron de mecanismos para la apropiación y el consumo de los referentes y signos que los dispositivos de información proporcionaban tanto en los impresos (libros, periódicos, panfletos, etc.), como por las ideas y mensajes difundidos por viajeros, como Manuel Ancízar, Florentino González, Rufino Cuervo, Thomas Reed, Aimé Bergeron y Agustín Codazzi, entre otros (véase Martínez 2001, 53-58), quienes interpretaron y transmitieron la realidad social, económica y cultural de los lugares de procedencia o de los visitados.

Además entre 1841 y 1858, existieron al menos 46 imprentas[113], que contribuyeron a la difusión de información. A estas empresas se sumaban los diversos establecimientos comerciales que aparte de dedicarse a la venta de productos específicos (muebles, mercería, etc.) también vendían libros nacionales o importados. Asimismo, para la década del cincuenta de ese siglo existían poquísimas librerías; no obstante, el reducido número de estos establecimientos, se sabe que para finales de la década del sesenta la Biblioteca Nacional contaba con: «22.457 obras de las cuales: 7.307 son en latín (es decir un 33% del fondo total), 5700 en francés (25%), 3.892 en castellano (es decir un 17% del fondo total) de las cuales 1.551 (7%) son obras nacionales, y 998 en inglés (4%); el francés por lo tanto se impone sobre el castellano como idioma moderno del conocimiento» (Martínez 2001, 110).

Esta última información atestigua los idiomas que los letrados ma-

---

113 En Bogotá hubo 19: la Imprenta de Ancízar i Pardo, la de El Día, la de Espinosa, la del Estado, la de Echeverría Hermanos, la de J. Ayarza, la de José María Cifuentes i Comp., la del Neo-Granadino, la de Ortiz, la de Torres Amaya, la de N. Lora, la de José Antonio Cualla, la de Pizano i Pérez, la del Imparcial, la de M. Sánchez Caicedo i Compañía, la de "El Núcleo Liberal", la de Vicente Lozada, la de Nicolás Gómez y la de Zoilo Salazar. En Cartagena, 4: la Imprenta i Librería de Antonio Labiosa, la Imprenta de Eusebio Hernández, la de los Herederos de J. A. Calvo, la de Francisco de B. Ruiz. En Cali, 1: la Imprenta de Velasco. En Ibagué, 1: la Imprenta Provincial. En Medellín, 2: la Imprenta de Jacobo Facio Lince, la de Manuel Antonio Balcázar. En Mompox, 1: la Imprenta del Dr. Manuel Salvador Rodríguez. En Nóvita, 1: la Imprenta de Nicolás Hurtado. En Panamá, 4: la Imprenta de A. Morel, la de "El Panameño", la de José Ángel Santos, la del "Centinela". En Pasto, 2: La Imprenta Pastusa, la de Pastor Enríquez. En Popayán, 4: la Imprenta de la Democracia, la de Hurtado, la de M. Sánchez Caicedo i Comp., la de La Universidad. En Riohacha, 3: Imprenta de la Unión, la de M. Macaya, la de "El Riohachero". En Santa Marta, 2: la Imprenta de La Gaceta Mercantil, la de Antonio Locarno. En Socorro, 1: la Imprenta de Villarreal i Gómez. En Tunja, 1: la Imprenta de Vicente de Baños (véase Uricoechea 1874, 1-48). Todos estos establecimientos, desde la ley del 3 de mayo 30 de 1834, debían remitir a la Biblioteca Nacional un ejemplar de todo lo que imprimieran, fuese libro, cuaderno, hoja suelta o impreso (véase Pombo 1845, 234).

nejaban: latín, castellano, francés[114] y, en menor medida, el inglés. También, pero en contados casos, empleaban el alemán, el sueco o el idioma del lugar de donde los viajeros fueran oriundos o a dónde los neogranadinos habían ido a estudiar o a visitar. Sin embargo, además de en castellano, en francés llegaba gran parte de la difusión de ideas del momento; hecho que corroboran las aseveraciones de José María Samper:

> Dos corrientes literarias, una española y otra francesa obraban sobre los espíritus: por un lado, las obras de Víctor Hugo y Alejandro Dumas, de Lamartine y Eugenio Sue, movían los ánimos en el sentido de la novela social, de la poesía grandiosa y atrevida y de los estudios de historia política; y esta tendencia era caracterizada por dos obras, a cual más ruidosa y apasionada: la *Historia de los Girondinos*, de Lamartine, y el *Judío errante*, novela revolucionaria de Sue. Por el otro, los libros de poesías españolas modernas, empapadas en romanticismo, entre los que principalmente llamaban la atención los de Espronceda y Zorrilla: obras que despertaron en la juventud un fuerte sentimiento poético, desarreglado y de imitación en mucha parte, pero siempre fecundo para las imaginaciones ricas y los talentos bien dotados (Samper 1881, 160-161) [115].

---

[114] «Podría decirse, en rigor de verdad, que aquí estudiábamos más el francés que el castellano (...). Con las sederías y las pomadas nos venían de París los poemas, historias, dramas y novelas de los franceses, juntándose en la importación lo bueno con lo malo; (...) la invasión creciente de la literatura francesa, [estaba] implantada en gran parte, entre nosotros» (Samper 1953, 172-173).

[115] Lo mismo afirmó Aníbal Galindo: «*El Judío Errante* de Eugenio Sue, contra los jesuitas, *Los Girondinos*, de Lamartine, y *Los Montañeses*, de Esquiroz, eran el evangelio de toda la juventud liberal» (Galindo 1900, 31). Mientras que Ignacio Gutiérrez Vergara confirmó: "Todas estas escenas [francesas], cuya relación llegaba a Bogotá principalmente en *La Presse*, periódico socialista-ecléctico, que redactaba en París Emilio de Girardin, impresionaban vivamente a todo el mundo, sobre todo a la juventud escolar, la cual padecía en aquella época de un singular estado neurótico provocado por la lectura de variadísimos autores. Quizá no ha habido nunca allí mayor ansia de saber ni más férvida actividad intelectual. (...) cuales se aplicaban a estudiar a Helvecio, Condillac, Bentham, Filangieri, cuales a Benjamin Constant, Víctor Cousin, Augusto Comte; (...) unos leían a Nodier y Balzac, Alejandro Dumas y Eugenio Sue; otros a Lamartine y Víctor Hugo, Byron y Walter Scott, Larra y Mesonero Romanos; y casi todos a Zorrilla y Espronceda» (Gutiérrez Ponce 1900, 471).

En este aspecto, sobre el grupo liberal moderado se ha explicitado: «Los Draconianos eran unos ávidos lectores (...) y el único medio de conocer diferentes teorías era leyendo lo que salía de las imprentas o lo que se importaba traducido de Francia, donde los socialistas utópicos gozaban de una amplia popularidad. En todos los talleres de los artesanos se leía a Lamartine y su *Historia de los girondinos*; *El judío errante* de Eugenio Sue; *Los talleres nacionales* de Louis Blanc; *El nuevo cristianismo*, del conde Saint-Simon; de Proudhon se estudiaba *¿Qué es la propiedad?*, *Advertencia a los propietarios* y *Filosofía de la miseria*; *El viaje a Icaria* de Etienne Cabet; de Condorcet el *Diseño de una descripción histórica del progreso de la mente humana* y de Charles Fourier todo lo referente a sus "falansterios". El común denominador de todos estos autores, además de ser franceses, era que pertenecían a la escuela del socialismo utópico» (Llano Isaza, 61).

Según estos testimonios, las circunstancias políticas y socioculturales de esos años permitieron que los distintos grupos enfatizaran diferentes aspectos, tomando conceptos particulares provenientes de países europeos para apropiárselos; así, cada uno valoró de manera distinta lo proveniente de Francia, Inglaterra o España, y efectuó elaboraciones conceptuales según su ideología, su inclinación política y sus creencias religiosas. Del mismo modo, para todos ellos, los impresos (libros, periódicos o panfletos) jugaron un papel importante en la reproducción y divulgación de las representaciones sociales que se produjeron, mediante las que se emitieron sistemas de códigos y principios orientadores de la forma en que se definió la conciencia colectiva de la sociedad neogranadina de la época.

6. Eugenio Díaz Castro: lecturas, conocimiento e ideología

Inmerso en ese ambiente político y cultural, Eugenio Díaz Castro plasmó en *Manuela* un testimonio de lo que fue la situación sociocultural de la época,[116] de su ideología, de las lecturas que había efectuado, de los modelos literarios que lo influenciaron y de las características estéticas que configuraron su escritura. Para comenzar a esclarecer estos aspectos, debe prestarse atención a las referencias literarias que se explicitan en la novela. En ella, se mencionan directa o indirectamente por lo menos 48 escritores franceses, 1 inglés, 1 italiano y 4 españoles.

Los escritores franceses son: [1] Eugène Sue (1804-1857), mediante

---

[116] Salomón Kalmanovitz en sus obras históricas y económicas, para explicar el régimen de trabajo que funcionaba en las haciendas del Sumapaz y de Ambalema, emplea *El rejo de enlazar* y *Manuela* de Díaz Castro como fuente de información, con lo cual no sólo acepta la veracidad de los hechos que sirvieron como referente novelístico, sino que con esto considera esta producción como un acervo de información referencial sobre lo que fue la vida de esa época (véase Kalmanovitz 1992, 246-263; 2003, 148-164).

Lo mismo hace Fernando Guillén Martínez para señalar que Díaz Castro habla del sistema hacendatario, pero también indica que él expone una de las causas centrales de la revolución de Melo, al poner «en boca de Marcelino Cogua (un indio veterano de Ayacucho, a quien la eliminación de los resguardos ha privado de su pejugal, dejándolo en la miseria) una frase de prodigioso alcance sociológico: "Por eso soy melista, mi amo don Fernando, porque los melistas han hecho su revolución a favor del Ejército Permanente, de la religión y del gobierno fuerte, como lo quería el Amo Libertador de Colombia" (Guillén Martínez [1979] 1996, 331). Germán Colmenares también emplea *Manuela* y *El rejo de enlazar* para estructurar apartes de su libro *Partidos políticos y clases sociales* (1968).

dos novelas: *Matilde* (*Mathilde: mémoires d'une jeune femme* [22 de dic. de 1840-26 de sept. de 1841]) y *Los misterios de París* (*Les Mystères de Paris*, [19 de jun. de 1842-15 de oct. de 1843]); además, por el personaje Rodín, de la novela *El judío errante* (*Le Juif errant* [25 de jun. de 1844-26 de ag. de 1845]); «tipo de organizador de «intrigas desenfrenadas» que no se detiene ante ningún delito ni asesinato» (Gramsci 2000, 52). [2] Henri-Joseph Du Laurens[117] (1719-1793), con la novela filosófica: *El compadre Mateo* (*Le Compère Matthieu, ou les Bigarrures de l'esprit humain* [1766]). [3] Charles Antoine Guillaume Pigault-Lebrun[118] (1753-1835), con la novela satírica y libertina: *El hijo del carnaval* (*L'Enfant du Carnaval,* [1792]). [4] Charles Paul de Kock[119] (1793-1871), con la novela *La lechera* (*La laitière de Montfermeil*, [1827]). [5] Charles de Secondat, barón de Montesquieu, con la novela epistolar satírica y libertina: *Cartas persianas o persas* (*Lettres persanes*, [1721])[120]. [6-37] *El Diablo en París* (*Le Diable à Paris*. Paris: J. Hetzel, 2 vols.);

---

[117] Du Laurens fue uno de los autores comprendidos dentro de lo que se consideró la «Literatura prohibida» de mediados del siglo XVIII en Francia (prohibición que se extendió también a España); era: «un autor jocundo, popular, relacionado con Voltaire y Diderot, pero también con la tradición rabelesiana. Las cosas se dicen claras, a la tremenda, con gracia chocarrera, ciertamente, pero certera. Su influencia tuvo que ser enorme, precisamente en los ambientes populares, los menos refinados y preciosistas. Su intención es la exaltación de los valores primarios de la vida, frente a todas las convenciones de su época, enfrentándose directamente con la estructura político-social de entonces, incluida la propiedad, y pasando de un burdo y jocoso anticlericalismo a una neta posición antirreligiosa, de alcances filosóficos (...) a tal punto que algunos personajes de *Le Compère Matthieu* originaron periódicos y hojas volantes durante la Revolución Francesa» (Aymes 1983, 36-37).

[118] Pigault-Lebrun empleó la novela para efectuar una continua denuncia del poder de la Iglesia y del despotismo político; sus lectores fueron miembros de los sectores populares, a quienes atraía por la pintura realista de hechos cotidianos de gente normal y por la fiel documentación histórica y geográfica del ambiente de sus novelas. Gracias a su habilidad para cautivar al público, se lo considera como uno de los más fuertemente responsables de la transformación de la escritura de novelas en una empresa mercantil (véase Ludlow 1973, 946-950).

[119] Paul de Kock fue coetáneo a Díaz Castro. Fue un escritor muy popular, mencionado en muchas de las novelas europeas o hispanoamericanas del siglo XIX; con su pluma contribuyó al apogeo no sólo del periodismo, sino de la novela popular en Francia durante ese siglo, llegando a ser uno de los autores preferidos de los lectores de diferentes países. No obstante esa popularidad, en el presente ha sido completamente olvidado por la crítica y la historiografía literaria, incluso francesa.

[120] «Publicadas cuando Montesquieu contaba 32 años de edad, las *Cartas persas* constituyen, no obstante, una obra de juventud. Vivamente impresionado por la lectura de aventuras y narraciones extraordinarias que tenían lugar en parajes exóticos que invitaban a toda clase de placeres sensuales, como los descritos en las *Mil y una noches* recién traducidas al francés y que, sin duda, le cautivaron, Montesquieu dando rienda suelta a su exuberante imaginación escribió, antes que nada, una novela del más refinado erotismo. Empleando el lenguaje de los salones, el de la galantería, describió, sin embargo, unas situaciones tan crudas, que cuando, algunos años más tarde, su hija abrió las páginas para leer el libro, Montesquieu se lo impidió diciendo, "Déjalo, hija mía, es un libro de mi juventud que no ha sido escrito para la tuya"» (Sebastián López 1992, 22).

antología planeada en 1843 y publicada entre 1845 y 1846; ofrece textos de Balzac, Eugène Sue, George Sand, P-J Stahl, Alphonse Karr, Henry Monnier, Octave Feuillet, De Stendhal, Leon Gozlan, S. Lavalette, Armand Marrast, Laurent Jan, Edouard Oubliac, Charles de Boigne, Altanoche, Eug. Guinot, Jules Janin, E. Briffault, Auguste Barbier, Marquis de Varennes, Alfred de Musset, Charles Nodier, Frédéric Berat, A. Legoit, P. Pascal, Frédéric Soulie, Taxile Delord, Méry, A. Juncetis, Gérald de Nerval, Arsène Houssaye, Albert Aubert y Théophile Gautier. [38-39] Héloïse d'Argenteuil (1101?– 1164) y Pierre Abélard (1079-1142), con las cartas de *Eloísa y Abelardo*. [40] Pierre-Joseph Proudhon: (1809-1865), pensador francés, uno de los padres del pensamiento anarquista; cuyas obras se difundieron en la Nueva Granada. [41] Voltaire (François Marie Arouet, 1694–1778): escritor, filósofo y abogado francés, uno de los principales representantes de la Ilustración. [42] *Ganelón*: personaje, traidor despreciable, del *Cantar de Roldán* (*La Chanson de Roland*), poema épico francés de finales del siglo XI.

[43-48] Del mismo modo, en cinco oportunidades diferentes, tanto el narrador, Demóstenes o el sacerdote Jiménez mencionan o bien el «socialismo», «los clásicos de la escuela social» o califican de «socialista» o «socialistas» a alguno(s) de lo(s) personaje(s); de esta manera, aluden directamente a la ideología proveniente de lecturas que se efectuaban en ese tiempo en libros en francés o en traducciones, como la edición sobre el socialismo que Simonnot difundió en Bogotá en 1852, la cual presenta estudios de «San-Simon (sic) y los sansimonianos» (pp. 31-109), «Fourier y los falansterios» (pp. 110-157), «P. Leroux» (pp. 158-192), «L. Blanc» (pp. 193-198), «Cabet» (pp. 199-219), «F. Vidal» (pp. 220-233), «Proudhon» (pp. 234-292). En este texto se define el socialismo:

> Entendemos por *Socialismo* el conjunto de medios que deben hacer cesar ese estado de languidez que postra y consume las naciones y la mala inteligencia que reina entre sus miembros, tanto por las equivocaciones arraigadas como por el choque de intereses. Su fin inmediato es la transfiguración de la humanidad por la justicia, la belleza, la salud, la riqueza, la armonía; su fin inmediato es la extinción del pauperismo, el aumento de la riqueza, la difusión de las luces, la abolición de la prostitución, la consolidación de la salud y bienestar (...). Nuestra publicación se dirije especialmente, menos a las personas curiosas, literatas y ávidas de novedad, que á las que

devora esa sed de justicia de que habla el Evangelio, y acosa un ansia incesante de perfección y felicidad para sí y sus hermanos. (...) Nuestra sociedad ha llegado a tal punto de desorden que todo el mundo se queja, todos reconocen el mal, muchos los diagnostican perfectamente; la inmoralidad extenúa los mas robustos estados, el comercio es en general un fraude organizado, el riesgo de una bancarrota general es cada vez mas inminente, la prostitución quita la nata y la flor del sexo más bello, mientras que la guerra y la paz armada absorben lo mas joven y robusto del mas fuerte; el adulterio, concubinage y otros tantos vicios carcomen los vínculos sociales, la envidia de poder amenaza de un modo implacable al rico, y la condición del mayor número es intolerable (en: Anónimo 1852, xi-xiv).

Los otros escritores mencionados: el inglés Walter Scott, con la novela: *Ivanhoe,* publicada en 1819. El italiano Marco Polo (1254-1324): mercader y explorador veneciano, que fue uno de los primeros viajeros a la China, autor de *Il Milione* (*Los viajes de Marco Polo* o *Libro de las Maravillas*, traducido en 1503). Los cuatro escritores españoles: El Conde de Noroña: Gaspar María de Nava Álvarez (1760-1815), con su poema sobre la muerte. Jorge Juan y Santacilia (1713-1773): científico y marino español que formó parte de la expedición que determinó que la forma de la tierra no es perfectamente esférica. Tomás de Torquemada (1420-1498), Inquisidor general de Castilla y Aragón y artífice del «Edicto de Granada» que proscribió en 1492 a los judíos de España. Bernardo de Sierra, con el devocionario *Ramillete de divinas flores* (1670). Además, la Biblia: específicamente el Libro de Judit en el Antiguo Testamento, al referirse a Judit cortándole la cabeza a Holofernes.

Con los nombres de escritores y títulos de textos que se designan directamente o se dan a entender en *Manuela*, se observa que en el relato se representan tanto las lecturas que el grupo liberal realizaba en el momento histórico, como la situación política del territorio (la división de la población en partidos políticos[121], los conceptos y las rivalidades que se producían, la manipulación de la información que

---

[121] «Era aquel congreso verdaderamente notable, porque en él estaban representados no sólo los dos partidos de la parroquia, sino todos los matices políticos que existían en la Nueva Granada. Don Blas i el cura eran conservadores netos, i don Manuel conservador misto. Don Cosme i don Eloy liberales i, don Demóstenes, radical. Asistió también convidado por el dueño de la casa, el maestro Francisco Novoa, herrero, que se había ido de Bogotá a la parroquia a consecuencia de sus compromisos políticos en la revolución del jeneral Melo. En la parroquia era tadeísta; pero hombre de bien a carta cabal» (Díaz 1866, 281).

se efectuaba, la desinformación que se esparcía), las nociones sociales (la forma de estructurar, establecer creencias e implantar códigos de comportamiento en una sociedad donde la riqueza está concentrada en pocas manos y en donde existen grandes conflictos de intereses de clase) así, como las orientaciones narrativas y conceptos literarios en total vigencia durante la época de estructuración, escritura y publicación, ya no sólo de esta novela, sino de todas las obras de Díaz Castro.

> Tras las obras filosóficas de historia, nos invadió el tropel de novelas que cautivan la atención de los lectores por lo atrevido del argumento, la amenidad del estilo y el prodigioso atractivo para las pasiones humanas, que cada cual pone en práctica con el modelo que más le fascine.
> Alejandro Dumas, padre, que falseó los hechos en sus deliciosas concepciones de novela era considerado por el mayor número de sus asiduos lectores como historiador concienzudo.
> *Los misterios de París, Matilde Maran, Los siete pecados capitales* y *El judío errante*, de Eugenio Sue, ocupaban preferente lugar en los anaqueles de las casas donde había niñas inocentes que podían leer aquellas producciones de un cerebro que carecía de sentido moral y que, al escribirlas debió recibir inspiración del averno, especialmente en *El judío errante* (Cordovez Moure 2006, 2230).

Las novelas de Eugène Sue se dieron a conocer en Colombia bien en entregas que salían de las prensas de *El Neogranadino*, en un cuadernillo de 32 páginas, titulado «Semana Literaria del Neo-Granadino» y después se coleccionaban en forma de libro, como sucedió con *Matilde*, traducida y publicada en 2 volúmenes en 1849; o bien en libro, como se difundieron *Los Misterios de* París o *El judío errante*. Asimismo, los periódicos de Bogotá, como *El Día*, divulgaban información sobre este autor y sus obras (véase Anónimo 1845, 3).

Además, la obra que se emplea en *Manuela*, en el capítulo XXVI, para ser tema de diálogo entre Demóstenes y Manuela, y que sirve, dentro de la historia, tanto como modelo para la estructura que el bogotano ordena erigir para la tumba de Rosa, como para distraer a Manuela con unas láminas[122]: *Le Diable à Paris*, tuvo por editor a un polémico activista, Hetzel, quien despreciaba el régimen de Louis

---

122   Las láminas sobre el cementerio y las tumbas que describe Demóstenes, se hallan todas en (Hetzel 1846, 248-249). Lo que significa que Díaz Castro no sólo conocía el libro, sino que lo tenía a mano cuando compuso *Manuela*.

Phillipe y fue ensayista y escritor del *National,* periódico antimonárquico; además había publicado completamente *La Comédie humaine* de Honoré de Balzac. Él y los otros escritores contribuyentes ofrecieron una crítica social, que mostraba a París como un lugar sobrepoblado y lúgubre donde abundaban el crimen y la enfermedad física y social; allí existía el desequilibrio entre ricos y pobres; por eso, mostraron los abusos y las violencias que las clases bajas sufrían y las necesidades que pasaban. Además, no sólo había información precisa y concreta sobre las condiciones de los más necesitados, sino que presentaron estadísticas y series de grabados donde se mostraban los aspectos de lo que trataban los relatos; de esta manera, el tono de los dos volúmenes favorecía a los pobres y llamaba la atención hacia la ceguera de las instituciones y del gobierno (véase Sheon 1984, 140-142).

Del mismo modo, con la repetida alusión al socialismo, a los clásicos de la escuela social o a los socialistas, en la novela se enfatiza la fuerza con que se recibían en la Nueva Granada las ideas filosóficas y políticas de los socialistas y de los teóricos franceses de 1848. Conceptos que tuvieron mucho que ver con las rupturas, definiciones y adaptaciones de las realidades y procesos políticos, económicos y sociales del momento; los cuales se expresan de diversas formas en el discurso de *Manuela*. Texto en cuyo mundo ficcional se forja un estudio de la realidad neogranadina, que busca soluciones para las injusticias y el desequilibrio social; pero a la vez, al observar en forma aguda y penetrante la vida cotidiana, ofrece explicaciones, busca crear conciencia sobre la inequidad de clases y al hacer una cerrada defensa de los oprimidos, intenta promover un cambio social.

A través de las menciones de autores y títulos franceses en la novela, se destaca no sólo el conocimiento que Díaz Castro poseía sobre la sociedad de su momento, sino también la total puesta al día de sus lecturas, así como la ideología política que profesaba: era liberal. Esto lo afirmó él mismo en 1859 en el artículo «Mi pluma», donde además comunicaba que, incluso estando trabajando en «tierra caliente» estaba al día sobre lo que pasaba política e históricamente, no sólo en la Nueva Granda, sino en otros países. En ese texto se lee: «De Ambalema fué que, en contestacion de una carta del señor jeneral Francisco V. Barriga, en el año de 49, en que me noticiaba del nacimiento de la República en Francia, le dije yo: «Celebro la noticia como *amante de las ideas liberales*; pero no vaya a suceder que de las cenizas de la República se levante un segundo Napoleón» (Díaz, 1859*e*: 41-42) [Itálicas agregadas]. Obsérvese que el lapso entre el momento de referencia y el de escritura es de diez años: 1849-1859; tal vez los años más turbulentos y de lucha ideológica en la Nueva Granada.

Aquí surge la pregunta: ¿Por qué Vergara afirmó 15 meses después de muerto Díaz Castro: «Su programa en politica era conservador» (Vergara Vergara 1866, 166), cuando el mismo Eugenio Díaz había escrito púbicamente 7 años atrás que era liberal? En ese enunciado existe la ambigüedad: ¿hablaba del programa político de partido? (conservador vs. liberal) o ¿de la orientación general que ordenaba el pensamiento del autor sobre la política en general? (era cauto y desconfiado en política, por la experiencias adquiridas)[123] o ¿sobre su conservadora actuación en la política? (no empleaba sus ideas sólidas en inútiles discusiones, como no lo hizo púbicamente sobre sus diferencias con Vergara sobre la publicación de *Manuela*). Como se observa, Vergara emitió una expresión que tiene más de un significado que da lugar a varias posibles interpretaciones diferentes, las cuales no deben entenderse como matices de un valor único. Vergara manejaba la retórica; dentro de ésta, la *ambiguitas* nace de la oscuridad que permite la opción entre dos o más sentidos y se emplea en el género deliberativo para causar la equivocación.

Esta aseveración se ha tomado como verídica y ha guiado las

---

[123] El 15 de marzo de 1850, se leía en la sección REMITIDO del periódico *El Patriota Imparcial* de Bogotá lo siguiente: «En un catálogo no tan reducido como me habian dicho, encontré un nombre de las mismas silabas i letras del mio. Esto me mueve a manifestar por medio de la imprenta, que ese individuo no soi yo. Nunca me he enrolado en esta clase de sociedades, ni he condecorado mi persona con cintas, tocardas, jesuses, ni otros emblemas significativos de bandos. Una larga experiencia me ha enseñado que la sangre que se derrama en la Nueva Granada para que suban a los puestos nuestros padrinos, prohombres, o candidatos es infructuosamente perdida, porque lo mismo, con cortas excepciones (excepciones que no valen la pena del sacrificio de la vida) mandan todos los partidos; i para el que vive del sudor de su frente en un retiro, donde las plantas no crecen por influencias de Palacio, lo mismo es que mande el candidato A que el candidato B, siendo un ciudadano que merezca aceptacion entre las mayorías. De otra manera, sin embargo, pensaba yo con respecto a la intentada invasion Flores, en cuyo tiempo me hallaba alistado en la 4a. compañia del batallon guardia nacional de Ambalema». / Verdad es que la expresada lista insertada en el número 24 de La Civilizacion", al contrario de lo asegurado por algunos impresos, es extensa, i en gran parte compuesta de hombres de valer por su patriotismo, capacidad, i haberes; pero, renunciando de este honor declaro, "que ni por mi ni por apoderado me he hecho inscribir en ella". Tal vez puede suceder que alguno de mi mismo nombre sea el que figura en la citada lista; y en el último caso, para evitar equivocaciones, en adelante me firmaré,

EUGENIO DIAZ CASTRO / Junca, febrero 13 de 1850» (Díaz Castro 1850, III) [fue reimpresa en Díaz Castro 1985, II: 449, sin la información editorial original].

lecturas sobre los textos del autor; como sucede con la que efectuó Colmenares, quien –a pesar de la información que se explicita en *Manuela*, junto a la confirmación que emitió el mismo Eugenio Díaz Castro sobre su liberalismo de ideas– leyó la obra en la siguiente forma:

> La creación literaria tardía parece haber sido una respuesta a los acontecimientos históricos que se precipitaron entre marzo de 1849 (la elección de José Hilario López) y diciembre de 1854 (la caída del general Melo). La avalancha de reformas liberales que ocurrieron en este lapso parecían amenazar las raíces más profundas del orden rural que el novelista había vivido. A pesar de su personal escepticismo sobre los cambios, su obra aparece como el testimonio excepcional de un momento cuya importancia histórica se ha subrayado una y otra vez. En parte, era la respuesta irónica pero complaciente en el fondo de un hombre maduro y conservador a la irrupción en la política de una generación que no quería saber nada de las glorias militares de la Gran Colombia. Una generación impaciente e idealista que quería su propia revolución y que estaba moldeada en los excesos retóricos de Lamartine. Más profundamente, la obra de Eugenio Díaz era la exploración sucesiva de frágiles equilibrios sociales que el novelista sentía amenazados (1988, 256-257).

Así para Colmenares, la representación que Díaz Castro, como «conservador y costumbrista», efectuó en *Manuela* era anticipadora de una nostalgia de que lo establecido pudiera cambiar. De ahí que lo preservara a través de ese «costumbrismo» que destilaba de su pluma, como un momento arcádico donde todo estaba bien, donde su escritura, mediada por la evocación de lo pasado contribuía a fijar los lugares estamentalizados de la vida cotidiana de la Nueva Granada, en la cual «el inmovilismo social» debía permanecer. A esto agregó que en *Manuela* «Los infortunios femeninos son igualmente abstractos, pues el mundo de las mujeres es también un submundo. (...) Estos infortunios de la mujer surgen siempre porque no están suficientemente vigiladas y resguardadas de peligros infinitos, concebidos con una infinita gazmoñería» (1988, 258)[124].

Cualquier lector consciente y atento, que haya leído prestando atención, se asombra de la aberrante situación de violencia sexual abierta, cotidiana y rampante que atraviesa el mundo representado

---

[124] En 1968, había escrito: «sus ingenuas y bobaliconas heroínas poseen una afición marcada por las novelas sentimentales –sin que ninguna de ellas encarne siquiera por casualidad el prototipo de Emma Bovary–» (Colmenares 1968, 104).

en *Manuela*, desde la primera a la última página, donde uno tras otro de los personajes femeninos: Rosa, Pía, Marta, Paula, Manuela, Patrocinio, Cecilia, Melchora, la esposa de Cruz informan, denuncian y sufren diaria e impotentemente esas circunstancias, sin poder hacer nada para protegerse de la situación, evadirla o prevenirla. En ese universo representado, el discurso social masculino dominante normalizado cosifica, degrada y destruye a la mujer y hace que las condiciones de hostigamiento sexual, violencia sexual, coerción, violencia física, privación arbitraria de la libertad para ejercer violación sexual sean un hecho consuetudinario. Todas ellas la han sufrido o la sufren de una o de otra manera.

Todos los personajes masculinos, de todas las clases la practican como una norma, como un derecho, es el aire que respiran, no hay discusión sobre la situación que asedia y destruye al sector femenino de todas las capas de la sociedad. Los hacendados violan a las trapicheras, los mayordomos hacen de la violencia la cotidianidad; los hombres de las clases altas (Alcibíades) seducen, engañan, abandonan y prostituyen, pero según Colmenares, en el mundo ficcional de Díaz Castro: «los malvados deben pertenecer al mismo rango social que los oprimidos. Si el sistema de las haciendas oprime, lo hace en la figura de mayordomos despiadados, seguramente sin que lo sepa el benévolo propietario y su encantadora familia» (1988, 259).

Tadeo persigue a Manuela incesantemente con leyes, con difamaciones, le levanta juicios, la sigue hasta Ambalema, intenta apoderarse de ella manipulando las leyes y los jueces, pero como la joven lo rechaza por todos los medios, recurre al incendio y al asesinato porque no la puede dominar y obtener. Esta aberración social es lo que Colmenares ve como «un infortunio abstracto», que surge porque las mujeres «no están suficientemente vigiladas y resguardadas»; así considera que la denuncia de esta destrucción física y psicológica de vidas humanas que efectúa Díaz Castro mediante su representación en el mundo ficcional es de una «infinita gazmoñería».

Al aceptar que Díaz Castro era «conservador» de ideología y su ficción era «costumbrista», la visión que Colmenares impuso sobre *Manuela*, lo llevó a tratar de encajar esquemas prefijados, produciendo una lectura desviada sobre la labor del escritor, encontrando que a través de la representación de ese mundo narrativo se podía deducir que había un «evidente conformismo social»; así «en el mundo de sus novelas estas relaciones abstractas no se concretan en un solo conflicto individual, no hay (y esto obedece a razones estéticas del autor) un enfrentamiento entre un propietario de carne y hueso y uno de sus arrendatarios. Toda relación entre estos extremos sociales está amortiguada por una turba de intermediarios y los universos de propietarios y desposeídos no llegan nunca a tocarse» (1988, 258). De ahí que «en los escritos de Díaz ni siquiera hay una naturaleza. Su tierra caliente no tiene textura, olor ni color», que su escritura era producto de «fórmulas de un viejo manual escolar olvidado» (1988, 264-265). No extraña, entonces, que haya concluido su ensayo con esta nueva afirmación: «De allí que la obra de Eugenio Díaz aparezca como una etnografía elemental y no como lo que quería ser, la afirmación orgullosa y melancólica de una cultura» (1988, 266)[125]. Colmenares aceptó en la década del 60 del siglo pasado, cuando escribió su trabajo de grado, que Díaz Castro, según Vergara era «conservador» y esta certidumbre guio la escritura de su texto la década del 80. Desafortunadamente, para él en ese momento, ya había dicho todo en el trabajo anterior.

Regresando al tema, además de que Díaz Castro era liberal, como él mismo lo afirmó, la situación narrativa en que aparece el personaje Demóstenes[126] en *Manuela*, representado en diversos momentos de la historia en forma irónica o ridiculizada (véase en el capítulo X: «Dos visitas», lo que le ocurre en su visita a Clotilde [Díaz 1866, 238-243], donde se lo muestra con concepciones culturales prefijadas y completamente ajenas a la cultura del área), y como soñador utópico de una realidad social inexistente, se puede aseverar que el autor no era liberal gólgota[127]; aunque sí era partidario de las ideas socialistas que se habían difundido en el territorio[128].

---

125 Veinte años atrás había escrito: «Eugenio Díaz aprueba tácitamente las diferencias que señalan a cada uno su puesto dentro de la sociedad y permite que la virtud de los buenos ricos brille en todo su esplendor. Pues si no existiera esta virtud, ¿qué sería de la sociedad?» (Colmenares 1968, 110).

126 En el siglo XIX se afirmó: «Don Demóstenes es sin duda el mismo don Eugenio, quien como hábil narrador, para entrar en escena se disfraza tan por completo en sus sentimientos políticos que nadie le reconocería, y con el ítem de haber viajado, cuando él no había salido de su tierra» (Laverde Amaya 1890, 33-34).

127 Los ataques directos o indirectos que tanto algunos personajes como el narrador efectúan sobre Demóstenes, señalan que su representación tiene el propósito de criticar la actuación de este grupo. Esta situación permite desligar la ideología de Díaz Castro de esta facción liberal. El grupo gólgota o radical era la clase mercantil emergente, anticlerical, cuya ideología no era la de Eugenio Díaz Castro; además, a esto hay que agregar la edad, la trayectoria personal del autor y las divergencias económicas entre él y los miembros de esa facción liberal.

Así, el mundo narrativo de *Manuela* está articulado de denuncias producidas por un escritor que defiende un credo liberal-socialista específico, por tanto incómodo para aquellos que no compartían sus ideas: los conservadores y los otros liberales opositores, quienes veían en peligro sus propias concepciones y visiones de mundo. República de la Nueva Granada en 1853.

Por todo esto, gracias a la construcción simbólica que efectuó de la sociedad en que vivía, a su conocimiento del ser humano, a la comprensión de su época y a su habilidad de abstracción e inventiva, Díaz Castro recreó en *Manuela* un universo narrativo que respondía a sus deseos de transmitir una realidad desde una postura ideológica definida; de esta manera, ofreció una certera mirada sobre las condiciones neogranadinas conocidas, para producir reacciones y alcanzar cambios sociales, del mismo modo en que lo habían logrado algunos de los autores franceses aludidos, quienes le sirvieron de modelos narrativos.

7. Teoría de la novela en Balzac, Sue y Dumas

Con los testimonios presentados antes, debe entenderse la situación de la novela en Francia en la época que interesa en este estudio; prestando especial atención a los escritores que los neogranadinos citaron como los más influyentes en la época: Balzac, Sue y Dumas; para comprender las influencias narrativas que modelaron *Manuela*, como también para entender los rasgos estructurales que se explicitan en este texto.

La novela como género narrativo se popularizó en Francia, gracias al impulso que recibió en los periódicos. *La Presse,* de Émile de Girardin, publicó por entregas, la novela de Balzac *La vieille fille* (23 de oct.-30 de nov. de 1836); inmediatamente, los otros periódicos tuvieron que decidir entre la divulgación de novelas en folletín o la imposibilidad de alcanzar ventas. De esta manera, se publicaron diversos textos de Balzac; pero los escritores que verdaderamente tuvieron

---

128 En 1890, Laverde Amaya escribió: «El actual dueño de la hacienda [de Junca] señala con marcado interés, la antigua mesa de nogal barnizada de negro y con signos masónicos, en que, según es fama, fue escrita toda la obra ya en las cubiertas de las cartas que el autor recibía de su familia y amigos, ya en otros desiguales pedazos de papel. Cuando estuvo terminada la copió en letra clara don Timoteo Gutiérrez, que aún reside en El Colegio y era amigo muy íntimo y admirador de don Eugenio» (1890, 31-32).

éxito con este tipo de difusión por entregas fueron: Paul Féval, Alexandre Dumas, padre; Frédéric Soulié y Eugène Sue (Frappier-Mazur 1989, 696), quienes llegaron a producir una manifestación del género totalmente moderna social y culturalmente, al representar rasgos de la realidad para criticarlos y alcanzar cambios sociales. Entre las características de esos textos publicados en folletines estaba la habilidad de emplear técnicas narrativas para crear una estructura ficcional que despertara y mantuviera el interés del lector durante toda la obra.

Las ambiciones realistas

La mayor parte de los grandes éxitos de la novela de esta época inscriben la intriga en un decorado contemporáneo, porque se refieren a la actualidad o hacen de la sociedad contemporánea su terreno privilegiado de operaciones. (...) Novelas ancladas en la más ardiente actualidad social, *Los misterios de París* y *El judío errante* de Eugène Sue alcanzan entre 1841 y 1850 ediciones de 60.000 a 80.000 ejemplares. El más popular de los novelistas de la monarquía de julio[129], Paul de Kock, autor despreciado por la crítica pero adulado por los gabinetes de lectura, inscribió todas sus novelas en el aquí y el ahora. Sus obras son concebidas como guías de la sociedad contemporánea. Cuando la *Revue des Deux Mondes* consagra en los años de la década del cuarenta varios artículos a la «Novela actual» presenta entre otros a Alexandre Dumas, Eugène Sue, Frédéric Soulié, Charles de Bernard, Honoré de Balzac y George Sand, todos autores de novelas localizadas en el mundo vigente (Lyon-Caen 2006, 29).

Estos autores se propusieron mostrar su mundo, mediante representaciones realistas de la sociedad, de los tipos, de las estructuras y de las leyes que la regían; pero no se contentaban con que sus textos fueran un espejo de lo local; así, la literatura se caracterizó por la fina observación de la realidad y el descubrimiento de las estructuras ocultas que querían seguir manteniendo el «status quo» establecido. En su búsqueda para proporcionar leyes generales, el realismo muchas veces fue más allá de lo inmediato, para describir al máximo lo que podía.

Honoré de Balzac (1799-1850) fue la figura principal en el desarrollo de la ficción realista (Levin 1963, 151). Asoció el papel del escritor con el del observador científico racional; además, su aporte al

---

[129] *La monarquía de julio:* periodo histórico que se desarrolló en Francia entre 1830 y 1848.

realismo fue el detalle sucinto con que captó el ambiente histórico, desarrollando de este modo la cualidad pictórica realista; lo que le sirvió para definir el contexto histórico y social de cada uno de sus personajes (Morris 2003, 59-62). Con esta ambientación histórica documentada, hacía énfasis en la autenticidad de los detalles que representaba; de ahí que se considerara un humilde copista y el secretario de la sociedad. Para él, el novelista debía tener la habilidad de dar forma artística a la aguda observación de la realidad; pero no la debía copiar servilmente; sino dejar que los significados se manifestaran por sí mismos. El novelista describía el mundo para modificarlo; y debía combinar la exactitud del historiador social con la imaginación del visionario, para alcanzar el cambio que se deseaba (Shroeder 1967, 3-10).

Como creador de mundos, Balzac dividía en regiones sociales y geográficas el espacio conocido; ya que cada área tenía características particulares. Las personas eran producto de su ambiente y el escritor debía captar esas señales; para esto se basaba en las ideas de Louis de Bonald y Augusto Comte. De ahí que sus personajes poseyeran talento y energía para revelar su capacidad, pero sólo contaran con ellos mismos para hacer frente a la adversidad (Pavel 2005, 231-232).

Ahora, Eugène Sue (1804-1857) fue un escritor cuyas novelas estaban imbuidas de las aspiraciones humanitarias y socialistas de la época. Se hizo popular debido al éxito de *Los misterios de París* y de *El Judío errante*, gracias a la manera en que los nuevos lectores recibieron estas obras, convirtiéndolas en un éxito comercial y reaccionando emocionadamente a las emisiones de los folletines que las contenían. Ellos se sentían tan implicados en la historia que le escribían cartas al autor felicitándolo, sugiriéndole, pidiendo ayuda, aportando información y haciendo pedidos y sugerencias para los nuevos capítulos, llegando a ejercer un influjo decisivo en la escritura de la novela (Prendergast, 13-14). Las masas lo celebraron como el apóstol de los problemas sociales, cuando el autor propuso reformas a través de sus mundos ficcionales; así, por medio de su escritura, reveló causas de las condiciones sociales inicuas que producían la miseria y el delito (Eco 1970, 13-17).

Sue inventó un mundo poblado de arquetipos movidos tanto por las estructuras de la narrativa de masas como por mecanismos de lo patético, que funcionaban como máscaras de la comedia ciudadana y política; pero que llevaban a los lectores a las relaciones que existen entre la ideología, las condiciones del mercado y la narrativa (Eco 1998, 37-41).

En *Los misterios de París*, reveló los hilos ocultos de las condiciones sociales de los más desprotegidos que eran producto de la miseria, creada por la civilización industrial; mientras que los ricos y los legisladores seguían controlando, al establecer leyes que protegían los intereses de unos pocos en detrimento de la mayoría. La moraleja del libro es que los ricos podían subsanar «con sus actos de munificencia las lacras de la sociedad» (Eco 1998, 48) y estos, a su vez, «podían contar con la mediación de abates y párrocos» (Eco 1998, 50). En esta novela «la reivindicación social se encaminaba hacia un cristianismo oficial representado por el clero» (Eco 1970, 18).

La forma en que los lectores reaccionaron a lo relatado, muestra el realismo que caracteriza las situaciones que se representaron en la novela; realismo que era novedoso en la conciencia francesa del momento. Con lo cual, esta narración fue el paso de transición en literatura, entre lo que había sido el romanticismo y lo que evolucionó más tarde, en las novelas de Emile Zola, como el naturalismo francés (véase Chevasco 2003, 13).

Mientras que Alexandre Dumas (1802-1870), reconocido mundialmente como el autor de *los tres mosqueteros* (*Les trois mousquetaires*, [14 de mzo.-11 de jul. de 1844]) y *El conde de Montecristo* (*Le comte de Monte-Cristo* [28 de ag.-26 de nov. de 1844, 1ª parte; y 20 de jun. de 1845-15 de ene. de 1846, 2ª parte][130]), ha pasado a la historia en una forma bastante ambigua; ya que su fama de novelista, que empleaba ayudantes, secretarios, colaboradores y pagaba por manuscritos de obras que le ofrecían, ha hecho que la crítica académica, incluso en Francia, lo haya casi olvidado. Su contribución a la novelística fue en la transmisión de la historia de una época, estudiando características de distintas personalidades y las pasiones que crearon dramas durante una era; para revelar una particular visión dramática del mundo y, así, producir una ilusión convincente de una realidad histórica. De esta manera, trascendió los límites del país para lograr creaciones universales de personajes, de visión y de tema (véase Stowe 1976, 70-74).

Los textos más conocidos de Dumas, presentan la lucha personal de

---

130 Ambas novelas y las continuaciones de la primera: *Veinte años después* (*Vingt ans après*) y *El vizconde de Bragelonne* (*Le vicomte de Bragelonne*), las escribió en colaboración con Augusto Maquet (1813-1868) (Stowe 1976, 113-115).

un individuo contra las grandes tensiones históricas ambientales y nacionales de una época. En cada instancia, las consideraciones políticas y los sucesos juegan un papel que determina las oportunidades que tiene el personaje para alcanzar con éxito la felicidad (amor), como también para lograr un lugar en el mundo. Así, intenta crear un sentido de las fuerzas que entran en juego y de la atmósfera y las prácticas de una época, mientras evita los extremos de la reconstrucción arqueológica y superficial del color local (Cooper 1992, 116).

Estos tres escritores influyeron poderosamente, cada uno en forma diferente, en la literatura francesa de su época y pasaron a ejercer predominio en otras literaturas al leerse sus obras en traducción, casi simultáneamente al momento de su publicación en Francia. Ellos, como los otros folletinistas sociales, tenían como objetivo transmitir verdades sociales, para lo cual expresaban un uso retórico de la ficción que supuestamente era una afirmación tácita de la realidad, logrando que los lectores adecuaran la novela al mundo en el que vivían y se reconocieran en los personajes y en las situaciones representadas. Para esto, representaron un narrador omnisciente que describe y comenta los hechos desde su particular punto de vista subjetivo que se localiza dentro de los sucesos y de los personajes involucrados. Del mismo modo, mostraron al «otro», no como diferente o extraño, sino como inmediato y presente, como parte de la vida cotidiana.

8. Adscripción de Manuela al Realismo de mediados del siglo XIX

En el núm. 1 de *El Mosaico* (24 de dic., 1858), José María Vergara y Vergara prologó la novela, cuyo título original fue: «Manuela. Novela Bogotana, orijinal por Eujenio Díaz» (*El Mosaico*, 8 de enero de 1859*d*, p: 23), anticipando a los lectores el epígrafe de la novela y haciéndole una crítica al texto: «qué se le podrá tachar al hombre que ha producido y adoptado como texto para sus obras este pensamiento digno de Larra: «Los cuadros de costumbres no se inventan sino se copian». / No podemos hacer iguales elogios de su estilo[131]; falta que

---

131 «Estilo es el carácter general que a un escrito dan los pensamientos que contiene, las formas bajo las cuales están presentadas las expresiones que los enuncian, y hasta el modo con que éstas se hallan combinadas y coordinadas en sus respectivas cláusulas. El lenguaje es, pues, una parte del estilo, uno de sus componentes, y como el lenguaje es

pronto notará el lector» (Vergara i Vergara 1858, 8). Con estas palabras realizó dos propósitos: asoció la novela con la escritura de los artículos y cuadros de costumbres de Larra y afirmó la falta de habilidad escritural de Díaz Castro, creando con esto dudas en los lectores[132].

Este texto inicial, de quien sería, 24 años después, uno de los fundadores de la Academia Colombiana de la Lengua, guió la dirección de la crítica y originó el encasillamiento que, posteriormente se arraigó con solidez cuando a finales del siglo XIX, quienes editaron el texto en 1889, le pusieron como subtítulo: «Novela de costumbres colombianas»; situación que convirtió a Eugenio Díaz Castro en costumbrista, y condicionó la forma de entender toda su labor escritural, especialmente *Manuela*; puesto que esta clasificación la conceptúa con una serie de características negativas (localismo de costumbres, pintoresquismo, limitación temporal, situaciones incidentales e insignificantes, superficialidad, pintura de intención folclórica, tipificación de los personajes, documento carente de estética literaria, etc.); clasificación que ha impedido que la crítica y la historiografía literaria colombianas en general observen la modernidad estética que la constituye.

Ya en la primera parte del siglo XIX, los mismos franceses señalaron como errada la traducción que los españoles habían efectuado de la palabra «*moeurs*» (véase la nota 97 en este ensayo) [133]; para el

---

bueno, si las expresiones son puras, correctas y propias, síguese de aquí que un escrito puede tener muy buen lenguaje y un malísimo estilo, si los pensamientos son malos o embrollados, las expresiones bajas aunque castizas, los periodos débiles, oscuros o redundantes. Cuando se juzga del estilo de un autor, es preciso tener en cuenta todas las cualidades, ya intrínsecas, ya exteriores que constituyen todo escrito» (Gil y Zárate 1850, 54).

132 Rafael Maya fue tal vez uno de los primeros en destacar públicamente algunas de las razones de la reacción que ha sufrido la obra de Díaz Castro a través de las épocas: «¿A qué puede imputarse semejante indiferencia? En gran parte a la generosa pero ingenua representación que del autor de Manuela hizo Vergara y Vergara, mostrándolo como hombre rústico y desprovisto de ilustración, y aludiendo al traje de campesino que solía vestir. Naturalmente esta estampa popularizada por los textos de literatura y reforzada por críticos demasiado amigos de lo pintoresco perjudicó grandemente a don Eugenio y llegó a creerse que su novela no era más que un relato mazorral, escrito además, en mal castellano» (Maya 1982, 265-266).

133 «Por *moeurs* los franceses han entendido siempre todos los resortes morales del hombre y de la sociedad. El español ha podido emplear como perfectos sinónimos *usos y costumbres* (*us et coutumes/costumes*), mientras que en este sentido *us et moeurs* sería imposible. Un equivalente e la palabra *moeurs* (*mores*) falta en castellano; desde antiguo se ha empleado en esta acepción *costumbres* y así ha podido decirse que tiene 'buenas, o malas, costumbres'; fatalmente, a la larga habían de surgir equívocos. (...) De aquí la superficialidad moral del costumbrismo, tanto más sensible cuanto más contrasta con su afi-

francés, «*moeurs*» y «*costumes/coutumes*» tienen significados diferentes, como se observa en el siguiente título: *Le Diable à Paris. Paris et les parisiens: mœurs et coutumes, caracteres et portraits des habitants de Paris*. Por esa razón, los franceses no clasifican e inscriben a Balzac como costumbrista, a pesar de que el mismo escritor denominó la sección más importante de su producción: «Études de moeurs»[134]; por el contrario, se lo considera como uno de los grandes maestros del realismo francés. Del mismo modo, la novela de Flaubert, *Madame Bovary. Moeurs de province* (1856), una de las obras cumbres del realismo, nunca se ha considerado dentro del costumbrismo a pesar de la segunda parte del título, el cual generalmente ignoran editores y críticos.

Pero en Colombia, *Manuela*, novela que nunca recibió de Díaz Castro el calificativo «de costumbres» ni como parte del título ni como subtítulo, –porque su modelo narrativo era la novela francesa contemporánea que se producía en el momento en que él vivía, y planeó y estructuró su texto: la novela realista, socialista–, quienes la publicaron un año y tres meses después de la muerte del autor, ocurrida el 11 de abril de 1865, en el tomo 2 del *Museo de Cuadros de Costumbres i variedades*[135] (12 de julio de 1866), le modificaron el título, cortándoselo de: «Manuela. Novela Bogotana, orijinal por Eujenio Díaz», a llamarla: «Manuela. Novela orijinal por Eujenio Díaz». De esta manera, excluyeron el significado geográfico dado por el autor a su obra y eliminaron, así, la intención que éste tuvo, de que tanto el

---

ción a lo pintoresco. El *roman de moeurs* es un primer avatar de la novela psicológica; entre nosotros, el cuadro de costumbres novelado o no, poco tiene que ver con ella» (J. F. Montesinos, en: Amorós, 1999: 141). Véase la detración que de esta afirmación de Montesinos efectúa Escobar y la explicación sobre "*Costumbres /moeurs/ mores*" en la que concluye que: «el término español costumbres expresa justamente el concepto moderno de mimesis» (Escobar, 1999: 121).

[134] Título que encabeza 85 novelas y varios relatos y ensayos analíticos clasificadas como: (i) Scènes de la vie privée; (ii) Scènes de la vie de province; (iii) Scènes de la vie parisienne; (iv) Scènes de la vie politique; (v) Scènes de la vie militaire; (vi) Scènes de la vie de champagne.

[135] Incluso los críticos desconocen que la novela no se publicó completamente en *El Mosaico*, como se observa en estas notas; situación que permite que se hagan asunciones equivocadas: «En este órgano [El Mosaico] apareció *Manuela* en varias entregas a partir del 24 de diciembre de 1858, precedida de un prólogo de Vergara y Vergara. La segunda edición tuvo lugar en París después de la muerte del autor (Garnier Hermanos, 1889) en dos volúmenes. (...) Como se ve por las fechas mencionadas, pasaron treinta años entre la primera y la segunda edición, siendo la primera en un periódico que, por las circunstancias de la época, tenía una circulación restringida» (Pineda Botero 1999, 131). Además, este crítico en su estudio cerró la novela con un final que no tuvo: «Muere la joven y la población es invadida por las tropas del gobierno que vienen a controlar «la revolución» (Pineda Botero 1999, 135).

referente, como sus denuncias se entendieran como provenientes y aplicables a la Provincia de Bogotá.

El eliminar esa parte del título que le había dado Díaz Castro a su novela, servía propósitos específicos que los editores de los dos volúmenes tenían y se ajustaba perfectamente a sus planes; efectuar la publicación de una colección de tipos culturales costumbristas para ofrecerlas sobre todo a la mirada extranjera; recopilación cuya muestra más extensa provenía de la pluma de un escritor «conservador»:

> [E]s el caso que este libro puede ir a Europa, (...) i como los señores europeos están tan atrasados en cuanto a nuestra historia i nuestra jeografía, que hasta ahora empiezan a hacerse cargo de que en estas Indias occidentales hai algo mas que indias e indios y de que en ellas ha existido la Colombia primitiva, si llegasen a ver dicho título, nadie podría quitarles de la cabeza que la obra contenia descripción de las costumbres de los venezolanos i de los ecuatorianos juntamente con las de los que éramos neo i ahora somos ex granadinos (Los Editores, 1886: ii).

Estos escritores recogieron textos provenientes de diferentes periódicos, que habían visto la luz, algunos desde la década del treinta, y los compilaron en esa publicación. Además, según se lee en el Prólogo (Los Editores 1866, ii), la colección había sido planeada unos seis años atrás y se iba a titular: *Los granadinos pintados por sí mismos*[136]; pero, como ya había pasado el tiempo[137], «cuando pusimos por obra el antiguo proyecto de formar esta colección, ya los granadinos no éramos granadinos, i por consiguiente el nombre que teníamos prevenido venia tan mal a la obra» (Los Editores 1866, ii); por eso, el grupo escogió el título *Museo de cuadros de costumbres i variedades* (1866)[138]. Así, estos editores, al publicar *Manuela* al final del segundo

---

136 Este plan seguía lo que escritores y literatos españoles habían hecho en Madrid entre 1843 y 1844, cuando publicaron: *Los españoles pintados por sí mismos*, colección destinada a representar tipos sociales; idea que a su vez había surgido de: *Les Français peints par eux mêmes* (París, 1842), la cual a su vez, provenía de: *Head of the People: or Portraits of the English* (Londres, 1840).

137 Durante los años, la imitación se difundió: *Las habaneras pintadas por sí mismas en miniatura*, (La Habana, 1847). *Los cubanos pintados por sí mismos* (La Habana, 1852). *Los mexicanos pintados por sí mismos. Tipos y costumbres nacionales por varios autores* (México, 1854), *Los valencianos pintados por sí mismos* (Valencia-España, 1859).

138 Una muestra de las publicaciones en este sentido en lengua castellana: en España, Mariano José de Larra había publicado: *Colección de artículos dramáticos, literarios, políticos y de costumbres* (Madrid, 1835, 1837), lo mismo hicieron: Nicolás de Roda: *Artículos de costumbres, de literatura y de teatro* (Granada, 1845); Fernán Caballero: *Cuadros de costumbres populares andaluces* (Sevilla, 1852) y *Cuadros de costumbres* (Madrid, 1858); Ramón de Mesonero Romanos: *Tipos, grupos y bocetos de cuadros de costumbres, dibuja-*

volumen, hacían que los lectores dedujeran que era una novela, cuyos personajes eran tipos sociales, muchos de ellos en vías de extinción, como los presentados en otros textos de la compilación; con esto limitaban la manera de leerla, fijando los significados al contenerlos dentro de los límites de representación colectiva ofrecida.

Ya sin el referente que dio Díaz Castro en el título, *Manuela* pasó 23 años encerrada en las páginas de ese libro, hasta que se publicó separadamente en París en dos volúmenes en 1889. Esta vez, también le variaron el título: *Manuela. Novela de costumbres colombianas.* Ahora la representación, que se circunscribía a la región de la Provincia de Bogotá, que abarcaba el área a partir de la capital e iba «desde los montes frios de la cordillera de Subia hasta los ardientes arenales del Magdalena»[139] (Díaz 1859d, 42), pasó también por designios característicos de la historia y de la crítica, a englobar la nación. Esta vez ya se difundió por distintos países como la prototípica muestra de una «*Novela de costumbres colombianas*» y Camacho Roldán la prologó con un amplio estudio sobre la novela costumbrista (1889. I: i-xvi). Esta arbitrariedad posterior[140], consolidó y estereotipó

---

dos a la pluma por El Curioso Parlante (1843-1860), (Madrid, 1862). En Cuba, José María de Cárdenas y Rodríguez: *Colección de artículos satíricos y de costumbres* (La Habana, 1847), Juan M. Villergas, *Colección escogida de artículos literarios y de costumbres* (La Habana, 1858).

139 «Los últimos dos años de mi estacion en tierra caliente, mi pluma fue mi compañera constante en la hacienda de Junca, en la empresa de sembrar tabaco que me salio desgraciada unicamente por mi desgracia. Alli en medio del aliño del tabaco, en una pequeña mesa, escribi 'La ronda de don Ventura Ahumada', la novela titulada 'Manuela' y las 'Aventuras de un geólogo'» (Díaz 1859e, 42).

140 Otra arbitrariedad de lectura que se ha creado sobre la novela es la incomprensión cultural de las formas de sociotratamiento tanto a nivel diacrónico como sincrónico que se presentan en la narración; especialmente la manera de llamar Demóstenes, primero a Rosa, cuando coquetea con ella la noche que la conoce: «Ven acá, graciosa negra» (Díaz 1866, 172) y luego con Manuela, la primera vez que la ve: «Que haces? preciosa negra» (Díaz 1866, 188). Tratamiento que también le confiere Dámaso a Manuela: «Vaya, diviértase un ratico, que bastante ha sufrido, mi negra» (Díaz 1866, 330). Este tratamiento ha hecho que los lectores posteriores, sean o no del área, lean literalmente el texto y crean que ésta es una novela donde los personajes femeninos representados de la parroquia son de raza negra. Así se producen lecturas como las de Del Saz: «Manuela es una hermosa negra que rehúsa al gamonal don Tadeo» (1949, 45) o la de Díaz Plaja: «Es la sátira política contra el gamonal que pretende a Manuela, la bella negra que muere a consecuencia de las quemaduras que sufre» (1968, 496). Recientemente, una de estas lecturas equivocadas más difundida es la de Cristina Rojas, quien escribió en su Disertación de doctorado: «The desired object of civilization is represented by a poor black woman: Manuela» (Rojas de Ferro 1994, 312). Lo que repitió posteriormente en su versión de esa investigación publicada en forma de libro: «Manuela, a poor black woman living near Ambalema» (2002, 145). Afirmación que también pasó a la versión que circula de su investigación en español, con otras malas lecturas de la novela: «Manuela, a quien llaman la pacificadora y representa a los oprimidos de Ambalema. Manuela, una mujer negra y pobre (...)» (Rojas 2001, 254).

la obra ubicándola dentro del costumbrismo amorfo de las numerosas colecciones misceláneas de cuadros y relatos de costumbres que circularon en la segunda parte del siglo XIX, tanto en Colombia como en otros países hispanohablantes.

Ahora, hasta el momento son muy pocos los críticos e historiadores literarios, tanto colombianos como extranjeros, que han visto la modernidad narrativa de *Manuela* y la han ubicado dentro del movimiento realista[141], al cual pertenece. Para entender esta posición, se

---

Lecturas equivocadas que sirven los propósitos de la investigadora.

Todos estos lectores desconocen las formas de sociotratamiento tanto diacrónicas, como sincrónicas de la región central de Colombia; «negra», «negrita» en su uso pragmático, cara a cara, es un enaltecimiento semántico; era y es una forma de llamar la atención para que la mujer (sin importar el color de su piel) sea receptiva a las peticiones; también se emite para agradar o contentar a alguien, para expresar cariño o estimación. Son denominaciones que no señalan raza. La voz narrativa presenta a Manuela como: «nuestra heroina no pasaba todavía de los 17. El rostro de color *aperlado* de la parroquiana estaba *sonrosado* ese dia» (Díaz 1866, 224) [Énfasis agregado]. A la prima hermana de Manuela, Marta, hija de la hermana de Patrocinio, la voz narrativa la presenta como: «Era blanca i tenia el pelo rubio, hermosos ojos negros» (Díaz 1866, 244). Manuela era la primera «notabilidad de la parroquia» y Marta, la tercera; ¿cómo podría ser la primera «notabilidad» si hubiera sido negra? A estas afirmaciones directas de que esos personajes no son de raza negra, se deben sumar las férreas convenciones de la narrativa, imperantes en la época de escritura y publicación de la novela. En ese momento del siglo XIX, con la situación de clases y razas, no se hubiera permitido la publicación del texto, si el personaje principal masculino, Demóstenes, rico y educado bogotano, miembro de la Escuela Republicana, liberal y gólgota, representante de esa facción política, a la que pertenecía un nutrido grupo de lectores-escritores-editores-letrados de la élite neogranadina hubiera estado abiertamente en la narración, persiguiendo mujeres de raza negra, departiendo con ellas públicamente, defendiéndolas con las leyes, alojándose en su casa y exhibiéndose con hijas y madre ante todos. Como tampoco el mundo social de La Parroquia se dividiría entre los seguidores de «la niña» Manuela y los de «la niña» Cecilia. Se habían dictado leyes para eliminar la esclavitud en 1851, pero para 1858 (momento de la publicación de *Manuela*) las generaciones criadas y educadas dentro de esos parámetros culturales no habían tenido tiempo para modificar el imaginario cultural establecido por siglos. Vergara y Vergara, como conservador, hijo de hacendado, que había sido amenazado con el «perrero»* en el Cauca, habría sido el primero en rechazar el texto; lo mismo habrían hecho los otros conservadores y liberales del grupo.

* «El perrero» era el látigo que empleaban los esclavos negros, al ser liberados por las leyes, contra sus antiguos amos. Un historiador conservador escribió: «El perrero y las democráticas prueban las tendencias de ese partido. No se quería la libertad sino el libertinaje. Los primeros y más cruelmente perseguidos fueron los descendientes de los patriotas: los Arboledas, los Pombos, los Mosqueras, los Valencias, los Caizedos, los Angulos, los Cabales y mil más fueron perseguidos como enemigos irreconciliables de la República, y por quiénes? Por los partidarios de la Colonia que atizaban el odio salvaje de los negros y explotaban la ignorancia de los indios!» (Briceño 1878, 62-63).

141 «Hízose, sobre todo, célebre por su hermosa novela realista, de costumbres, *Manuela*, en su género, la más fiel copia de la realidad por el arte y la más acabada de cuantas se han escrito en América» (Cejador y Frauca 1918, 328). «[D]on Eugenio fue el iniciador en Colombia, de un género literario que hoy se halla en plena vigencia, o sea la novela realista de carácter americano» (Maya 1982, 265). «Asimilación discontinua de procedimientos realistas. (...) Mediado el siglo, varias obras aún incorporan el rótulo de "novela costumbrista" (...). Sin embargo, en algunas novelas, la perspectiva costumbris-

deben observar las características de las novelísticas de Balzac, de Dumas y de Sue, ya señaladas, para destacar los rasgos que sirvieron de inspiración en la concepción y estructuración de *Manuela*.

En la línea de Balzac, Díaz Castro representó detalladamente los personajes y sucesos de La Parroquia (la cruda situación de las jóvenes trapicheras encarnadas en Pía y Rosa; la manipulación y el terrorismo que imponían los gamonales, como Tadeo quien controlaba por igual a ricos y pobres; la realidad de los trabajadores arrendatarios, mujeres y hombres, coaccionados y esclavizados por las estructuras coloniales de servidumbre; el asedio y la persecución que las mujeres, especialmente las jóvenes, como Cecilia, Marta, Paula y Manuela, sufrían impotentemente a manos de los más fuertes o poderosos; la prostitución de las mujeres; la violencia sexual generalizada que tiranizaba y destruía a las mujeres de todas las clases; el manejo impune de las leyes ejercido por hacendados y tinterillos; el desequilibrio entre los grupos sociales; el olvido del gobierno de lugares como La Parroquia; la manera en que la gente del pueblo participaba en los conflictos políticos de las luchas por el gobierno; el enfrentamiento entre letrados e iletrados; la tradición vs. el cambio; la secularización de la sociedad; el estatismo de las tradiciones culturales heredadas, etc.); todo, dentro de la más explícita contemporaneidad neogranadina, con una aguda observación científico racional; asimismo, como el escritor francés, plasmó el habla de los distintos grupos sociales[142].

De ese modo, captó el ambiente sociocultural que lo circundaba, estudiando las ideas y los principios generales que determinaban el comportamiento humano, para efectuar una severa crítica de la situación político-social, pero dejó al lector la libertad de reaccionar sobre los hechos representados. Su deseo era contribuir a cambiar el

---

ta va perdiendo pintoresquismo, para incorporar gradualmente juicios irónicos, intenciones polémicas, enfoques del realismo crítico. / En esta línea de vacilación estética está *Manuela* (1866), de Eugenio Díaz (1804-1865). El escritor colombiano, conocedor de los postulados del socialismo utópico de Proudhon y de las intrigas folletinescas de *Los misterios de París* (...) corrige la perspectiva costumbrista, con una postura más objetiva, abierta a la reproducción plástica de la naturaleza, de las fiestas populares, de los contextos ideológicos y las situaciones de marginación social» (Valera Jácome 1987, 107).

142 «Desde que se convirtió al realismo, la novela se ha topado fatalmente con su camino con la copia de lenguajes colectivos, pero, en general, (...) nuestros novelistas la han delegado en los personajes secundarios, en los comparsas, que se encargan de la 'fijación' del realismo social, mientras que el héroe continúa hablando un lenguaje intemporal, cuya 'transparencia' se supone que casa con la universalidad psicológica del alma humana. Balzac, por ejemplo, tiene una aguda conciencia de los lenguajes sociales, pero cuando los reproduce, los *enmarca*, (...) con un índice pintoresco, folclórico; son caricaturas de lenguajes» (Barthes 2009, 143).

desequilibrio de las condiciones sociales y así buscar una solución a la miseria de los desprotegidos; sin embargo, para él, la capital y la Parroquia eran lugares diferentes con características peculiares propias (como el comportamiento diferente de hombres y mujeres en cada lugar), lo cual se debía tener en cuenta en el momento de legislar y aplicar las leyes.

Ahora, como en las obras de Dumas, en *Manuela* se encuentra la lucha personal de los individuos (Demóstenes, Manuela, Dámaso) contra las grandes tensiones político-sociales del período. Cada uno de ellos busca su lugar en el mundo, pero las fuerzas históricas impiden que muchos de sus deseos se cumplan; de ese modo, esa búsqueda permite la representación histórica de la época que se vivió hacia 1856 en la Nueva Granada, marcándola con características verosímiles para que los lectores las reconocieran, se identificaran con ellas y pudieran tomar decisiones. La importancia que Díaz Castro le otorgó a las peculiaridades del momento histórico, lo facultó para presentar el estado de la patria, oponiendo en la representación de aspectos de la Provincia de Bogotá, la Parroquia vs. la capital, a través de la situación política, religiosa y cultural de su época.

De los tres escritores franceses, tal vez el modelo narrativo más fuerte que se observa en *Manuela* sea la influencia de la novela de Eugène Sue, *Los misterios de París*. Como en ese texto, la obra de Eugenio Díaz Castro abre invitando a los lectores a penetrar en un mundo desconocido y considerado por los letrados como bárbaro, en cuyos parajes remotos reinaba el abuso y el crimen; lugar, sin embargo, muy cercano a ellos, porque formaba parte de la misma Provincia de Bogotá. Asimismo, la narración gira con gran detalle alrededor de la vida de los pobres y desprotegidos; mientras que el vívido realismo de las escenas de privación y despojo proporciona un marcado contraste con una de las historias centrales, basada en el personaje Demóstenes, rico, letrado y gólgota quien, al igual que Rodolphe, el personaje principal de la obra de Sue, en la primera parte del mundo ficcional se distrae recorriendo los diferentes caminos que lo conducen a sitios lúgubres y desmantelados que sirven bien de vivienda a los indefensos habitantes o bien de refugio a malhechores como Juan Acero; pero al final, su compasión y generosidad lo llevan a poner en riesgo su vida al tratar de rectificar injusticias sociales y solucionar ignominias causadas a los inocentes que ha conocido.

Como en la novela francesa, en la Díaz Castro aparecen personajes como la Lámina, Rufina y Matea –prostitutas– que desarrollan aspectos importantes de la narración; a través de las dos primeras, arquetipos antiquísimos: son la belleza contaminada, jóvenes cuyos cuerpos se hallan mancillados, pero sus espíritus se conservan buenos a pesar de todo (Eco, 1998: 42); con ellas se proponen ideas de reforma sobre este mal social; mientras que con la última se muestran otros aspectos de la situación. Del mismo modo, al contrastar el papel de Rodolphe en *Los Misterios de París*, se destacan las condiciones sociales de los más desprotegidos y las causas de la miseria en que transcurre su existencia. Eso mismo sucede al contraponer la clase social de Demóstenes y su mundo con el de los habitantes de la Parroquia y las condiciones injustas que deben soportar.

Tadeo, el tinterillo, recuerda a Ferrand, el notario –personaje de Sue– que encubre con su actuación, sus crímenes y su corrupción; además, movido por su codicia comete numerosos actos delictivos; pero su mayor debilidad es la lujuria, que lo impulsa a perseguir a las jóvenes hermosas del lugar y a obtenerlas bajo cualquier medio. Así como Cecilia denuncia la manera en que Tadeo la ha forzado y la mantiene prisionera y como su servidora sexual, Cecily denuncia a Ferrand, en la novela francesa, por las mismas causas. Del mismo modo, la muerte de Manuela sin cumplir su destino y dejando inconclusas muchas expectativas es reminiscente de la de Fleur de Marie, protagonista de *Los Misterios de París*. Además, como en la novela francesa, en *Manuela*, en boca de Clotilde, hija de Don Blas –dueño del Trapiche del Retiro– se oyen algunas propuestas para subsanar la prostitución (Díaz Castro, 1866: 206); mientras que, con la mediación del párroco del lugar se intenta acabar con el concubinato y la mancebía; en general, como en la obra de Sue, la reivindicación social se basaba en el cristianismo oficial; por esto, Demóstenes al final de la novela concuerda con muchas de las ideas del párroco Jiménez.

En este punto hay que hacerse otra pregunta: ¿Qué había detrás de otra de las afirmaciones que emitió Vergara sobre Díaz Castro, cuando, después de muerto el escritor, afirmó: «Díaz no conocía la literatura extranjera»? (Vergara Vergara 1866, 166). Se pueden abrir libros escritos en francés, nunca traducido al castellano, como: *Le Diable à Paris. Paris et les parisiens: mœurs et coutumes, caracteres et portraits des habitants de Paris* y encontrar, como ya se dijo anteriormente, líneas completas y descripciones de ese libro en *Manuela*; así, como todas las influencias que se han mencionado anteriormente con las obras de Sue, Balzac y Dumas.

Incluso ya en el siglo XIX, se señalaron semejanzas y posibles influencias de una novela de otro escritor francés con *Manuela*: «Pero donde luce el autor su ingenio espiritual, festivo y galano, comprobando que los asuntos más ligeros tratados con gracia revisten forma imperecedera es en la simulada *Revolución*: los ociosos instintos de los aldeanos, la parcialidad descarada a favor de los suyos y lo que pueden las preocupaciones en que cada uno se ha criado, están pintadas tan a lo vivo que no lo hizo mejor Paul de Kock en su novela de iguales tendencias llamada *El asno del señor Martín*» (Laverde Amaya 1890, 38). Así, a pocas décadas de publicada la novela, los lectores entendían que Díaz Castro había sido un gran lector de literatura francesa.

Ahora bien, al tener en cuenta todos los aspectos anteriormente mencionados, se observa que la representación que Eugenio Díaz Castro efectuó en *Manuela* cumple con las reglas más básicas del Realismo: describir, presentar, explicar para reproducir objetivamente la realidad; al desplegar evidencia para documentar las condiciones socioculturales. Al observar y representar la realidad sociocultural de La Parroquia, se hace incuestionable que como escritor realista creía en que la representación narrativa debía ofrecer las pruebas del fenómeno observado, para que el lector basándose en los aportes mostrados concluyera cuál era el estado de la sociedad y, así, encontrara formas de corrección y mejoramiento. De este modo, por medio del narrador, pacientemente coleccionaba una instancia después de otra para gradualmente producir una imagen coherente y completa de las situaciones.

Esa realidad concreta observable se concentraba en el escrutinio y en la descripción del mundo que rodeaba la existencia de la gente ordinaria; de ahí que enumerara los puntos altos y bajos de la vida de provincia; para él, ningún hecho por simple que fuera era insignificante, ninguna persona por humilde que fuera, dejaba de tener importancia; como tampoco ningún objeto era ínfimo en la representación de la realidad. Mientras más detalles proporcionó acerca de los objetos físicos en el ambiente de un personaje, la pintura se hizo más convincente y fue más fácil para que el lector la viera y la aceptara. Del mismo modo, esos detalles descriptivos le sirvieron para persuadir de que lo que presentaba a través de la letra era verdadero en relación con la vida; pormenores que lo ayudaron a anclar su escritura a un tiempo y a un lugar específicos: la vida en La Parroquia hacia 1856.

Estos aspectos de un efectivo realismo, en ocasiones anticipan la entrada del Naturalismo, como movimiento literario, al examinar las profundidades de la naturaleza humana y las relaciones del ser humano con su sociedad circundante. Entre las diversas escenas de cruda representación está el caso de Pía, joven de catorce años y medio, y la manera en que debe lidiar en el trapiche con el hostigamiento sexual del mayordomo, con el de los peones, y con la Perla, mula resabiada que debía controlar para hacer su trabajo y así evitar ser castigada y violentada sexualmente por el capataz; pero quien poco después quedó embarazada, fue madre de un niño, luego el hombre la abandonó, vivía en una situación paupérrima y el bebé murió a los pocos meses (Díaz Castro 1866, 290-293).

Dentro de esta perspectiva, la labor escritural que Díaz Castro efectuó en *Manuela* es de un vívido realismo, que a medida que avanza preanuncia una de las características de la narración naturalista: la cálida sensualidad que descubre tímidamente la sexualidad como factor primordial de la conducta humana y la seducción como forma de ofrecer la supremacía masculina. Así se ve tanto en la manera en que son acosadas y violentadas las jóvenes, como en la forma de actuar de Demóstenes, cuyas acciones muestran la oposición apariencia vs. realidad, situación que se presenta desde el comienzo de la novela en la posada del Mal-abrigo con Rosa y que se explicita con otros personajes femeninos, pero se mantiene especialmente con Manuela, creando una tensión narrativa hasta el final de la historia, cuando el lector espera una conclusión diferente para lo relatado.

Visto todo lo anterior, la absoluta afirmación del escritor conservador Martínez Silva efectuada en 1879, originada por Vergara y Vergara, sobre la inhabilidad estilística y el desconocimiento de Díaz Castro tanto social como cultural, queda en entredicho y hace pensar en las intenciones (políticas e ideológicas) detrás de la aseveración[143].

---

[143] La labor de edición que ellos efectuaron, además de mutilar la ideología del autor del texto, fue bastante deficiente, porque no subsanaron errores evidentes. Al hablar de Clotilde, la primera vez que aparece en la narración, se lee: «la señorita siguió al interior a preguntar por su mama Patrocinio i por Manuela» (Díaz 1866, 177). Patrocino es la madre de Manuela, no es la de Clotilde; éste es un error que debió corregirse. Del mismo modo, confundieron los nombres de personajes: a Celia, la novia bogotana de Demóstenes, la llamaron Cecilia, personaje que era la hija de la Víbora y amante de

El autor de *Manuela*, no solamente fue un gran lector y profundo conocedor de la naturaleza humana, sino un agudo y perspicaz político, y como todo gran escritor, debió haber pasado tiempo planeando su obra, organizándola, estudiando el contenido, y plasmándola por medio de la escritura. Hechos que, desde la perspectiva de Vergara, un trabajador como Díaz Castro, aunque era hijo de hacendado y había estudiado en el San Bartolomé, porque no había obtenido un título, no tenía el conocimiento, por tanto no podía efectuar; de ahí que «Para suplir los libros habia leido en la naturaleza» (Vergara Vergara, 1866: 166).

No obstante esto, como se demostró anteriormente, la complejidad de la interacción de las formaciones culturales que intervienen y se entrecruzan en la época y la velocidad de la circulación de ideas fueron parte integrante y principal de la ideología política y del desarrollo de la novelística para el grupo de escritores liberales que adoptaron el Realismo a mediados del siglo XIX; grupo al cual perteneció el liberal-socialista Eugenio Díaz Castro, quien afirmó sobre su propia escritura: «mi pluma ha sido alternativa, democrática y sumamente popular» (Díaz, 1859d: 41).

Tadeo (Díaz 1866, 367). Pero tal vez la parte que delata las intenciones ideológicas y políticas detrás de las palabras de Martínez Silva sea la afirmación: «la narración estaba interrumpida a cada paso por disertaciones trivialísimas sobre política y moral». En este aspecto no debe olvidarse la influencia de *Los misterios de París,* obra que para cumplir su cometido alargaba la narración mediante largas digresiones, que «llegan al límite de lo insoportable» (Eco 1998, 37). Esos fragmentos que tenían que ver con la ideología socialista fueron eliminados para ofrecer una visión diferente, que se adecuaba a la ideología de Vergara.

Bibliografía

Amorós, Andrés. *et ál. Antología comentada de la literatura española: siglo XIX.* Madrid: Castalia, 1999.

Anónimo. *Análisis del socialismo y exposición clara, metódica é imparcial de los principales socialistas antiguos y modernos y con especialidad los de San-Simon, Fourier, Owen, P. Leroux y Proudhon, según los mejores autores que han tratado esta materia tales como Reybaud, Guepin, Villegardelle, etc.* Bogotá: Librería de S. Simonot, 1852.

Anónimo. «Apuntes biográficos sobre Eujenio Sue». *El Día* (Bogotá) 271 (abr. 13, 1845): 3.

Anónimo. «Gabinete de lectura». *El Neo-Granadino* (Bogotá) 16 (nov. 18, 1848): 122.

Anónimo. «Nueva Librería». *El Día* (Bogotá) 818 (mayo 17, 1851): 4; 821 (mayo 27, 1851): 4; 827 (junio 17, 1851): 4.

Aymes, Jean-René. *Revisión de Larra (¿Protesta o revolución?).* Paris: Presses Univ. Franche-Comté, 1983.

Barthes, Roland. *El susurro del lenguaje.* Barcelona: Editorial Paidós. 2009.

Briceño, Manuel. *La revolución, 1876-1877: recuerdos para la historia.* Tomo I. Bogotá: Imprenta Nueva, 1878.

Camacho Roldán, Salvador. «Alegato de conclusión en la misma causa». *Escritos varios de Salvador Camacho Roldán.* Bogotá: Librería Colombina, 1892. 90-143.

_____. «Prólogo». *Manuela. Novela de costumbres colombianas.* Eugenio Díaz. París: Librería Española de Garnier Hermanos, 1889. I: i-xvi.

_____. «Manuela novela de costumbres colombiana, por Eugenio Díaz». *Escritos varios de Salvador Camacho Roldán.* Bogotá: Librería Colombina, 1893. 494-513.

_____. *Memorias.* Medellín: Editorial Bedout, [s.f].

Cejador y Frauca, Julio. *Historia de la lengua y literatura castellana.* Vol. VII. Madrid: Editorial Gredos, 1918.

Chevasco, Berry Palmer. *Mysterymania. The Reception of Eugène Sue in Britain, 1838-1860*. Berne: Peter Lang, 2003.

Colmenares, Germán. «Manuela, la novela de costumbres de Eugenio Díaz». *Manual de literatura colombiana*. Bogotá: Planeta–Procultura, 1988. I: 247-266.

_____. *Partidos políticos y clases sociales*. Bogotá: Ediciones Universidad de los Andes, 1968.

Cooper, Barbara T. «Alexandre Dumas père». *Nineteenth-Century French Fiction Writers: Romanticism and Realism, 1800-1860*. C. S. Brosman. (Ed.). Detroit, MI: Thomson Gale, 1992. 98-119.

Cordovez Moure, José María. *Reminiscencias de Santafé y Bogotá*. Bogotá: Fundación Editorial Epígrafe. 2006.

Cortázar, Roberto. *La novela en Colombia. Tesis para el doctorado en Filosofía y letras*. Bogotá: Imprenta Eléctrica, 1908.

D'Alaux, Gustave. «Le pamphlet et les moeurs politiques en Espagne». *Revue des deux mondes* 19 (jul. 1847): 302.

Del Saz, Agustín. *Resumen de historia de la novela hispanoamericana*. Barcelona: Editorial Atlántida, 1949.

Díaz, Eugenio. *Manuela. Novela de costumbres colombianas*. París: Librería Española de Garnier Hermanos, 1889. 2 vols.

Díaz, Eujenio. «Manuela. Novela bogotana, orijinal por Eujenio Díaz». *El Mosaico* (Bogotá) I.I.3 (ene. 8, 1859a): 23-24; 5 (ene. 22, 1859): 39-40; 6 (ene. 29, 1859): 46-48; 7 (feb. 5, 1859): 55-56; 8 (feb. 12, 1859): 62-64; 9 (feb. 19, 1859): 69-72; 10 (feb. 26, 1859): 77- 80; 11 (mzo. 5, 1859): 87-88; 12 (mzo. 12, 1859): 95-96; 13 (mzo. 19, 1859): 103-104; 15 (abr. 2, 1859): 121-122. [Inconclusa. Se publicó hasta el capítulo VIII].

_____. «Manuela, novela orijinal por Eujenio Díaz». *Museo de cuadros de costumbres i variedades*. Bogotá: Imprenta a cargo de F. Mantilla, 1866. II: 169-446.

_____. «El gorro». *Biblioteca de Señoritas* (Bogotá) II.65 (jul. 16, 1859b): 66-68.

_____. «La variedad de los gustos». Eujenio Díaz. *El Mosaico al cual está unida La Biblioteca de Señoritas* (Bogotá) I.43 (oct. 29, 1859c): 348.

_____. «La ruana». Eujenio Díaz. *Biblioteca de Señoritas* (Bogotá) II.57 (mayo 21, 1859d): 153-156.

_____. «Mi pluma». *Biblioteca de Señoritas* (Bogotá) II.62 (jun.

25, 1859e): 41-42.

_____. *Una Ronda de don Ventura Ahumada y otros cuadros.* Bogotá: Editorial Minerva S.A., 1936.

Díaz Castro, Eugenio. «Artículos autobiográficos». *Novelas y cuadros de costumbres.* Bogotá: Colombia: Procultura: Presidencia de la República. 1985. II: 353-371.

Díaz Castro, Eugenio. *Novelas y cuadros de costumbres.* Bogotá: Colombia: Procultura: Presidencia de la República, 1985. 2 vols.

Díaz Plaja, Guillermo. *Historia general de las literaturas hispánicas.* Barcelona: Editorial Barna, 1968.

Eco, Umberto. «Socialismo y consolación». *Socialismo y consolación. Reflexiones en torno a los misterios de París de Eugène Sue.* Barcelona: Tusquets Editor, 1970. pp. 7-37.

_____. *El superhombre de masas. Retórica e ideología en la novela popular.* Barcelona: Editorial Lumen, 1998.

Escobar, José. «Costumbrismo: estado de la cuestión». *Romanticismo 6; Actas del VI congreso. El costumbrismo romántico.* Joaquín Álvarez Barrientos (ed.). Rome, Italy: Bulzoni, 1996. 117-126.

Frappier-Mazur, Lucienne. «Publishing novels». *A New history of French literature.* D. Hollier. (ed.). Cambridge, Massachusetts – London, England. Harvard University Press, 1989. 693-698.

Galindo, Aníbal. *Recuerdos históricos, 1840 a 1895.* Bogotá: Imprenta de La Luz, 1900.

García Barriga, H. *Plantas Medicinales de Colombia.* III. Bogotá: Tercer Mundo Editores, 1995.

Gil y Zárate, Antonio. *Manual de literatura: principios generales de poética y retórica.* Madrid: Imprenta de Martínez y Minueza, 1850.

González González, Fernán E. *Poderes enfrentados: Iglesia y Estado en Colombia.* Santafé de Bogotá: Cinep, 1997.

Gramsci, Antonio. *Cuadernos de la cárcel / Prison Notebooks.* 6. Trad. Ana María Palos. Puebla: Ediciones Era, 2000.

Guillén Martínez, Fernando. *El poder político en Colombia.* Bogotá: Planeta Colombiana Editorial S. A., 1996.

Gutiérrez Ponce, Ignacio. *Vida de don Ignacio Gutiérrez Vergara y episodios históricos de su tiempo (1806-1877).* Vol. I.

Londres: Imprenta de Bradbury y Agnew & Cía Lda., 1900.

Helguera, Joseph León. *The first Mosquera administration in New Granada*, 1845-1949. Chapel Hill: University of North Carolina, 1958. [Disertación de doctorado].

Hetzel, J. *Le Diable à Paris. Paris et les parisiens: mœurs et coutumes, caracteres et portraits des habitants de Paris, tableau complet de leur vie privée, publique, politique, artistique, littéraire, industrielle, etc., précéde d'une histoire de Paris par Teophile Lavallée*. 2 vols. Paris: J. Hetzel, 1845-1846.

Hollier, Denis (ed.). *A New History of French Literature*. Cambridge, Massachusetts London, England: Harvard University Press, 1989.

Kalmanovitz, Salomón. *Economía y nación. Una breve historia de Colombia*. Nueva edición, corregida y aumentada. Bogotá: Grupo Editorial Norma, 2003.

———. «El régimen agrario durante el siglo XIX en Colombia». *Manual de Historia de Colombia*. Bogotá: Procultura S. A.–Tercer Mundo Editores, 1992. II: 211-324.

König, Hans-Joachim. *En el camino hacia la nación. Nacionalismo en el proceso de formación del Estado y de la Nación de la Nueva Granada, 1750-1856*. Bogotá: Banco de la República, 1994.

Laverde Amaya, Isidoro. *Fisonomías literarias de colombianos*. Curazao: A. Bethencourt e Hijos, Editores, 1890.

Levin, Harry. *The Gates of Horn; A Study of Five French Realists*. New York and Oxford: Oxford University Press., 1963.

Los Editores. «Prólogo». *Museo de cuadros de costumbres i variedades*. Bogotá: Imprenta a cargo de F. Mantilla, 1866. i-iv.

Lyon-Caen, Judith. *La Lecture et la Vie: Les usages du roman au temps de Balzac*. Paris: Tallandier, 2006.

Ludlow, Gregory. «Pigault-Lebrun: A Popular French Novelist of the Post-Revolutionary Period». *The French Review* Vol. 46, No. 5 (Apr., 1973): 946-950.

Llano Isaza, Rodrigo. *Los draconianos. Origen popular del liberalismo colombino*. Bogotá: Editorial Planeta Colombiana, 2005.

Martí-López, Elisa. *El realismo melodramático en España, 1840-1850: Fernán Caballero y la marginalización del folletín social*. New York: New York University. 1994. [Disertación de doctorado].

Martínez, Frédéric. *El nacionalismo cosmopolita. La referencia europea en la construcción nacional en Colombia, 1845-1900*. Bogotá: Banco de la República, Instituto Francés de Estudios Andinos, 2001.

Martínez Garnica, Armando. «Los liberales neogranadinos frente al ejército permanente». *Boletín de Historia y Antigüedades* vol. XCII.830 (septiembre, 2005): 585-622.

Martínez Silva, Carlos. «José María Vergara y Vergara». *El Repertorio Colombiano* Vol. III. Bogotá: Librería Americana y Española, 1879. 368-394. [Reproducido]: *Historia de la Literatura en Nueva Granada*. José María Vergara y Vergara. Tomo I. Bogotá: Biblioteca de la Presidencia de Colombia, 1958. 9-35.

Maya, Rafael. «La Manuela y el criollismo colombiano». (1965). *Obra crítica*. Bogotá: Ediciones del Banco de la República, 1982. I: 265-276.

Morris, Pam. *Realism*. London – New York: Routledge, 2003.

Palma, Ricardo. *Dos mil setecientas voces que hacen falta en el Diccionario*. Lima: Imprenta La Industria, 1903.

Pavel, Thomas. *Representar la existencia. El pensamiento de la novela*. Barcelona: Editorial Crítica, 2005.

Pineda Botero, Álvaro. *La fábula y el desastre: estudios críticos sobre la novela colombiana, 1650-1931*. Medellín: Fondo Editorial Universidad EAFIT, 1999.

Pintos de Cea-Naharro, Juan Luis. «Orden social e imaginarios sociales (Una propuesta de investigación)». *Papers* N° 45 (1995), pp. 101-127.

Pombo, Lino de. *Recopilación de leyes de la Nueva Granada*. Bogotá: Imprenta de Zoilo Salazar, 1845.

Prendergast, Christopher. *For the People by the People? Eugène Sue's Les Mystères de Paris. A Hypothesis in the Sociology of Literature*. Oxford: Legenda-Univesity of Oxford, 2003.

Rodríguez-Arenas, Flor María. *Bibliografía de la literatura colombiana del Siglo XIX*. Tomo I (A-L). Buenos Aires: Stockcero, 2006.

_____. «Díaz Castro, José Eugenio». *Bibliografía de la literatura colombiana del Siglo XIX*. Tomo I (A-L). Buenos Aires: Stockcero, 2006. 336-346.

_____. *Eugenio Díaz Castro: Realismo y Socialismo en Manuela. Novela bogotana*. Stockcero: Doral, Florida, USA: Stockcero, 2011.

Rojas, Cristina. *Civilización y violencia. La búsqueda de la identidad en la Colombia del siglo XIX*. Bogotá: Grupo Editorial Norma, 2001.

_____. *Civilization and Violence: Regimes of Representation in Nineteenth-Century Colombia*. Minneapolis: University of Minnesota Press, 2002.

Rojas de Ferro, María Cristina. *A Political Economy of Violence*. Ottawa-Canada: Carleton University, 1994.

Samper, José María. «Discurso de recepción en la Academia Colombiana». *Selección de estudios*. Bogotá: Ministerio de Educación Nacional, Ediciones de la Revista Bolívar, 1953. 167-200.

_____. *Historia de un alma. Memorias íntimas y de historia contemporánea escritas por José María Samper. 1834 a 1881*. Bogotá: Imprenta de Zalamea Hermanos, 1881.

_____. *Miscelánea ó Colección de artículos escogidos de costumbres, bibliografía, variedades y necrología*. París: Librería Española de E. Denné Sohmitz, 1869.

Samper Ortega, Daniel. «D. Eugenio Díaz». *Una Ronda de don Ventura Ahumada y otros cuadros*. Eugenio Díaz. Bogotá: Editorial Minerva S. A., 1936. 5-8.

_____. «José María Vergara y Vergara y su época». *Obras escogidas de don José María Vergara y Vergara*. Tomo 1. Publicadas por sus hijos Francisco José Vergara, Ana Vergara de Samper y Mercedes Vergara y Balcázar, en el primer centenario de su nacimiento. Bajo la dirección de Daniel Samper Ortega. Bogotá: Editorial Minerva, 1931. 35-96.

Sánchez, Efraín. *Gobierno y geografía. Agustín Codazzi y la Comisión Corográfica de la Nueva Granada*. Bogotá: Banco de la República / El Áncora Editores, 1999.

Sebastián López, José Luis. *Felicidad y erotismo en la literatura francesa del Siglo de las Luces: de las Cartas persas (1721) a Las amistades peligrosas (1782)*. Barcelona: Icaria Editorial,

1992.

Sheon, Aaron. «Parisian Social Statistics: Gavarni, *Le Diable à Paris,* and Early Realism». *Art Journal* Vol. 44, No. 2 (Summer, 1984): 139-148.

Shroeder, Maurice Z. «Balzac's Theory of the Novel». *L'Esprit Créateur* VII.1. (1967): 3-10.

Stowe, Richard S. *Alexandre Dumas père.* Boston: Twayne Publishers, 1976.

Uricoechea, Ezequiel. «Bibliografía colombiana». Apéndice. *Revista Latino-Americana.* París: Librería Española de E. Denné Schmitz, 1874. 1-48.

Valera Jácome, Benito. «Evolución de la novela hispanoamericana del siglo XIX». *Historia de la literatura hispanoamericana. II: Del Neoclasicismo al Modernismo.* L. Iñigo-Madrigal. (Coord.). Madrid: Ediciones Cátedra S. A., 1987. 91-133.

Velandia, Roberto. *Enciclopedia histórica de Cundinamarca. El departamento – Siglo XIX.* Tomo 1, Volumen 2. Bogotá: Editora Guadalupe, 2005.

Vergara Vergara. José María. «El señor Eujenio Díaz». *Museo de cuadros de costumbres i variedades.* Bogotá: Imprenta a cargo de F. Mantilla. 1866. 163-168.

Vergara i Vergara, J. M. «Manuela, novela orijinal de Eujenio Díaz. Prólogo». *El Mosaico* 1-2 (1858-1859): 8, 16.

La representación de Efraín entre la sensibilidad y la masculinidad en María de Jorge Isaacs[144]

1. Jorge Ricardo Isaacs Ferrer (Cali, 1° de abril de 1837-Ibagué, 17 de abril de 1895) fue hijo del ciudadano inglés de ascendencia judía George Henry Isaacs Adolfus, quien a su vez fue hijo de Henry Isaacs y Sara Adolphus, y de la colombiana Manuela Ferrer Scarpetta, hija del militar catalán Carlos Ferrer Xiques[145] y de María Manuela Scarpetta Roo, casados el 5 de abril de 1828 en Quibdó-Chocó, Colombia.

Manuela Ferrer Scarpetta y George Henry Isaacs Adolphus, Padres de Jorge Ricardo Issacs Ferrer

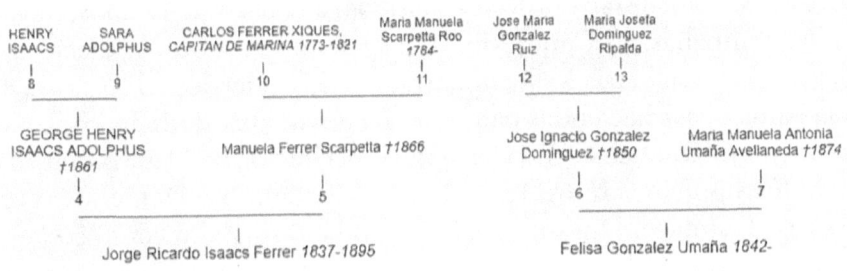

---

144 Este ensayo se publicó como parte de la edición crítica de *María*. Jorge Isaacs. Doral, Florida, USA: Stockcero, 2008.

145 Estos y otros datos autobiográficos aparecen ficcionalizados en el capítulo VII de *María*.

Genealogía de Jorge Isaacs y su esposa FelisaGonzález Umaña

El padre de Jorge Isaacs había llegado a Colombia en 1822 proveniente de Jamaica, con el propósito de explotar yacimientos de oro en el Chocó. En 1827 se estableció como comerciante en Quibdó; al año siguiente se convirtió al catolicismo para contraer matrimonio. Obtuvo del Libertador Simón Bolívar la carta de naturaleza colombiana en 1829. Ya hombre bastante rico, se vinculó a la vida política de la región hacia 1833. En 1840 adquirió dos enormes haciendas azucareras en las cercanías de Palmira: «La Manuelita», llamada así en honor de su esposa, y «Santa Rita». En 1854 compró la hacienda «El Paraíso» o «La casa de la sierra», en las vecindades de Buga, lugar donde Jorge Isaacs pasó su adolescencia. Posteriormente, este ámbito sirvió de espacio ficcional al mundo novelístico de *María*.

En una carta, Jorge Isaacs escribió sobre su vida:

> Recibí instrucción primaria en una escuela de Cali y en otra de Popayán (la del señor Luna). En 1848 empecé a estudiar en Bogotá en el colegio del Espíritu Santo, del doctor Lorenzo María Lleras; más tarde cursé también en San Buenaventura y San Bartolomé.
> En 1864 publicaron un tomo de versos míos los miembros de la sociedad literaria que aún tiene el nombre del «Mosaico» y de la cual eran los miembros más notables los señores José María Samper, Ricardo Carrasquilla, José María Vergara y Vergara, Salvador Camacho Roldán, Manuel Pombo, José Manuel Marroquín, Eugenio Díaz y David Guarín.
> En 1867 se hizo la primera edición de la novela *María*, la segunda en 1869, etc., etc. (Isaacs 1972, 16-19).

En noviembre de 1852, Jorge Isaacs regresó a Cali, al parecer sin haber culminado su bachillerato, porque la situación económica de su familia era difícil; esto impidió que viajara a Inglaterra para estudiar medicina, como estaba previsto. En 1854, a la edad de 17 años, luchó en las campañas del Cauca, durante siete meses, contra la dictadura del general José María Melo; mientras tanto, la guerra civil contribuyó a la ruina de las haciendas paternas. En noviembre de 1856, contrajo matrimonio con Felisa Eulogia González Umaña, de 14 años, con ella tuvo los siguientes hijos: Julia, María, Clementina, Daniel, David, Jorge y Lisímaco. Durante esos años trabajó sin éxito como comerciante en Cali. Entre 1859 y 1860 escribió sus primeros poemas y los dramas históricos: *Amy Robsart* (1859 - inédito), *María Adrian* (o *Los Montañeses en Lyon*) y *Paulina Lamberti*.

En 1860, a la edad de 23 años combatió en el Puente de Cali y participó en la batalla de Manizales, del 28 de agosto contra Tomás Cipriano de Mosquera. En esta época era conservador declarado. El 16 de marzo de 1861, murió el padre, dejando un buen patrimonio, pero también deudas. Terminada la guerra, Isaacs volvió a Cali para encargarse de los negocios familiares, de acuerdo con la voluntad paterna; así tuvo que dejar sus intereses por la medicina para dedicarse a los negocios paternos. Para salvar de la ruina las haciendas y los negocios, obtuvo préstamos, pero no logró cancelarlos a tiempo. Viajó a Bogotá en 1863, quedando su hermano Alcides al frente del reducido patrimonio familiar. En 1864 para saldar las deudas, se remataron las haciendas La Rita y La Manuelita, las cuales adquirió Santiago Eder; pero lo recaudado no alcanzó para pagar a los deudores.

En este mismo año de 1864, ingresó a la Logia Estrella del Tequendama, número 11 (Carnicelli, 210). El 23 de octubre de 1864, como miembro de tercer grado, contribuyó a la fundación de la Logia Aurora del Cauca en Cali (Carnicelli, 292).

En noviembre del mismo año, el general Tomás Cipriano de Mosquera nombró a Isaacs subinspector de los trabajos del camino de herradura entre Buenaventura y Cali; cargo que duró un año. Durante esa época, en el campamento de La Víbora donde desempeñó su empleo, debido al clima malsano del río Dagua, contrajo paludismo; las secuelas de esta enfermedad le causarían años después la muerte. En este lugar, durante las noches, comenzó la redacción de la novela *María*; poco después renunció al cargo, regresó a Cali y concluyó el texto.

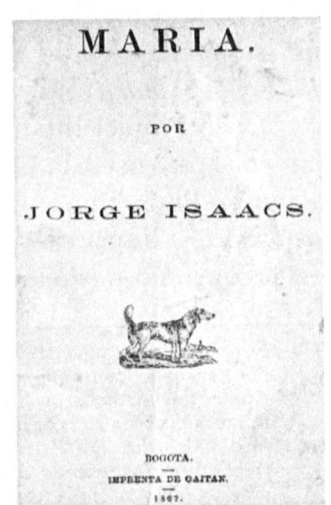

Carátula de la 1ª edición de *María*

En 1866, viajó a Bogotá y se dedicó al comercio vendiendo mercancías importadas. En 1867, se publicó *María* en la imprenta de José Benito Gaitán, en una edición de 800 ejemplares. El texto de esta primera edición fue revisado, primero en Cali por su hermano Alcides, maestro de gramática y luego en Bogotá por Ricardo Carrasquilla, José María Vergara y Vergara, Ricardo Silva y José Manuel Marroquín; mientras que el de la segunda edición fue revisado por Miguel Antonio Caro[146]. La novela lo hizo conocido y lo convirtió en uno de los miembros más prometedores del partido conservador; bajo esta bandera política inició su actividad en el periodismo y la política.

Desde el 1º de julio y hasta el 4 de diciembre de 1867, dirigió *La República*, periódico conservador que había fundado junto con Julio Arboleda; en este semanario Isaacs publicó editoriales y artículos políticos, sociales y económicos. También colaboró en el periódico *La Fé*, dirigido por José María Vergara y Vergara.

Perteneciendo al partido conservador se hizo masón. Su éxito en la literatura y su actividad periodística lo llevaron al campo político en el que participó hasta 1881. Fue Representante del Tolima al Congreso de 1868 y de 1869; por su oposición al indulto de Mosquera, se ganó el antagonismo de la sección más radical de su partido. En esta época, Isaacs pasó gradualmente al partido liberal y en 1869, se convirtió en liberal radical; paso que le granjeó muchas burlas y enemistades entre los conservadores hasta el final de su vida.

Fue nombrado cónsul general en Chile en 1870; en este cargo trabajó para modificar la opinión que los chilenos tenían de Colombia y por incrementar las relaciones comerciales entre los dos países. En ese país participó en *El Mercurio*, *Sud-América*, *La Revista de Santiago*, *La Revista Chilena*. En 1872, retronó al Cauca, junto con el chileno Recaredo Miguel Infante; con él planearon ejercer la explotación agrícola, para lo cual compraron la hacienda Guayabonegro, cerca de Palmira. Pidieron préstamos para la explotación de madera, cacao, azúcar y cría de ganado; pero cuando el socio chileno regresó a su país, Isaacs quedó con la deuda; sin muchas posibilidades de vender ven-

---

146 Los cambios más notables de la segunda edición se basan en modificaciones de posesivos por artículos determinantes, de pronombres de complemento indirecto por directo, empleo de sinónimos, precisión en el manejo de los tiempos verbales. La corrección más importante efectuada por Isaacs en esta edición fue la precisión de la edad de María, aumentándola dos años. Excepto esta enmienda de importancia, las otras señalan las variaciones que iba sufriendo el empleo del lenguaje al volverse normativa la lengua a instancias de la Academia (véase edición de *María* efectuada por Donald McGrady).

tajosamente la hacienda, se declaró en quiebra. La hacienda fue embargada y luego vendida en subasta pública en 1878, pero los problemas por este intento comercial continuaron hasta 1880.

A su regreso de Chile, comenzó a participar activamente en la política del Cauca. En 1876, César Contó, primo de Isaacs, fue elegido presidente del Estado soberano del Cauca; nombró a Isaacs Superintendente de Instrucción Pública, debido a la experiencia que tenía; pues antes había sido Delegado de Educación. En este cargo adelantó la política de educación del Radicalismo liberal, para esto redactó un Código completo de Instrucción pública, desarrolló un programa de escuelas agrícolas y de artes manuales, con clases nocturnas para adultos, siendo él uno de los maestros en la Escuela Normal Superior; tuvo que fundar las escuelas, porque no existían; ya que la educación era un monopolio de la Iglesia. Al mismo tiempo, comenzó a pedir la secularización de la enseñanza, lo que le atrajo nuevos rencores y repudio público de la Iglesia Católica y del partido conservador. El clero usaba la coerción abierta y el terrorismo para hacer que los intentos de Isaacs fracasaran: «Si mandáis vuestros hijos a esas Escuelas costeadas por el gobierno, no podéis recibir el perdón de vuestras culpas, absolutamente careceréis de todo beneficio espiritual» (Morales Benítez, 30).

Dirigió el periódico *El Escolar* y con su primo, César Conto, editó en Popayán el periódico *El Programa Liberal*, por el cual combatió activamente contra los conservadores clericales; también fue editor del periódico *Los Principios de Cali*. Ese mismo año combatió en la batalla de Los Chancos como capitán del batallón de zapadores.

En agosto de 1877 fue nombrado secretario de Gobierno del Cauca; en este cargo luchó por los derechos de los indígenas. Las actividades que desarrolló en este empleo, le ganaron la antipatía de Mosquera; ante la presión que sintió se vio obligado a renunciar. A finales del año viajó a Bogotá como diputado del Cauca a la Cámara de Representantes. En 1878, viajó a Antioquia y por un tiempo dirigió en Medellín el periódico *La Nueva Era*, en apoyo del gobierno contra los conservadores. En 1879 fue elegido presidente de la Cámara. El día 6 de mayo de ese año, Isaacs y otros congresistas liberales opuestos a leyes que favorecían al clero, fueron perseguidos y apedreados por grupos de fanáticos; esta situación que pasó a conocerse como la «Lapidación del Congreso» resultó en el cierre de la corporación. Isaacs se rehusó a asistir a reuniones extraordinarias y viajó a Antioquia, donde la situación política era crítica. El 30 de enero de 1880, en Rionegro, Jorge Isaacs se proclamó jefe civil y militar de Antioquia; avanzó sobre Medellín con un ejército que lo respaldaba. Durante un mes, se mantuvo en el poder, pero sus acciones fueron en contra del gobierno constitucional por lo cual no fue apoyado por Rafael Núñez. Por esta situación, al regresar a Bogotá a ocupar su puesto en el Congreso fue expulsado del organismo. Como reacción, Isaacs escribió y publicó en Bogotá el libro *La revolución radical en Antioquia* para defender sus actos. Ese mismo año se estableció con su familia en Ibagué en una casa que le prestó Juan de Dios Restrepo. Publicó el Primer Canto del extenso poema titulado *Saulo* (1881) que quedó inconcluso.

A finales del año, Rafael Núñez lo nombró secretario de la Comisión Científica, para estudiar inexplorados territorios del litoral atlántico, continuando así la labor de la Comisión Corográfica que había dirigido Agustín Codazzi, quien había muerto en 1859, lo cual había interrumpido este importante trabajo. Isaacs contó con la asesoría de Manuel Ancízar, secretario de Codazzi; pero emprendió su labor solo con un ayudante, viajando a los territorios de la Guajira y de la Sierra Nevada de Santa Marta. Este nombramiento le atrajo las burlas y las críticas de Rafael Pombo publicadas en el periódico *El Conservador*.

Como resultado de sus investigaciones, Isaacs escribió el libro: *Estudio sobre las tribus indígenas del Estado de Magdalena, antes provincia de Santa Marta*, publicado con fecha de 1884, pero conocido sólo en 1887, en donde estudió el vocabulario, la gramática, las tradiciones y la religión de los indígenas; del mismo modo, reunió los testimonios del arte rupestre que encontró a su paso. Durante once meses de exploraciones, halló yacimientos de carbón cerca de Aracataca y de Fundación. El gobierno no le pagó el sueldo estipulado, por lo cual tuvo que pedir préstamos; sin embargo, continuó las exploraciones por su propia cuenta. Como resultado quedaron los informes oficiales publicados en el *Diario Oficial* y en diversos periódicos, la mayoría de los cuales fueron recogidos bajo el título «Hulleras de Aracataca». Estos trabajos le atrajeron virulentas críticas de Miguel Antonio Caro, escritas en el artículo titulado «El darwinismo y las misiones». «Era una forma de cobrarle su acción política y, además, hacer explícito el odio a lo que tuviera trazas de revivir fuerzas precolombinas» (Morales Benítez, 57).

No obstante, los ataques de los conservadores, Isaacs reanudó sus exploraciones en el sur de Cundinamarca. En noviembre de 1886, inició su segundo viaje a la Costa Atlántica; había obtenido el permiso del gobierno de explotar los yacimientos que había encontrado diez años atrás. En este viaje iba acompañado de su hijo Jorge y de Belisario, un fiel servidor, quien murió durante la exploración. Recorrió la zona de Sevilla, Aracataca y Fundación; luego Montería, Ronda y Masuga. Descubrió yacimientos de hulla en Riohacha, Dibulla, Naranjal y Rincón-Mosquito; petróleo en el golfo de Urabá, y dos yacimientos de fosfato de cal, en la Guajira y en la Isla Fuerte. Al regresar a Ibagué quiso explotar minas de oro con la ayuda de inversionistas extranjeros, pero ni lo uno ni lo otro le fue favorable.

Entre 1888 y 1895, Isaacs vivió con su familia en Ibagué, tratando inútilmente de conseguir financiación para la explotación de los yacimientos encontrados; finalmente, en 1894, cedió sus derechos a la Panamerican Investments Co. En 1891, se dedicó a la revisión de la tercera edición de *María*, en cuyo texto introdujo correcciones con el deseo de publicar una edición definitiva, lo que no sucedió antes de su muerte. También escribió en 1893, el extenso poema sobre Antioquia titulado «La Tierra de Córdova»; del mismo modo planeó la composición de una trilogía sobre la historia del Gran Cauca, conformada por las novelas: Fania, Camilo (o Alma negra) y Soledad; pero esto nunca se realizó. Isaacs murió en Ibagué, el 17 de abril de 1895, del paludismo y la malaria que había contraído en el campamento de La Víbora treinta años antes (véanse Rodríguez Morales y Cristina Z.).

2. Cuando Isaacs comenzó su vida pública, el territorio de la Nueva Granada/Estados Unidos de Colombia[147] mostraba durante las décadas de mediados del siglo XIX cambios de importancia en la organización social, económica y política. Se habían establecido el sistema de elecciones más o menos democráticas, las garantías y liber-

---

147 El territorio tuvo diferentes nombres durante el siglo XIX: «Virreinato de la Nueva Granada», «Estado de Cundinamarca» (1810), «Provincias Unidas de la Nueva Granada» (1811), «República de Cundinamarca» (1812), «Provincia de Cundinamarca» (1812-1816), Virreinato de la Nueva Granada (1816-1919), «República de Colombia» / «Departamento de Cundinamarca» (1819-1831), «Estado de la Nueva Granada» (1831-1842), «República de la Nueva Granada» (1842-1858), «Confederación Granadina» (1858-1863), «Estados Unidos de Colombia» (1863-1886), «República de Colombia» (1886-) (véase Pombo y Guerra).

tades civiles y el principio de legalidad de las decisiones administrativas. Sin embargo, para esa época muchas instituciones, costumbres y formas de vida seguían como durante la Colonia. Las fuentes para las rentas del estado provenían de los estancos (monopolios) del tabaco y del aguardiente, el régimen de alcabalas (impuestos sobe las ventas de bienes muebles e inmuebles), los diezmos y el comercio exterior no habían sufrido modificación, existía la esclavitud y los terratenientes controlaban y administraban el campo casi sin variación; además se habían fortalecido con su vinculación al comercio internacional. La Iglesia era uno de los grandes detentores de tierra y poseía numerosos privilegios; era casi cogobernante del país y amparaba la manipulación de los movimientos electorales en provecho de ideas y actitudes más conservadoras y autoritarias.

En esos años se comenzaron a poblar las tierras bajas para que los cultivos tuvieran demanda en los mercados europeos; pero se entregó la tierra en grandes latifundios a militares, políticos y comerciantes que podían adquirir bonos respaldados por el territorio; de esta manera se financiaba el erario público. Para frenar el poder de la Iglesia, se decretó la «tuición» de cultos (ley que prohibía a los religiosos ejercer sus funciones sin autorización del Gobierno). Asimismo, se estableció el decreto de desamortización de bienes de manos muertas, por el cual se expropiaban los bienes que pertenecían a comunidades religiosas que no podían ser puestos en venta. Las comunidades que se resistieron fueron suprimidas.

En 1851, el proyecto liberal se afianzó; así se propulsó la política de abolición de la esclavitud; se eliminó el estanco del tabaco y se acabó con los impuestos a las exportaciones. Además, se atacó la formación de latifundios y se impuso definitivamente la desamortización de los bienes de manos muertas, en contra de las propiedades eclesiásticas. Se revocó el mayorazgo, se suprimieron los diezmos y se abolió el Patronato, que llevó a la separación entre la Iglesia y el Estado.

Para 1861, durante la administración Mosquera, se efectuó la venta de tierras eclesiásticas mantenidas como censos[148] y capellanías[149], lo

---

148 El censo era el contrato por el cual una persona adquiere el derecho de recibir de otro una pensión anual, rédito o impuesto, mediante la entrega de dinero o de propiedades. Existían dos clases: el censo-préstamo y el censo-gravamen. Por el primero, se obtenía un bien mueble o inmueble o dinero en efectivo. La obligación de pagar el rédito recaía sobre el bien que debía ser hipotecado como garantía y no sobre la persona. Ésta se liberaba de sus obligaciones con la venta, donación, traspaso o como adjudicando en herencia el bien; pero el nuevo dueño debía seguir respondiendo por la deuda. De esta

cual fue de mucha importancia, porque se liberó una gran extensión de tierra, mucha de ella que servía de garantía a perpetuidad. Esto afectó el sistema de crédito eclesiástico que había gozado de grandes privilegios desde los tiempos de la conquista. Mosquera dictó una serie de decretos que tenían por objetivo controlar el poder de la Iglesia Católica, entre los que sobresalen el ya mencionado de desamortización de bienes de manos muertas, tierras que fueron rematadas en subasta pública; también decretó la expulsión de los jesuitas del territorio nacional (véase Kalmanovitz, 115-124).

En 1863, mediante la Constitución de Rionegro se dio al país el nombre de Estados Unidos de Colombia: Antioquia, Bolívar, Boyacá, Cauca, Cundinamarca, Magdalena, Panamá, Santander y Tolima eran los estados y cada uno de ellos poseía autonomía: podían dictar sus propias leyes, tener ejército propio y administrar justicia independientemente del Gobierno Nacional. Con esta constitución se proclamaron libertades individuales, tales como la de comercio, de opinión, de imprenta, de enseñanza, de asociación; además, se consagró la libertad de expresión sin ninguna limitación, se eliminó la pena de muerte, se prohibió sacar de la circulación libre los inmuebles, se reconoció la existencia de asentamientos indígenas y se ordenó emitir legislación especial para ellos; también se prohibió el desempeño de cargos públicos a los ministros religiosos, y se encomendó al gobierno el cuidado, la educación y la civilización de los indígenas. Del mismo modo, se proclamó el derecho del gobierno para inspeccionar todos los cultos religiosos. Al mismo tiempo, se redujo el período presidencial de 4 a 2 años y se quitaron poderes al presidente de la República.

Se establecieron leyes librecambistas, que permitieron que Colombia se integrara al mercado internacional como país exportador de materias primas y como importador de productos terminados. Esto impulsó el desarrollo de vías de comunicación que permitieran el traslado de los productos desde las zonas productoras hasta los puertos fluviales y marítimos; así, durante la década del sesenta se hicieron esfuerzos en la construcción de carreteras.

Sin embargo, la Constitución de Rionegro limitó el poder del go-

---

manera se constituía en un censo-gravamen (véase Ferreira Esparza, 61).
149 La capellanía era una fundación perpetua basados en unos bienes que se destinaban a percibir rentas fijas para la celebración de misas por el eterno descanso del alma del fundador y muchas veces también por su familia.

bierno central, convirtiendo los estados casi en islas independientes entre sí, tanto en lo económico como en lo político; por lo cual, los conflictos internos de cada estado desencadenaron frecuentes guerras civiles. Como se había legislado la absoluta libertad para comerciar con armas, los líderes locales armaron sus propios ejércitos. Esto, a su vez, incrementó el poder de los caudillos locales, quienes tenían el poder económico en cada región y estaban amparados por las leyes. Del mismo modo, debido a la descentralización de los impuestos (cada estado recaudaba sus propios impuestos), el Gobierno Central no disponía de ingresos económicos suficientes para cubrir los gastos; por lo cual, la situación de la Hacienda Pública se hizo precaria. Por eso, para 1865, el Gobierno central vendió en subasta la mayor parte de los edificios públicos y poco a poco cayó en manos de los especuladores particulares.

Esta constitución, aunque produjo resultados contradictorios, impulsó el progreso en el campo tecnológico y en el económico: se desarrollaron las vías férreas y las transacciones bancarias, surgió el telégrafo eléctrico, se impulsó la navegación a vapor por el río Magdalena, se promovió la Universidad Nacional y la formación de filósofos, científicos, y abogados; además, el periodismo tuvo un auge inusitado.

Mientras ésta era la situación política, socialmente:

> En el Siglo XIX el mosaico de la discriminación sociológica se muestra agudamente en las mujeres. (...) todas, cual más, cuál menos, soportaban la distancia fundamental y la sujeción al varón, que las convertía en objeto sexual frecuentemente manipulado y maltratado. El hogar, la oración y las obras de misericordia, eran las ocupaciones de las damas de alcurnia. La cocina, la agricultura, ambas formas de esclavitud clara, eran el oficio de las demás. Las restricciones a que todas estaban sometidas eran proyección de una imagen marcadamente romántica y por lo mismo Católica, importada de Europa, a la par con las mantillas y las sedas que usaban. / La mayoría de edad se alcanzaba a los 25 años, aunque hombres y mujeres eran hábiles para el matrimonio a los 14 y los 12 años. El matrimonio seguía el molde romanista, y la mujer salía del yugo del padre para pasar al del marido. / Bajo los gobiernos radicales las mujeres incrementaron del 16 al 35% por ciento su ingreso a los planteles de educación, y al terminar el Siglo XIX alcanzaron el 40% por ciento. Pero a lo largo de todo el siglo se tuvo la convicción de que no convenía otorgar derechos políticos a la mujer; y en esto fueron estuvieron de acuerdo los hombres de todos los partidos. Lo que no impidió que participaran activa e inteligentemente —con co-

nocimiento de causa- en las contiendas políticas callejeras y en las confrontaciones bélicas como estímulo y compañía de los actores (Quintero Valencia, 113-114).

Este es el ambiente político-social que se vivía en los Estados Unidos de Colombia cuando Jorge Isaacs imaginó, proyectó, estructuró y escribió la novela *María*.

3. Sobre *María* (1867) de Jorge Isaacs se han publicado diversos y variados estudios[150]; esporádicamente desde el momento de su lanzamiento, cuando se produjeron elogios de varias voces que se dejaron oír en Colombia en el siglo XIX entre 1867 y 1899; época en que recibió el fuerte y decidido impulso de miembros del grupo de *El Mosaico*[151], quienes fueron artífices de la recepción que obtuvo la novela durante las últimas décadas del siglo XIX en los países de habla hispana. Gracias a la difusión del texto, pronto llegó a tener fuertes defensores extranjeros que entraron en polémica con escritores de otros países sobre la novela (véase Altamirano 1883). Esta aceptación y aprecio internacional hizo que los coterráneos de Isaacs la apreciaran mejor (véase Sánchez Montenegro). Este quehacer escritural recibió después un espaldarazo oficial en Colombia entre 1938 y 1968, lo cual convirtió a *María* en un título esencial del canon literario del país (véase Rincón, 79-109).

No obstante, la difusión alcanzada durante el siglo XIX, en el primer tercio del siglo XX, la novela era rechazada por lectores de diferentes países; tal era la situación que, en 1937, Jorge Luis Borges escribió un texto vindicatorio sobre la labor del escritor colombiano:

> Oigo innumerablemente decir: «Ya nadie puede tolerar la *María* de Jorge Isaacs; ya nadie es tan romántico, tan ingenuo». Esa vaga opinión (o serie de vagas opiniones) puede subdividirse en dos

---

150 Véase una extensa bibliografía sobre los textos críticos sobre la novela en: Rodríguez-Arenas (2006, I: 480-517).

151 *El Mosaico*: periódico literario difundido en cinco épocas entre diciembre de 1858 y diciembre de 1872; surgió de las reuniones de la Asociación literaria del mismo nombre que acogió a los más variados intelectuales del siglo XIX, quienes participaron en sus sesiones alejándose de las luchas bipartidistas y de política. Entre ellos se hallaban: José María Samper, Soledad Acosta de Samper Aníbal Galindo, Salvador Camacho Roldán, Próspero Pereira Gamba, José María Vergara y Vergara, José Manuel Marroquín, Rafael Eliseo Santander, Felipe Pérez, José David Guarín, José Joaquín Borda, Ricardo Carrasquilla,, Diego Fallón, Ezequiel Uricoechea, Ricardo Silva, Manuel Pombo, José María Quijano Otero, Ricardo Becerra, Gregorio Gutiérrez González, Marceliano Vélez, Bernardino Torres Torrente, y Jorge Isaacs, entre muchos otros. Para una visión más completa sobre esta asociación, (véase Gordillo Restrepo).

> partes: la primera declara que esa novela es ahora ilegible, segunda —audazmente especulativa— propone una razón, una explicación. Primero el hecho; después, la razón verosímil. Nada más convincente, más probo. Sólo dos objeciones puedo hacer a ese fuerte cargo: a) la María no es ilegible; b) Jorge Isaacs no era más romántico que nosotros. Espero demostrar lo segundo. En cuanto a lo primero, sólo puedo dar mi palabra de haber leído ayer sin dolor las trescientas setenta páginas que la integran, aligeradas por «grabados al cinc». Ayer, el día 24 de abril de 1937 de dos y cuarto de la tarde a nueve menos diez de la noche, la novela María era muy legible. Si al lector no le basta mi palabra, o quiere comprobar si esa virtud no ha sido agotada por mi, puede hacer él mismo la prueba, nada voluptuosa por cierto, pero tampoco ingrata (Borges, 5).

Ese rechazo[152], apenas pasado medio siglo del lanzamiento de la novela, señala cambios culturales y sociales que permitieron que generaciones posteriores respondieran encontradamente sobre el texto; muchos de ellos lo hicieron por reacción general contra un movimiento literario desgastado, el Romanticismo, que había desaparecido o estaba en vías de extinción en Europa ya en el primer tercio del siglo XIX, pero que, incluso hasta final del mismo siglo, en los países hispanoamericanos corría paralela y tercamente con otros posteriores, cuyas dinámicas y objetivos diferentes estaban en consonancia con los nuevos tiempos; lo mismo que por aspectos ideológicos que iban cambiando o estaban francamente en desuso; rasgos que se han visto con mayor precisión con el paso del tiempo (véanse Mejía 1976 y 1988; Engelbert).

Se le ha adjudicado tal poder a la novela de Isaacs, que estéticamente se la ha culpado de contribuir decididamente al desprecio total del Romanticismo hispanoamericano:

> Los no hispanistas han difamado por largo tiempo el romanticismo hispánico como una perversión del auténtico sentimiento romántico. *María* ocupa la difícil posición de ser el prototipo de la novela romántica latinoamericana y de contener al mismo tiempo el sentimentalismo más exagerado de toda la literatura "seria" del mundo hispánico. Es un texto cuyas lecturas tradicionales o "románticas" han contribuido a vilipendiar el romanticismo hispánico como un todo (Rosenberg, 5).

---

152 Véanse Caballero Calderón (1938). Sobre la denigración de los Nadaístas hacia *María* (véase Rincón, 84-85, 109). Rechazos y repulsas que Romero, participante en los actos originales presenta, explica, justifica y enmienda cuarenta años después (Romero)

Sin embargo, a pesar del menosprecio por aspectos estéticos e ideológicos que novedosa o reiteradamente se han estudiado en el texto y del hecho de que se haya afirmado: «que durante más de un siglo se haya leído *María* principalmente por su anécdota amorosa: una novela lacrimógena en la cual se pretende revivir, y compartir con el lector, la pérdida de un primer amor» (Molloy, 36); existen dimensiones que se han soslayado por considerárselas evidentes y que al ser percibidas se critican, pero no se explican, o se dejan de lado porque no se han comprendido, o mejor aún, porque se desconocen; aspectos que aclaran la recepción y el rechazo de una segunda lectura efectuada por lectores posteriores; pero que dentro de su debido contexto explicitan tanto el conocimiento de Isaacs de poéticas europeas muy difundidas, como la intrincada estructuración del mundo novelístico de *María* con esos postulados, creando con su labor escritural una narración que ha trascendido fronteras, pero que ha sido muy mal comprendida.

Algunos de los atributos de la novela se señalaron ya desde 1867:

> María pertenece en literatura al género sentimental, pero no tiene sino una sola hermana, la Historia holandesa, porque es muy diferente de las otras novelas de esta clase, como Atala y Pablo y Virginia. (...) María y Efraín no son dos niños en una isla desierta, como Pablo y Virginia, no dos jóvenes solos en el Desierto, como Chactas y Atala. María y Efraín son dos jóvenes vestidos con telas europeas que vivieron en una hacienda del Cauca. (...) Es la prosa de la vida vista con el lente de la poesía; es la naturaleza y la sociedad traducidas por un castizo y hábil traductor. María es un idilio, un canto del hogar (...). Es, pues, una novela de caracteres. (...) María hará largos viajes por el mundo, no en las valijas del correo, sino en las manos de las mujeres, que son las que popularizan los libros bellos. Las mujeres la han recibido con emoción profunda, han llorado sobre sus páginas, y el llanto de la mujer es verdaderamente el laurel de la gloria (reproducido en Vergara y Vergara, ii-iv).

Como se observa, en el momento de la publicación de la novela en 1867, se indicaron algunas de las características que identifican el mundo novelístico: forma parte del género romántico-sentimental; además, se le encuentran relaciones con obras de importantes autores franceses producidas entre finales del siglo XVIII y primeros años del siglo XIX: *Paul et Virginie* [*Pablo y Virginia*, 1787] de Jacques-Henri Bernardin de Saint-Pierre, y *Atala* [1801] de François René de Chateaubriand. Después de las palabras de Vergara y Vergara, diversos críticos a través de los tiempos han dedicado estudios a mencionar, encontrar, rechazar o agregar pruebas sobre cuál obra francesa es fuente del texto de Isaacs (Warshaw, Brown, Anderson Imbert, McGrady, Vinviguerra, entre otros).

Del mismo modo, se han estudiado aspectos relacionados con las lecturas efectuadas por Isaacs, con las que sus personajes realizan en *María*. También se presentó el Catálogo de libros personales de la biblioteca de Isaacs y se lo cotejó con el escrutinio de los libros de Efraín que Carlos efectuó en el capítulo XXII de la novela, para mostrar que no fueron únicamente los autores franceses, los que pueden haber ejercido influencia en la escritura de *María*, sino que existe un amplio espectro de escritores europeos, que formaban parte del ambiente cultural e intelectual en el que vivió el autor; lecturas compartidas por otros miembros del Círculo Literario de El Mosaico (véase Warshaw).

A esto, se sumó el estudio de las posibles influencias neoplatónicas y de las relaciones que parecen existir con la *Diana* de Montemayor (véase Morris), y las relaciones bíblicas (Antiguo y Nuevo Testamentos) que se encuentran en la estructuración de los personajes de María y Efraín (véase Marini Palmieri). Incluso, dentro del mundo novelístico se han analizado tanto las prácticas de lectura como de escritura y los efectos que ellas producen (véase Díaz Saldaña). Igualmente, se ha prestado atención a la estructura interna de la novela (véanse Karsen; Menton; Porras Collantes; Williams; Lagos-Pope); así como a las características de los personajes femeninos: María, Feliciana (Nay), Esther; bien en forma separada o estudiados colectivamente en su representación (véanse Herrero del Castillo; Díaz Balsera; Valcke). Del mismo modo, se han analizado diferentes aspectos del mundo novelístico: los 'otros', los esclavos, los judíos, la comida, la geografía, la religión, entre muchos otros (véanse Sommer; Faverón Patriau; Ortiz). Asimismo, se ha notado la fuerte presencia del mundo patriarcal (véanse Borello; Magnarelli; Lagos-Pope; Adams), como la ambigüedad del narrador (véanse Williams; Rosenberg; Marini Palmieri).

Al tratar a Efraín en su función de narrador se ha partido de la ambigüedad que ofrece el párrafo que sirve de apertura a la novela; texto que se ha eliminado de muchas ediciones:

A los hermanos de Efraín

He aquí, caros amigos míos, la historia de la adolescencia de aquel a quien tanto amasteis y que ya no existe. Mucho tiempo os he hecho esperar estas páginas. Después de escritas me han parecido pálidas e indignas de ser ofrecidas como un testimonio de mi gratitud y de mi afecto. Vosotros no ignoráis las palabras que pronunció aquella noche terrible, al poner en mis manos el libro de sus recuerdos: «Lo que ahí falta tú lo sabes; podrás leer hasta lo que mis lágrimas han borrado».
¡Dulce y triste misión! Leedlas, pues, y si suspendéis la lectura para llorar, ese llanto me probará que la he cumplido fielmente (3)[153].

Inicio que explicita ambivalencia tanto en la identidad del emisor como en la de los destinatarios. El título y el empleo deíctico-pronominal hacen incierto saber quién origina esa escritura; podría ser, como afirma McGrady, un editor que posiblemente agrega cambios al texto (1989, 20 n5). Idea con la que concuerda Rosenberg, quien afirma que esta nota de apertura al mundo ficcional presenta un editor-narrador[154] diferente a Efraín-narrador de la historia de las acciones de Efraín-personaje; los dos primeros con funciones distintas y con intenciones diferentes.

Efraín-narrador relata una historia autobiográfica. Como ser de experiencia está separado por el paso del tiempo de las acciones rememoradas sobre los actos de ese joven personaje referente de lo relatado. Esta escisión marca no sólo la distancia entre el hombre mayor-escritor y el joven-personaje de los hechos narrados, sino también la distancia que separan el discurso (escritura) de la historia (relato) signados por la ausencia y la pérdida. Acciones de Efraín-personaje y efectos que Rosenberg explica:

---

153   Todas las citas de la novela, se harán siguiendo la edición de la Biblioteca Ayacucho, 1988.
154   Sobre esto asevera: «La introducción del editor sugiere una multitud de detalles valiosos para la interpretación del cuerpo del trabajo. El editor nos informa inmediatamente de la identidad de los lectores implícitos: los hermanos y las hermanas de Efraín. Asumiremos aquí que se refiere literalmente a los miembros de la familia. (...) El editor explicita que él ha demorado la publicación de la historia, ampliando el ya inevitable lapso de tiempo. (...) Transcurso que exagera los efectos del olvido o provee al editor con la oportunidad de influir en una segunda lectura al alterar físicamente el texto de Efraín o al sugerir con sus propias ideas la causa que hace que el lector revise su lectura. (...) Más que mediar para producir la posibilidad del cumplimiento de la añoranza romántica, el editor media entre el narrador principal y el lector implícito haciendo posible que el texto tenga éxito. El editor parece crear (...) un nuevo texto libre de lágrimas y diseñado para adaptarse a sus propios deseos. /La manipulación retórica puede revelarse únicamente con la identificación del editor. Es imposible identificar al autor de la introducción, tal vez por la aparente ambigüedad intencional de los pronombres de sujeto que se emplean en la nota; sin embargo, la intimidad del editor con los detalles de la historia, su autoexclusión del grupo de los hermanos de Efraín y el hecho de que él tenga el control sobre el manuscrito, sugiere que el editor puede de hecho ser el padre de Efraín» (Rosenberg 11-12).

[N]os conduce a una experiencia controlada de pasiones y de lágrimas. El editor parece subvertir bastante la historia de Efraín y forzarnos a mirar con desdén el contenido principal del texto. Al encerrar la primera persona narrativa dentro del marco de un editor controlador, el autor crea lo que es en esencia una novela dentro de una novela. Los autores implícitos de los dos «textos» discrepan entre sí y son rivales en su deseo por poseer la supremacía en el punto de vista. (...) El contacto dinámico entre Efraín y el editor proporciona energía a la novela, que se pierde si se limitan las interpretaciones del libro al simple sentimentalismo romántico. // (...) Desde el principio, el texto de Efraín nos invita a leer con lágrimas. La visión romántica del libro enfatiza el sentimiento, los sollozos, los desmayos y los rostros pálidos. (...) Enceguecidos por nuestras lágrimas se nos hace imposible determinar la «verdad» de la nostálgica recreación del pasado que efectúa Efraín. (...) Efraín convierte la vida en historia mediante el acto de escritura. Inevitablemente, él es responsable de la metamorfosis de la historia en ficción; debido a la distancia temporal esencial entre el momento de la acción y el de la escritura, a las intenciones personales y a la falibilidad de la palabra escrita; ya que, toda escritura se convierte en ficción en alguna medida. (...) Efraín reconstruye conversaciones que su memoria no es capaz de reproducir. Es decir, los largos diálogos son más producto de su imaginación que de cualquier «realidad» intratextual particular. Constantemente informa sobre conversaciones en las cuales no tomó parte ni estuvo en posición de escuchar. (...) Al mismo tiempo que Efraín reclama poderes divinos sobre su texto, convierte a su amada en una criatura que es aún más explícitamente divina. Él transforma esta historia en un instrumento de beatificación para los dos (6-9)[155].

Algunas de las últimas observaciones de Rosenberg coinciden con las de muchos otros críticos, pero las afirmaciones sobre los lacrimógeno de la historia dejan de lado parámetros importantes de las características de la estructuración de Efraín como personaje y como narrador; en este ensayo se tendrá en cuenta el contexto sociocultural y político de las que surgen y las causas de ese mundo emocional y sentimental representado que permiten, en primera instancia, la implicación del lector con el mundo ficcional, lo que crea emociones positivas o negativas en él.

4. Los historiadores culturales y literarios han señalado que en la segunda parte del siglo XVIII y hasta el temprano siglo XIX se pro-

---

155 Todas las traducciones son nuestras.

dujeron transformaciones radicales en la manera en que se comenzó a percibir la estética visual y a enfocar aspectos ideológicos en la literatura. Estos cambios dieron como resultado un culto a la Sensibilidad que se convirtió en una fuerza cultural dominante expresada en la ficción europea hacia el último tercio del siglo XVIII, en textos que luego se consideraron representativos del movimiento romántico.

«La escuela de la Sensibilidad o del sentimiento (...) emergió como resistencia y rechazo a los ideales neoclásicos. Las teorías de la Sensibilidad comenzaron tarde en el siglo XVIII, cambiando la literatura y el pensamiento y definiendo un nuevo movimiento en el mundo de la literatura» (Jones, 225). Northrop Frye definió el cambio como: «un clima cultural preocupado con la soledad, la melancolía, los placeres de la imaginación, las meditaciones sobre la muerte y otros. (...) Fue la época de la Sensibilidad» (160).

En Francia, filósofos como Condillac, Bonnet y Buffon, autores como Dubois y Diderot y moralistas como Duclos y Rousseau, incluso los científicos de la escuela médica de Montpelier se suscribieron a la idea de que la Sensibilidad era el vínculo esencial entre el cuerpo humano y las facultades psicológicas, intelectuales y éticas del ser humano. En esos siglos, la Sensibilidad poseyó diversos significados que se influenciaron mutuamente; ya que los autores del momento la empleaban como un concepto que servía de vínculo y que establecía conexiones causales entre lo físico y lo moral. «La Sensibilidad fue consecuentemente mucho más que un culto de moda a lo emocional histriónico o a la autoimagen de una sociedad que gustaba de verter lágrimas de melancolía, de proverbial simpatía y de sentimientos tiernos» (Vila, 2).

Además, se ha considerado que: «La escuela de la Sensibilidad o el movimiento sentimental[156] es notable (...) por la contribución que efectúa hacia la representación de la vida interna y por el compromiso activo de la imaginación del lector y de su simpatía. (...) La novela sentimental presenta en el pensamiento de finales del siglo XVIII, las ideas de más individualismo y optimismo; así como las de las tendencias liberales en política» (Butler, 7-10).

A esto, otros estudiosos han agregado:

---

156 La denominación de «sentimental» empleada aquí se aplica en las literaturas inglesa, alemana y francesa y se relaciona con el movimiento romántico; mientras que la literatura sentimental española se refiere a la producción efectuada entre el siglo XV y la primera mitad del siglo XVI, que con frecuencia sigue las reglas del llamado amor cortés.

La Sensibilidad significó revolución, libertad prometida, amenazó subversión, y finalmente se convirtió en convención. La palabra denotaba la receptividad de los sentidos y se refería al esquema psicoperceptual explicado y sistematizado por Newton y Locke. Connotaba la operación del sistema nervioso, base material de la conciencia. Durante el siglo XVIII, este esquema psicoperceptual se convirtió en un paradigma, significando no sólo la conciencia en general, sino una clase particular de conciencia que podía hacerse más sensitiva para responder más agudamente a señales externas del ambiente e internas del cuerpo. Mientras la Sensibilidad descansaba en asunciones esencialmente materiales, sus defensores la consideraron como investida de valores morales y espirituales (Barker-Benfield, xii).

Del mismo modo, la Sensibilidad se identificaba con las mujeres y glorificaba su vulnerabilidad, llegando a considerarse tanto en Alemania como en la Gran Bretaña, que ellas eran capaces naturalmente de poseer un grado más alto de Sensibilidad que los hombres, lo que las hacía más frágiles, por tanto, incompatibles con posiciones de poder. «Mientras es cierto que un grado individual de "Sensibilidad" se representaba como inversamente proporcional a lo idóneo para la autoridad "masculina" tradicional, no queda claro que las mujeres hayan sido las únicas víctimas de esta estética moral que premiaba la pasividad y la explotación» (Brodey, 115).

En este sentido, también se ha dicho que es: «un concepto deliberadamente deceptorio. Aparentemente era un llamado incondicional a los sentimientos naturales, pero también era una construcción social que conllevaba relaciones imperantes basadas en el poder y conservadas por sentimientos "naturales"» (Jones, 7).

En este clima cultural surgen ideas de masculinidad que responden, algunas aprensivamente, a los roles masculinos en el culto a la Sensibilidad y que se representan en textos de ficción en diversos países; textos a los cuales, la sensibilidad moderna reacciona con prejuicio, debido al papel masculino sentimental desempeñado por sus protagonistas, como sucede con la novela de Isaacs.

Durante el siglo XVIII, las nociones modernas sobre el concepto de masculinidad comienzan a formarse, como respuesta a ansiedades sobre la Sensibilidad, movimiento que se percibe como una amenaza a la autoridad masculina; situación que comienza a afectar la escritura en general, en la que se observan figuras masculinas enfrentando y debatiendo las concepciones impuestas por la cultura de la Sensibilidad. Por eso, el cambio en las ideas sobre la masculinidad que comienzan a imponerse en esa época y continúan hasta pasado el siglo XIX deba verse dentro del contexto histórico de la cultura que lo produce.

Según Connell:

> Todas las sociedades tienen percepciones culturales sobre el género, pero no todas poseen el concepto de 'masculinidad'. Este término asume, en su uso moderno, que el comportamiento personal del hombre surge del tipo de persona que es. (...) La concepción presupone la creencia en la diferencia individual y en la gestión personal. En este sentido se basa en la concepción de la individualidad que se desarrolló al comienzo de la Europa moderna. (...) la 'masculinidad' no existe sino en contraste con la 'feminidad'. Una cultura que no trata a los hombres y a las mujeres como portadores de tipos de carácter polarizados, al menos en principio, no posee el concepto de masculinidad en el sentido de la cultura europea/americana moderna.
> La investigación histórica ha mostrado que esto sucedía en la cultura europea antes del siglo XVIII. Las mujeres eran vistas como diferentes de los hombres; pero diferentes en el sentido de ser incompletas o inferiores (por ejemplo, poseer menor facultad de razonar). Las mujeres y los hombres no se percibían como portadores de características diferentes cuantitativamente; concepción que acompañó posteriormente la ideología burguesa de las 'esferas separadas' en el siglo XIX (67-68).

La construcción de la masculinidad ha involucrado el poder y su transferencia; asunto que ya el hombre medieval asociaba con su función sexual, su habilidad para procrear hijos, con la protección de su familia y con su conservación. En la época, el hombre era un ser completo que derivaba su nombre [vir], de su fuerza [vis]; mientras que la mujer [mulier] la derivaba de su debilidad (véase Bullough, 32-33). El hombre debía proteger y defender los recursos familiares e incrementar su grupo doméstico; además, tenía el compromiso de aumentar el tamaño de la familia y la cuantía de su propiedad.

En un estudio sobre la familia y las relaciones entre ella, se notó que para mediados del siglo XVIII, gracias al individualismo, se observa la presencia de relaciones afectivas más cálidas dentro del núcleo familiar básico; es decir, entre esposos y entre padres e hijos. No obstante, no hubo cambios fundamentales en la sociedad; se continuó con la autoridad patriarcal, su control por el poder tanto público como familiar; por tanto, la subordinación de la mujer al hombre continuó (véase Stone, 232-233).

Por esa época en Hispanoamérica:

> Lo que distingue la familia colonial es su cohesión y las estrategias que elaboraba para extender sus redes. Buscando defenderse de sus limitaciones reproductivas y de las incertidumbres económicas, las familias fundaban su existencia en una rigurosa autoridad y disciplina. La racionalidad de los actos de la familia, la frialdad de las decisiones del padre, la obsecuencia demandada de los hijos son apenas las imágenes externas de las estrategias de sobrevivencia. Las familias encontraban en sus propios recursos los medios para conservar y ampliar su patrimonio (Rodríguez, 250).

Las tensiones entre los atributos de la domesticidad asignados a la mujer y las características del hombre que se percibían como parte de la masculinidad continuaron; pero pronto surgieron nuevas formas de comportamiento masculino que incorporaban el respeto por la mujer, el interés en los problemas ajenos y la preocupación por la tranquilidad doméstica. Así, la literatura comenzó a promover una visión del hombre que se basaba en la fuerza de sus sentimientos y en la exteriorización de sus emociones. De esta manera, el personaje central de *The History of the Adventures of Joseph Andrews and of his Friend Mr. Abraham Adams* [*La Historia de las aventuras de Joseph Andrews*] (1742), de Henry Fielding, está dispuesto a defender su virtud de las diversas mujeres de diferentes clases sociales que lo asedian; y en *The History of Sir Charles Grandison* [*Historia del caballero Carlos Grandison*] (1753) de Samuel Richardson, el personaje principal es el hombre ideal: noble, galante, heroico, íntegro y magnánimo, modelo masculino de virtud.

Estos aspectos representados del culto a la Sensibilidad comienzan a observarse como modelos de masculinidad. Sin embargo, se entra al siglo XIX con imágenes construidas arbitrariamente sobre lo que el hombre ideal debía ser; imágenes que se tomaron como modelos para medir las expectativas sociales de lo que debía ser la conducta apropiada masculina; patrones ideales que perpetuaban y valoraban los sistemas de dominación y de falta de igualdad (véase Williams, xii).

En Francia, a pesar del cambio en el conocimiento sobre el cuerpo, las cualidades principales que ejemplificaban la masculinidad en los nobles y que se transmitían por medio de un código de honor, que sobrevivió la destrucción del Antiguo Régimen que efectuó la Revolución Francesa, fueron adoptadas casi sin modificaciones por los hombres burgueses de clase media; por lo cual, estas reglas de comportamiento siguieron moldeando la identidad del hombre y los modelos de masculinidad al reglamentar las relaciones sociales de los hombres en los grupos y al proporcionar la manera de solucionar las confrontaciones; de esta forma, adoptaron de los italianos el duelo, el cual fue uno de los actos más representativos de las funciones del código del honor (véase Nye, 8).

De esta manera, entre ideales, como el código de honor, que no morían, sino que se transmitían casi sin variaciones a pesar de las transformaciones sociales y de modelos de identidad para los hombres, la Sensibilidad fue una manera convincente para reformar la masculinidad. Este movimiento fue más que un deseo de equilibrar los aspectos negativos del comportamiento masculino; ya que lo sentimental permitió a los hombres crear un sentido más pleno de identidad. De ahí que, hacia el final del siglo XVIII, en su aspiración de presentarse como el sexo racional, filantrópico y humanístico, los hombres expresaron diversas posibilidades para exteriorizar lo emocional y lo sentimental. De esta manera, se apropiaron de cualidades que antes eran consideradas femeninas; pero sin borrar las diferencias entre lo masculino y lo femenino; ya que no hubo un equilibrio entre hombres y mujeres. Las representaciones masculinas en las novelas se hicieron aún más varoniles, pero adoptando algunos rasgos femeninos; mientras que las representaciones femeninas en la literatura se extremaron en lo emocional y en los desmayos causado por cosas muy nimias. Así, la ficción de finales del siglo fue una respuesta imaginativa en un mundo en crisis, que modificó la concepción de verosimilitud al efectuar una abierta exposición de la Sensibilidad en público (véase Johnson, 2).

Además, la Ilustración y posteriormente el Romanticismo afirmaron que las virtudes varoniles como el poder, el honor y el valor eran la base para determinar ideas sobre la nacionalidad, el respeto y la guerra. Patrones normativos de moralidad y comportamiento contribuyeron a determinar lo «varonil» y, a la vez, influyeron en lo que se consideró típico y aceptable en la conducta y en la actuación de los hombres dentro de determinados círculos sociales (véase Mosse, 17).

Hacia el final del siglo XVIII, la Europa occidental, gracias a los postulados iluministas sobre la *racionalidad* y la *naturaleza*, entró en una etapa más orientada visualmente; ejemplificada no sólo por símbolos nacionales, sino también por los efectos de las ciencias como la fisiognomía y la antropología, que clasificaron a los hombres de acuerdo a parámetros de belleza griega, que a su vez simbolizaban la virtud; no obstante, con estas delimitaciones, se establecieron estereotipos que encasillaron tanto al hombre como a la mujer dentro de imágenes mentales estáticas. De ahí que la masculinidad dependiera de un imperativo moral, de ciertos estándares normativos de comportamiento y presencia física, que se oponían a las características que estereotipificaban a las mujeres, como: la feminidad, la suavidad, la delicadeza; así se llegó a considerar que la *razón* era masculina y la *emoción*, la *pasión*, la *naturaleza*, femeninas. La virilidad adquirió un carácter positivo al que se le oponía el negativo del afeminamiento, que impedía totalmente el progreso, porque se lo asociaba con la debilidad femenina; de esta forma, se asignaron sitios definidos para la actuación de cada uno de los sexos, imponiéndoles delimitaciones y campos de acción (véanse Molina Petit, 19-26 y Reyero, 45).

Asimismo, la apariencia física se volvió muy importante dentro de los parámetros de la masculinidad, de la virilidad; ella influyó en los rasgos de valentía, entereza, fuerza, vitalidad, protagonismo o poder, autonomía, voluntad, autocontrol, personalidad y carácter psicológico que se percibían en el individuo. La apariencia y el carácter se hicieron equivalentes; es decir, el exterior y el interior se correlacionaron, ya que consideraban que debía existir unidad entre el cuerpo y el alma. A tal punto se difundió esta concepción, que durante la Revolución Francesa la estructura del cuerpo masculino se convirtió en símbolo de una nación y de una sociedad saludables.

Las apariencias que no concordaran con los patrones viriles establecidos disminuían la masculinidad; aspecto que era indicativo de fallas morales. Cualquier manifestación ambigua del aspecto exterior reflejaba un universo moral anormal y se hacía inaceptable como forma de vida. Los que transgredían el estereotipo de lo masculino eran marginados socialmente, porque representaban lo opuesto de lo que la norma social prescribía. De esta manera, la búsqueda de la individualidad se hacía penosa y difícil, cuando no imposible (véanse Seidler, 109; Mosse, 3-76).

Como se observa, las construcciones de la masculinidad comprendieron selectivamente rasgos deseados y fueron eliminando otros provenientes de modelos anteriores de identidad. Los autores de finales del siglo XVIII y comienzos del XIX desestabilizaron una noción unificada de masculinidad al emplear personajes masculinos con rasgos considerados antes femeninos. Finalmente, para el siglo XIX, durante el Romanticismo, el ideal que se difundió fue el del "hombre sensitivo", cuya «personalidad combina tanto la razón de la Ilustración y la emoción romántica. Casi toda la literatura romántica representa esta figura en el centro de su narrativa (...). El patriarcado y el control institucional se hallan en la médula del movimiento romántico y de la cultura romántica» (Fay, 109).

A estos rasgos del "hombre sensitivo", el Romanticismo francés se inauguró con su regreso a lo primitivo y al pasado, tanto como a la cristiandad; aspectos evidentes en Chateaubriand. Lo mismo hicieron los hermanos Schlegel, en el Romanticismo alemán, quienes siguieron el catolicismo y un retorno a la Edad Media, en una actividad similar al Romanticismo literario francés (véase Brown, 55).

A los modelos de virilidad cristiana que se imponen en el siglo XIX en Inglaterra, se debe agregar el hecho de que el proceso que iba sufriendo la masculinidad se observa mejor en la representación que efectúan los novelistas europeos del siglo XIX en sus obras; textos en los cuales sólo hasta después de la mitad de ese siglo los personajes masculinos empiezan a manifestar un autocontrol que comienza a ahogar la expresión de los sentimientos. No obstante, esto, los protagonistas de los mundos de ficción de las novelas de costumbres y social (sin incluir los de las novelas románticas y góticas) explicitan un comportamiento masculino a través de los personajes que proporciona una muestra de cómo sentían y se percibían a sí mismos ciertos sectores de la sociedad. Personajes que expresan sus emociones acompañadas de abundantes lágrimas, sollozos y suspiros en diferentes circunstancias, como: al encontrar a alguien a quien no veían hacía algún tiempo; al reconciliarse con alguien, al hablar de experiencias tristes, al salir de la casa, al reunirse con una hermana, al mirar un juego, al hablar del amor que sienten por alguna mujer, al sentir remordimiento, en un funeral, al declararse a la amada, en el momento en que ella lo acepta por esposo, y en muchas otras circunstancias; expresión de emociones y de lágrimas torrenciales que corren por las páginas de las novelas sin mayor inhibición.

Diez de las tantas novelas que siguen este modelo en Francia e Inglaterra durante el siglo XIX son: *Le Rouge et le Noir* [*Rojo y negro*] (1830) de Stendhal, seudónimo de Henri Beyle; *Nicholas Nickleby* (1838-1839), *Great Expectations* [*Grandes esperanzas*] (1861) de Charles Dickens; *Illusion Perdues* [*Las ilusiones perdidas*] (1837-1843), *La Cousine Bette* [*La prima Bette*] (1847) de Honoré de Balzac; *Sybil* (1845) de Benjamin Disraeli; *The History of Pendennis* [*Historia de Pendennnis*] (1848) de William Makepeace Thackeray; *The Warden* [*El custodio*] (1855), *Barchester Towers* [*Las torres de Barchester*] (1857) de Anthony Trollope; Madame Bovary (1857), *L'Education Sentimentale* [*La educación sentimental*] (1869) de Gustave Flaubert; *Wives and Daughters* [*Esposas e hijas*] (1866) de Elizabeth Gaskell; Midlemarch (1872) de George Eliot; *Le Nabab* [*El nabab*](1877) de Alphonse Daudet; *The Return of the Native* [*El regreso del nativo*] (1878), *Tess of the d'Ubervilles* [*Tess, de Urberville*] (1891) de Thomas Hardy; Nana (1880), Germinal (1885) de Emile Zola; *Bel Ami* (1885) de Henry Réne Guy de Maupassant; *Le Lys Rouge* [*El lirio rojo*] (1894) de Anatole France (véase Richgels).

Como se observa, el clima cultural que rodea las concepciones de masculinidad y de Sensibilidad llega y permanece en el siglo XIX y se amalgama en la idea del «hombre sensitivo» que se difundió activamente; ya no sólo mediante el movimiento Romántico en la novela, sino en la novela Realista e incluso Naturalista, como lo señala el estudio de Richgels. A través de estos personajes masculinos, las lágrimas, el llanto masculino y la expresión de emociones continúan empleándose en la representación literaria como manifestación de afectividad y para mostrar la forma en que esas emociones afectaban las relaciones entre individuos. De este modo, la representación de la vida interna de los personajes individuales, como las relaciones emotivas entre ellos inducían respuestas emocionales en los lectores; ya que ellos se internaban en esos mundos de ficción al identificarse con los personajes.

5.Ahora, el movimiento Romántico llegó a los países hispanoamericanos pasada la etapa de la emancipación, con el cambio de reglas gubernamentales y con la libertad de prensa subsiguiente. Debido a los problemas políticos con España, se dio amplio paso a los modelos literarios franceses e ingleses; excepto por autores como Larra, Espronceda, Zorrilla, Mesoneros Romano o Bécquer, en distintos aspectos, el modelo español no tuvo tanta fuerza.

Esta situación se observa en la prensa publicada. En la entonces Nueva Granada, uno de los periódicos literarios que se difundieron fue *La Estrella Nacional* (1836),en él se publicó el artículo «Novelas»,[157] texto que informa los nombres de los autores de prosa de ficción que se leían en la época. Autoras francesas: Madame Sophie Cottin (1770-1807): *Matilde o las cruzadas* [*Mathilde ou Mémoires tirés de l'histoire des croisades*] (1805); Caroline-Stephanie-Felicite du Crest de St-Albin, Condesa de Genlis (1746-1830): *El sitio de la Rochela o la desgracia de la conciencia* [*Le Siège de La Rochelle ou le malheur de la conscience*] (2 vols. 1807). Autoras inglesas: Ann Radcliffe (1764-1823): *La abadía en la selva* [*The Romance of the Forest*], (1791), *La campana de media noche*, *El castillo de los Pirineos* [*The Castles of Athlin and Dunbayne*] (1789), *Los misterios de Udolfo* [*The Mysteries of Udolpho, A Romance*] (1794) y *El italiano o el confesionario de los penitentes negros* [*The Italian*] (1797). Autores franceses: Jean-Jacques Rousseau (1712-1778): *La nueva Eloísa* [*Julie ou La Nouvelle Héloïse*] (1761); Bernardin de Saint-Pierre (1737-1814): *Pablo y Virginia* (1788); el Visconde de Chateaubriand (1768-1848): *Atala* (1801) y *René* (1802); Charles Victor Prevot, Visconde D'Arlincourt: *El renegado* [*Le Renegat*] (1822), *Ismailie, ou la mort et l'amour* [*El Amor y la muerte*] (1828). Anne-Louise-Germaine Necker, Baronesa de Staël-Holstein (1766-1817): *Delphine* (1802), *Corinne* (1807). Autores alemanes: Goethe (1749-1832): *Werther* (1774). Autores ingleses: Samuel Richardson (1689-1761): *Pamela or virtue rewarded* [*Pamela*] (1740), *Clarissa* (1748) y *Sir Charles Grandison* (1753); Walter Scott (1771-1832): *Waverley (1814)* y *Los puritanos de Escocia* [*Old Mortality*] (1816), *Ivanhoe (1820)*, *El talismán* (1825) (véase «Novelas» [ene. 1°, 1836. 1-2]).

En las décadas siguientes hasta el momento de la publicación de *María* en 1867, los periódicos literarios o no al lado de escritores colombianos publican obras de autores extranjeros, dando en general preferencia en sus páginas a novelas y relatos de escritores franceses. Los nombres de los autores por publicación, hasta el momento del lanzamiento de *María*, son: Paul Auguste Jean Nicolas Féval en *El Duende. Periódico de buen humor, dedicado a los cachacos de ambos sexos* (Bogotá, 1847). Carlos García Doncel, Paulin Nuoyet, Vicente de la

---

157 Véase un estudio de este ensayo en: Rodríguez-Arenas 2007, 78-93.

Fuente, Antonio Florez, Antonio Gil de Zárate, Ramón de Navarrete, Manuel Bretón de los Herreros, Fermín Caballero, J. F. Hartzenbusch, Elizabeth Yonatt en *El Día* (1840-1851). La Rounat en *El Neo-Granadino* (Bogotá, 1851). Nathaniel Hawthorne, A. Jadin, Evelina Ribrecourt, Alexandre Dumas, Mme Emile de Girardin en la *Biblioteca de Señoritas* (Bogotá, 1858). Antonio de Trueba, Hans Christian Andersen, Alphonse Karr, Alphonse de Lamartine, Irene de Chateaudun, Edgardo de Meilhan, Fernán Caballero, El Conde de Fadrique en *El Mosaico* (Bogotá, 1858 y 1865).

Se puede notar que en varios de los periódicos al lado de los autores neogranadinos/colombianos del momento, no mencionados, las traducciones de publicaciones de relatos y novelas tomadas del francés son las preferidas o posiblemente las solicitadas. Además, en 1862, José María Samper en su viaje por los países europeos compara Londres y París en cuanto a cultura:

> Londres no es absolutamente otra cosa que la metrópoli de la industria y del comercio del mundo, –es decir, el reflejo colosal de una de las grandes fases de la civilización; mientras que París es la metrópoli de la civilización en todas sus manifestaciones; –es una fisonomía compleja y de mil colores. En Londres todo se reduce al movimiento de la riqueza material, con raras excepciones. En París no solo se ve la riqueza en acción, –sino que también se encuentran reunidos todos los tesoros del arte, de la ciencia y de cuanto hay de espiritual y delicado en el refinamiento de la humanidad (Samper 1862, 236-237).

Cuando en 1867, Isaccs lanzó *María*, ya los neogranadinos/colombianos habían publicado más de 52 novelas; ellas son: 1. *María Dolores o la historia de mi casamiento* (1836) de José Joaquín Ortiz. 2. *Petrona y Rosalía* (1838) de Félix Manuel [de Jesús] Tanco y Bosmeniel. 3. *Yngermina o la hija de Calamar* (1844) de Juan José Nieto. 4. *Los moriscos* (1845) de Juan José Nieto. 5. El Oidor (1845) de Juan Francisco Ortiz. 6. *El mudo* (1848) de Eladio Vergara y Vergara. 7. *El Oidor* (1848) de José Antonio de Plaza. 8. *Rosina o la prisión del castillo de Chagres* (1850) de Juan José Nieto. 9. Una de tantas historias (1851) de Pedro A. Camacho Pradilla. 10. *Rodríguez el ajusticiado* (1851) de León Hinestroza. 11. *El doctor Temis* (1851) de José María Ángel Gaitán. 12. *Laura* (1855) de Ricardo R. Becerra. 13. *La familia del proscrito* (1856) de Raimundo Bernal Orjuela. 14. *Carolina la bella*

(1856) de Juan Francisco Ortiz. 15. *Atahuallpa* (1856) de Felipe Pérez. 16. *Hayna Capac* (1856) de Felipe Pérez. 17. *La familia de Matías* (1856) de Felipe Pérez. 18. *Los pizarros* (1857) de Felipe Pérez. 19. *Viene por mi i carga con usted; travesura histórico-novelesca de un curioso desocupado* (1858) de Raimundo Bernal Orjuela. 20. *María i las coincidencias* (1858) Un Santafereño. 21. *Historia de una noche* (1858) de Priscila Herrera de Núñez. 22. *Jilma o continuación de Los Pizarros* (1858) de Felipe Pérez. 23. *Una ronda de don Ventura Ahumada* (1858) de Eugenio Díaz Castro. 24. *El caballero de la barba negra* (1858) de Felipe Pérez. 25. *Entre Ud. que se moja* (1859) de José David Guarín. 26. *La maldición* (1859) de Manuel María Madiedo. 27. *Sombras i misterios o Los embozados* (1859) de Bernardino Torres Torrente. 28. *A mudar temperamento* (1859) de Eugenio Díaz Castro. 29. *Manuela* (1858) de Eugenio Díaz Castro. 30. *Historia dolorosa contada con alegría* (1860) de Raimundo Bernal Orjuela. 31. *Una tarde de verano* (1860) de Daniel Mantilla. 32. *Sofía. Romance neogranadino* (1860) de Antonio B. Pineda. 33. *Anjelina* (1861) de Josefa Acevedo de Gómez. 34. *El soldado* (1861) de Josefa Acevedo de Gómez. 35. *El triunfo de la generosidad sobre el fanatismo político* (1861) de Josefa Acevedo de Gómez. 36. *La caridad cristiana* (1861) de Josefa Acevedo de Gómez. 37. *Pobre Braulio* (1861) de Josefa Acevedo de Gómez. 38. *Adelaida Hélver* (1864) de Juan Clímaco Arbeláez. 39. *Una taza de claveles* (1864) de José María Samper. 40. *Viajes y aventuras de dos cigarros* (1864) de José María Samper. 41. *El último rey de los muiscas* (1864) de Jesús Silvestre Rozo. 42. *Los tres Pedros en la red de Inés de Hinojosa* (1864) de Temístocles Avella Mendoza. 43. *Fragmentos de la vida de Ester* (1864) de Constancio Franco Vargas. 44. *Anacoana* (1865) de Temístocles Avella Mendoza. 45. *Amores de estudiante* (1865) de Próspero Pereira Gamba. 46. *Pioquinta o el valle de Tensa* (1865) de Eugenio Díaz Castro. 47. *Las bodas de un muerto* (1866) de José David Guarín. 48. *Las hojas de un libro* (1866) de José David Guarín. 49. *Morgan el pirata* (1866) de José Joaquín Borda. 50. *El manuscrito de mi tío* (1866) de Enrique Cortés. 51. *El camarada* (1866) de Nepomuceno Navarro. 52. *Martín Flores* (1866) de José María Samper. Ninguna de estas novelas exhibe un mundo ficcional que exprese las emociones, la subjetividad y el sentimentalismo como *María*; razón por la cual, los lectores de épocas posteriores la critican, como lo hace el autor del siguiente fragmento:

> La palabra *lágrimas* aparece escrita no menos de 59 veces a lo largo de la novela; el verbo llorar, 49; el sustantivo *sollozos*, dieciséis; al tiempo que el verbo *sollozar,* catorce; cuatro veces los nombres *lloro* y *llanto*; así como observamos los sintagmas *miradas húmedas, ojos aguados/ nublado/ humedecidos*. Cuando menos *una sombra me cubrió los ojos*. (...) A la vista de semejante insistencia, pensamos que se trata a una técnica similar a la empleada en los seriales norteamericanos de televisión: los productores han incorporado una banda de sonido en *off* que nos indica que debemos reírnos. El llanto y la risa son contagiosos y eso no debía ignorarlo Isaacs: es posible que con tales indicaciones consiguiera que sus lectores lloraran donde sutilmente se lo indicaba a través de los personajes. Pero alguien había de haberle dicho que en su caso no era necesario (Cantavella, 96-97).

Esta censura destaca dos aspectos: la percepción y la reacción que tiene el lector del presente sobre lo que considera exagerado de este mundo de ficción al criticar «la tónica sensiblera» (Cantavella 1996, 95) que se encuentra explícita al nivel de la enunciación. Situaciones que ponen de relieve el desconocimiento de lo que fueron las poéticas del sentimiento y de la Sensibilidad que operaban dentro de determinadas convenciones retóricas en la literatura y en la cultura en los siglos XVIII y XIX; las cuales permitían que la acción mental estuviera guiada y regida por los sentimientos, los afectos y las emociones y que éstas se expresaran abiertamente en la representación de los mundos de ficción, incluso hasta finales del siglo XIX.

Para la comprensión de estas poéticas es de gran trascendencia *Julie, ou La Nouvelle Héloïse* [*Julia o La Nueva Eloísa*] de Jean-Jacques Rousseau, debido a la gran influencia que ejerció en novelistas de la generación posterior como: Laclós, Rétif de la Bretonne, Bernardine de Saint-Pierre y otros. Para la mejor comprensión del texto de Isaacs interesa la influencia que ejerce Saint-Pierre posteriormente en François-Auguste-René de Chateaubriand, autor de *Atala*, quien fuera un gran admirador de *Paul et Virginie*; obras que como ya se destacó, han sido señaladas como influyentes en la escritura de *María*.

Para Rousseau, la moral sensitiva proporcionaría la clave para convertir en virtuosa a la gente, no al entrenar sus mentes, sino más bien al controlar cuidadosamente las impresiones que sufrieran los cuerpos, o más precisamente, los sistemas sensitivos del ser humano. En *Julie, ou La Nouvelle Héloïse,* el autor apela al entorno doméstico para ejercer ese control y definir el significado de la verdadera Sensibilidad.

Mientras en la primera parte de la novela se explicita una aguda y contagiosa Sensibilidad que es involuntaria, indomable y un mal social; en la segunda parte se corrige al proporcionar un programa comprensivo destinado a reformar a los personajes imprevisibles, indisciplinados y caprichosos y a mantener sus sensibilidades vulnerables en vigilante y virtuoso control (Vila, 199).

La literatura sentimental no sólo representaba la experiencia de conmoverse, sino que también proporcionaba la oportunidad para exteriorizar las emociones y hablar sobre ellas. Así, para el final del siglo XVIII, el arte pictórico e ilustrado jugó un papel importante en la cultura de la Sensibilidad y las viñetas de paisajes se convirtieron en acompañamientos esenciales de la buena narrativa sentimental. Los textos de Jacques-Henri Bernardin de Saint-Pierre poseían copiosas ilustraciones con grabados de gran calidad que al mirarlos eran buenas ocasiones para derramar lágrimas al asociarlos con el contenido (véase Saint-Pierre; Parker).

Además, de rousseauniano, Saint-Pierre escribió *Paul et Virginie*, novela que muestra una trágica historia de amor que se desarrolla en una tierra lejana con un paisaje exótico y que expresa simpatía hacia la gente de tierras lejanas; aspectos, entre otros, que ejercerían influencia en algunos textos de Chateaubriand, quien en *Atala* representa una historia de amor con un implícito tema de incesto, tono nostálgico y retrospección propiciadora de dolor sobre el imposible amor perdido por la muerte, la conversión al cristianismo de la protagonista y la melancolía que sufre el héroe masculino; elementos estructural transidos por la añoranza, la conmiseración y las lágrimas abundantes que luego aparecerán en la novela de Isaacs.

6. La aplicación de las poéticas del sentimiento y de la Sensibilidad y el desarrollo del mundo novelístico para primero estructurar y después reformar los principios de la ficción, guiándola hacia los intensos valores emocionales asociados con lo sentimental son evidentes en la representación de los protagonistas del mundo ficcional de *María*, particularmente en la de Efraín, tanto en su papel de personaje como en el de narrador.

Como personaje, Efraín es hijo de un hacendado comerciante, empresario y propietario de capital, además su destino educativo es el de ser médico, una de las profesiones liberales del siglo XIX. Incluso cuando abre la historia, regresa de la sociedad civilizada de la capital de haber recibido una educación elevada, según los estándares de la época; allá había emprendido sus estudios de medicina y esperaba culminarlos en Inglaterra. Su procedencia familiar lo hace parte de un núcleo social, al que pertenecía un porcentaje muy bajo de la población; grupo reducido que en los países de la Europa occidental del momento era considerado como perteneciente a la burguesía (véase Fradera y Millán, 22).

En su representación existe una creciente independencia interior, o por lo menos un mayor desarrollo en la capacidad de imaginar las posibilidades de su actuación individual, al pormenorizar sus emociones y reacciones y al evaluar la organización social de su entorno; estructura que está basada en un modo de dominación cuyo paradigma es el hombre:

> Mi padre ocupó la cabecera de la mesa y me hizo colocar a su derecha; mi madre se sentó a la izquierda, como de costumbre; mis hermanas y los niños se situaron indistintamente, y María quedó frente a mí (Isaacs 1988, 5).
>
> En mi ausencia, mi padre había mejorado sus propiedades notablemente: una costosa y bella fábrica de azúcar, muchas fanegadas de caña para abastecerla, extensas dehesas con ganado vacuno y caballar, buenos cebaderos y una lujosa casa de habitación, constituían lo más notable de sus haciendas de tierra caliente. Los esclavos, bien vestidos y contentos, hasta donde es posible estarlo en la servidumbre, eran sumisos y afectuosos para con su amo (Isaacs 1988, 8).

Estos fragmentos explicitan las bases del mundo exterior en que se mueve el personaje; mundo del cual, después del padre, él es la continuación. En el futuro, de Efraín se espera el control de la autonomía propia y de la familia, el derecho a decidir lo que es legítimo o no para la vida, en la que existe la jerarquía, como la única alternativa para evitar el caos; condición que exige tanto obediencia a la autoridad que representa, como subordinación para obtener una coexistencia ordenada. En esta sociedad predomina la superioridad masculina sobre la inferioridad femenina y el poder determina la sumisión en las relaciones humanas. Esta ideología entroniza el androcentrismo patriarcal, el cual a su vez refuerza el etnocentrismo.

La forma de vivir, percibir e interpretar la realidad social, llevan a Efraín constantemente, a pesar de su diversidad de intereses y de experiencias, a compararse y a diferenciarse de otros: Carlos y

Emigdio (hijos de hacendados), José y Braulio (pequeños propietarios) o Higinio y Bruno (esclavos), para mostrar su singularidad. Con ellos, de una u otra forma, mantiene una distancia, respecto a la posición social o a instancias de poder, surgidas de privilegios personales, de la formación, de la herencia, de la clase, del trabajo, del éxito o de la personalidad.

De ahí que, en ese mundo representado, la superioridad masculina haga que el hombre ridiculice a otro hombre que muestra signos de vulnerabilidad, debilidad o inferioridad; así Carlos se refiere a Emigdio cuando lo encuentra en Bogotá como: «la cosa más linda» (Isaacs 1988, 34) y su apariencia le causa hilaridad:

> Mi paisano había venido cargado con el sombrero de pelo color de café con leche, gala de don Ignacio, su padre, en las semanas santas de sus mocedades. Sea que le viniese estrecho, sea que le pareciese bien llevarlo así, el trasto formaba con la parte posterior del largo y renegrido cuello de nuestro amigo, un ángulo de noventa grados. Aquella flacura; aquellas patillas enralecidas y lacias, haciendo juego con la cabellera más desconsolada en su abandono que se haya visto; aquella tez amarillenta descaspando las asoleadas del camino; el cuello de la camisa hundido sin esperanza bajo las solapas de un chaleco blanco cuyas puntas se odiaban; los brazos aprisionados en las mangas de una casaca azul; los calzones de cambrún con anchas trabillas de cordobán, y los botines de cuero de venado alustrado, eran causa más que suficiente para exaltar el entusiasmo de Carlos. Llevaba Emigdio un par de espuelas orejonas en una mano y una voluminosa encomienda para mí en la otra. Me apresuré a descargarlo de todo, aprovechando un instante para mirar severamente a Carlos, quien tendido en una de las camas de nuestra alcoba, mordía una almohada llorando a lágrima viva, cosa que por poco me produce el desconcierto más inoportuno (Isaacs 1988, 34-35).

Su actitud de total burla indica la carencia de empatía hacia Emigdio y el sentimiento de autoimportancia que se otorga a sí mismo. De igual manera, el episodio demuestra su comportamiento arrogante en las relaciones interpersonales, que le hace sentirse con derecho a divertirse a costa de su conocido y coterráneo.

En esta cultura se aprende desde muy temprano lo que se espera de los hombres y de las mujeres, la diferencia de las clases sociales y la subordinación de las razas; preceptos que sólo en ocasiones especiales pueden contravenirse sin causar grandes consecuencias, como lo hace Efraín con su trato amable para con Braulio frente a don Jerónimo y a Carlos; comportamiento que va ubicando al personaje en un sitio especial de esa sociedad:

> Acababan de traernos el café, y obligué a Braulio a que aceptase la taza destinada para mí. Carlos y su padre no disimularon bien la extrañeza que les causó mi cortesía para con el montañés (Isaacs 1988, 63).
> No sin dificultad logré que el montañés se resolviera a sentarse a la mesa, de la cual ocupó la extremidad opuesta a la en que estábamos Carlos y yo (Isaacs 1988, 67).

Además, hay reglas que regulan el castigo y el premio, basándose en cómo los individuos se comportan y aparecen; como sucede con la burla inclemente que hace Carlos de Emigdio en el fragmento antes destacado. Del mismo modo, la manera de hablar señala la posición social y el poder sobre el otro, como sucede en este diálogo ambiguo entre Efraín y Salomé:

> Interrumpió aquellas consideraciones Salomé, la cual parándose a la puerta, con un sombrerito raspón medio puesto, me dijo:
> —¿Nos vamos?
> Y dándome a oler la sábana que llevaba colgada en un hombro, añadió:
> —¿Qué olor tiene?
> —El tuyo.
> —A malvas, señor (Isaacs 1988, 149).

Efraín la tutea, mientras ella lo llama «señor», asimismo, él no presta atención al mensaje que ella quiere transmitir; el tratamiento que emplea con Salomé es un ejemplo de indicación acerca de la realidad y de la relación social que existe entre ellos. Al emplear el «tú» con ella se marca la distancia del superior al inferior, pero también la familiaridad, lo que expresa una actitud suya momentánea en la dimensión del poder.

Del mismo modo, la forma de tratamiento indica la sumisión de la mujer al hombre como en este diálogo entre Efraín y María:

> —¿Has hablado con mi madre hoy sobre cierta propuesta de Carlos?
> —Sí —respondió, prolongando sin mirarme el arreglo de la cajita.

—¿Qué te ha dicho? Deja eso ahora y hablemos formalmente.
Buscó aún algo en el suelo, y tomando por último un aire de afectada seriedad, que no excluía el vivo rubor de sus mejillas ni el mal velado brillo de sus ojos, contestó:
—Muchas cosas.
—¿Cuáles?
—Ésas que *usted aprobó* que ella me dijera.
—¿Yo? *¿y por qué me tratas de usted hoy?*
—¿No *ve* que es porque algunas veces me olvido... (Isaacs 1988, 71) [Itálicas agregadas].

El empleo de la forma pronominal *Ud.* con el uso correlativo de los verbos indica el trato no recíproco entre los dos sexos, que se inserta por lo general para marcar distancia, bien porque María sienta que no está en igualdad de condiciones en la familia o bien porque se halla intimidada por la situación en que Efraín hace preguntas directas y demanda respuestas concretas; también, porque por el espacio social señalado por el género, ella considere que le debe mostrar respeto.

Ahora, adscribiéndose a las nociones de Sensibilidad y de masculinidad que culturalmente trascienden con sus principios determinados grupos sociales en los siglos XVIII y XIX, Efraín como personaje representa una evocación de la vida en la que se explicita un modo particular de proyección del 'Yo', de la confianza propia y de su autopercepción; en la que juega un papel predominante el creciente individualismo que se produjo en esas épocas. De esta manera, la escritura de ficción se enfoca en seres que se distinguen, al menos temporalmente, de otros de su clase. Esto sucede con la distancia que se marca entre Efraín y Carlos y Emigdio, hijos de hacendados, pero diferentes y representados en gradación descendente en la novela de Isaacs. Emigdio, quien está en el puesto inferior, valora y juzga la conducta de los otros dos:

> Como no tenía queja de mí, hízome sus confidencias la noche víspera de viaje, diciéndome, entre otros muchos desahogos (...) Ya ves a Carlos: anda hecho un altar de corpus, se acuesta a las once de la noche y está más fullero que nunca. (...). Me admira verte a ti pensando tan sólo en tus estudios (Isaacs 1988, 36).

Entre los tres jóvenes existe la competencia, que señala la mutua negación como forma de establecer la jerarquía de los privilegios, amparándose bajo la convicción de que la oposición y el antagonismo engendran el progreso social al acceder a que el mejor prospere. Esta singularidad significa que Efraín toma distancia de la uniformidad a que lleva su grupo y se distingue de los otros por su ser y su conducta, como lo explicita Emigdio en el fragmento anterior.

La Sensibilidad que expresa Efraín se muestra como una verdadera señal de distinción que lo diferencia de los otros de su clase y lo manifiesta mejor que ellos; de esta manera, su puesto en la buena sociedad se lo gana gracias a la virtud de su origen y a sus sentimientos refinados. Además, según el mundo representado y las acciones de sus pares, parece sentirse en cierto modo diferente a ellos, como perteneciente a una clase exclusiva, sentimiento que se hace relevante al enfatizar sus cualidades únicas de Sensibilidad, como una forma para provocar bien el amor, la simpatía o reacciones favorables hacia él en otros personajes:

> José, tendiéndome su ruana en lo limpio, me dijo:
> —Siéntese, niño, vamos a sacar bien el cuero, porque es de usted—
> (...).
> (...)
> —Aquí, tía —contestó Braulio; y ayudado por su novia, se puso a desfruncir la mochila, diciéndole a la muchacha algo que no alcancé a oír. Ella me miró de una manera particular, y sacó de la sala un banquito para que me sentase en el empedrado, desde el cual dominaba yo la escena (Isaacs 1988, 48).

La comunicación, que sostiene Efraín con otros, gira en torno a actos que manifiestan y descifran aspectos como los sentimientos, la simpatía, el cariño, la ternura expresados tanto por él como por terceros. Uno de los propósitos de la Sensibilidad que Efraín-personaje manifiesta es tanto desarrollar su capacidad por los sentimientos profundos y refinados como pulir las habilidades de observación y las comunicativas que le son críticas para mantener su puesto en la jerarquía social.

Además, el individualismo que posee y la percepción que tiene de sí mismo se hallan constantemente en sus largas divagaciones, cuando explicita sus ansiedades al conjeturar qué harían o cómo se sentirían los otros; también cuando siente la presión de las dudas, de las amenazas, de las decisiones, de las imposiciones, debido a que su devenir social transcurre en un círculo de acción pequeño en el que se multiplican las condiciones que delimitan su individualidad; lo cual es un peligro por los sentimientos y los pensamientos que se generan en él y que le producen incontrolables e incontroladas fantasías que algunas veces carecen de sentido y llegan a herirlo y también a lastimar a otros; así la duda lo hunde en la incertidumbre, los celos y el ofuscamiento:

> Conociendo ya el origen de su pena, habría dado mil vidas por obtener un perdón suyo; pero la duda vino a agravar la turbación de mi espíritu. Dudé del amor de María. (...) En mi locura pensé con menos terror, casi con placer, en mi próximo viaje (Isaacs 1988, 14). (...) preocupado dolorosamente con la propuesta de matrimonio hecha por Carlos, había buscado toda clase de pretextos para alejarme de la casa. Pasé aquellos días, ya encerrado en mi cuarto, ya en la posesión de José, las más veces vagando a pie por los alrededores. Llevaba por compañero en mis paseos algún libro en que no acertaba a poder leer, mi escopeta, que nunca disparaba, y a Mayo, que me seguía fatigándose. Mientras dominado yo por una honda melancolía dejaba correr las horas oculto en los sitios más agrestes (Isaacs 1988, 29).

Los celos hacen que todas las ideas que posee sobre sí mismo, se pongan a prueba. Así, sus reacciones son tanto emocionales como de conducta al no poder evitar que María reaccione en forma diferente a lo que él espera o al estar incapacitado para impedir y controlar que su padre siga las costumbres establecidas sobre el pedido de matrimonio que efectúa Carlos a María. Como no puede coordinar la manifestación de sus propios planes e intenciones, sus pensamientos, emociones, estado de ánimo, sentimientos y sus conductas verbales y motoras surgen como reacciones asociadas a las circunstancias que se le presentan y que amenazan tanto sus intenciones como su percepción sobre sí mismo.

Pero al llegar a situaciones límites con su comportamiento que amenazan su actuación de hombre sensible, su madre debe reconvenirle su proceder y recordarle su lugar y sus deberes:

> —Eres muy injusto, y te arrepentirás de haberlo sido. María, por dignidad y por deber, sabiéndose dominar mejor que tú, oculta lo mucho que tu conducta la está haciendo sufrir. Me cuesta trabajo creer lo que veo; me asombra oír lo que acabas de decir.
> (...)
> —¿Ella no será siempre... no será siempre mi hermana?
> —Tarde piensas así. ¿O es que puede un hombre ser caballero y hacer lo que tú haces? No, no; eso no debe hacerlo un hijo mío...

(Isaacs 1988, 30).

Estas reacciones puestas en escena en la actuación del personaje emiten mensajes ya no sólo sobre la vida interna de Efraín, sino también sobre la familia, la clase social e incluso las normas sobre cómo se debía comportar el hombre y cuáles eran los patrones de referencia para juzgar su conducta. De ahí que inmediatamente reaccione y responda buscando una solución:

> —Yo no quiero, ni por un instante, darle motivo a usted para un disgusto como el que me deja conocer. Dígame qué debo hacer para remediar lo que ha encontrado usted reprobable en mi conducta (Isaacs 1988, 30).

El entusiasmo por el sentimiento condiciona las manifestaciones físicas de la Sensibilidad y con esto, el lenguaje del cuerpo y la noción de creciente afecto que surge entre Efraín y María, quienes expresan una intrincada coreografía de cortejo que se desata por el tacto o por las miradas que él le dirige y que tienen como efecto en ella la turbación, el sonrojo, o bien reacciones de timidez o de modestia:

> Fue su rostro el que se cubrió de más notable rubor cuando al rodar mi brazo de sus hombros, rozó con su talle (Isaacs 1988, 5).
> [A]brí la ventana (...) María lo notó, y sin volverse hacia mí, cayó de rodillas para ocultarme sus pies (...) (Isaacs 1988, 7).
> María no me suplicó, como ellas, que regresase en la misma semana; pero me seguía incesantemente con los ojos durante los preparativos de viaje (Isaacs 1988, 8).
> Había en su rostro bellísimo tal aire de noble, inocente y dulce resignación, que como magnetizado por algo desconocido hasta entonces para mí en ella, no me era posible dejar de mirarla. (...) La turbación de María era ya notable. Yo la miraba; y ella debió de hallar algo nuevo y animador en mis ojos, pues respondió con acento más firme: / —Efraín botó unas al huerto; y nos pareció que siendo tan raras, era una lástima que se perdiesen: ésta es una de ellas (Isaacs 1988, 18).
> María con la frente infantilmente grave y los labios casi risueños, abandonaba a las mías alguna de sus manos aristocráticas sembradas de hoyuelos, (...) y su acento, sin dejar de tener aquella música que le era peculiar, se hacía lento y profundo al pronunciar palabras suavemente articuladas (...) (Isaacs 1988, 20).

Al seguir los gestos y las acciones entre María y Efraín, situaciones que él controla, se observa un complejo y elaborado arte del galanteo, compuesto por miradas, ademanes y gestos discretos e íntimos y por discursos indirectos o menos directos. Debido a la Sensibilidad exhibida, ambos aprenden a manejar las reglas de este juego, porque ella por modestia y por las costumbres no puede abiertamente demostrar sus sentimientos hacia él. Como los celos, los impulsos, los silencios, las ausencias de Efraín la mantienen confundida, para ella todo su comportamiento es un aprendizaje en las sutilezas del arte de seducir.

> Y se acercó a tomar a Juan. Yo lo estaba alzando ya en mis brazos, y María lo esperaba en los suyos: besé los labios de Juan entreabiertos y purpurinos, y aproximando su rostro al de María, posó ella los suyos sobre esa boca que sonreía al recibir nuestras caricias y lo estrechó tiernamente contra su pecho (Isaacs 1988, 71). María me refirió la conversación que al regreso del paseo había tenido con mi padre. Nunca se había mostrado tan expansiva conmigo: recordando ese diálogo, el pudor le velaba frecuentemente los ojos y el placer le jugaba en los labios (Isaacs 1988, 77).

Con su conducta, Efraín va lenta y constantemente ajustando el sistema de comunicación con ella para superar las desventajas y los impedimentos que se presentan en la relación por la falta de conocimiento social y por las permanentes limitaciones causadas por la modestia que la joven expresa. Él la guía persuadiéndola de producir las palabras y los actos y orquestando escenas sugestivas; los signos convencionalmente usados entre los dos son tan discretos que requieren un emisor experto y un receptor compenetrado con los sentimientos para entenderlos, descifrarlos, admitirlos y aceptarlos.

Son códigos gestuales y lingüísticos intrincados por los cuales se observan las costumbres que operan en esta sociedad, diferente a las que predominan en los sectores de la capital en que se desenvolvió la vida de estudiantes de Efraín y Carlos y que Emigdio no pudo entender o tolerar, llevándolo a formar juicios severos: «—En Bogotá no hay señoras: éstas son todas unas... coquetas de siete suelas. (...) ¡Qué caray! no hay nada como las muchachas de nuestra tierra; aquí no hay sino peligros» (Isaacs 1988, 36).

El resultado de la fascinación que siente hacia María y la consecuente seducción le proporcionan a Efraín un indiscutible placer sensual, pero también le crean una dolorosa conciencia de las contradicciones psicológicas inherentes que le trae el vivir de acuerdo a los códigos paternos; por eso, en la novela se observa el conflicto al que se enfrenta el personaje cuando quiere hacer lo mejor para vivir su amor y, a la vez, aceptar los mandatos del progenitor:

> En la mañana siguiente tuve que hacer un esfuerzo para que mi padre no comprendiese lo penoso que me era acompañarlo en su visita a las haciendas de abajo (Isaacs 1988, 86).
> —Relevaré a mi padre de la promesa que me tiene hecha de enviarme a Europa a terminar mis estudios; le prometeré luchar a su lado hasta el fin por salvar su crédito; y él consentirá; debe consentir... Así no nos separaremos tú y yo nunca... no nos separarán. Y entonces pronto... (Isaacs 1988, 98).

Intentando reafirmar su individualidad y defender su amor, Efraín exime a su padre de la promesa que le ha hecho de enviarlo a concluir sus estudios al extranjero; pero las palabras pausadas y definitivas del progenitor guían sus pensamientos y decisiones y cambian sus intenciones:

> Todo eso —me respondió— está hasta cierto punto juiciosamente pensado. Aunque haya motivos para que hoy más que antes te sea temible ese viaje, no puedo dejar de conocer, a pesar de todo, que te dominan al hablar así nobles sentimientos. Pero debo advertirte que mi resolución es irrevocable. Los gastos que el resto de tu educación me cause, en nada empeorarán mi situación, y una vez concluida tu carrera, la familia cosechará abundante fruto de la semilla que voy a sembrar. Por lo demás —añadió después de una corta pausa, durante la cual volvió a pasearse por el salón-, creo que tienes el noble orgullo necesario para no pretender cortar lastimosamente lo que tan bien has empezado (Isaacs 1988, 98).

De esta manera, prevalece su posición de hijo que acepta la autoridad paterna, para continuar con los cimientos tanto de la familia como de la sociedad. Aceptación que le produce, ya no sólo dolor, sino que se convierte en impedimento de sus ilusiones, de sus planes, de su amor y finalmente de su futura vida compartida con María:

> Necesitaba disimular lo que sufría; llamar en la soledad aquella dulce esperanza que me había halagado para dejarme luego solo ante la realidad del temido viaje; necesitaba llorar a solas, para que María no viera mis lágrimas... ¡Ah! si ella hubiese podido saber cuántas brotaban de mi corazón en aquel instante, tampoco habría esperado ya (Isaacs 1988, 111).

Una de las situaciones que Efraín como personaje enfrenta es la enfermedad que sufre María y que es descrita como: ataques nerviosos con pérdida de sentido, que la dejan:

> [C]omo dormida: su rostro, cubierto de palidez mortal, se veía medio oculto por la cabellera descompuesta, en la cual se descubrían estrujadas las flores que yo le había dado en la mañana: la frente contraída revelaba un padecimiento insoportable, y un ligero sudor le humedecía las sienes: de los ojos cerrados habían tratado de brotar lágrimas que brillaban detenidas en las pestañas (Isaacs 1988, 21-22).

Padecimiento, cuyos síntomas, según el doctor Mayn, surgen por emociones intensas y no experimentadas anteriormente, como el amor que siente por Efraín, y que durante los capítulos de la novela, los personajes debaten entre si es o no el mismo mal que había causado la muerte a la madre de la joven; dolencia que en primera instancia conlleva el rechazo del padre de Efraín y que hace que éste no apruebe un matrimonio entre ellos:

> —(...) El doctor asegura que el mal de María no es el que sufrió Sara.
> —¿Él lo ha dicho?
> —Sí; tu padre, tranquilizado ya por esa parte, ha querido que yo te lo haga saber (Isaacs 1988, 31).
> —¿Conque todo, todo lo arrostras? —me interrogó maravillado apenas hube concluido mi relación—. ¿Y esa enfermedad que probablemente es la de su madre?... ¿Y vas a pasar quizá la mitad de tu vida sentado sobre una tumba...?
> Estas últimas palabras me hicieron estremecer de dolor: ellas, pronunciadas por boca de un hombre a quien no otra cosa que su afecto por mí podía dictárselas; por Carlos, a quien ninguna alucinación engañaba, tenían una solemnidad terrible, más terrible aún que el sí con el cual acababa yo de contestarlas (Isaacs 1988, 77).

El culto a la Sensibilidad durante los siglos XVIII y XIX, según han revelado los estudios realizados en las últimas décadas, respondió directamente a los desarrollos contemporáneos en economía y medicina, con los cuales le concedieron un enorme poder determinista sobre la naturaleza moral y física de los seres humanos. Sin embargo, los médicos y los científicos también consideraron que la Sensibilidad era peligrosa, pues podía conducir a un exceso emocional, a una degeneración moral y a un debilitamiento físico. De este modo, se conceptuó como instrumental en la búsqueda de la razón y de la virtud, pero también se la implicó en la epidemia de enfermedades nerviosas que agobiaron a la población, no sólo en Francia e Inglaterra sino en toda Europa (véase Vila, 1).

María es un cuerpo enfermo que debe ser comprendido, atendido y sanado; de ahí que, en el régimen curativo, el doctor Mayn señale precauciones como la de que Efraín no le prometa desposarse con ella, para evitar que muera a causa de la multitud de reacciones emocionales, sentimentales y físicas que se le iban a desatar. Mayn es el típico médico-filósofo que rigió en Francia y en Europa y controló la medicina hasta pasada la mitad del siglo XIX:

> [E]l verdadero médico, el médico-filósofo estaba dotado con una especial comprensión sobre la Sensibilidad: una propiedad que permitía que el médico practicante no sólo dirigiera las funciones corporales hacia la salud y corrigiera en ellas la enfermedad, sino que también viera todas las impresiones, las relaciones, las reacciones a que estaba sujeto el ser humano interna y externamente, física y moralmente, en la sociedad y en el universo. (...) En sus escritos, los médicos-filósofos promovieron tanto una visión integral del ser humano como un organismo manejado por la Sensibilidad, así como un grupo de técnicas muy precisas para observar, controlar y corregir esa misma Sensibilidad. El lado filosófico de su doctrina se puede dividir en cuatro categorías aproximadas: 1) Semiótica, o el arte de descifrar el lenguaje crítico de la Sensibilidad producido por el cuerpo y saber utilizar esos signos y síntomas para controlar la enfermedad. 2) Salud e higiene, o el arte de cultivar una Sensibilidad normativa para cada tipo de cuerpo sensible. 3) Pedagogía, el campo que comprendía el desarrollo cognitivo, ético y estético; y 4) La teoría social, o el esfuerzo para tratar el cuerpo social mayor de acuerdo a los seres orgánicos que lo componían (Vila, 39).

La enfermedad de María es una prueba directa para la Sensibilidad de Efraín. En la narrativa de ficción de los siglos XVIII y XIX, las enfermedades proporcionaban un tema importante debido a los aspectos trágicos de la vida que se podían representar y a los elementos oscuros y negativos que causaban y que contribuían a destruir la paz y la armonía del mundo narrativo. El padecimiento de su amada sirve para que Efraín demuestre que está preparado a arrostrarlo todo, incluso la muerte por salvarla; del mismo modo, es un medio para evidenciar cada uno de los aspectos del ser sensible del protagonista: preocupado, compasivo, considerado, dolido, asustado, impetuoso, decidido, correcto, constante, etc.; está dispuesto a conservar la salud de María y con ella, su virtud, para asegurar su vida. Su naturaleza sensible impulsa la historia al involucrarse en las dolencias, las experiencias y las emociones de su amada.

Así, el amor de Efraín por María se destaca a lo largo de la narración en virtud de su perceptible profundidad, sinceridad y constancia; sin embargo, al mismo tiempo que él siente emociones y expresa esos sentimientos hacia ella y por ella, despliega un comportamiento equívoco con muchachas jóvenes como Lucía o Salomé que amenaza socavar sus acciones:

> Lucía se acercó a preguntarme por mi escopeta; y como yo se la mostrase, añadió en voz baja:
> —Nada le ha sucedido, ¿no?
> —Nada —le respondí cariñosamente, pasándole por los labios una ramita (Isaacs 1988, 48).

No obstante, la sensualidad que se observa en Efraín y este comportamiento que semeja desliz, por tanto, desviación de su conducta de hombre sensible, la actuación del personaje proporciona instrucciones en el fino arte de amar y un entrenamiento en los signos de la Sensibilidad que se deben desarrollar y poseer; es el arte de portarse con la amada y de provocar reacciones y con ellas, sentimientos recíprocos. Pero a la vez, explicita formas de conducta pública apropiadas para la masculinidad:

> A pesar de lo sucedido la noche víspera de mi marcha a Santa R., María continuaba siendo para conmigo solamente lo que había sido hasta entonces: aquel casto misterio que había velado nuestro amor, lo velaba aún. Apenas nos tomábamos la libertad de pasear algunas veces solos en el jardín y en el huerto (Isaacs 1988, 134).

Este amor casto, cuyo objetivo principal no es renunciar al deseo, sino avivarlo e inflamar los corazones de los enamorados, maximiza el apasionamiento para que la victoria sobre la voluntad sea mayor; situación que parece quijotesca en una cultura que ha perdido el sentido de los muchos usos de lo erótico y el amor como un medio de perfección moral. Hay que recordar que, en el siglo XIX, en la sociedad de Isaacs, se consideraba la batalla contra la naturaleza humana, como una parte esencial del entrenamiento moral; así lo que es natural ahora, era vulgar antes. Sucumbir a la naturaleza era común en las clases bajas y en los animales; vencerla era raro; el lograrlo se veía con admiración y se valoraba.

Durante el último mes que Efraín pasa en casa, se revela totalmente como el hombre sensible que debe ser, al comportarse con María respetando las tradiciones del lugar, a pesar de haber ya hablado de matrimonio y casi haber fijado la fecha; ceremonia que sucedería en cuatro años, a su regreso del viaje de estudios a Inglaterra. A partir de ese momento, desarrolla una gran cortesía, considerada el cemento cultural que apoya las relaciones sociales al unir a la gente, y despliega el lenguaje de la educación; actos que eran ideales de la conducta social; los cuales, a la vez, formaban parte de la piedra angular del comportamiento civilizado. De esta forma reafirma una legítima identidad pública y se afianza como futuro y digno protector y proveedor familiar.

Cuando recibe la orden del padre de regresar de Inglaterra para posiblemente evitar la muerte de María, sus reacciones ante tan nefasto hecho se suceden una tras otra: la prolongada angustia del viaje por mar; la desatada carrera contra el tiempo y los elementos para llegar a la casa paterna, la esperanza ante la compasión divina para la conservación de la vida de María, el esfuerzo total para acortar la distancia, la manera de darse ánimo por medio de la memoria son las expresiones del amor que siente por ella y las exteriorizaciones de su Sensibilidad:

> Los más dulces recuerdos, los más tristes presentimientos volvieron a disputarse mi corazón en aquellos instantes para reanimarlo o entristecerlo. Bastábanme ya cinco días de viaje para volver a tenerla en mis brazos y devolverle toda la vida que mi ausencia le había robado. Mi voz, mis caricias, mis ojos que tan dulcemente habían sabido conmoverla en otros días ¿no serían capaces de disputársela al dolor y a la muerte? Aquel amor ante el cual la ciencia se consideraba impotente, que la ciencia llamaba en su auxilio, debía poderlo todo (Isaacs 1988, 174-175).

El deseo de llegar y ver nuevamente la tierra natal, la protectora casa paterna, el anhelo de encontrar a la amada, pero también la incertidumbre y la alarma al saber que la familia no está en la hacienda sino en la casa de la ciudad, la noticia de la muerte y la certeza de la pérdida total crean sensaciones y emociones en él, que le llegan a las fibras más internas de su ser:

> Algo como la hoja fría de un puñal penetró en mi cerebro: faltó a mis ojos luz y a mi pecho aire. Era la muerte que me hería... Ella, tan cruel e implacable, ¿por qué no supo herir?... (Isaacs 1988, 186). ¡Dios mío! tú lo sabes. Yo había recorrido el huerto llamándola, pidiéndosela a los follajes que nos habían dado sombra, y al desierto que en sus ecos solamente me devolvía su nombre. A la orilla del abismo cubierto por los rosales, en cuyo fondo informe y oscuro blanqueaban las nieblas y tronaba el río, un pensamiento criminal estancó por un instante mis lágrimas y enfrió mi frente... (Isaacs 1988, 192).

Todas sus reacciones son la expresión de un amor sublime, de un amor verdadero, ennoblecido por el tiempo, la distancia y ahora la pérdida. Esta representación muestra las etapas de un proceso de educación moral y de fortaleza humana, características que debía poseer el hombre sensible. Después de resueltas las ambigüedades y las dualidades, las dudas y las imprecisiones y aceptadas las imposiciones y las responsabilidades, la virtud que se manifiesta en el comportamiento de Efraín está marcada por la Sensibilidad, cualidad reservada para un grupo especial y reducido al que pertenece el personaje. Esta Sensibilidad es como una insignia, como un escudo de honor que señala tanto su linaje social alto y su extraordinaria constitución moral que le proporciona su amplia capacidad para pensar y sentir. Todos los pasos representados lo muestran como una figura dotada de virilidad carismática, cuyas acciones lo convierten en líder de su reducida sociedad.

Además, la Sensibilidad de Efraín está señalada con cruciales funciones sociales y morales; funciones que se deben entender en términos diferentes de los del sentimentalismo; aunque en la novela abundan escenas de sentimientos efusivos, ellas no incluyen una negación de la importancia de las distinciones sociales de clase, sino que en su lugar las refuerzan, pero también las ponen a prueba (véanse Mejía 1976, 1988). También en Efraín-narrador se expresa una fuerte Sensibilidad. Desde el texto de apertura de la novela, se lo observa exhibiendo fuertes emociones sobre el contenido de su escritura;

sensaciones y sentimientos transmitidos por el narrador del fragmento que antecede a la historia, quien sirve como testigo de la exaltación y del dolor de Efraín y de su profunda pena cuando habla de «el libro de sus recuerdos», y transmite las emociones que lo atenazaban cuando entregó su texto: «Lo que ahí falta tú lo sabes; podrás leer hasta lo que mis lágrimas han borrado» (Isaacs 1988, 3).

En cuanto se entra en la historia, la imagen que lentamente va surgiendo de Efraín y las dimensiones de su representación las ofrecen las palabras del propio personaje, quien como narrador se manifiesta emocional, apesadumbrado, dolido; pero sobretodo poseedor de una gran tristeza. Sin embargo, no son las emociones producidas por la pena, las que lo particularizan; en diversos aspectos de su rememoración, olvida este dolor que lo acompaña para penetrar en el pasado y manifestarse sensual; situación que ya se ha señalado:

> [E]l énfasis que Efraín coloca en la pureza e inocencia de su amor se muestra en su real ambigüedad cuando notamos la hipersensualidad del narrador, quien siempre tiene el ojo atento a descubrir las pequeñas desnudeces de María; y no sólo las de ella, sino de cuanta mujer se pone al alcance de su mirada. (...) Efraín adquiere medida individual cada vez que llega a un éxtasis erótico estimulado por el aroma de los perfumes (...), por la mirada atrapada de los pies descalzos (...) o, simplemente, estimulado por la fragancia de las flores que María ha puesto en su alcoba (Mejía 1988, xv).

Esta representación de sensaciones y espacios mentales, que surgen de las emociones y que se apoyan más en la sugerencia y en la sensibilidad que en la certeza de la realización de los actos por parte de Efraín, crean escenarios difuminados donde los móviles del personajes y las situaciones no llegan a concretarse, pero producen un halo de erotismo que impregna la escritura casi desde las primeras líneas; erotismo sutil por el cual los hechos relatados circulan. Esa sensualidad es producto de una transposición de valores; ya que los placeres físicos de una relación sexual, culturalmente imposibles y debido al paso del tiempo, irrealizables, están remplazados por un cúmulo de sensaciones ambiguas que causan una excitación inútil de los sentidos, produciendo desahogos mediante la mirada o el tacto reproducidos en la rememoración o por medio de la escritura en el momento de producción del discurso; recuerdos y reacciones que finalmente no son gratificantes, pero que señalan la intensidad de las emociones sentidas por Efraín.

Al lado de este aspecto de Efraín-narrador, se representan otros rasgos que se destacan a medida que la rememoración del pasado lo conducen a las lágrimas, signo de una manifestación emocional que expresa sensualidad y son un rasgo del lenguaje de la galantería, como afirma Erich Auerbach en *Mimesis*, cuando sostiene que para finales del siglo XVIII, el significado de las lágrimas y el llanto se hallaba entre la Sensibilidad y la sensualidad (véase Auerbach, 375-376).

En Efraín-narrador se explicitan evidentes nostalgia y melancolía por el pasado, por el bien ausente y por la felicidad perdida. No eran únicamente los efectos devastadores de una enfermedad, como la de María, los que ocupaban las páginas de las novelas y de los tratados de medicina de la época, sino también las consecuencias y las secuelas de la nostalgia; ya que era una conocida y vastamente difundida aflicción, que se asociaba con un amor por la tierra y cada vez más con el anhelo romántico, en donde las tribulaciones emocionales tenían un papel bien definido. La nostalgia pronto dio paso a un lugar más delimitado, asociándose así con la añoranza del mundo doméstico.

Las novelas de la época comenzaron a transmitir idealizaciones de la domesticidad, como representación de ausencias de lugares exóticos en que se idealizaba lo propio. Se consideraba que la nostalgia, ahora enfermedad físico-síquica, podía muy bien ser producida por el amor. De esta manera, un corazón herido debía ser tomado en serio porque era capaz de producir melancolía y nostalgia, trastornos mentales que a menudo necesitaban tratamiento clínico.

De acuerdo al DREA: «nostalgia viene (Del griego   , regreso, y -algia). 1. f. Pena de verse ausente de la patria o de los deudos o amigos. 2. f. Tristeza melancólica originada por el recuerdo de una dicha perdida. Añoranza» (1992, 1025, 3). Esta segunda acepción es una connotación patológica que involucra la memoria; definición que surge de los discursos médicos y literarios de finales del siglo XVIII.

> La idealización de la aflicción físico-psíquica como la enfermedad profesional de la refinada, y sensitiva clase media, que a su vez era ascendente y movible, aseguró que la nostalgia retuviera sus propiedades patológicas; pero ese patetismo (y la patología) llegaron a ser signos de superioridad (Wagner, 19).

La centralidad de los sentimientos y de las emociones en la novela de la Sensibilidad de finales del XVIII y del XIX presenta protagonistas masculinos llorosos y emocionales; manifestación de los personajes que siguió presente en los diferentes tipos de novela decimonónica, como ya se señaló anteriormente. En *María*, novela romántico-sentimental, el núcleo generador de gran parte de lo que sucede en la historia está movido por las emociones, las cuales tienen por lenitivo principal, las lágrimas. Llanto que en Efraín-narrador se origina por la nostalgia que siente; emoción que relaciona las escenas; ya que existe un recuerdo doloroso, contrito y nostálgico que marca la totalidad de lo relatado a medida que rememora su pérdida. Nostalgia por el pasado y por la armonía que su mente ha recreado sobre la casa paterna y la ida doméstica.

Ahora, Efraín-narrador es un personaje mayor que cuando ya ha pasado el tiempo y ha tenido experiencias diferentes, sigue manifestándose emocional, sentimental y emotivo; asimismo, continúa empleando un lenguaje de Sensibilidad, debido al agudo deseo sentido, pero no concretado. La pérdida de María es tan profunda que continúa presente y persiste provocando dolor; pena, cuyo consuelo y salvación está en la memoria, la cual recrea un paraíso que tenazmente perdura a pesar de experiencias que atestan lo contrario; lugar ideal donde recuerda lo que fue su historia de amor. Desafortunadamente este recuerdo le produce melancolía, puesto que fue una experiencia donde la felicidad se vio truncada por la muerte:

> ¡Primer amor!... noble orgullo de sentirnos amados: sacrificio dulce de todo lo que antes nos era caro a favor de la mujer querida: felicidad que comprada para un día con las lágrimas de toda una existencia, recibiríamos como un don de Dios: perfume para todas las horas del porvenir: luz inextinguible del pasado: flor guardada en el alma y que no es dado marchitar a los desengaños: único tesoro que no puede arrebatarnos la envidia de los hombres: delirio delicioso... inspiración del cielo... ¡María! ¡María! ¡Cuánto te amé! ¡Cuánto te amara!... (Isaacs 1988, 11).
> Viajero años después por las montañas del país de José, he visto ya a puestas del sol llegar labradores alegres a la cabaña donde se me daba hospitalidad: luego que alababan a Dios ante el venerable jefe de la familia, esperaban en torno del hogar la cena que la anciana y cariñosa madre repartía: un plato bastaba a cada pareja de esposos; y los pequeñuelos hacían pinicos apoyados en las rodillas de sus padres. Y he desviado mis miradas de esas escenas patriarcales, que me recordaban los últimos días felices de mi juventud... (Isaacs 1988, 44).

> [E]l hogar donde corrieron los años de mi niñez y los días felices de

mi juventud! Como el ave impelida por el huracán a las pampas abrasadas intenta en vano sesgar su vuelo hacia el umbroso bosque nativo, y ajados ya los plumajes regresa a él después de la tormenta, y busca inútilmente el nido de sus amores revoloteando en torno del árbol destrozado, así mi alma abatida va en las horas de mi sueño a vagar en torno del que fue hogar de mis padres. Frondosos naranjos, gentiles y verdes sauces que conmigo crecisteis, ¡cómo os habréis envejecido! Rosas y azucenas de María ¿quién las amará si existen? Aromas del lozano huerto, no volveré a aspiraros; susurradores vientos, rumoroso río... ¡no volveré a oírlos! (Isaacs 1988, 192).

Toda la narración está transida por esta agonía que se exacerba por momentos en las intrusiones del narrador; su escritura produce unas memorias ficcionales que ofrecen una descripción lúcida de la función comunicativa de las poéticas del sentimiento y de la Sensibilidad, a través de la novela, en la sociedad neogranadina/colombiana de mediados del siglo XIX. Movido Efraín, tal vez por la necesidad de liberar su espíritu al contar su historia, su relato es una nostálgica conmemoración del pasado, rememoración idealizada y compuesta por su memoria que ha decantado muchos aspectos sucedidos, los cuales con el tiempo han cobrado una nueva dimensión al ser parte del recuerdo que persiste.

Al mismo tiempo, aspectos de la escritura son una celebración de la tierra del Estado soberano del Cauca, territorio que desde otras latitudes era exótico y apropiado para expresar la Sensibilidad del personaje: «el cielo, los horizontes, las pampas y las cumbres del Cauca, hacen enmudecer a quien los contempla. Las grandes bellezas de la creación no pueden a un tiempo ser vistas y cantadas: es necesario que vuelvan a el alma empalidecidas por la memoria infiel» (Isaacs 1988, 5); espacio idílico donde únicamente puede darse el cumplimiento del deseo y el restablecimiento de la armonía.

Esta escritura es un retorno idealizado del antaño que tiene un efecto depurador: limpia al narrador de las manchas de la edad adulta, al mismo tiempo que es una restauración de la perfección; es decir, es tanto un viaje utópico al pasado, como una forma de conocimiento por medio de la grafía, sobre la naturaleza humana y las profundidades a las que las emociones, aunadas luego a la pérdida y a la nostalgia, podían llegar.

Emociones que trascienden, a tal punto que ya desde la nota de apertura se informa que ese quehacer escritural ha sido acompañado por el llanto: «lo que mis lágrimas han borrado» (Isaacs 1988, 3); manifestación física que es una de las más efectuadas por los personajes de este mundo novelístico, como ya antes se señaló (Cantavella, 96-97).

El llanto, las lágrimas, los sollozos, los suspiros, los lamentos y todas las otras expresiones de pena y de tristeza son rasgos prominentes de la literatura de la Sensibilidad. Estas manifestaciones emocionales, que han sido desde hace mucho tiempo identificadas con las literaturas pre-romántica y romántica, se hallan ya presentes en los textos desde el siglo XVII y continúan prevaleciendo hasta finales del siglo XIX, como se destacó anteriormente.

> Los conceptos de 'sentimiento', 'emoción' y 'afecto' tienen significados similares (...). El concepto de 'afecto' (...) se percibe como más objetivo, como si versara sobre algo que puede observarse más que vivenciarse. (...) Por otra parte 'sentimiento' designa una experiencia privada del individuo, un estado interno. Los sentimientos no se observan, aunque sí puede observarse el efecto de un sentimiento o signos de los sentimientos en alguna persona. En lenguaje corriente, 'emoción' es equivalente a 'afecto' y tiene un carácter más objetivo que 'sentimiento'. Decimos que podemos observar la 'reacción emocional de alguien', y se ha argumentado que la sede de las emociones es el cuerpo, en tanto que la de los sentimientos es la mente (Music, 4-5).

Las emociones son una parte esencial de la experiencia humana y la literatura refleja no sólo las ideas, actitudes y emociones sino también las preocupaciones de una comunidad cultural. El amor, como emoción, ha sido un tema literario privilegiado y sus formas de representación han cambiado considerablemente para corresponder a los cambios que suceden en las diferentes épocas. Mientras que el llanto es un tipo de lenguaje de las emociones que a menudo se ha relacionado con los gozos y las penas del amor.

> Las lágrimas son el emblema de las literaturas de la Sensibilidad y el sentimiento. Señalan una población especial que vive y se mueve por el afecto, por la simpatía; hombres y mujeres adoloridos que están familiarizados con una pena profunda: respondiendo a este sentimiento en otros, sufriendo ellos mismos. Existen otros emblemas: el rubor, suspiros involuntarios, desvanecimientos, el pulso rápido; es la expansión del sentido de la experiencia que se explora por medio de estas literaturas (McGann, 7).

Las lágrimas que Efraín-narrador expresa frecuentemente; las relata también emanadas muchas veces por Efraín-personaje. El llanto como manifestación corporal de una emoción no va en contra de la masculinidad que prevalecía en la época; existe una atmósfera de aceptación y libertad para llorar. Efraín es un hombre nacido naturalmente sensible que además de cumplir con las demandas de la sociedad, se ha ganado un alto puesto en ella y se ha adaptado perfectamente a su ambiente.

Como se ha visto, la Sensibilidad fue un campo cultural y político muy extenso y de grandes repercusiones en la vida social; estaba relacionado con el sentido, las sensaciones, los sentimientos, lo sentimental y se asociaba con nociones como la simpatía, la virtud, la benevolencia, los sentimientos tiernos, la compasión, las buenas costumbres, entre muchos otros aspectos. Del mismo modo, en la ciencia médica europea describía la capacidad innata del cuerpo para reaccionar a estímulos tanto internos como externos; noción que no murió en el siglo XIX, sino que se refinó.

Es decir, la Sensibilidad no era únicamente la expresión de una emoción suave o dolorosa; era también la facultad que dotaba al hombre perfectamente constituido para tolerar emociones profundas provenientes de todo lo que podía actuar sobre el organismo humano. Los escritores que emplearon la Sensibilidad se esforzaron por alcanzar un equilibrio entre la moral y la estética, en un intento por ayudar a construir un mejor mundo moral, lo cual fue uno de los motivos recurrentes de los discursos filosóficos y literarios del siglo XIX.

La masculinidad no sufrió cambios evidentes sino hasta final de ese mismo siglo, cuando comenzó a limitarse (no tanto en Italia y Francia) la expresión de las emociones y se hizo énfasis en la dureza emocional, el autocontrol, y el sofocamiento de toda clase de sentimientos sensibles; pero durante muchas décadas, en ciertos niveles sociales se consideraba la susceptibilidad emocional, el patetismo, la actuación sensitiva del hombre y la expresión de modales refinados, como construcciones apropiadas para la conducta masculina y como un culto a la Sensibilidad.

Teniendo en cuenta estos postulados culturales y literarios, la novela de Isaacs expone aspectos de las poéticas del sentimiento y de la Sensibilidad y de la masculinidad prevalecientes en la época, que son desconocidos para las generaciones contemporáneas, entrenadas por más de un siglo en otras formas de representación adquiridas a través de la educación y la cultura sobre la postura del hombre, de su autocontrol y de su actuación social, en oposición a la situación de la mujer y su actuación en la sociedad.

Al ubicar la labor escritural de Isaacs dentro de su debido marco histórico, se observa el profundo conocimiento de la cultura de la Sensibilidad que poseía el autor y de la aplicación de esos postulados que efectuó en la estructuración de la novela. Como versado en campos de la medicina de su época (sus estudios habían quedado truncados) y gran lector de obras literarias, se destaca la erudición que poseía y que entró a formar parte de la organización del mundo novelístico que creó.

Como intelectual, político y pensador de la segunda parte del siglo XIX, buscó una manera que le permitiera efectivamente incidir sobre la formación de lo que sería la nación colombiana; no hay que olvidar que en el momento de escritura de *María* era declarado conservador:

> (...) Se explica su conservatismo, porque el abuelo de Jorge Isaacs, don Carlos Ferrer Xiques, fue hombre comprometido con las ideas de la colonia. Por defenderlas fue fusilado durante las guerras de independencia. Su madre, doña Manuela Ferrer Scarpetta, heredó de su padre, don Carlos, las mismas orientaciones políticas. Aquel vivió en el Chocó y fue tratante de esclavos (Morales Benítez, 18).

En su texto representó una construcción de la identidad nacional intentando establecer un vínculo fuerte con los receptores para atraerlos hacia su proyecto ideológico, para el cual eran muy eficaces las poéticas del sentimiento y de la Sensibilidad; se basó en hechos históricos y los mediatizó adaptándolos para demostrar una situación que creía legítima.

Debido al creciente énfasis en la Sensibilidad, que correspondía a la expresión de la soledad, la melancolía, los placeres de la imaginación, las meditaciones sobre la muerte y la representación de la vida interna en diversos aspectos culturales, como ya se anotó, la novela de Isaacs, en su representación de Efraín, muestra la unión de la emoción y el pensamiento como producto de la Sensibilidad; de esta manera, se manifiesta el personaje en relaciones afectivas más allá de la familia y de la sociedad, instituciones de las que se siente en ocasiones completamente impedido y coartado debido al amor que lo embarga.

Así, con la representación detallada de las emociones y del comportamiento masculino de Efraín, se ofrece en este mundo ficcional una perspectiva más amplia sobre la Sensibilidad que en cualquier otra novela colombiana de la época; porque su actuación explicita un discurso ético conocido como la moral sensitiva: sistema ético que se basa en gran parte, si no exclusivamente, en regular los efectos de la Sensibilidad en el comportamiento moral. Desde esta perspectiva, aunque la novela no es una representación fiel de la realidad, muestra la forma de pensar de un determinado círculo social y la manera en que se percibía a sí mismo dentro de la sociedad en general.

Existen obras específicas, cuya difusión en su propia época sugiere que han reflejado e influido el clima emocional e intelectual del periodo, como ha sucedió con la novela de Isaacs. Textos como éste poseen un valor artístico que ha hecho que ellos sigan siendo objeto de estudios críticos, de distribución editorial y de lecturas de las nuevas generaciones.

Bibliografía

Adams, Clementina. «La cosmovisión futurista de la mujer en *Mi hermana Catalina* de Virginia Elena Ortea y la visión patriarcal de la *María* de Jorge Isaacs». *Diáspora: Journal of the Annual Afro-Hispanic Literature and Culture Conference* 10 (Spring, 2000): 65-75.

Altamirano, Ignacio M. «Polémica con motivo de la *María* de Jorge Isaacs». *El Diario del Hogar. Periódico de las Familias* (Ciudad de México) II.214 (mayo 27, 1883): 3-4; II.220 (junio 3, 1883): 3-4; II.226 (junio 10: 3-4).

Anderson Imbert, Enrique. «Prólogo». *María*. Jorge Isaacs. México: Fondo de Cultura Económica, 1951. vii-xxxiv.

Anónimo. «Polémica con motivo de la *María* de Jorge Isaacs» *El Diario del Hogar* (México) II.214, 220, 226 (mayo 27, jun. 3 y 10, 1883): [s.p].

Auerbach, Erich. *Mímesis*. México: Fondo de Cultura Económica, 1993.

Barker-Benfield, G. J. *The Culture of Sensibility: Sex and Society in Eighteenth-century Britain*. University of Chicago Press, 1992.

Borello, Rodolfo. «Sociedad y paternalismo en *María*». *Ottawa Hispanica* 2 (1980): 33-49.

Borges, Jorge Luis. «Vindicación de la María de Jorge Isaacs». *El Hogar* (Buenos Aires) (7 de mayo de 1937): 5.[reimpr] 37.203 *Eco* (Bogotá) (mayo, 1980): 108-110.

Brodey, Inger Sirgrun. «Masculinity, sensibility, and the "man of feeling": The gendered ethics of Goethe's *Werther*». *Papers on Language and Literature* 35.2 (Spring 1999): 115-140.

Brown, Donald F. «Chateaubriand and the Story of Feliciana in Jorge Isaacs' *María*». *Modern Language Notes* LXII (1947): 326-329.

Brown, Marshall. *The Cambridge History of Literary Criticism, vol. 5: Romanticism*. Cambridge: Cambridge University Press, 2000.

Bullough, Vern L. «On Being Male in the Middle Ages». *Medieval Masculinities: Regarding Men in the Middle Ages*. Clare A. Lees, Thelma S. Fenster, Jo Ann McNamara. Minneapolis, MN: University of Minnesota Press, 1994. 31-46.

Butler, Marilyn. *Jane Austen and the War of Ideas*. Oxford: Clarendon Press, 1987.

Caballero Calderón, Eduardo. «A propósito de Jorge Isaacs. Por qué ya no amamos a *María*». *El Tiempo* (Bogotá) 2ª sección (dic. 18, 1938): 1, 3.

Cantavella, Juan. «Miradas y Lágrimas en María de Jorge Isaacs». *Cuadernos Hispanoamericanos: Revista Mensual de Cultura Hispánica* 552 (junio, 1996): 93-99.

Carnicelli, Américo. *Historia de la masonería colombiana*. 1833-1940. T. 1. Bogotá: [s.edit], 1975.

Connell, R. W. *Masculinities*. 2ª ed. Berkeley and Los Angeles: University of California Press, 2005.

Cristina Z. María Teresa. «Jorge Isaacs». *Gran Enciclopedia de Colombia del Círculo de Lectores*. Biblioteca, Virtual del Banco de la República, 2004. http://www.lablaa.org/blaavirtual/biografias/isaajorg.htm

Díaz Balsera, Viviana. «María y los malestares del paraíso». *Universidad de Antioquia* (Medellín) 62.231 (mzo., 1993): 85-93.

Díaz Saldaña, Ómar. «María y la cultura escrita. Reflexiones en torno a las prácticas de lo escrito en la novela de Jorge Isaacs». *Memorias del Primer Simposio Internacional Jorge Isaacs. El Creador en todas sus facetas*. Darío Henao Restrepo (Comp.). Cali: Universidad del Valle, 2007. 137-155.

Ellis, Markman. *The Politics of Sensibility: Race, Gender and Commerce in the Sentimental Novel*. Cambridge University Press, 1996.

Engelbert, Manfred. «La modernidad bífida o los avatares del capitalismo: Martín y Efraín». *La modernidad revis(it)ada: Literatura y cultura latinoamericanas de los siglos XIX y XX*. Inke Gunia, Katharina Niemeyer, Sabine Schlickers (ed. and introd.); Paschen, Hans (ed.); Berlin, Germany: Tranvía, 2000. 90-101.

Faverón Patriau, Gustavo. «Judaísmo y desarraigo en María de Jorge Isaacs». *Revista Iberoamericana* 70.207 (abr.-jun., 2004): 341-57.

Fay, Elizabeth A. *A Feminist Introduction to Romanticism*. Malden, Mass.: Blackwell Publishing, 1998.

Ferreira Esparza, Carmen Adriana. «El crédito colonial en la provincia de Pamplona-Nueva Granada. Usos del censo consignativo». *Signos Históricos* 1.1 (jun., 1999): 59-84.

Fradera, Josep María y Jesús Millán (Eds.). *Las burguesías europeas del siglo XIX. Sociedad civil, política y cultura*. Madrid: Biblioteca Nueva-Universitat de Valencia, 2000.

Frye, Northrop. «Varieties of Eighteenth-Century Sensibility». *Eighteenth-Century Studies* 24.2 (Winter, 1990-1991): 157-172.

Gordillo Restrepo, Andrés «*El Mosaico* (1858-1872): nacionalismo, elites y cultura en la segunda mitad del siglo XI». *Fronteras de la Historia* (Bogotá, Colombia) 8 (2003): 19-64.

Haensch, Günther y Reinhold Werner. *Nuevo diccionario de colombianismos*. Santafé de Bogotá: Instituto Caro y Cuervo, 1993.

Herrero del Castillo, María Teresa. «*María* de Isaacs: La psicología de la mujer en el romanticismo de Hispanoamérica». *Actas del IX Simposio de la Sociedad Española de Literatura General y Comparada, I: La mujer: Elogio y vituperio; II: La parodia; El viaje imaginario*. María Teresa Cacho; Carlos García Gual; Mercedes Rolland; Leonardo Romero Tobar; Margarita Smerdou Altolaguirre; Túa Blesa (eds.). I. Zaragoza, España: Universidad de Zaragoza; 1994. 199-205.

Holton, Isaac F. *New Granada: Twenty Months in the Andes*. New York: Harper & Brothers, Publishers, 1857.

Isaacs, Jorge. «*Autobiografía*». *Noticias Culturales* (Bogotá: Instituto Caro y Cuervo) Nº 137 (1º de junio de 1972): 16-19. http://www.lablaa.org/blaavirtual/literatura/autobiog/auto5.htm

_____. *María*. 3ª ed. Bogotá: Imprenta de Medardo Rivas, 1878. Ejemplar corregido por Isaacs para ser la edición definitiva, cuyo texto se halla en la Biblioteca de Yerbabuena del Instituto Caro y Cuervo en Bogotá. Copia gentilmente proporcionada por † Ignacio Chaves Cuevas.

_____. *María*. (1978). Caracas: Biblioteca Ayacucho - Editorial Ex Libris, 1988.

Jones, C. B. *Radical Sensibility: Literature and Ideas in the 1790s*. London: Routledge, 1993.

Jones, Mindi. «Sensibility: A Definition». *Journal of the Utah Academy of Sciences, Arts, and Letters* 76 (1999): 225-233.

Johnson, Claudia L. *Equivocal Beings: Politics, Gender, and Sentimentality in the 1790s: Wollstonecraft, Radcliffe, Burney, Austen*. Chicago: University of Chicago Press, 1995.

Kalmanovitz, Salomón. *Economía y Nación: Una breve historia de Colombia*. Bogotá: Editorial Norma, 2003

Karsen, Sonja. «La estructura de *María* de Jorge Isaacs». *Revista Hispánica Moderna* (New York) XXXIV (1968): 684-689.

Lagos-Pope, María-Inés «Estructura dual y sociedad patriarcal en *María*». *Revista de Estudios Colombianos* 8 (1990): 12-20.

Laqueur, Thomas. «Los hechos de la paternidad». Trans. Hortensia Moreno. *Debate Feminista* 3.6 (sept., 1992): 119-141.

_____. *Making sex: Body and Gender from the Greeks to Freud*. Cambridge: Harvard University Press, 1992.

Marini Palmieri, Enrique. «Creación narrativa y sobresemanticidad en *María*, de Jorge Isaacs». *Signa: Revista de la Asociación Española de Semiótica* (Madrid, Centro de Investigación de Semiótica Literaria, Teatral y Nuevas Tecnologías) 9 (2000): 509-531.

McGrady, Donald. *Bibliografía sobre Jorge Isaacs*. Bogotá: Instituto Caro y Cuervo, 1971.

_____. «Introducción». *María*. (1986), Bogotá: Cátedra - Rei Andes Ltda., 1989. 11-48.

_____. «Las fuentes de *María* de Isaacs». *Hispanófila* 24 (1965): 43-54.

McGann, Jerome J. *The Poetics of Sensibility. A Revolution in Literary*

Style. New York: Oxford University Press, 1998.

Mejía, Gustavo. «*María* de Jorge Isaacs. La novela de la decadencia de la clase latifundista». *Escritura: Teoría y Crítica Literarias* 2 (1976): 261-278.

_____. «Prólogo». *María*. (1978). Caracas: Biblioteca Ayacucho - Editorial Ex Libris, 1988. ix-xxxiii.

Menton, Seymour. «La estructura dualística de *María*». *Thesaurus: Boletín del Instituto Caro y Cuervo* (Bogotá) 25.2 (1970); 251-277.

Molina Peti, Cristina. *Dialéctica feminista de la Ilustración*. Barcelona: Anthropos; Madrid: Comunidad de Madrid, Consejería de Educación, Dirección General de la Mujer, 1994.

Moliner, María. *Diccionario de Uso del Español*. Edición electrónica. 3ª ed. Madrid: Editorial Gredos, 2008.

Molloy, Sylvia. «Paraíso perdido y economía terrenal en *María*». *Sin Nombre* 14.3 (abr.-jun., 1984): 36-55.

Morales Benítez, Otto. «El desconocido político Jorge Isaacs». *Memorias del Primer Simposio Internacional Jorge Isaacs. El Creador en todas sus facetas*. Darío Henao Restrepo (Comp.). Cali: Universidad del Valle, 2007. 15-60.

Morris, Robert J. «El legado neoplatónico de *María*». *Thesaurus: Boletín del Instituto Caro y Cuervo* (Bogotá) 46.1 (ene.-abr., 1991): 65-87.

Mosse, George L. *The Image of Man: The Creation of Modern Masculinity*. New York: Oxford University Press US, 1996.

Music, Graham. *El afecto y la emoción*. Argentina: Errepar, 2001.

Nye, Robert A. *Masculinity and Male Codes of Honor in Modern France*. New York: Oxford University Press, 1993.

Ortiz, Lucía. «El negro y la creación romántica de una identidad nacional. Hacia una relectura de *María* de Jorge Isaacs». *Chambacú, la historia la escribes tú': Ensayos sobre cultura afrocolombiana*. Ortiz, Lucía (ed. e introd.). Madrid, Spain; Frankfurt, Germany: Iberoamericana; Vervuert; 2007. 361-370.

Pombo, Manuel Antonio y José Joaquín Guerra. *Constituciones de Colombia*. Bogotá: Imprenta e Echeverría

Hermanos, 1892.

Parker, Margaret. *Literary tableaux: An iconographical study of Jean-Jacques Rousseau's «La Nouvelle Heloise» and Bernardin de Saint-Pierre's «Paul et Virginie»*. New York University, 2004. [Disertación]

Patiño, Víctor Manuel. *Plantas cultivadas y animales domésticos en América equinoccial*. IV: Plantas introducidas. Cali: Imprenta Departamental, 1963.

Porras Collantes, Ernesto. «Complementación en la estructura de *María*». *Thesaurus: Boletín del Instituto Caro y Cuervo* (Bogotá) 31 (1976): 327-357.

Quintero Valencia, Enrique. *Régimen Político Colombiano 1*. Bogotá D.C.: Escuela Superior de Administración Pública, 2003.

Real Academia Española. *Diccionario de la lengua española*. Vigésima primera edición. Madrid: Espasa-Calpe, 1992.

Reyero, Carlos. *Apariencia e identidad masculina. De la Ilustración al Decadentismo*. Madrid: Cátedra, 1996.

Richard, Renaud. *Diccionario de hispanoamericanismos No recogidos por la Real Academia*. Madrid: Cátedra, 1997.

Richgels, Robert W. «Masculinity and Tears in 19th Century. Thinking: A Comparison of Novels in France and Britain». *Studies in the Humanities* 21.2 (Indiana, PA, 1994): 134-146.

Rincón, Carlos. «Sobre la recepción de *María* en Colombia. Crisis de la lectura repetida y pérdida de autoridad del canon (1938-1968)». *Memorias del Primer Simposio Internacional Jorge Isaacs. El Creador en todas sus facetas*. Darío Henao Restrepo (Comp.). Cali: Universidad del Valle, 2007. 79-109.

Rodríguez, Pablo. «La familia en Colombia». *La familia en Iberoamérica 1550-1980*. Pablo Rodríguez (Coord.). Bogotá: Universidad Externado de Colombia-Convenio Andrés Bello, 2004. 246-289.

Rodríguez-Arenas, Flor María. *Bibliografía de la literatura colombiana del Siglo XIX*. Buenos Aires: Stockcero, 2006. 2 Vols. I (A-L): 556 pp. II (M-Z): 508 pp.

———. *Periódicos literarios y géneros narrativos menores: fábula, anécdota y carta ficticia. Colombia (1792- 1850)*. Doral,

Florida, USA: Stockcero, 2007.

Rodríguez Morales, Ricardo. «Jorge Isaacs (1837-1895)». *Revista Credencial Historia* (Bogotá - Colombia) 64 (abril, 1995). http://www.lablaa.org/blaavirtual/revistas/credencial/abril1995/abril0.htm

Romero, Armando. «Jorge Isaacs y el Nadaismo, ¿frente a diente?». *Memorias del Primer Simposio Internacional Jorge Isaacs. El Creador en todas sus facetas.* Darío Henao Restrepo (Comp.). Cali: Universidad del Valle, 2007. 391-400.

Rosenberg, John R. «From Sentimentalism to Romanticism: Rereading María». *Latín American Literary Review* 22 (1994): 5-18.

Saint-Pierre, Jacques-Henri Bernardin de. *Paul et Virginie. Suivi de La chaumière indienne.* Paris: Masson Fils, Éditeur, 1839.

Samper, José María. *Viajes de un Colombiano en Europa, primera serie.* The Project Gutenberg Ebook. Vol 1. 11 de dic., 2004. http://www.gutenberg.org/etext/14329 // También en: http://mybebook.com/download_free_ebook/samper-josa-mara-a-1828-1888_ebooks/viajes-de-un-colombiano-en-europa-primera-serie/ebook22082.html

Sánchez Montenegro, Víctor. «Jorge Isaacs y El Mosaico». *Bolívar* (Bogotá) 19 (mayo, 1953): 770-800.

Seidler, Victor J. *Unreasonable men. Masculinity and social theory.* London and New York: Routledge, 1994.

Sommer, Doris. «El mal de *María*: (con)fusión en un romance nacional». *MLN* 104 (1989): 439-474.

Stone, Lawrence. *The Family, Sex and Marriage in England, 1500-1800.* New York: Harper and Row, 1977.

Todd, Janet. *Sensibility: An Introduction.* London: Methuen, 1986.

Uribe Urán, Víctor Manuel. *Honorable lives: lawyers, family, and politics in Colombia, 1780-1850.* Pittsburgh, Pennsylvania: University of Pittsburgh Press, 2000.

Valcárcel López, Eva. «El Romanticismo y la teoría de la novela en Hispanoamérica». *Anales de literatura hispanoameri-*

cana 25 (1996): 63-76.
Valcke, Cristina E. «Las mujeres en *María*». *Poligramas. Revista Literaria* (Universidad del Valle, Cali) 23 (junio, 2005). http://poligramas.univalle.edu.co/23/valcke.pdf
Velázquez M., Rogerio. «La esclavitud en la *María* de Jorge Isaacs». *Universidad de Antioquia* (Medellín) XXXIII (1957): 91-104.
Vergara y Vergara, José María. «Reseña de *María*». *La Caridad (Bogotá)* III.41 (1867): 649-651. [reimpr.] «Juicio crítico». *María*. Jorge Isaacs. 3ª ed. Bogotá: Imprenta de Medardo Rivas, 1878. i-iv.
Vila, Anne C. *Enlightenment and Pathology: Sensibility in the Literature and Medicine of Eighteenth-Century France*. Baltimore: Johns Hopkins University Press, 1998.
Vinviguerra, Marie-Jean. «La *Atala* de Chateaubriand y la *María* de Isaacs». *Ideas y Valores* (Bogotá) 30-31 (1968): 53-61.
Wagner, Tamara S. *Longing: Narratives Of Nostalgia In The British Novel, 1740-1890*. Lewisburg, Pennsylvania: Bucknell University Press, 2004.
Warshaw, J. Jorge lsaac's Library: Light on Two María Problems». *Romanic Review* XXXII (1941): 389-398.
Williams, Andrew P. «Introduction». *The Image of Manhood in Early Modern Literature: Viewing the Male*. Ed. Andrew P. Williams. Westport, CT: Greenwood Publishing Group, 1999.
Williams, Raymond L. «The Problem of Unity in Fiction: Narrator and Self in *María*». *MLN* (The Johns Hopkins University Press) 101 (1986): 342-353.

La Situación de la Novela Colombiana entre 1846 y 1867. La Crítica Literaria y los Hechos Históricos

Cuando se hace investigación, se observa que las historias de la literatura colombiana se presentan organizadas según los intereses de los editores. Para los años el siglo XIX, época que interesa en este estudio, se observa la manera en que se ha divido la historia de la literatura colombiana durante el siglo XIX:

En la *Gran Enciclopedia de Colombia*:
Escritores de la Emancipación
El romanticismo
        Jorge Isaacs
Costumbrismo
Humanismo y Uricoechea, Caro y Cuervo
El poeta José Asunción Silva
La Gruta Simbólica
Poesía modernista: Valencia y Castillo
La prosa modernista (Cristina, 1992).

Manual de Literatura colombiana. vol I:
Cordovez Moure
El costumbrismo
    Manuela
La poesía romántica
José María Vargas Vila
José Asunción, Silva
María
        (VV.AA. 1988).

Al entrar en cualquiera de las historias de la literatura desde comienzos del siglo XX (Cortázar, Gómez Restrepo, Ortega Torres, Otero Muñoz, pasando por los libros especializados: Curcio Altamar, hasta llegar a los Manuales y las Enciclopedias, como las mencionadas, la bibliografía citada como fuente siempre es la misma: Vergara y Vergara, Laverde Amaya, el mismo Gómez Restrepo. En estas obras para la época comprendida entre 1846-1867, se habla de romanticismo y de costumbrismo o de costumbrismo y romanticismo, como se vio antes.

Uno de los estudios más sistemáticos sobre la novela de la época que interesa en esta presentación es el que efectuó en 1952, Antonio Curcio Altamar, quien clasificó esas producciones en el siguiente orden:

> VI La novela histórico–romántica
> VII La novela del post—romanticismo
> VIII La novela poemática
> IX La novela costumbrista
> X La novela realista[158]
> XI La novela modernista

En la novela del post-romanticismo este historiador informó:

> el romanticismo, ya en decadencia, intensificó la explotación de lo autóctono nacional con una acentuada matización de realismo, originaria a su vez del costumbrismo posterior en las literaturas hispánicas. (…) se produjeron en Colombia inúmeras novelas.
> Por su título mismo muchas de estas producciones se colocaban bajo el signo de *Les mystêres de Paris*, con propósito de narrar más verídicamente los secretos de Bogotá, (…) los expedientes indignos de los malos juristas, de los tiranos solapados y de los gamonales de provincia. (…) Se caracterizan las más de ellas por un sentimiento que recuerda ya los *Episodios nacionales*, de Benito Pérez Galdós (Curcio Altamar, 95).

Los juicios que Curcio Altamar emitió sobre las novelas del siglo XIX de este grupo, se basaron en lo que la tradición literaria venía repitiendo desde Vergara y Vergara. Sin embargo, para él esta forma de novela continuó hasta la década del 30 del siglo XX. Además, después de haber afirmado que el romanticismo ya estaba en decadencia, el

---

158 José Manuel Marroquín: *Blas Gil*, *Entre primos*, *El Moro* y *Amores y leyes* de la década del 90. Sin embargo, menciona como del grupo *Amores de estudiante* de Próspero Pereira Gamba (1865). Tomás Carrasquilla («Teóricamente, el realismo, que para entonces andaba ya muy de brazo con el naturalismo desbocado, no sedujo como escuela nueva a Carrasquilla), (Curcio Altamar, 140).

crítico pasó en el siguiente capítulo a hablar de lo que denominó la novela poemática, sección que le dedicó por completo a: *María*:

> En 1867 apareció en Bogotá la primera edición de *María*, de Jorge Isaacs, (biblia de nuestra literatura nacional) [Isidoro Laverde Amaya] escrita en tono de confidencia autobiográfica y la novela más leída de América, así como la mejor que el romanticismo sentimental produjo en las letras hispánicas.
>
> *María*, a más de constituir en el género novelístico de Hispanoamérica una oportuna reacción contra las truculencias imitadas de los folletones franceses por nuestros novelistas de mediados del siglo XIX, (...) Significaba la vuelta a una de las corrientes literarias que, con la muerte de Chateaubriand, se había convertido en remanso olvidado y tranquilo, y que ahora se soltaba otra vez, pero ya con rumores más genuinos sobre los campos de un mundo nuevo. Bajo este aspecto de la historia cultural, *María* cumplió una misión: abrir una esclusa sobre las letras de América al río más vivificador, y para entonces dormido, del romanticismo sentimental. Cuando Isaacs publica su *María* el romanticismo en Colombia había, si no depurado, evolucionado al costumbrismo de buena o peor ley (Curcio Altamar, 106).

Este crítico señaló en su apreciación tanto la labor de contención que se había hecho con la novela en la «oportuna reacción contra las truculencias imitadas de los folletones franceses por nuestros novelistas de mediados del siglo XIX, como también la manera en que en las letras colombianas habían retrocedido a los modelos narrativos de una escuela ya desgastada y muerta en diversos países: el romanticismo sentimental.

En el siguiente capítulo pasó a la novela costumbrista, afirmando: «en Colombia, debido quizás al temperamento más conservador de los costumbristas, esta subforma tuvo un carácter burgués de mansedumbre descriptiva y apacible»; así le dedicó a *Manuela* de Eugenio Díaz Castro algunas líneas:

> Con todo y ser una larga colección de pequeños cromos de costumbres, *Manuela* de Eugenio Díaz (Soacha, 1804 - Bogotá, 1865), por la continuidad argumental y la ilación sostenida de los caracteres podría tenerse como una novela. Tanto, que ella dará pie a que *Tránsito* (1886) culmine y triunfe en la línea de la novela de costumbres. El lema de Díaz, y de todos nuestros costumbristas, tomado de Fernán Caballero: (Los cuadros de costumbres no se inventan, se copian), en realidad en él se quedó frustrado (Curcio Altamar, 125).

Como se observa, Curcio Altamar tuvo dificultad en ubicar *María* después del Post-romanticismo, entonces creó una nueva clasificación: novela poemática, que presentó antes que la sección dedicada a la novela costumbrista. Para él, la aparición tardía de *María* había sido necesaria para frenar ese tipo de novelas que «narraban más verídicamente los secretos» sociales, y que poseían eso que llamó «sentimiento» que le recordaba la labor de Pérez Galdón en los *Episodios nacionales*. No observó la incongruencia que existía en lo que señalaba en las novelas con la clasificación que efectuó, como tampoco el hecho de que la novela retrocediera en la representación y pasara de verídica», a poemática, y que además *María*, como él dijo, hubiera «quedado sola e inimitada».

Así que hay que preguntar ¿qué fue lo que sucedió culturalmente entre 1846 y 1867 para que la novela como género reflejara esos cambios?

Para saber lo que ocurrió y cómo, se deben investigar los periódicos de la época, porque fueron la forma privilegiada de comunicación durante el siglo XIX en el territorio de lo que hoy es Colombia. En esos textos, se observa la ardua evolución que se produjo para institucionalizar la literatura e impulsar la erudición, pero también para guiar la opinión de los lectores. Durante el primer cuarto del siglo, con los cambios educativos que se establecieron, aumentó el público lector, lo cual permitió una ampliación en la difusión de impresos; esto, a la vez, incrementó el número de escritores que desarrollaron prácticas tanto culturales como discursivas para promover reacciones sociales, estableciendo un proceso comunicativo que informaba y difundía ideas, pero que a la vez generaba complejas reacciones de aceptación y de rechazo entre los lectores.

Ahora, todo escrito literario es un acto de comunicación, éste se realiza en un campo entre la obra creada por el autor y la interpretación que los receptores hacen de ella. Un texto literario encierra una multiplicidad de significados posibles que se pueden efectuar en la mente de quienes lo interpretan, ya que ellos funcionan mediante evocaciones asociativas. Si la comunicación siempre es parcial, se puede asumir que la fracción que la inteligencia percibe, recuerda e interpreta es la contribución de la literatura dentro del contexto de ese intercambio particular. Así es que, para entender lo ocurrido entre 1846 y 1867 deben tenerse en cuenta tanto los autores y sus textos como los receptores y sus reacciones, producto de patrones cambiantes de percepción producidos por diversas circunstancias en épocas determinadas.

Hay que destacar que, a mediados del siglo XIX, cuando en Europa ya había desaparecido completamente el Clasicismo, había nacido y muerto en muchos países el Romanticismo, y desde la década del treinta de ese siglo había surgido en Europa el Realismo en diferentes formas, los jóvenes literatos en 1846, tenían la mira puesta en las letras de España, y todavía debatían la implicación de las ideas del Clasicismo (Ilustración), y la de la influencia de las teorías del Romanticismo.

Ahora, en la década del cuarenta del siglo XIX, se promovieron cambios sociales y políticos que fueron producto de transformaciones graduales de organización que se habían gestado antes en la Nueva Granada[159]. Esas trasformaciones incidieron en la vida sociocultural del territorio, permitiendo que se produjera una escisión en determinados aspectos que repercutieron en las conductas, modificaron los imaginarios sociales[160] y encausaron los hechos que ocurrieron durante esos años.

Del grupo de la Sociedad Literaria y del *Albor*, algunos miembros de ideología liberal se unieron a la primera administración de Tomás Cipriano de Mosquera (1845-1849), quien, a su vez en ese mismo año, nombró en su gabinete a hombres como Florentino González y Lino de Pombo, cambiando lentamente las anteriores designaciones dentro del partido Ministerial. Situación que se ha explicado como resultado de un aspecto de sociabilidad y de relaciones políticas y económicas:

---

[159] Desde la década del veinte de ese siglo se comenzó a impulsar la navegación por el río Magdalena, al tiempo que se desarrollaba la construcción o el mejoramiento de vías de comunicación; se emprendió la gestión de reestructuración y reorganización de las finanzas públicas, la inmigración recibió un fuerte impulso, se implementaron diversos cambios en la educación, con lo cual la creación de asociaciones aumentó, etc.

[160] «Los imaginarios sociales serían precisamente aquellas representaciones colectivas que rigen los sistemas de identificación e integración social y que hacen visible la invisibilidad social» (Pintos 1995, 108). «Tiene que ver con la 'visiones de mundo', con los metarrelatos, con las mitologías y las cosmologías, pero no se configura como arquetipo fundante, sino como forma transitoria de expresión, como mecanismo indirecto de reproducción social, como sustancia cultural histórica» (Pintos 1995, 111). «Lo que aquí más nos interesa es su incidencia en el presente como forma de configurar, de modos y a niveles diversos, lo social como realidad para los hombres y mujeres concretos. Por ello no se constituye como campo específico de conocimiento objetivo o de proyecciones o deseos subjetivos, sino que establece una matriz de conexiones entre diferentes elementos de la experiencia de los individuos y las redes de ideas, imágenes, sentimientos, carencias y proyectos que están disponibles en un ámbito cultural determinado» (Pintos 1995, 112).

la pertenencia a las logias masónicas (Loaiza Cano 2004, 133).

De esta manera, los lazos de proximidad y filiación apoyaron una estructura gubernamental que propició la democracia política, impactando primero las mentalidades de un grupo, quienes gradualmente impusieron cambios en la vida social. De forma que entre 1846 y 1849, comenzó a surgir un fuerte movimiento renovador tanto en lo político como en lo cultural; se impulsó la música, el teatro, el estudio, arrojando así algo de luz sobre la vida neogranadina. Con la apertura a la cultura se crearon nuevas avenidas de difusión y se reclamó más ilustración; de este modo comenzó una mayor difusión de conocimiento y una expansión de los bienes de consumo; entre ellos los libros.

En ese ambiente, las lecturas de obras especialmente francesas empezaron a ejercer una fuerte influencia en la vida social; por esto en el periódico *El Museo*, que contaba entre sus editores a José Caicedo Rojas, quien ya había formado parte de la Sociedad literaria que había fundado *El Albor*, así en 1849 se publicó en contra de un tipo de novelas que por años ya los lectores habían aceptado ampliamente:

> Mucho habrá que decir acerca de la moderna escuela a cuya cabeza están Eugenio Sue, Alejandro Dumas, Balzac y otros cuyas obras han hecho una completa revolución en este género. Sus novelas en extremo interesantes son una especie de grandes melodramas que llaman la atención del literato, del filósofo y del ciudadano; preciso es estudiar todas sus fases, pues las tienen también social y humanitaria. Su lectura es de moda actualmente, mas diremos. Es un furor que ha hecho olvidar las demás novelas. ¿Será conveniente su lectura? Esta es una cuestión muy vaga comprendida en esta otra general. ¿Conviene leer novelas? ...No hay duda que las novelas distraen y pulen el gusto y las costumbres; pero siempre diremos nosotros que su lectura disipa el ánimo, estraga la sensibilidad, excita las pasiones, y ejerce malas influencias sobre las personas muy impresionables, en especial sobre las mujeres[161] [Anónimo 1849, 8].

La posición del autor del ensayo muestra aspectos de una situación social evidente. Había difusión de libros. Literatos, filósofos y ciudadanos leían un determinado tipo de novelas, que poseían diferentes

---

[161] Posición que consideraba que la lectura era nociva para las mujeres, por el tipo de imágenes que la representación podía causar en las frágiles mentes femeninas, cuyas dueñas debían únicamente seguir conservando el puesto que socialmente habían ocupado a través de las épocas: ser buenas hijas, obedientes esposas, inmejorables madres; conceptos que obedecían al papel doméstico secundario que tradicionalmente habían desempeñado.

fases, como la social y la humanitaria; incluso las mujeres leían. Sin embargo, el escritor puso en entredicho la labor porque: este grupo había hecho olvidar las demás novelas. Así llegó hasta a decir que esa lectura era nociva para las mujeres, por el tipo de imágenes que la representación podía causar en las frágiles mentes femeninas.

Cuando en esa época se publicaba este sentir sobre las obras que provenían de la corriente literaria que en la Nueva Granada llevaba años en boga, y a la vez se establecía la duda mediante la pregunta retórica impugnando la lectura de ese tipo de novelas, se lo hacía tanto como censura contra las ideas, contra lo foráneo, contra los cambios, porque empezaban a afectar la vida social en lo moral y en lo práctico, como en el manejo del lenguaje[162]. Esas palabras explicitaban la postura crítica del ensayista, que no estaba de acuerdo con los cambios sociales. Lo que había detrás de ellas, ya no era tanto el tipo de novelas, sino que el autor entraba en la polémica que se sostenía en la Nueva Granada sobre si la mujer debía recibir educación.

En 1848, Ulpiano González, hermano de Florentino González, bajo el seudónimo Juancho Blanco, había escrito en *El Neograndino* en el artículo «Costumbres. Educación de la mujer»:

> En una palabra, [con educación] ganamos en moralidad a la par que en civilización; i la educación de los dos sexos sigue hoy, a pesar de los inconvenientes i de las preocupaciones que aun nos quedan, una marcha que en vano querrian atajar trabas ni reglamentos.
> [con educación] La mujer recobra sus derechos, porque se ve como el hombre adornada de cabeza para pensar; penetra con osada planta en el templo de la sabiduría de que ántes se le vedaba la entrada por desgracia; i tributando el debido culto a las ciencias i a las artes, obra la regeneracion de una sociedad envilezida por los que la descubrieron tan solo para dominarla (Blanco, 10).

---

162 En el periódico *El Día* se escribió sobre los libros y las novelas traducidas: «la pureza de la lengua, que no se nos oculta, aun que por desgracia no podamos conservarla siempre cuando hablamos ó escribimos, á causa de lo poco ó nada que nos aplicamos al estudio de los buenos autores españoles, tanto antiguos como modernos, *leyendo acaso cien volúmenes de obras mal traducidas del francés por cada una orijinal [en] español*. No sospechamos siquiera que en muchas ó la mayor parte de estas malas traducciones, no se lea el nombre del que las ha hecho; quien parece avergonzarse de su pésimo desempeño en tan árdua tarea, y oculta su nombre como para no hacer invendible la obra que ha estropeado. Estos mercenarios trabajan á destajo, en beneficio de libreros codiciosos, que, conociendo que en América se compra sin escrúpulo toda clase de libros, no piensan mas que en vestirlos con una pasta elegante que nos deslumbre y oculte las mas groseras faltas contra la lengua, si por dicha no se hace decir al original lo que no ha querido, y si muchas veces se puede entender lo que quiso decir» (Un suscritor 1846, 3). [Énfasis agregado].

Mientras que José María Samper proclamó el 30 de octubre de 1850: «Ilustrad a la mujer, esclareced su inteligencia y ella tendrá el imperio del mundo» (Una sesión solemne de la escuela Republicana pg. 11). Estas ideas sobre la educación y los diferentes medios de transmitirla eran temas que se deliberaban socialmente; de ahí que las lecturas de novelas se cuestionaran, por las ideas que transmitían.

Ahora, al revisar el conjunto de relatos y novelas[163] que se produjo entre 1846 y 1858 en la Nueva Granada[164] no existen los manidos tipos del costumbrismo, como tampoco el romanticismo sensiblero; por el contrario junto a las novelas históricas de Felipe Pérez, entrelazadas de sucesos movidos por la casualidad y tejidos por el suspenso que vincula los recursos narrativos de la novela histórica, con los de la novela de folletín, en las otras también predominan las técnicas de las novelas francesas de Balzac, Sue o Dumas; en todas ellas se ponen en juego numerosos artificios para representar junto al suspenso y al me-

---

[163] Ahora, entre 1846 y 1850, entre diversos textos de ficción (novela, cuento) que se publicaron bien en la sección de Folletín en periódicos de la época o bien como libro en la Nueva Granada se encuentran: «El oidor de Santafé. Leyenda bogotana» de Juan Francisco Ortiz (*El Día*, 1845); «Versos de gorra. Artículo de costumbres» de Fulano de tal; «El doctor» de Gismero; «Mi entrada en el mundo» de Zafadola; «Un loco» de autor anónimo; «Amores de estudiante» de Lúpulo se difundieron en *El Albor Literario* (1846). «El oidor» de Juan Antonio de Plaza (*El Día*, 1848); Una familia víctima» de Celestino Martínez (*El Neogranadino*, 1848); relatos de Josefa Acevedo de Gómez (*El Museo*, 1849); junto a las novelas y relatos: «Mi tío el canónigo» de Eugène Mirecourt y «El cura párroco» de Alphonse Marie Louis de Prat de Lamartine; y «Amor y coquetería» de Jean Alexandre Paulin Niboyet (traducción de T. A. Cistiaga) (1846), «La guerra de las mujeres» de Alexandre Dumas (padre) (*El Día*, 1848); «Predicciones o el collar de la reina» de Alexandre Dumas (padre) (*El Neogranadino*, 1851); «Rafael» de Alphonse Marie Louis de Prat de Lamartine en *El Suramericano* (1850).

[164] Las novelas que se produjeron, fueron: 1. *María Dolores o la historia de mi casamiento* (1836) de José Joaquín Ortiz. 2. *Petrona y Rosalía* (1838) de Félix Manuel [de Jesús] Tanco y Bosmeniel. 3. *Yngermina o la hija de Calamar* (1844) de Juan José Nieto. 4. *Los moriscos* (1845) de Juan José Nieto. 5. El Oidor (1845) de Juan Francisco Ortiz. 6. *El mudo* (1848) de Eladio Vergara y Vergara. 7. *El Oidor* (1848) de José Antonio de Plaza. 8. *Rosina o la prisión del castillo de Chagres* (1850) de Juan José Nieto. 9. Una de tantas historias (1851) de Pedro A. Camacho Pradilla. 10. *Rodríguez el ajusticiado* (1851) de León Hinestroza. 11. *El doctor Temis* (1851) de José María Ángel Gaitán. 12. *Laura* (1855) de Ricardo R. Becerra. 13. *La familia del proscrito* (1856) de Raimundo Bernal Orjuela. 14. *Carolina la bella* (1856) de Juan Francisco Ortiz. 15. *Atahuallpa* (1856) de Felipe Pérez. 16. *Hayna Capac* (1856) de Felipe Pérez. 17. *La familia de Matías* (1856) de Felipe Pérez. 18. *Los Pizarros* (1857) de Felipe Pérez. 19. *Viene por mi i carga con usted; travesura histórico-novelesca de un curioso desocupado* (1858) de Raimundo Bernal Orjuela. 20. *María i las coincidencias* (1858) Un Santafereño. 21. *Historia de una noche* (1858) de Priscila Herrera de Núñez. 22. *Jilma o continuación de Los Pizarros* (1858) de Felipe Pérez. 23. *Una ronda de don Ventura Ahumada* (1858) de Eugenio Díaz Castro. 24. *El caballero de la barba negra* (1858) de Felipe Pérez. 25. *Entre Ud. que se moja* (1859) de José David Guarín. 26. *La maldición* (1859) de Manuel María Madiedo. 27. *Sombras i misterios o Los embozados* (1859) de Bernardino Torres Torrente. 28. *A mudar temperamento* (1859) de Eugenio Díaz Castro. 29. *Manuela* (1858) de Eugenio Díaz Castro.

lodrama, la realidad social contemporánea movida por la complicada relación de los personajes con su medio ambiente; por las intenciones realistas en la plasmación de los mundos ficcionales, por los relatos completamente gobernados por la causalidad y por la objetividad de los narradores. La amplitud del ámbito social de esos mundos abarca diversas capas, ofreciendo así una percepción de fenómenos más generales; por tanto, en ellos se proporciona una comprensión más racional de la sociedad del momento que les sirve de referente. Los novelistas del medio siglo eran asiduos y concienzudos lectores, conocedores de lo que se producía en Francia y de quién lo producía; de esos modelos obtuvieron estructuras narrativas, observaron rasgos, descubrieron temas, encontraron aplicaciones y construyeron sus relatos en los que a la vez que combinaron el drama, el suspenso y la aventura, propusieron soluciones narrativas a problemas sociales esenciales que denunciaban y criticaban. Estos textos, testimonio de una época, conforman la parte de la novelística colombiana que antecede a *Manuela*.

Pero ¿qué es lo que pasó para que desde el presente se muestre una idea tan desfigurada de las letras colombianas en el siglo XIX? Para poder responder se debe prestar atención a diversos hechos históricos.

Política y socialmente hubo cambios: Los artesanos se habían agrupado y en 1846 habían fundado la Sociedad de Artesanos y Labradores de Bogotá, que en 1848 cambió el nombre a Sociedad Democrática de Artesanos; cuya mayor preocupación era lograr una protección para sus industrias. Al mismo tiempo, las divisiones políticas dieron origen a la fundación del partido liberal colombiano en 1848 y a la del partido conservador en 1849; sufriendo el liberal poco tiempo después, una escisión entre gólgotas[165] y draconianos. Los primeros eran los radicales, grupo conformado por la élite económica, social y política del partido, quienes promovieron muchos de los cambios políticos del momento y quisieron establecer el libre cambio: «hijos de letrados o de comerciantes acomodados; jóvenes de origen más modesto pero dotados de un buen nivel de educación, que sabrán aprovechar al entrar en la arena política» (Martínez, 68). Mientras que los draconianos[166] eran moderados, deseaban una institución castrense

---

165 «Los gólgotas se dejaron llevar por las teorías que preconizaban Locke, Malthus, Bentham, Adam Smith, Spencer, Byron y Walter Scott» (Llano Isaza, 38).

166 Entre los draconianos se contaban: Lorenzo María Lleras, José Antonio Gómez, Francisco Antonio Obregón, Ramón Mercado, Lisandro Cuenca, Rafael Eliseo Santander, Juan Francisco Ortiz Rojas, Patrocinio Cuéllar, Vicente Lombana, Joaquín

fuerte, buscaban la preservación de los privilegios sobre las tierras baldías, eran partidarios de la pena de muerte, sostenían el poder del gobierno y poseían intereses proteccionistas. Los miembros de ambas facciones liberales se acercaron a los artesanos para conseguir votos para sus elegidos.

En todas esas situaciones sociopolíticas que mantenían la vida neogranadina del medio siglo alerta y en completo movimiento, la prensa desempeñó un papel esencial; ya que los partidos emplearon las páginas de los periódicos, los panfletos y las hojas volantes para difundir tanto la lucha ideológica, como para hacer llegar información sobre todo lo que sucedía en el exterior que era pertinente para sus intereses. Desde esas páginas se libró un cerrado combate de ideas, se estructuró la visión de lo que deseaban, se informó y desinformó sobre situaciones polémicas y puntos programáticos, movilizando opiniones, atribuciones, actitudes, propaganda para influenciar a los lectores, y así lograr adeptos para los fines propuestos.

> La prensa liberal se convirtió en el vínculo efectivo entre los artesanos, los jóvenes estudiantes, pequeños comerciantes y otros sectores populares. (...) La prensa conservadora combinó en su polémica el análisis político e ideológico con la calumnia y la difamación[167]. (...) La prensa socialista estuvo representada en ese periodo por *El Alacrán, La Revolución* y *El Comunismo Social*. (...) fue una toma de posición junto a los artesanos y sectores pobres del pueblo, contra los ricos terratenientes, grandes comerciantes, agiotistas, usureros y especuladores, en fin fue una despiadada e implacable crítica contra los privilegios y la oligarquía del país. (...) La actividad propagandista de los artesanos se llevó a cabo principalmente a través de panfletos y hojas volantes, y la publicación de algunos periódicos de vida efímera. (...) (Escobar Rodríguez, 186-192)[168].

Pablo Posada y otros (véase Llano Isaza, 10). «Ni todos los artesanos fueron draconianos, ni todos los draconianos fueron artesanos: hubo draconianos que fueron militares (Obando, Melo, Mantilla, Mallarino, Madiedo, Góngora), otros fueron curas (Azuero, Aláix, Girón, Afanador), los hubo abogados (Obregón, Cuellar, Cuenca, Lombana, Lorenzo María Lleras, Rafael Eliseo Santander) y hasta periodistas (Posada, Gutiérrez de Piñérez, Del Villar, Pedro Neira Acevedo). (...) Seis exgobernadores eran de la cúpula draconiana: Ramón Mercado en la Provincia de Buenaventura, que tenía por capital a Cali. Francisco Obregón de Antioquia; consuegra de Sabanilla; Beriña en el Cauca, Tunja y Cundinamarca; Ramón Ardila en Pasto y José María Maldonado Neira en Chocontá» (Llano Isaza, 26-27).

[167] «La calumnia y la difamación a los miembros del gobierno, a los dirigentes del partido liberal, a los representantes de la Sociedad Democrática y a los congresistas liberales, fueron argumentos muy usados por la prensa conservadora» (Escobar Rodríguez, 187).

[168] Puede decirse que las Sociedades Democráticas fueron organizaciones liberales y que

La elección de José Hilario López (1849-1853), sucesor de Mosquera en el gobierno, dio pie a una serie de cambios liberales: se pidió la remoción de todos los empleados conservadores hostiles al gobierno y la expulsión de los jesuitas del territorio, defendidos por Mariano Ospina Rodríguez y José Eusebio Caro, lo cual creó mucha tensión social. Sin embargo, entre diversos decretos, se abolió la pena de muerte, se protegieron los grados académicos, se terminó de derogar el monopolio del tabaco, se disminuyó el ejército en más de una tercera parte, se dio franquicia completa al Istmo de Panamá y se reorganizó administrativamente la hacienda nacional. En junio de 1850 se dictó el decreto de expulsión de los jesuitas y se continuó la remoción de los empleados conservadores. También se decretaron la ley de descentralización de gastos y rentas, la ley sobre libertad de enseñanza y la ley de disolución de los resguardos.

En ese año, en el *Neo-Granadino* en una polémica en contra de Mariano Ospina Rodríguez, José María Samper escribió:

> Yo quiero que el rico y el pobre, el perezoso y el trabajador, el ignorante y el sabio, el hombre de bien y el perdulario, no estén sometidos a un nivel oprobioso e injusto, en las relaciones individuales. Pero quiero también que los monopolios no existan para que el pobre pueda trabajar como el rico; y este es el socialismo; quiero que el católico, el unitario y el islamita tengan igual derecho a profesar su culto, porque todos son hombres, y éste es el socialismo. Quiero que la sociedad ofrezca el bien de la educación al ignorante como al sabio, porque quiero el progreso humano, y éste es el socialismo. Quiero que el bueno como el malo, tengan iguales garantías en los tribunales para que por unos mismos trámites sea condenado el segundo como absuelto el primero, y esta igualdad es el socialismo. Hoy veo que nuestro gobierno mantiene exclusivamente el culto católico; y como veo que esto establece una desigualdad entre los granadinos de distintas religiones, quiero que el gobierno las proteja todas sin mantener ninguna especialmente: esta es la igualdad de las conciencias, el socialismo (*El Neo Granadino* junio 7 de 1850, 104).

Al tiempo que se publicó esto, las reacciones violentas no se hicieron esperar. Hubo nutrida publicación a favor y en contra. Pero

la inmensa mayoría de los artesanos afiliados a ellas fueron liberales; pero en la medida en que el congreso de mayoría liberal negaba las peticiones de los artesanos en defensa de su industria y de sus intereses, se va produciendo un viraje en la propaganda artesana de abierta oposición a la mayoría liberal de los Gólgotas; y posteriormente a los sucesos del 17 de abril de 1854 –la insurrección artesano militar–, se manifiestan abiertamente contra los partidos liberal y conservador, pero sin dejar de ser liberales.

los decretos de cambio social prosiguieron. Posteriormente, se eliminó el fuero eclesiástico, se abolió completamente la esclavitud. En 1851, se ordenó que los cabildos eligieran a los curas, se decretó absoluta libertad de prensa, se eliminó la prisión por deudas, Así mismo, se intentó lograr la descentralización del gobierno; también se instituyó el matrimonio civil, se instauró el sufragio universal masculino y se reconoció el derecho de cada provincia a diseñar su propia constitución (véanse Tirado Mejía, 41-48; Martínez, 66).

Ignacia Vergara de Vergara, madre de José María Vergara plasmó, en cartas, aspectos de los efectos de las modificaciones que sufría la vida social en ese momento histórico. En algunos casos, registró el comportamiento de los individuos o de sectores que se ofreció a su percepción de testigo presencial, explicitando la manera en que los grupos sociales reaccionaban, lo que hacían, lo que sentían y lo que los incitaba; del mismo modo, cómo afectaban a otros y las respuestas que se producían. La existencia era concreta, los comportamientos se recibían sin mediación, las agresiones eran directas y las reacciones eran contestatarias:

> La otra noche hubo música por las calles y los democráticos le pasaron el corazón al retrato del Papa con un puñal; luego lo bajaron, y cada uno lo injuriaba, y por fin lo tiraron al caño y lo arrastraron por traidor. Los rojos se han vuelto locos, porque las cosas que hacen no se pueden sufrir entre cristianos (Samper Ortega, 52).
> Al otro día de comenzar el octavario, dicen que pasó Obaldía, nombre que me horroriza y vio aquel Jesús grandísimo de piedra en la portería de San Bartolomé, y dijo que ¿cómo sufrían los jóvenes ese oprobio?, y lo tiraron al suelo, lo metieron adentro, arrastrándolo con un rejo y voladores, música y una gritería espantosa. Lo arrastraron por los claustros, llenándolo de injurias, y luego lo patearon cada colegial a su turno, menos Vásquez, que les hizo ver lo malo y escandaloso del hecho; y luego lo llevaron con pregón hasta el cuarto de San Alejo, que a veces sirve de letrina, pusieron un cepo, y con las formalidades de un preso, lo metieron allí. Yo lo supe el domingo, y desde ese día estoy haciendo diligencias para sacarlo... no omití diligencia, ayudada de la buena y religiosa educación de Vásquez, y lo tengo en el oratorio, no como preso, sino como dueño de la casa y familia. ¡Lo que hacen los rojos ya no hay cómo contarlo! (Samper Ortega, 52-53).

Al final del periodo presidencial de López, los grupos se dividieron: los gólgotas por la candidatura del general Tomás

Herrera, se denominaban: Gran Partido Liberal Moderado; la mayoría liberal compuesta por draconianos y por las Sociedades Democráticas iban por la candidatura de José María Obando, denominándose Partido liberal obandista; mientras que el Partido conservador se abstuvo de presentar candidato. Obando, liberal draconiano, fue elegido como Presidente; pero no bien posesionado, los conservadores y los liberales gólgotas obstaculizaron su gestión. Intentaron eliminar el cargo de Vicepresidente, porque José de Obaldía se había convertido en el funcionario que los gólgotas odiaban más, por oponerse al programa radical.

En el Congreso, como mayoría, dictaron la constitución de 1853. En ella se limitó el poder del Presidente, quitándole la facultad de nombrar a los altos empleados y se abrió el camino al federalismo. Para contrarrestar a los draconianos se decretó: la separación total de Iglesia y Estado, absoluta libertad de cultos, absoluta libertad de prensa y de pensamiento, descentralización administrativa; el libre comercio de armas, se redujo el ejército nacional y se suprimieron los grados en el ejército (véase Nueva Granada). Después, en septiembre y octubre de 1853, se realizaron las elecciones para los otros cargos gubernamentales. A estas se presentaron tres corrientes claramente definidas: el partido liberal (draconiano), el partido radical (gólgotas) y el partido conservador, con el nombre de constitucionalista. Ganaron rotundamente los conservadores, porque «tuvieron a su favor las masas movidas por las palancas de la religión» (José María Restrepo en Escobar Rodríguez, 258).

¿Qué había sucedido para que esto ocurriera, cuando hacía muy poco el partido conservador no había propuesto un candidato para las elecciones de Presidente? Las anteriores regulaciones políticas, generaron una reacción papal directa contra la Nueva Granada. El Papa Pío IX dirigió la *Alocución Acerbissimum* el 27 septiembre 1852, que cuestionaba las leyes que separaban Iglesia y Estado[169]:

---

169 El Papa Pío IX dirigió la *Alocución Acerbissimum* el 27 septiembre 1852, para hablar sobre la legislación que se había decretado en la Nueva Granada para separar la Iglesia y el Estado. Sobre el matrimonio civil expuso: «decreto por el cual, despreciando completamente la dignidad, la santidad y el misterio del Sacramento del Matrimonio, y desvirtuando con crasa ignorancia su institución y naturaleza con menosprecio de la potestad que pertenece á la Iglesia sobre los Sacramentos, se proponía, siguiendo las opiniones de los herejes ya condenadas y sin hacer caso de la doctrina de la Iglesia católica, que no se tuviera el matrimonio sino como un contrato civil, sancionando en diversos casos el divorcio propiamente dicho, y sometiendo por último todas las causas matrimoniales al conocimiento y jurisdicción de los tribunales legos. No hay entre los católi-

> Con vosotros comunicamos hoy el muy amargo dolor que hace ya tiempo nos atormenta, a causa de los grandísimos y nunca bien deplorados males que de muchos años a esta parte, de un modo desgarrador, afligen y destrozan la Iglesia católica en la República de la Nueva Granada. Nunca lo hubiéramos creído, pues son sabidas de todas las principales muestras de benevolencia dada a aquella República por esta Santa Sede (En Arboleda Mora, 19).

Los detentadores de la tradición recibieron el abierto apoyo papal; esto movilizó al clero, a los conservadores y a la masa, propiciando el triunfo electoral en esos cargos gubernamentales. Con ese triunfo se agudizaron las divisiones entre los partidos y la decisión de los radicales de disolver el ejército permanente polarizó las opiniones. Este último decreto puso en una situación difícil a los oficiales que desde la época de Bolívar habían trabajado como servidores del Estado; ese grupo no era terrateniente, sino profesionales castrenses, que dependían de su sueldo como militares, por lo cual estaban con Obando, los artesanos y los draconianos.

Sin embargo, la alianza entre radicales y conservadores y el monopolio del Senado y las Cámaras que poseían debido a las elecciones, llevó a los artesanos, a los militares y a los draconianos a la insurrección y la toma del poder. «En la Semana santa de 1854 se registraron violentos enfrentamientos entre miembros del ejército y jóvenes gólgotas y entre los llamados "cachacos" o sea los ricos y los "guaches" artesanos y pobres de Bogotá» (Escobar Rodríguez, 262).

En esas circunstancias, el general José María Melo derrocó el 17 de abril de 1854 el gobierno liberal de José María Obando, quien se negó a aceptar el mando supremo que el primero le ofreció. El ejército proclamó a Melo, quien asumió la dictadura y se mantuvo en el poder hasta diciembre del mismo año. Ese golpe de estado había comenzado con el grito dado por Melo de «¡Abajo los gólgotas!» y contó con el apoyo de los grupos de artesanos[170]. Como reacción, gólgotas, draco-

---

cos quien pueda ignorar que el matrimonio es verdadera y propiamente uno de los siete Sacramentos de la ley evangélica instituidos por Nuestro Señor Jesucristo; por lo cual no puede darse entre los fieles matrimonio que no sea al mismo tiempo un Sacramento: que entre cristianos la unión del hombre y la mujer fuera del Sacramento, cualesquiera que sean las formalidades civiles y legales que se establezcan, no puede ser otra cosa que un concubinato vergonzoso y funesto, que tantas veces ha condenado la Iglesia. De aquí se deduce evidentemente que el Sacramento no puede separarse del orden conyugal y que á la potestad de la Iglesia pertenece exclusiva mente arreglar todo lo que por cualquier título concierne al matrimonio» (Restrepo, 659-660).

170 Este gobierno tuvo una raíz fuertemente popular e intentó controlar los abusos que se cometían con los aranceles y los monopolios; además quiso detener la venta de las tierras indígenas para prevenir más el empobrecimiento de las comunidades indígenas

nianos y conservadores unieron sus fuerzas para retomar el control del gobierno; lo cual sucedió en diciembre del mismo año (Martínez Garnica 2005, 605-618).

En lo social, además de que se habían iniciado las expediciones de la Comisión Corográfica[171] y se difundían los trabajos que sus miembros producían comenzando a divulgar aspectos físicos, políticos, económicos y culturales del territorio neogranadino y su gente; aunque en 1851 se había abolido definitivamente la esclavitud; los terratenientes que empleaban la mano de obra campesina, continuaban ejerciendo prácticas que perpetuaban las formas de sujeción extraeconómicas. Con la nueva legislación sobre aduana, industria, inmigración e importaciones y con la eliminación de los trabajos artesanales neogranadinos impulsado por los gólgotas se lanzó a grandes sectores de las masas de población a engrosar las filas de peones de las haciendas de la Nueva Granada, para alcanzar un salario, pero sin esperanza de lograr ser propietarios.

Los latifundios aumentaron, gracias a la eliminación, usurpación o venta de los resguardos indígenas, que pasaron a manos de hacendados. Éstos convirtieron a los trabajadores en mano de obra barata

---

(véase König 1994, 493-502). «La toma del poder del 17 de abril no fue un golpe mediante el cual un caudillo buscara satisfacer intereses políticos y económicos propios. Su valor radica más bien en el intento de fijar otras prioridades para el desarrollo nacional de la Nueva Granada proclamando y buscando realizar un proyecto nacional propio. El gobierno del general Melo constituido por una coalición de artesanos, soldados liberales moderados, duró sólo ocho meses y tuvo por demás que concentrarse en el enfrentamiento militar con el gobierno destituido y sus partidarios. (...) En contraposición al proyecto de la burguesía de comerciantes que había dado inicio al desarrollo económico de la Nueva Granada incorporándola en el mercado internacional, en la división internacional del trabajo, arriesgando al mismo tiempo la integración nacional, Melo y los artesanos siguieron una política nacional orientada hacia la igualdad social y la unidad nacional que habrían de romper con el papel predominante de los estratos altos, así como también lograr las condiciones necesarias para que la sociedad neogranadina se desarrollase hacia una nación» (König, 494).

171 «Entre enero de 1850 y febrero de 1859 el territorio de la Nueva Granada fue sometido, por primera vez, a estudio geográfico sistemático. Durante nueve años la Comisión Corográfica, dirigida por el geógrafo militar italiano Agustín Codazzi, visitó la mayor parte de las regiones habitadas del país, llevando registro de sus características geográficas y topográficas, así como de sus recursos naturales, sus industrias y sus condiciones sociales. Fue ésta una empresa de proporciones heroicas. Codazzi recorrió más de 50.000 kilómetros por un territorio virtualmente desprovisto de caminos, y confrontando las formidables dificultades de los Andes colombianos, o los peligros de la selva tropical, estudió un área cercana a un millón de kilómetros cuadrados, equivalente a la actual superficie conjunta de Francia, Alemania y Portugal» (Sánchez, 17-18). «En el contexto de la Comisión Corográfica de la Nueva Granada, la palabra *corografía* hace referencia tanto a la descripción como al levantamiento del mapa de cada una de las provincias del país, y de éste en su conjunto. Diez años antes de iniciarse la Comisión Corográfica, Codazzi había definido el concepto de "mapa corográfico" como el de "un reino, república o imperio"» (Sánchez, 17).

y muchas veces prescindible; a esto se sumó la manera en que el mismo Estado ofreció tierras baldías o tierras expropiadas como recompensas a terratenientes y a extranjeros. Así se produjo el fenómeno de que las mismas personas eran latifundistas, comerciantes y financieros, convirtiéndose muy pronto en compañías productoras-exportadoras, así surgieron las compañías de Montoya, Sáenz, Caycedo y Samper, entre otras. Siempre velando por sus intereses y consolidando la dominación hacendataria controlaban la política y la burocracia (véase Guillén Martínez, 300-310)[172].

En julio de 1856, en las cubiertas del periódico *El Catolicismo* (Bogotá), el librero Jules Simonnot publicó avisos: en los que ofrecía alfabéticamente, 740 obras[173]. Entre otras anunciaba:

> Dumas (padre): *Historia de Luis Felipe* (2 vls); *Los cuarenta y cinco* (1 v); *La Reina Margarita* (1 v); *El caballero de casa rajo* (1 v); *La regencia* (1 v); *El caballero de Harmeutal* (1 v); *Los tres mosqueteros* (1 v); *El conde de Monte-Cristo* (1 v); *El vizconde de Bragelone* (4 vls); *La cámara de la reina* (1 v); *El capitán Pablo* (1 v); *Memorias de un médico* (1 v); *Mil y un fantasmas* (1 v); *El collar de la reina* (1 v); *Martir de Urbano Grandier* (1 v); *Ascanio* (1 v); *Actea* (2 vls); *La boca del infierno* (1 v). Balzac: *Historia de los trece* (1 v); *Rosita* (1 v); Novelas de Balzac. Lamartine: *Historia de los girondinos* (4 vls). Sue: *Los Misterios de París* (4 vls); *El judío errante* (4 vls); *El castillo del diablo* (1 v); *Martin el expósito* (3 vls); *Matilde* (3 vls); *Arturo* (2 vls); *Los siete pecados* (7 vls). Feval: *El hijo del diablo* (1 v); *Los amores de París* (11 vls). Soulié: Los dramas desconocidos (1 v). Sand: *Consuelo* (6 vls); *Lelia Spiridion* (1 v). Kock: *La hermana Ana* (1 v); *Lances de amor* (1 v); *El hombre de los tres calzones* (1 v); *Casa blanca* (1 v). Pigault Lebrun: *El hijo del*

---

[172] De ahí que muchos de los hacendados del territorio siguieran practicando de diversas maneras el concertaje. En las haciendas de la Sabana de Bogotá, en las haciendas paneleras del Sumapaz (donde la explotación que ejercían los terratenientes era mucho más despiadada y sin el paternalismo y las pretensiones aristocráticas de los primeros); y en las haciendas tabacaleras como en Ambalema (donde los apareceros que realizaban la recolección del tabaco, trabajaban en pequeños terrenos propios o arrendados, pero debían vender toda su cosecha al terrateniente a un precio que representaba el 30% de ganancia para el hacendado (véase Kalmanovitz 2003, 159). Estas formas de producción eran un elemento de coacción, residuo del concertaje que provenía del sistema colonial, en que existían derechos desiguales y obligaciones sin contraprestación alguna por parte de los terratenientes.

[173] Bajo la A anunciaba 12 títulos (22 vols). B = 12 títulos (69 vols). C = 18 títulos (53 vols). D = 6 títulos (6 vols). Diccionarios = 23 títulos (36 vols). E = 22 títulos (87 vols). F = 3 títulos (4 vols). G. 4 títulos (16 vols). H = 3 títulos (3 vols). Historias = 45 títulos (176 vols). I = 5 títulos (8 vols). J = 2 títulos (3 vols). L = 12 títulos (18 vols). M = 20 títulos (24 vols). Medicina = 21 títulos (39 vols). N = 3 títulos (4 vols). Novelas = 73 títulos (119 vols). Obras de derecho = 34 títulos (70 vols). O = 18 títulos (72 vols). P = 6 títulos (12 vols). R = 3 títulos (5 vols). S = 6 títulos (6 vols). T = 2 títulos (2 vols). V = 10 títulos (17 vols) [véanse *El Catolicismo* 217 (1º de julio de 1856) y *El Catolicismo* 218 (4 de julio de 1856)].

Carnaval (2 vls). Victor Hugo: *Nuestra Señora de París* (2 vls) [véanse *El Catolicismo* 217 (1º de julio de 1856) y 218 (4 de julio de 1856)].

En esta forma llegó el año de 1858. En la *Biblioteca de Señoritas*, periódico que se lanzó el 3 de enero de ese año, en el primer número se publicó una biografía de «Eugenio Sue», en la cual se informaba:

> Empezamos nuestras biografías por la del célebre literato Eujenio Sué, tan popular entre nuestras damas por sus brillantes novelas. /Debemos esta biografía a la pluma del joven Manuel del Palacio, redactor de «la discusión», i sin duda mejor que la escrita por el mismo Alejandro Dumas, quien debió ser mas elevado i mas digno al ocuparse del inmortal escritor, sobre cuyas cenizas calientes todavía, en vez de lágrimas, parece que se propuso provocar risas. (...) Desde [el momento en que tomó] su pluma Sue comenzó a inundar la Francia, i luego la Europa, de bellas novelas, en que a lo filosófico del pensamiento, se mezclaba lo interesante de la descripción, dejándose adivinar en medio de esto el alma del autor, simpática i ardorosa, i su carácter despreocupado i profundamente observador. Este espíritu que domina en todas sus obras, le llevó mas tarde a la novela, a la novela de costumbres primero, i últimamente a la novela social, creación única i exclusiva de nuestro siglo, i que, en manos de tan hábil intérprete, ha producido grandes i provechosos resultados. Los Misterios de Paris fueron el primer paso dado por Eujenio Sué en este camino, i el éxito que alcanzó aquella obra, justifica demasiado su importancia, que en vano han procurado amenguar escritores fanáticos i falsos apóstoles de la verdad. A *Los Misterios de Paris* siguió la publicación del *Judío errante,* i esta fue la señal de una cruzada contra el gran novelista; cruzada, que como era natural, produjo la mayor polaridad de la obra, i puso el colmo a su celebridad. / No es de este lugar hacer un juicio crítico de las novelas de Eujenio Sué, nosotros creemos que el autor de *Los Misterios del pueblo* tiene mui pocos imitadores. (Anónimo 1858, 5-6).

La inclusión de este escrito como texto iniciador de la sección de biografías que pensaba ofrecer la *Biblioteca de Señoritas,* confirma lo que ya se venía diciendo desde 1849 sobre el tipo de novelas preferidas, y a la vez señala abiertamente las tendencias literarias de los editores, destacadas en los apartes mencionados: Francia, el Realismo francés y la novela social.

En el espacio cultural europeo se había producido una serie de fenómenos durante la primera mitad del siglo XIX, que llegaron a conocerse como el Realismo. Este movimiento cultural fue tanto un procedimiento literario como un medio de oposición estética, ya que se sometió a las leyes que impusieron los teóricos antes de convertirse en agentes de reformas sociales. Como doctrina tomó los cimientos, que venían de la filosofía racionalista y antirreligiosa del siglo XVIII, que continuaban existiendo a pesar de la irrupción del romanticismo. En estas circunstancias, el Realismo fue:

> [U]na modalidad artística y primordialmente narrativa que plantea la convención de la identidad entre la realidad y el referente, de la igualdad entre el mundo contemporáneo de lo real y el mundo ficcional mimético y verosímil, provocando un efecto estético e intratextual de realidad.
>
> El término, ya utilizado aplicado a la literatura por F. Schlegel y Schiller, aparece en Francia en 1826 en el *Mercure de France* con el sentido literario de designar la nueva estética naciente y se generaliza sucesivamente con una crítica novelesca de Fortoul en 1834, el entronque que Castilla hace de Balzac con la escuela realista en 1846 y, sobre todo, con los artículos de defensa de Coubert firmados a partir de 1850 por Champfleury bajo el nombre de *Le réalisme* (...) (Valles Calatrava, 118)[174].

Como prueba de estas ideas, en la Biblioteca de Señoritas se difundió un artículo de Felipe Pérez[175] titulado «De la novela», una de cuyas secciones informaba:

---

[174] Ahora, Eugène Sue (1804-1857) fue un escritor cuyas novelas estaban imbuidas de las aspiraciones humanitarias y socialistas de la época. Se hizo popular debido al éxito de *Los misterios de París* y de *El judío errante*, gracias a la manera en que los nuevos lectores recibieron estas obras, convirtiéndolas en un éxito comercial y reaccionando emocionadamente a las emisiones de los folletines que las contenían. Ellos se sentían tan implicados en la historia que le escribían cartas al autor felicitándolo, sugiriéndole, pidiendo ayuda, aportando información y haciendo pedidos y sugerencias para los nuevos capítulos, llegando a ejercer un influjo decisivo en la escritura de la novela (véase Prendergast 2003, 13-14). Las masas lo celebraron como el apóstol de los problemas sociales, cuando el autor propuso reformas a través de sus mundos ficcionales; así, por medio de su escritura, reveló causas de las condiciones sociales inicuas que producían la miseria y el delito (véase Eco 1970, 13-17).

[175] Felipe Pérez, nacido en Sotaquirá, Boyacá en 1836, recibió el título de doctor en Derecho, del Colegio del Espíritu Santo, en 1851, cuando tenía quince años de edad. Entró de lleno en la política en 1853, cuando fue nombrado gobernador de la Provincia de Zipaquirá (17 años). Al año siguiente fue secretario de Guerra y de Marina en el gobierno de José María Obando, y combatió contra el gobierno ilegítimo de José María Melo al lado de los generales Pedro Alcántara Herrán, José Joaquín París y José Hilario López, cuando éstos efectuaron la toma final de Bogotá el 4 de diciembre de 1854. En 1855 se casó con Susana Lleras Triana, hija de Lorenzo María Lleras, su antiguo maestro en el Colegio del Espíritu Santo (19 años). Felipe Pérez se inició como periodista en *El Tiempo*, periódico radical fundado por José María Samper y Manuel Murillo Toro, llegando a convertirse en su redactor principal. En 1856, comenzó a difundir su ciclo de novelas de tema peruano: *Atahuallpa* (1856), *Huayna Capac* (1856), *Los Pizarros* (1857), *Jilma o continuación de los Pizarros* (1858). Estas novelas forman un ciclo novelístico histórico, cuyo referente es la historia de los hermanos Pizarro, conquistadores del suelo peruano y las de Huayna Capac y Atahualpa, últimos Incas del Tawantinsuyo.

> La novela, con más recursos i menos dificultades que el poema, es hoy la verdadera rama épica de la literatura, pues no solo da a conocer un siglo, un pueblo i una civilizacion estinguidos, sino que puede entrar, i en efecto entra en valiosas apreciaciones filosóficas i humanitarias de trascendencia tan enorme, que no hai trabajo poético que pueda comparársele. Para probar esto bastaríanos insertar aquí los nombres de algunas de las mas célebres; pero nuestros lectores las conocen demasiado para fastidiarlos con semejante enumeración; i de no, los nombres de Sué, Dumas, Victor Hugo, i otros tantos serian bastantes a sostener en pie nuestro justísimo aserto. (...)
> Hoy se pide algo mas a los novelistas que un simple cuento. Hoy se les pide historia, costumbres i hasta doctrina. Que esta doctrina sea o no el socialismo de la escuela francesa cubierto diestramente con la librea de *Martin el espósito*, o el ataque a una órden relijiosa como el *Judío Errante*, o una descarga continua sobre el trono como las novelas de Alejandro Dumas, no nos metemos nosotros a averiguarlo, que bien resalta a toda cabeza bien formada; pero que es así ¿quién será el que lo contradiga o combata? (...)
> La poesía erótica, los romances pasajeros i si bien pueden considerarse como otras tantas joyas de nuestra literatura naciente, no podrán servir jamás de base para una gloria sólida i lejítima. La novela, esa forma del pensamiento perfecto, es la única que puede hoy resumirlo todo poesía, doctrina e instrucción (Anónimo 1858, 85-86).

Como se observa, a finales de la década del cincuenta del siglo XIX, en una publicación dedicada a las mujeres de la Nueva Granada, se indican las lecturas, las selecciones y las predilecciones literarias de la sociedad. No es de extrañar que al final del mismo año en que se funda la *Biblioteca de Señoritas* empiece a difundirse *Manuela. Novela bogotana*, obra de Eugenio Díaz Castro.

Las ideas liberales habían impulsado en política desde 1851 muchos cambios políticos y sociales que condujeron a la abolición del Patronato, lo que llevó a la separación entre la Iglesia y el Estado. Todos esos sucesos, habían suscitado además de abiertas manifestaciones públicas de rechazo, una nutrida serie de réplicas y oposiciones tanto en el púlpito, como por medio de la prensa y de la imprenta con la publicación de opúsculos y folletos.

Mariano Ospina Rodríguez presidente de la República, que había tomado posesión el 1° de abril de 1857, el 22 de mayo de 1858 estableció la Confederación de los ocho Estados Federales bajo el nombre de Confederación Granadina. En esta Constitución se mantuvieron los derechos individuales de tipo liberal, la libertad religiosa y de enseñanza, así como el sufragio universal. Pero el presidente del Estado del Cauca, el general Tomás Cipriano de Mosquera se sublevó contra el gobierno de Ospina, buscando llevar a su máxima expresión un federalismo apoyado en Estados Soberanos y organizar un Estado Federal en el que la potestad eclesiástica estuviera sometida a la potestad civil. Derrocó a Ospina Rodríguez, y asumió el poder como Presidente provisional, una vez tomada Bogotá el 18 de junio de 1861. Como resultado de la guerra, los conservadores apoyados por la Iglesia perdieron el poder y el liberalismo acometió la tarea de desamortizar los bienes de manos muertas, extinguir las comunidades religiosas y ejercer la tuición de cultos, llamada "suprema inspección de cultos". El gobierno liberal continuaba legislando. El 26 de julio decretó la disolución de la Compañía de Jesús, la ocupación de sus bienes y su expulsión del país. El 9 de septiembre apareció el decreto sobre desamortización de bienes de manos muertas, bienes que no eran únicamente de la Iglesia.

De nuevo, Pio IX emitió la Alocución *Meminit unusquisque*, el 30 de septiembre de 1861 rechazando la legislación anticlerical y la persecución de la iglesia en el territorio. No obstante, el 5 de noviembre se expidió el decreto de extinción de todos los conventos, monasterios y casas religiosas de uno y otro sexo en el recién creado Distrito Federal y en el Estado de Boyacá. Estando ya reunida la Convención de Rionegro se expidió la ley del 23 de abril de 1863 sobre policía nacional en materia de cultos: «Es prohibido el establecimiento de comunidades o corporaciones religiosas regulares sin distinción quedando extinguidas y disueltas las que existían en la nación».

En 1863, mediante la constitución de Rionegro se dio al país el nombre de Estados Unidos de Colombia: Antioquia, Bolívar, Boyacá, Cauca, Cundinamarca, Magdalena, Panamá, Santander y Tolima eran los estados y cada uno de ellos poseía autonomía: podían dictar sus propias leyes, tener ejército propio y administrar justicia independientemente del Gobierno Nacional. Con esta constitución se proclamaron libertades individuales tales como la de comercio, de opinión, de imprenta, de enseñanza, de asociación; además, se consagró la libertad de expresión sin ninguna limitación y se eliminó la pena de muerte; también se prohibió sacar de la circulación libre los inmuebles. Se reconoció la existencia de asentamientos indígenas, ordenándose emitir legislación especial para ellos; además, se encomendó al gobierno el cuidado, la educación y la civilización de los indígenas.

Del mismo modo, se prohibió el desempeño de cargos públicos a los ministros religiosos y se proclamó el derecho del gobierno para inspeccionar todos los cultos religiosos. Al mismo tiempo, se redujo el período presidencial de 4 a 2 años y se quitaron poderes al presidente de la República. Se establecieron leyes librecambistas, que permitieron que Colombia se integrara al mercado internacional como país exportador de materias primas y como importador de productos terminados. Esto impulsó el desarrollo de vías de comunicación que permitieran el traslado de los productos desde las zonas productoras hasta los puertos fluviales y marítimos; también, durante esa década del sesenta se hicieron esfuerzos en la construcción de carreteras.

Ante estas leyes, el Papa Pío IX publicó el 17 de septiembre de 1863 la encíclica *Incredibili afflictamur* (o *Incredibili afflictamur dolore*), donde se dirigió a los fieles, al clero y al gobierno colombiano, condenando la «persecución de la Iglesia católica»[176].

La constitución de Rionegro aunque produjo resultados contradictorios, impulsó el progreso en el campo tecnológico y en el económico: se desarrollaron las vías férreas y las transacciones bancarias, surgió el telégrafo eléctrico, se impulsó la navegación a vapor por el río Magdalena, se promovió la Universidad Nacional y la formación de filósofos, científicos, y abogados; además, el periodismo tuvo un auge inusitado.

Ahora, ante hechos que sucedían en diversos países que afectaban la posición tradicional de la Iglesia, el 8 de diciembre de 1864, Pío IX publicó la encíclica *Quanta Cura* y su anexo *El Syllabus*[177] donde emitió anatema contra el liberalismo, la libertad y la modernidad.

---

176   Sin embargo, la Constitución de Rionegro limitó el poder del gobierno central, convirtiendo los estados casi en islas independientes entre sí, tanto en lo económico como en lo político; por lo cual, los conflictos internos de cada estado desencadenaron frecuentes guerras civiles. Como se había legislado la absoluta libertad para comerciar con armas, los líderes locales armaron sus propios ejércitos. Esto, a su vez, incrementó el poder de los caudillos locales, quienes tenían el poder económico en cada región y estaban amparados por las leyes. Del mismo modo, debido a la descentralización de los impuestos (cada estado recaudaba sus propios impuestos), el Gobierno Central no disponía de ingresos económicos suficientes para cubrir los gastos; por lo cual, la situación de la Hacienda Pública se hizo precaria.

177   «El Syllabus contiene 80 proposiciones divididas en diez capítulos que se pueden agrupar en cuatro puntos fundamentales. El primer grupo (...) se refiere al Panteísmo, naturalismo, Racionalismo absoluto, racionalismo moderado (...), indiferentismo, latitudinarismo, socialismo, comunismo, sociedades secretas, sociedades bíblicas, sociedades clérico-liberales (....)./ El segundo grupo se refiere hace referencia a la naturaleza de la Iglesia, del Estado y a las relaciones entre ambos poderes. (...). / El tercer grupo (...) sobre ética natural y sobrenatural, con especial atención al matrimonio. Se condena la moral laica, que pretende salvar la distinción entre el bien y el mal; el carácter obligatorio de la ley prescindiendo de Dios, el utilitarismo y la separación entre sacramento y

> Los polemistas católicos colombianos se encargaron de enfatizar condenas aún más específicas: contra el utilitarismo de Bentham; la filosofía ecléctica de Victor Cousan, el protestantismo de Francois Guizot. Algunas novedades de la política europea fueron traducidas por la dirigencia conservadora como agresiones directas contra la institucionalidad católica representada en la figura del Papa (...) Además, varios factores internos acentuaron en Colombia la reacción ultramontana: el desenfado público de la masonería después del triunfo del liberalismo radical en la guerra civil de 1859-1861; las medidas anticlericales refrendadas por la Constitución de 1863; la nueva expulsión de los jesuitas en 1860; la organización de un sistema laico de enseñanza; la presencia de algunos pastores protestantes (Loaiza Cano 2011, 294).

Apoyadas por Roma, las fuerzas conservadoras y la Iglesia reaccionaron impulsando programas y objetivos que reivindicaban el ideal de una república católica en que sus miembros eran más creyentes que ciudadanos. Se combatió con las armas conocidas: los sermones, las cartas pastorales, el confesionario, la presión ideológica. A esto agregaron la prensa y el decidido impulso con que se especializaron para difundir sus mensajes. El trabajo ideológico fue tan eficaz que para 1866, cuando se divulgó el periódico *El Iris*, bajo la redacción de José Joaquín Borda, se publicó en su primer número un artículo titulado «Cuadros de costumbres nacionales» donde se declaraba:

> El literato, como el político y el filósofo, necesita conocer las costumbres del pueblo en que vive, costumbres que son tan variadas como los pueblos, como las clases y condiciones sociales. (...).
> Nuestras costumbres, pues, son una mina inagotable para los escritores de este jénero, que encontrarán en ella temas variados i altamente interesantes en el órden religioso como en el órden civil.
> La india de nuestros mercados, como la alta señora; el enruanado artesano, como el *dandy* improvisado; el chibcha vestido de gastador o de zuavo i peleando con el valor del leon por una causa que no conoce, como su hermana, criada al lado de la mas aristocrática dama; el perfumado salón, como el bullicioso cuartel, i la concurrida

---

contrato en el matrimonio. / El cuarto grupo (...) fue el que mayor reacción provocó en la opinión pública. Se propugna que la religión católica debe ser considerada como religión de estado, con exclusión de otros cultos, y se condena la libertad de culto y la plena libertad de pensamiento y de imprenta. Se rechazan algunas de las tesis fundamentales de la sociedad moderna, los principios de 1789. El enfrentamiento queda claro con la condena de la última proposición, según la cual «el Romano Pontífice puede y debe reconciliarse, con el progreso, con el liberalismo y con la cultura moderna». Según Albert de Broglie, éste número rechazaba y condenaba a la vez «la prensa, los ferrocarriles, el telégrafo, los descubrimientos de la ciencia, todo lo que generalmente se encuadraba con la genérica expresión de "progreso de la civilización"» (Laboa, 166-167).

taberna, como todos los establecimientos públicos i las escenas que tienen lugar en la constante comunicación de los hombres, son para el escritor de costumbres un tema de variaciones infinitas. (...) I su mision es altamente moralizadora: a lo menos vale mas que no haya literatura; si esta ha de presentar solamente cuadros de inmoralidad o de escándalo. «Cuadros de costumbres nacionales» (Borda, 2-4).

Para este momento ya se comenzaba a dar un vuelco hacia España y lo español. A través de las décadas desde 1858[178], pero más especialmente hacia 1864, se observa una decidida dependencia de lo que se hacía y decía en España. En literatura se entró en el costumbrismo[179] de los tipos literarios y el Romanticismo se entronizó a través de esta práctica escritural. Así en 1867, se publicó la novela de Jorge Isaacs: *María*.

Ahora, regresando a las historias de literatura y a los artículos críticos que en el presente se escriben sobre la época en Colombia se habla de Romanticismo y de Costumbrismo. Es decir, la concepción superficial, pintoresca, ligera y característica del costumbrismo, que fue cara a escritores como Vergara en la Nueva Granada, a la cual se adscribieron y luego demandaron e impusieron (censurando a otros escritores que empleaban otros modelos europeos para configurar sus obras), se acepta sin ninguna discusión para clasificar un sinnúmero de textos transgrediendo movimientos, escuelas, épocas y siglos.

---

[178] 20. *La maldición* (1859) de Manuel María Madiedo. 21. *Sombras i misterios o Los embozados* (1859) de Bernardino Torres Torrente. 22. *A mudar temperamento* (1859) de Eugenio Díaz Castro. 23. *Manuela* (1858) de Eugenio Díaz Castro. [24. *Historia dolorosa contada con alegría* (1860) de Raimundo Bernal Orjuela. 25. *Una tarde de verano* (1860) de Daniel Mantilla. 26. *Sofía. Romance neogranadino* (1860) de Antonio B. Pineda. 26. *Anjelina*; *El soldado*; *El triunfo de la generosidad sobre el fanatismo político*; *La caridad cristiana*; *Pobre Braulio* (1861) de Josefa Acevedo de Gómez. 27. *Adelaida Hélver* (1864) de Juan Clmaco Arbeláez. 28. *Una taza de claveles* (1864) de José María Samper. 29. *Viajes y aventuras de dos cigarros* (1864) de José María Samper. 30. *El último rey de los muiscas* (1864) de Jesús Silvestre Rozo. 31. *Los tres Pedros en la red de Inés de Hinojosa* (1864) de Temístocles Avella Mendoza. 32. *Fragmentos de la vida de Ester* (1864) de Constancio Franco Vargas. 33. *Anacoana* (1865) de Temístocles Avella Mendoza. 34. *Amores de estudiante* (1865) de Próspero Pereira Gamba. 35. *Pioquinta o el valle de Tensa* (1865) de Eugenio Díaz Castro. 36. *Las bodas de un muerto* (1866) de José David Guarín. 37. *Las hojas de un libro* (1866) de José David Guarín. 38. *Morgan el pirata* (1866) de José Joaquín Borda. 39. *El manuscrito de mi tío* (1866) de Enrique Cortés. 40. *El camarada* (1866) de Nepomuceno Navarro. 41. *Martín Flores* (1866) de José María Samper].

[179] Ya en la primera parte del siglo XIX, los mismos franceses habían señalado como errada la traducción que los españoles habían efectuado de la palabra «moeurs»; para el francés, «moeurs» y «costumes» tienen significados diferentes, como se observa en el siguiente título: Le Diable à Paris. Paris et les parisiens: mœurs et coutumes, caracteres et portraits des habitants de Paris. Por esa razón, los franceses no clasifican e inscriben a Balzac como costumbrista, a pesar de que el mismo escritor denominó la sección más importante de su producción: Études de moeurs; por el contrario, se lo considera como uno de los grandes maestros del Realismo francés.

Así, bajo la denominación de costumbrismo se lleva a representar la totalidad del comportamiento de los habitantes de una región, desde el comienzo de la historia registrada, hasta llegar a afirmar que en el siglo XIX en Colombia, lo español trasmite las corrientes literarias más recientes, porque es universal: «Podemos decir que la influencia de los costumbristas españoles nos puso en contacto no sólo con la lengua en un sentido formal, evitando los peligros del afrancesamiento, y con las hondas raíces culturales más allá de la ruptura política, sino también con la lengua viva y las corrientes literarias más recientes, en la búsqueda de lo particular propio, dentro de un marco general hispanoamericano y universal» (Reyes, I: 190).

En este cajón de sastre, el nombre infaltable en cada uno de los críticos es el Eugenio Díaz Castro con su novela «*costumbrista*». Ninguno de los críticos e historiadores, hasta ahora, se tomó el trabajo de indagar en la escritura del autor, si esa clasificación en el título era propia; por el contrario, se aseveró que el costumbrismo surgió del hecho en que Díaz Castro y Vergara se conocieran, «circunstancia muy personal y concreta (que) dio origen a la tendencia, o, por lo menos la protocolizó» (Maya, 203-204). Como también, que el costumbrismo es el «estilo literario con el cual parece identificarse en forma más cabal» (Reyes, I: 203); además de que *Manuela* es la «obra que inaugura la novela costumbrista» (Cristina, 107).

Pero en Colombia, *Manuela*, novela que nunca recibió de Díaz Castro el calificativo «de costumbres» ni como parte del título ni como subtítulo, –porque su modelo narrativo era la novela francesa contemporánea que se producía en el momento en que él vivía, con cuyo modelo planeó y estructuró su texto: la novela realista, socialista–, Vergara, R. Carrasquilla y Marroquín la publicaron un año y tres meses después de la muerte del autor, ocurrida el 11 de abril de 1865, en el tomo 2 del *Museo de Cuadros de Costumbres i variedades*[180] (12 de

---

[180] Incluso los críticos desconocen que la novela no se publicó completamente en *El Mosaico*, como se observa en estas notas; situación que permite que se hagan asunciones equivocadas: «En este órgano [El Mosaico] apareció *Manuela* en varias entregas a partir del 24 de diciembre de 1858, precedida de un prólogo de Vergara y Vergara. La segunda edición tuvo lugar en París después de la muerte del autor (Garnier Hermanos, 1889) en dos volúmenes. (...) Como se ve por las fechas mencionadas, pasaron treinta años entre la primera y la segunda edición, siendo la primera en un periódico que, por las circunstancias de la época, tenía una circulación restringida» (Pineda Botero, 1999: 131). Además, este crítico en su estudio cerró la novela con un final que no tuvo: «Muere la joven y la población es invadida por las tropas del gobierno que vienen a controlar "la revolución"» (Pineda Botero, 135).

julio de 1866), modificándole el título, se lo recortaron del original: «Manuela. Novela Bogotana, orijinal por Eujenio Díaz», para denominarla: «Manuela. Novela orijinal por Eujenio Díaz». De esta forma, excluyeron el significado geográfico dado por el autor a su obra y eliminaron, así, la intención que éste tuvo, de que tanto el referente, como sus denuncias se entendieran como provenientes y aplicables a una parte de la Provincia de Bogotá. Además, modificaron el contenido para que concordara con la ideología de los editores. Posteriormente en 1889, se publicó en París en dos tomos la edición de la novela de Díaz Castro, para la cual Salvador Camacho Roldán (1827-1900) escribió el prólogo. Nuevamente le modificaron el título: *Manuela. Novela de costumbres colombianas.* Decisión arbitraria y catastrófica que sumió la novela dentro del *costumbrismo*, alejándola de las intenciones originales de su autor. A esto también se suman las malas lecturas del presente, como las de Pineda Botero [*La fábula y el desastre*], Cristina Rojas [*Civilización y violencia*] o Germán Colmenares [en *Partidos políticos y clases sociales en la Nueva Granada*, y especialmente en el artículo que le dedica a Manuela (*Manual de Literatura colombiana*).

Eugenio Díaz Castro escribió siguiendo los parámetros narrativos de Balzac, de Sue y de Dumas, y de otros novelistas francés del momento, cuya literatura era conocida y seguida durante la época.

No en vano en el *Index Librorum Prohibitorum* (1862). se señalan los autores y títulos, que tienen relación con *Manuela*, y la fecha en que entraron al *Índice*. Ellos son: *Cartas de Abelardo y Eloisa* (1662) / Du Laurens: *Le Compère Matthieu* (1804). Pigault-Le Brun: *L'Enfant du Carnaval* (1828). Balzac: Toda la obra escrita, 1862). / Sand: obra completa (1841-1842). /Sue: obra completa en cualquier idioma (1852). / Dumas padre: obra completa (1862). / Soulié: toda la otra obra del autor (1862). / Stendhal: *Rome, Naples, et Florence* (1828). / Voltaire (obras indexadas: *Lettres philosophiques*, 1752; *Histoire des croisades*, 1754; *Abrege de l' histoire universelle depuis Charlemagne...*, 1757; *OEuvres*, 1753; *Precis de l'ecclesiaste et du cantique*, 1759; *Traite sur la tolerance*, 1766; *Vide Philosophie de l'histoire*, 1768; *Commentaire sur le livre des delits et des peines*, 1768; *Les singularites de la nature*, 1770; *Romans, et contes*, 1804). Saint-Simon (obra completa, 1813; Todos los libros que se relacionen con esa doctrina o con la religión saint-simoniana, 1835). / Fourier: obra completa (1835). / Proudhon: obra completa (1852).

Eugenio Díaz Castro escribió *Manuela* en una época de grandes cambios políticos e ideológicos; con su escritura quiso contribuir a expresar los problemas sociales para ayudar a buscar soluciones. La sociedad de su época estaba transida por la lucha entre pasado y futuro, entre preservación de lo estatuido y apertura a otras formas de ser, entre tradición y modernidad, entre conservadores y liberales. Vivió con ideas liberales y socialistas, pero fue enterrado y permaneció como conservador casi siglo y medio, por designios de Vergara y Vergara y su grupo de amigos; escritores ultra conservadores y paladines de la tradición, que creyeron que con su labor abolirían ese quehacer escritural o por lo menos lo asimilaría a sus ideas e ideología. La actividad que realizó Vergara ha cegado a la gran mayoría, y ha conducido a lecturas equivocadas, que indican que la investigación y la crítica de la literatura colombiana necesitan de una revisión.

Bibliografía

Anónimo. «Eujenio Sue». *Biblioteca de Señoritas* (Bogotá) I.1 (ene. 3, 1858): 5-6.

Anónimo. «La novelas». *El Museo* (Bogotá) I.1 (abr. 1°, 1849): 6-8.

Arboleda Mora, Carlos. *Guerra y religión en Colombia*. Medellín: Universidad Pontificia Bolivariana, 2006.

Blanco, Juancho (Ulpiano González). «Costumbres. Educación de la mujer». *El Neo-Granadino* 2 (ag. 12, 1848): 10-11.

Borda, José Joaquín. «Cuadros de costumbres nacionales». J. J. B. *El Iris, periódico literario dedicado al bello sexo* (Bogotá) 1 (feb. 11, 1866): 2-4.

Colmenares, Germán. «Manuela, la novela de costumbres de Eugenio Díaz». *Manual de literatura colombiana*. Bogotá: Planeta–Procultura, 1988. I: 247-266.

_____. *Partidos políticos y clases sociales*. Bogotá: Ediciones Universidad de los Andes, 1968.

Cristina, María Teresa. «Costumbrismo». *Gran enciclopedia de Colombia*. vol. 4. Santafé de Bogotá: Círculo de Lectores, 1992. 101-110.

Curcio Altamar, Antonio. *Evolución de la novela en Colombia*. Bogotá: Instituto Colombiano de Cultura, 1975.

Eco, Umberto. *Socialismo y consolación. Reflexiones en torno a "Los misterios de París" de Eugéne Sue*. Barcelona: Tusquets Editor, 1970. 7-48.

Escobar, José. «Costumbrismo: estado de la cuestión». *Romanticismo 6; Actas del VI congreso. El costumbrismo romántico*. Joaquín Álvarez Barrientos (ed.). Rome, Italy: Bulzoni, 1996. 117-126.

Escobar Rodríguez, Carmen. *La revolución liberal y la protesta del artesanado*. Bogotá: Fundación Universitaria Autónoma de Colombia, Fondo de Publicaciones, 1990.

Guillén Martínez, Fernando. *El poder político en Colombia*. Santafé de Bogotá: Planeta Colombiana Editorial, 1996.

Index Librorum Prohibitorum. Gregorii XVI Pontificis Maximi. Romae: Monteregalli, P. Rossi, 1852.

Index Librorum Prohibitorum. Gregorii XVI Pontificis Maximi. Neapoli: Excudebat Sacerdos Joseph Pelella, 1862.

Kalmanovitz, Salomón. *Economía y nación. Un breve historia de Colombia*. Bogotá: Editorial Norma, 2003.

König, Hans-Joachim. *En el camino hacia la nación. Nacionalismo en el proceso de formación del Estado y de la Nación de la Nueva Granada, 1750-1856*. 1988. Trad. del alemán Dagmar Kusche, Juan José de Narváez. Santafé de Bogotá: Banco de la República, 1994.

Laboa, Juan María. *La iglesia del siglo XIX: entre la restauración y la revolución*. Madrid: Universidad Pontifica Comillas, 1994.

Loaiza Cano, Gilberto. *Manuel Ancízar y su época (1811-1882). Biografía de un político hispanoamericano del siglo XIX*. Medellín: Editorial Universidad de Antioquia – Fondo Universidad Editorial Eafit, 2004.

_____. *Sociabilidad, religión y política en la definición de la nación. (Colombia 1820-1886)*. Bogotá: Universidad Externado de Colombia, 2011.

Llano Isaza, Rodrigo. *Los draconianos. Origen popular del liberalismo*. Bogotá: Editorial Planeta, 2005.

Martínez, Frédéric. *El nacionalismo cosmopolita. La referencia a Europa en la construcción nacional en Colombia, 1845-1900*. Bogotá: Banco de la República – Instituto Francés de Estudios Andinos, 2001.

Martínez Garnica, Armando. «Los liberales neogranadinos frente al ejército permanente». *Boletín de Historia y Antigüedades* vol. XCII.830 (septiembre, 2005): 585-622.

Maya, Rafael. *De perfil y de frente. El costumbrismo en Colombia, una modalidad del pensamiento nacional*. Cali: Editorial Norma, 1975.

Nueva Granada. *Constitución Política de la República de la Nueva Granada, sancionada el día 21 de mayo de 1853*. Bogotá: Imprenta de Echeverría Hermanos, 1853.

Pineda Botero, Álvaro. *La fábula y el desastre: estudios críticos sobre la novela colombiana, 1650-1931*. Medellín: Fondo Editorial Universidad Eafit, 1999.

Pintos de Cea-Naharro, Juan Luis. «Orden social e imaginarios sociales (Una propuesta de investigación)». *Papers* N° 45

(1995), pp. 101-127.

Prendergast, Christopher. *For the People by the People. Eugène Sue's Les Mystères de Paris: A Hypothesis in the Sociology of Literature*. Oxford: Legenda, 2003.

Restrepo, Juan Pablo. *La Iglesia y el Estado en Colombia*. Londres: Publicado por Emiliano Izasa, 1885.

Reyes, Carlos José. «El costumbrismo». *Manual de literatura colombiana*. vol. 1. Bogotá: Planeta Colombiana Editorial, 1988. 175-66.

Samper, José María. «Discurso pronunciado en la "Escuela Republicana" en la sesión del 3 de febrero, por el doctor José María Samper Agudelo». *Una sesión solemne de la Escuela Republicana de Bogotá*. Bogotá: Imprenta del Neo-Granadino, 1850. 2-12.

Samper Ortega, Daniel. «José María Vergara y Vergara y su época». *Obras escogidas de don José María Vergara y Vergara*. Tomo 1. Publicadas por sus hijos Francisco José Vergara, Ana Vergara de Samper y Mercedes Vergara y Balcázar, en el primer centenario de su nacimiento. Bajo la dirección de Daniel Samper Ortega. Bogotá: Editorial Minerva, 1931. 35-96.

Sánchez, Efraín. *Gobierno y Geografía: Agustín Codazzi y la Comisión Corográfica de la Nueva Granada*. Bogotá: Banco de la República, 1999.

Simonnot, Jules. «Catálogo de libros». *El Catolicismo. Periódico Semanal, Relijioso, Filosófico y Literario* (Bogotá) 217 (1° de julio de 1856): [s.p]. y 218 (4 de julio de 1856): [s.p].

Tirado Mejía, Álvaro. *El estado y la política en el siglo XIX*. Bogotá: El Áncora Editores, 1981.

Un amigo de la Ilustración. *Una sesión solemne de la Escuela Republicana de Bogotá*. Bogotá: [s.edit], 1850.

Valles Calatrava, José R. Teoría de la narrativa. Una perspectiva sistemática. Madrid: Iberoamericana – Vervuert, 2008.

VV.AA. *Manual de Literatura colombiana*. vol. 1. Bogotá: Procultura – Planeta Colombiana Editorial

www.ingramcontent.com/pod-product-compliance
Lightning Source LLC
Chambersburg PA
CBHW021116300426
44113CB00006B/174